# Langenscheidt

# Latein mit System

Schnell & gründlich zum Latinum

von Sarah-Maria Gremmes

Berlin · München · Wien · Zürich
London · Madrid · New York · Warschau

Bildquellen: Sarah-Maria Gremmes: 105 (oben); pixelio.de: 25 (Hintergrund: Templermeister), 37 (Hintergrund: Birgit H.), 51 (Hintergrund: Jürgen Mittag; oben: Tokamuwi; unten: Templermeister), 65 (Foto: M. Großmann), 81 (Hintergrund: Helga Bolliger), 93 (Hintergrund: Judith Lisser-Meister), 105 (Hintergrund/unten: Dieter Schütz), 117 (Hintergrund/Foto: Matthias Loehr), 143 (Hintergrund: Oliver Weber), 155 (Hintergrund: Waldili; Foto: Templermeister), 179 (Hintergrund oben u. Mitte links: Scott Dean; unten links: Mondzahrt Hohenlohe; unten rechts: Winfried Braun); wikipedia.org: 13 (Hintergrund; Foto: Milkau Dia-Sammlung), 37 (Foto: Roman School), 65 (Hintergrund: Aineias Ankhises Louvre), 81 (Foto: Hannibal The Carthaginian), 93 (Foto: Römer), 129 (Hintergrund/Foto: Römisches Mädchen), 143 (Foto: Münzen), 167 (Hintergrund: Forum; Foto: Cicero und Catilina), 191 (Hintergrund/Foto: Cicero)

Illustrationen: Andreas Piel
Grafik: Ute Weber
Titelgestaltung: Independent Medien-Design unter Verwendung eines Fotos von Getty Images/Livio Sinibaldi
Satz & Litho: kaltnermedia GmbH, Bobingen
Lektorat: Linda Strehl
Projektmanagement: Gaby Bauer-Negenborn

Umwelthinweis: Gedruckt auf chlorfrei gebleichtem Papier

Ergänzende Hinweise, für die wir jederzeit dankbar sind, bitten wir zu richten an:
Langenscheidt Verlag, Postfach 40 11 20, 80711 München

www.langenscheidt.de

© 2011 Langenscheidt KG, Berlin und München
Druck: CS Druck, Berlin
Printed in Germany
ISBN 978-3-468-26201-2

# Wegweiser

Herzlich willkommen! Sie haben sich dazu entschlossen, Latein zu lernen – und Sie wollen sich über erste Grundkenntnisse hinaus intensiver mit dieser Sprache befassen und in die Welt des antiken Rom eintauchen. Unser Lehrwerk wird Ihnen gründliche Kenntnisse des Lateinischen vermitteln. Sie werden sich einen Grundwortschatz von ca. 900 Wörtern erarbeiten und die wichtigsten grammatischen Phänomene kennenlernen, ideale Voraussetzungen also, um sich selbstständig weiter mit der lateinischen Sprache zu beschäftigen und Originaltexte übersetzen und verstehen zu können.

Natürlich können Sie dieses Lehrbuch auch nutzen, um sich auf eine Latein- oder Latinumsprüfung vorzubereiten. Informieren Sie sich in diesem Fall unbedingt bei den zuständigen Einrichtungen in Ihrer Nähe, z. B. den Schulbehörden oder den Sprachenzentren der Universitäten, über die Voraussetzungen für die Anmeldung und über Inhalte und Abläufe der Prüfungen, da diese in den verschiedenen Bundesländern auf unterschiedliche Weise gehandhabt werden.

Sie haben sich dafür entschieden, zu Hause und wahrscheinlich ohne Lehrer Latein zu lernen. Weil wir Sie dabei nicht allein lassen wollen, haben wir das Buch durchgängig klar strukturiert und darauf geachtet, besonders ausführliche und einfache Erklärungen,

anschauliche Beispiele und nützliche Lerntipps aufzunehmen. In den folgenden beiden Abschnitten erfahren Sie, wie die Lektionen aufgebaut sind und wie Sie mit dem Buch arbeiten können. Sollten Sie lieber gleich loslegen wollen, überspringen Sie sie einfach.

## Wie sind die Lektionen aufgebaut?

Alle Lektionen sind auf dieselbe Art und Weise aufgebaut, sodass Sie sich im Buch leicht zurechtfinden werden. Blättern Sie am besten einmal ein paar Seiten durch, damit Sie einen Eindruck von seinem Aufbau gewinnen.

Auf der ersten Seite finden Sie neben der Lektionsnummer einen Kasten, der Ihnen verrät, was Sie in der Lektion erwartet. Danach geht es richtig los: Jede Lektion beginnt mit einem Originalzitat eines lateinischen Autors oder einer Inschrift. Zum Verständnis haben wir eine Übersetzung hinzugefügt. Als weiteren Einstieg finden Sie darüber hinaus auf der Seite Sachinformationen zum Thema der Lektion.

In der Rubrik **Verborum copia** Wortschatz sind alle neuen Wörter der Lektion der Reihenfolge nach aufgeführt und übersetzt. Sie werden Ihnen mit Zusatzinfos beispielsweise zur Deklination, Konjugation oder Wortart präsentiert. Zum Teil sind die Wortlisten recht lang. Sie müssen aber nicht alle Wörter gleichermaßen intensiv lernen. Die normal gedruckten Wörter benötigen Sie zwar für das Verständnis des

# Wegweiser

Textes, Sie müssen sie jedoch an dieser Stelle nicht aktiv beherrschen. Die fett gedruckten Wörter dagegen sollten Sie sehr gut lernen, sie gehören zum Grundwortschatz.

Im anschließenden Grammatikteil **Quid novi?** *Was gibt es Neues?* werden die Grammatikschwerpunkte der jeweiligen Lektion erläutert. Mithilfe von Erklärungen und zahlreichen Beispielen werden Sie Schritt für Schritt mit den neuen Strukturen vertraut gemacht. Sie müssen sich aber nicht erst durch die ganze Grammatik einer Lektion durcharbeiten, bevor Sie die Übungen machen können. Der gelbe Pfeil  hinter den Zwischenüberschriften verrät Ihnen, welche Übungen welchen Grammatikthemen zugeordnet sind. Wenn Sie einen grammatikalischen Begriff nicht verstehen, können Sie ihn in der Liste der **grammatischen Fachausdrücke** auf den Seiten 223–227 nachschlagen.

Danach heißt es Üben, Üben und nochmals Üben. Dazu dienen Ihnen die vielen Aufgaben in der Rubrik **Usus magister optimus est** *Übung ist der beste Lehrer.* Durch zahlreiche Übungstypen erhalten Sie die Gelegenheit, den Wortschatz und die neu erlernten grammatischen Strukturen vielfältig und abwechslungsreich zu festigen.

Weiterführende Informationen zum Lektionsthema finden Sie unter **Quis ignorat ...?** *Wer weiß nicht ...?* Das Alltagsleben in der Antike, Kultur, Kunst und Literatur, Politik und historische Zusammenhänge werden hier lebendig.

In der Rubrik **Utilia** *Nützliches* können Sie sich auf den Haupttext der Lektion vorbereiten: Besonderheiten des Lateinischen, Grammatiktipps, Übersetzungshilfen und vieles mehr verhelfen zum besseren Verständnis.

Anschließend folgt der Haupttext der Lektion, **Lectio alit ingenium** *Lektüre stärkt den Geist,* an dem Sie das Übersetzen üben und die zuvor gelernte Grammatik anwenden können. Verwendet wurden meist Originaltexte in leicht veränderter bzw. vereinfachter Form. Sie finden nicht nur klassische Autoren wie Cicero und Caesar, sondern auch Vertreter der nachklassischen Zeit wie Tacitus, Petron oder Seneca. Ihre Übersetzung können Sie im Anhang anhand einer Musterübersetzung überprüfen, die zusätzlich Erläuterungen zu schwierigen Konstruktionen bietet. Wenn Sie sich für die Ausgabe mit CDs entschieden haben, können Sie auf der CD ⊙ auch Aussprache, Rhythmus und Melodie der lateinischen Sprache erleben.

Im Anhang finden Sie eine tabellarische Übersicht über die Deklinationen und Konjugationen und wichtige Konjunktionen (**Grammatikübersicht**, Seite 228–250), dort können Sie problemlos und schnell nachschlagen, wenn Sie sich bei einer Form nicht ganz sicher sind. Sie können übrigens alle lateinischen Wörter, die im Buch vorkommen, auch im Glossar (Seite 269–288) am Ende des Buches nachschlagen. Dort finden Sie neben der Übersetzung auch die Angabe der Lektion, in der das Wort erstmalig vorkommt. Wenn Sie sich für die Ausgabe mit CDs entschieden haben, bieten wir Ihnen auf der CD-ROM zehn Texte auf Prüfungsniveau mit Musterübersetzungen und Kommentaren.

Nach jeweils fünf Lektionen können Sie Ihre Lernfortschritte anhand eines **Tests** überprüfen. Erst wenn Sie sich beim Lösen der Tests wirklich sicher fühlen, sollten Sie sich den nächsten Lektionen zuwenden. Die Auswertung und die Lösungen zu den Tests finden Sie ebenfalls im Anhang.

## Wie sollten Sie mit dem Buch arbeiten?

Grundsätzlich gilt hier wie beim Sprachenlernen überhaupt: Nehmen Sie sich nicht zu viele Seiten auf einmal vor. Üben Sie stattdessen lieber täglich – 30 Minuten reichen schon. Sie werden zwar Latein nicht sprechen, sollten sich aber dennoch mit den Ausspracheregeln auf S. 12 vertraut machen, um beim Vokabellernen oder beim Vorlesen von Sätzen oder Texten den richtigen Ton zu treffen. Wenn Sie vorhaben, eine Lateinprüfung abzulegen, ist es auch möglich, dass Sie einen kurzen Text vorlesen müssen. Wenn Sie sich für die Ausgabe mit CDs entschieden haben, können Sie die Aussprachebeispiele auch hören.

Bevor Sie nun mit der ersten Lektion beginnen, sollten Sie einen Blick auf die **grammatischen Fachausdrücke** auf den Seiten 223–227 werfen, denn ab Lektion 1 arbeiten Sie mit Begriffen wie Deklination, Attribut, Objekt usw. Machen Sie sich mit diesen Ausdrücken vertraut und vollziehen Sie deren Bedeutung an den dort aufgeführten Beispielen nach.

Und schon kann es losgehen mit der ersten Lektion. Mit dem Zitat und den Sachinformationen auf der ersten Seite können Sie sich gut auf die Lektion einstimmen.

Lesen Sie sich die Vokabelliste (**Verborum copia**) durch. Vielleicht sehen Sie bereits Wörter, deren Bedeutung Sie schon kennen, die Sie mit einem Ihnen geläufigen Fremdwort verknüpfen können oder die Ihnen auf andere Weise auffallen. Es handelt sich immer um eine relativ große Menge Vokabeln, die Sie nicht auf einmal lernen sollten, sondern in kleineren Portionen – zehn bis zwölf Vokabeln sind ideal. Lernen Sie die Vokabeln Stück für Stück mit, wenn Sie die einzelnen Rubriken abarbeiten: Sie sind der Reihenfolge ihres Vorkommens entsprechend geordnet.

Tipp: Schreiben Sie die Vokabeln auf kleine Karteikarten (das lateinische Wort auf die eine Seite, die deutsche Übersetzung auf die andere). So können Sie Ihre Lernvokabeln immer wieder neu mischen und sichergehen, dass Sie wirklich die jeweilige Vokabel wissen und sich nicht nur deren Position in der Vokabelliste gemerkt haben. Sie können für die Karteikarten einen Vokabelkasten anlegen, in dem Sie die Kärtchen nach Kenntnisgrad ordnen: z. B. sichere Kenntnis – gute Kenntnis, aber Wiederholung ist noch nötig – unsicher. Die Karten wandern dann idealerweise von unsicher zu sicher. Wichtig ist, dass Sie die Vokabeln immer wieder wiederholen, auch die sicheren Vokabeln sollten ab und zu aufgefrischt werden. Lassen Sie sich beim Lernen Eselsbrücken einfallen: ähnlich klingende Wörter, verwandte Wörter in den modernen Fremdsprachen oder auch zur Wortfamilie oder zum Wortfeld gehörende, bereits gelernte Wörter. So können Sie meist leichter auf die gelernte Bedeutung zurückgreifen.

## Wegweiser

Im Grammatikteil (**Quid novi?**) erwartet Sie ein zum Teil sehr umfangreiches Pensum. Auch hier bietet es sich an, den Stoff aufzuteilen und eventuell schon Übungen zu den einzelnen Bereichen zu machen. Die Deklinationen und Konjugationen sollten Sie auswendig lernen. Auch hier ist es hilfreich, wenn Sie sich eigene Übersichten oder Karteikarten mit den Tabellen anlegen und sie mit farbigen Markierungen o. ä. versehen. Nehmen Sie sich Zeit für die Grammatik, lesen Sie alles in Ruhe und bei Bedarf mehrfach durch und lassen Sie sich nicht abschrecken von den vielen neuen Formen und Begriffen, die auf Sie zukommen.

Nachdem Sie sich den Grammatikteil oder einzelne Grammatikthemen erarbeitet haben, sichern und prüfen Sie Ihr Verständnis mithilfe der Übungen (**Usus magister optimus est**). Sie können dafür das Buch nutzen oder auch ein Extraheft anlegen. So ist es Ihnen möglich, die Übungen mehrfach zu machen. Sie finden die **Lösungen** zu den Aufgaben im Anhang auf den Seiten 251–268. Dort können Sie jederzeit überprüfen, ob Sie alles richtig gemacht haben.

Für den Übersetzungstext am Ende der Lektion (**Lectio alit ingenium**) sollten Sie Ruhe und Zeit mitbringen. Lesen Sie die Überschrift und die Einleitung genau und danach zunächst einmal den gesamten Text. Vielleicht erkennen Sie schon beim ersten Lesen etwas Bekanntes, die handelnden Personen oder wiederkehrende Wörter, so dass Sie bereits erste Vermutungen und Erwartungen formulieren können. Wenn Sie sich für die Ausgabe mit CDs entschieden haben, hören Sie dazu auch den Text, der von einem Sprecher ausdrucksvoll vorgetragen wird.

Teilen Sie sich sehr lange Texte in kleinere Abschnitte ein. Gehen Sie nun langsam und Schritt für Schritt vor und wenden Sie an, was Sie gelernt haben. Versuchen Sie immer zu verstehen, worum es geht, und prüfen Sie, ob das, was Sie übersetzt haben, im Hinblick auf das bereits Übersetzte und das, was Sie sonst über den Text wissen, sinnvoll ist. Versuchen Sie, eine gute und verständliche deutsche Übersetzung zu finden. Dabei müssen die lateinischen und die deutschen Strukturen einander nicht immer vollständig entsprechen. Geben Sie nie gleich auf, wenn Sie Probleme mit einem Satz haben. Nutzen Sie Ihre Formenkenntnisse, analysieren Sie genau und probieren Sie verschiedene Möglichkeiten aus. Sie finden die Übersetzungen der Lektionstexte zur Kontrolle im Anhang auf den Seiten 205–222.

Viel Vergnügen und viel Erfolg!

# Inhaltsverzeichnis

Wegweiser ............................................................. 3
Abkürzungen .......................................................... 8
Lektionsübersicht .................................................... 9
Aussprache, Betonung und Schreibweise ..................... 12

Lektion 1 ........................... 13
Lektion 2 ........................... 25
Lektion 3 ........................... 37
Lektion 4 ........................... 51
Lektion 5 ........................... 65

Test 1 ................................................................. 79

Lektion 6 ........................... 81
Lektion 7 ........................... 93
Lektion 8 ........................... 105
Lektion 9 ........................... 117
Lektion 10 ......................... 129

Test 2 ................................................................. 141

Lektion 11 ......................... 143
Lektion 12 ......................... 155
Lektion 13 ......................... 167
Lektion 14 ......................... 179
Lektion 15 ......................... 191

Test 3 ................................................................. 203

Übersetzung der Lektionstexte ................................. 205
Grammatische Fachausdrücke .................................. 223
Grammatikübersicht ............................................... 228
Lösungen zum Lektionsteil ...................................... 251
Lösungen zu den Tests ........................................... 266
Glossar ............................................................... 269

# Abkürzungen

| | | | |
|---|---|---|---|
| *Abl* | Ablativ | *Kj* | Konjunktion |
| *Abl abs* | Ablativus absolutus | *KNG* | Kasus, Numerus, Genus |
| *AcI* | Accusativus cum Infinitivo | *Komp* | Komparativ |
| *Adj* | Adjektiv | *Konj* | Konjunktiv |
| *adj* | adjektivisch | *kons* | konsonantisch |
| *Adv* | Adverb | *lat* | lateinisch |
| *Akk* | Akkusativ | *m* | Maskulinum |
| *Akt* | Aktiv | *mil* | militärisch |
| *bes* | besonders | *myth* | mythisch/mythologisch |
| *Dat* | Dativ | *n* | Neutrum |
| *Dekl* | Deklination | *NcI* | Nominativus cum Infinitivo |
| *Dempron* | Demonstrativpronomen | *Nom* | Nominativ |
| *Dep* | Deponens | *NZ* | Nachzeitigkeit |
| *dopp* | doppelt | *Pass* | Passiv |
| *f* | Femininum | *pass* | passivisch |
| *Fut* | Futur | *PC* | Participium coniunctum |
| *gall* | gallisch | *Perf* | Perfekt |
| *Gen* | Genitiv | *Pers* | Person |
| *germ* | germanisch | *Perspron* | Personalpronomen |
| *gr* | griechisch | *PFA* | Partizip Futur Aktiv |
| *GS* | Gliedsatz | *Pl* | Plural |
| *GZ* | Gleichzeitigkeit | *Plusqu* | Plusquamperfekt |
| *HS* | Hauptsatz | *Posspron* | Possessivpronomen |
| *Imp* | Imperativ | *PPA* | Partizip Präsens Aktiv |
| *Impf* | Imperfekt | *PPP* | Partizip Perfekt Passiv |
| *Ind* | Indikativ | *Präp* | Präposition |
| *Indefpron* | Indefinitpronomen | *Präs* | Präsens |
| *indekl* | indeklinabel | *rel* | relativ |
| *indir* | indirekt | *relig* | religiös |
| *Inf* | Infinitiv | *Relpron* | Relativpronomen |
| *Interj* | Interjektion | *röm* | römisch |
| *Interrogpron* | Interrogativpronomen | *Semidep* | Semideponens |
| *jur* | juristisch | *Sg* | Singular |
| *K* | Konjugation | *subst* | substantivisch |
| *kelt* | keltisch | *VZ* | Vorzeitigkeit |

# Lektionsübersicht

| Texte | Themen/Nützliches | Grammatik | |
|---|---|---|---|
| **Einstiegstext** *De poetis* **Lektionstext** *Quis poeta optimus est?* | Wissenswertes zur Literatur der Römer Utilia: Übersetzen | Verben der ā- und ē-Konjugation im Indikativ Präsens Aktiv Das Verb *esse* Substantive und Adjektive der ā- und o-Deklination Die Satzglieder | **1** |
| **Einstiegstext** *De deis hominibusque* **Lektionstext** *Ira Latonae deae* | Die Götter der Griechen und Römer Utilia: Präpositionen mit Ablativ oder Akkusativ | Verben der 3. Konjugation Das Verb *īre* Der Imperativ Substantive der konsonantischen Deklination Die Personal- und Possessivpronomina Das Pronomen *is/ea/id* Funktionen des Ablativs | **2** |
| **Einstiegstext** *De magistris discipulisque* **Lektionstext** *Messalla de eruditione* | Bildung und Erziehung im antiken Rom Utilia: Substantivierte Adjektive | Verben der ī-Konjugation Der Indikativ Präsens Passiv Die Verben *posse* und *velle* Die Substantive der i-Deklination und der gemischten Deklination Die Adjektive der 3. Deklination Infinitiv und AcI | **3** |
| **Einstiegstext** *De otio et negotio* **Lektionstext** *Plinius urbem fugit* | Die römische Villenkultur Utilia: Substantivisch verwendete Pronomina | Deponentien Die Verben *mālle* und *nōlle* Die Demonstrativpronomina *hic*, *iste* und *ille* Die Reflexivpronomina Relativpronomina und Relativsätze Wort-, Satz- und Doppelfragen Funktionen des Akkusativs | **4** |
| **Einstiegstext** *De principiis* **Lektionstext** *Aeneas in Italiam proficiscitur* | Der Gründungsmythos Roms Utilia: Orts- und Richtungsangaben Briefformeln Römische Namen Übersetzen | Die Substantive der ē- und u-Deklination Das Adverb Das Prädikativum Die Komparation von Adjektiv und Adverb Adverbialsätze mit *dum*, *cum*, *quamquam* und *quod* Einige Funktionen von Genitiv und Ablativ | **5** |

# Lektionsübersicht

| Texte | Themen/Nützliches | Grammatik |
|---|---|---|
| **6 Einstiegstext** *De Hannibale* **Lektionstext** *De Carthaginiensium imperatore* | Rom und Karthago Utilia: „Man sagt ..." Die Übersetzung des AcI Häufige Wendungen | Die Vergangenheitstempora Imperfekt und Perfekt Die Zeitverhältnisse im AcI Die Konjunktionen *postquam*, *ubi*, *ut* und *cum* Das unregelmäßige Verb *ferre* Weitere Funktionen des Ablativs |
| **7 Einstiegstext** *De pictura* **Lektionstext** *De Apelle, pictore egregio* | Die Malerei der Antike Utilia: Komposita | Das Vergangenheitstempus Plusquamperfekt Weitere Funktionen der Konjunktion *cum* Die Pronomina *ipse* und *quidam* Der NcI Der verschränkte Relativsatz Der relative Satzanschluss Funktionen des Dativs |
| **8 Einstiegstext** *De conviviis* **Lektionstext** *Paete, revertere!* | Das römische Gastmahl Utilia: Verben mit AcI und Finalsatz Semideponentien | Der Konjunktiv Präsens und Perfekt Seine Verwendung und Übersetzung Das Gerundium Das Pronomen *idem* |
| **9 Einstiegstext** *De vitiis hominum* **Lektionstext** *Phaedrus de vitiis hominum* | Die antike Fabel Utilia: Der Genitivus possessivus mit *est*, *videtur*, *existimatur* | Der Konjunktiv Imperfekt und Plusquamperfekt Seine Verwendung und Übersetzung Die Zeitenfolge in konjunktivischen Gliedsätzen Das Verb *fieri* |
| **10 Einstiegstext** *De matronis pudicis* **Lektionstext** *De matrona pudicissima* | Frauen im alten Rom Utilia: Latein in den modernen Sprachen | Das Partizip Präsens Aktiv Die Verwendung der Partizipien Das Participium coniunctum Das Indefinitpronomen *aliquis* |

## Lektionsübersicht

| Texte | Themen/Nützliches | Grammatik | |
|---|---|---|---|
| **Einstiegstext** *De C. Iulio Caesare* **Lektionstext** *De Vercingetorige, Romanorum hoste* | Gaius Iulius Caesar Utilia: Hinweise zum Übersetzen Das historische Präsens und der historische Infinitiv | Der Ablativus absolutus Die Pronomina *quisquis*, *quicumque* und *quisque* | 11 |
| **Einstiegstext** *De philosophis* **Lektionstext** *Seneca de amicitia* | Antike Philosophie: die Stoa Utilia: Das Wörterbuch als nützliches Hilfsmittel | Das Gerundivum und seine Funktionen Unvollständige Verben Die Pronominaladjektive | 12 |
| **Einstiegstext** *De oratoribus* **Lektionstext** *Egredere, Catilina!* | Antike Rhetorik Utilia: *cum*: eine Übersicht Der *cursus honorum*, die Ämterlaufbahn zur Zeit Ciceros | Das Futur I und das Futur II Das Partizip Futur Aktiv und seine Verwendung Das Supinum I und II Konditionalsätze Eine weitere Funktion der Konjunktion *cum* | 13 |
| **Einstiegstext** *De Germanis* **Lektionstext** *De superbia Ariovisti* | Römer und Germanen Utilia: Sonderformen von Verben | Die indirekte Rede Die konjunktivischen Relativsätze Die römischen Zahlen | 14 |
| **Einstiegstext** *De M. Tullio Cicerone* **Lektionstext** *Cicero de morte* | Marcus Tullius Cicero Utilia: Tipps für eine Prüfungssituation | Die Gliedsätze mit *quominus* und *quin* Weitere Funktionen des Genitivs Stilistische Mittel | 15 |

# Aussprache, Betonung und Schreibweise

## Aussprache
Sie können fast alles so aussprechen, wie es geschrieben wird. Beachten Sie jedoch die folgenden Besonderheiten:

| | | |
|---|---|---|
| ae | *ai* (ältere lateinische Aussprache) oder *ä* | haec: [haic] oder [häc] |
| c | *k*, erst seit der späten Kaiserzeit vor *e*, *i*, *ae*, *oe*: *z* | cēna: [kēna] |
| gn | *ngn* | magnus: [mangnus] |
| i | vor Konsonant *i* | intellegere |
| | am Wortanfang vor Vokal und zwischen Vokalen *j* | iūs, iūdicium: [jūs], [jūdikium]<br>māior, huius: [major], [hujus] |
| oe | *oi* (ältere lateinische Aussprache) oder *ö* | coepī: [koipi] oder [köpi] |
| s | immer stimmlos wie *ß* | Caesar: [kaißar] |
| ti | *ti*, erst seit der späten Kaiserzeit *zi* | grātia: [gratia] |
| v | wie das englische *w* in *wine* oder *water*, seit dem 1. Jh. n. Chr. wie das deutsche *w* in Wasser | video: [wideo] |

## Betonung
Folgende Betonungsregeln sollten Sie beachten:
- Zweisilbige Wörter werden auf der vorletzten Silbe betont: **mī**les, **e**gŏ.
- Drei- und mehrsilbige Wörter werden auf der vorletzten Silbe betont, wenn diese lang ist: do**cē**re, o**rā**tor.
- Drei- und mehrsilbige Wörter werden auf der drittletzten Silbe betont, wenn die vorletzte kurz ist: **fa**cĕre, **crē**dĕre.

Eine Silbe ist ...
- von Natur aus lang, wenn sie einen langen Vokal oder einen Diphthong (ae, oe) enthält: a**mī**cus;
- auch lang, wenn auf einen kurzen Vokal zwei oder mehr Konsonanten, x oder z folgen (Positionslänge): a**gēns**. Ausgenommen ist hier jedoch die Verbindung von b, d, g, p, t, c mit l und r: **pa**trēs.

Lange Vokale sind in diesem Buch mit einem Balken gekennzeichnet: ā, ē, ī usw. Kann ein Vokal lang oder kurz sein, wird beides angeben: egŏ.

## Schreibweise
Für die Texte in diesem und den meisten anderen Lehrbüchern gilt: Eigennamen und Satzanfänge werden großgeschrieben, alle anderen Wörter werden kleingeschrieben. Satzzeichen werden den Regeln des Deutschen entsprechend gesetzt.

# Lektion 1

In dieser ersten Lektion lernen Sie:
- Verben der **ā- und ē-Konjugation** im Indikativ Präsens Aktiv
- das Verb **esse**
- Substantive und Adjektive der **ā- und o-Deklination**
- die **Satzglieder**

## De poetis

*Arma virumque cano, Troiae qui primus ab oris ...*

Die Waffen und den Mann besinge ich, der als Erster von Trojas Küsten ...

**Dies ist der** erste Vers aus dem Nationalepos der Römer, der *Aeneis* von Vergil, die zur Pflichtlektüre der Schüler im Unterricht beim **grammaticus** zählte. Gerade die ersten Verse seines Epos waren vielen ganz vertraut, was vor allem die zahlreichen Graffiti an Hauswänden der Stadt Pompeji zeigen, die diese Verse wiedergeben.

**Die Ursprünge der** lateinischen Sprache liegen weit vor der Zeit Cäsars und Ciceros, in der die Sprache zu der strengen und klassischen Form fand, mit der sich Lateinlerner hauptsächlich beschäftigen. Namensgebend sind die Latiner, ein Teilstamm des indogermanischen Stamms der Italiker, die um 1000 v. Chr. in das Gebiet des heutigen Italiens zogen und in der Tiberregion siedelten, wo auch die Stadt Rom entstand. Ringsumher existierte eine Vielzahl an Sprachen, wie z. B. Oskisch, Umbrisch und Etruskisch, und es war zum Teil unmöglich, sich ohne Dolmetscher zu verständigen. Die Sprache Roms erlangte zunächst Vorrang in ganz Latium, und nach und nach wurden mit voranschreitender Expansion alle anderen Sprachen verdrängt. In der frühen Kaiserzeit wurde in Italien fast nur noch Latein gesprochen. Auch auf der iberischen Halbinsel, in Gallien und Nordafrika hielt das Lateinische Einzug.

**Die Sprachform und** -stilistik der ciceronischen Zeit galten später als beispielhaft. Es wurde immer wieder darauf zurückgegriffen, etwa in der Renaissance, als Humanisten das Latein des Mittelalters als verdorben empfanden und Cicero als Sprach- und Stilvorbild wiederentdeckten. Natürlich war neben dieser stark ausgefeilten Schriftsprache auch die Sprache des Alltags lebendig, aus der sich nach und nach die romanischen Sprachen entwickelten.

# 1

## Verborum copia

Sie finden hier die Wörter der gesamten Lektion in der Reihenfolge ihres Auftretens. Die **fett** gedruckten Wörter sollten Sie besonders gut lernen, da sie zum Grundwortschatz gehören. Die Verben sind in der 1. Person Singular Präsens Aktiv und im Infinitiv angegeben (**canō, canere**). Bei den Substantiven stehen nach dem Nominativ die Genitivendung und das Genus (**poēta, ae** *m*), bei den Adjektiven finden Sie nach den maskulinen Formen die Endungen für Femininum und Neutrum (**prīmus, a, um**).

| | | | |
|---|---|---|---|
| **dē** *Präp + Abl* | von, über, von ... herab | **bonus, a, um** | gut |
| **poēta, ae** *m* | Dichter | philosophia, ae *f* | Philosophie |
| **arma, ōrum** *n, Pl* | Waffen | **clārus, a, um** | berühmt |
| **vir, ī** *m* | Mann | pulcher, chra, chrum | schön |
| canō, canere | besingen | **sedeō, sedēre** | sitzen |
| Trōia, ae *f* | Troja | **hodiē** *Adv* | heute |
| **quī** *Relpron* | der, welcher | **saepe** *Adv* | oft |
| **prīmus, a, um** | der erste | Horātius, ī *m* | Horaz, Q. Horatius Flaccus, röm. Dichter, 65–8 v. Chr. |
| **ā/ab** *Präp + Abl* | von, von ... her, von ... weg | | |
| ōra, ae *f* | Küste | | |
| grammaticus, ī *n* | Lehrer (an weiterführender Schule) | **Usus magister optimus est** | |
| | | **superō, superāre** | übertreffen, überlegen sein |
| **Quid novi?** | | **studeō, studēre** + *Dat* | sich bemühen um, streben nach |
| **laudō, laudāre** | loben | **soleō, solēre** + *Inf* | gewohnt sein zu tun, zu tun pflegen |
| **doceō, docēre** | lehren, belehren | adaequō, adaequāre + *Akk* | (einer Sache) gleichkommen, (etwas) erreichen |
| **sum, esse** | sein | | |
| dēsum, dēesse | fehlen, nicht helfen | | |
| adsum, adesse | da sein, anwesend sein, beistehen | cōnfirmō, cōnfirmāre | festigen, stärken, ermutigen |
| bibliothēca, ae *f* | Bibliothek | dēbellō, dēbellāre | niederkämpfen, besiegen |
| **amīcus, ī** *m* | Freund | | |
| **in** *Präp + Abl* | in, auf | **imperō, imperāre** + *Dat* | befehlen, herrschen über |
| **cum** *Präp + Abl* | mit | | |
| **verbum, ī** *n* | Wort | litterae, ārum *f, Pl* | Wissenschaft(en), wissenschaftliche Studien; Brief |
| **forum, ī** *n* | Forum (v. a. Forum Romanum), Marktplatz | | |
| | | **populus, ī** *m* | Volk |
| Quīntus, ī *m* | Quintus, röm. Vorname | **animus, ī** *m* | Geist, Herz |
| **fīlius, ī** *m* | Sohn | | |
| Lūcius, ī *m* | Lucius, röm. Vorname | | |

| | | | |
|---|---|---|---|
| Catullus, ī *m* | Catull, C. Valerius Catullus, röm. Dichter, ca. 84–54 v. Chr. | multō *Adv* | bei Weitem |
| | | nam *Kj* | denn |
| | | sed *Kj* | aber, sondern |
| ingenium, ī *n* | Begabung, (schöpferischer) Geist | Vergilius, ī *m* | Vergil, Publius Vergilius Maro, röm. Dichter, 70–19 v. Chr. |
| dērīdeō, dērīdēre | auslachen, verspotten | | |
| dēlectō, delectāre | erfreuen, unterhalten | | |
| iūdicium, ī *n* | Gericht, Gerichtsverhandlung | cēterī, ae, a | die übrigen, die anderen |
| nūgae, ārum *f, Pl* | poetische Kleinigkeiten | autem *Kj*, nachgestellt | aber |
| satura, ae *f* | Satire | Graecus, ī *m* | Grieche |
| multī, ae, a | viele | Rōmānus, ī *m* | Römer |
| doctus, a, um | gelehrt, gebildet | ut ait Vergilius | wie Vergil sagt |
| magnus, a, um | groß | neque *Kj* | und nicht, auch nicht, aber nicht |
| Rōmānus, a, um | römisch | | |
| Graecus, a, um | griechisch | umquam *Adv* | jemals |
| et *Kj* | und, auch | neque umquam | und/aber niemals |
| Amphīō, onis *m* | Amphio, gr. Vorname | laudāre solēs | du pflegst zu loben, du lobst gewöhnlich |
| iambus, ī *m* | (jambisches) Gedicht, Spottvers | certē *Adv* | gewiss, sicherlich |
| Marcus, ī *m* | Marcus, röm. Vorname | Lūcīlius, ī *m* | Lucilius, C. Lucilius, röm. Dichter, ca. 180–102 v. Chr, Begründer der röm. Satire |
| videō, vidēre | sehen | | |
| superbus, a, um | hochmütig, übermütig | | |
| ēgregius, a, um | hervorragend, ausgezeichnet | Cicerō, ōnis *m* | Cicero, M. Tullius Cicero, röm. Redner, Politiker und Philosoph, 106–43 v. Chr. |
| nōn | nicht | | |

**Lectio alit ingenium**

| | | | |
|---|---|---|---|
| quis? *Interrogpron* | wer? | disertus, a, um | redegewandt |
| -que *Kj* | und (das -que wird beim Übersetzen vorgezogen: iambi nugaeque = iambi et nugae) | perītus, a, um + *Gen* | erfahren, kundig, bewandert in |
| | | litterārum perītus | bewandert/kundig in den Wissenschaften |
| | | neque ... neque ... *Kj* | weder ... noch ... |
| valdē *Adv* | sehr | | |
| philosophus, ī *m* | Philosoph | quidem *Adv* | gewiss, freilich |
| Homērus, ī *m* | Homer, gr. Dichter, 8. Jh. v. Chr., Verfasser der Epen *Ilias* und *Odyssee* | iūre | zu Recht |

# 1

## Quid novi?

An dieser Stelle präsentieren wir Ihnen in übersichtlicher Form die Grammatikschwerpunkte jeder Lektion.

### 1. Die Verben der ā- und ē-Konjugation  Ü 1, 2, 5, 6, 8

Die lateinischen Verben gehören verschiedenen Konjugationen an. Man unterscheidet:
- ā-Konjugation (auch 1. Konjugation), z. B. **laudāre** *loben*,
- ē-Konjugation (auch 2. Konjugation), z. B. **docēre** *lehren*,
- konsonantische und kurzvokalische ĭ-Konjugation (zusammen auch 3. Konjugation),
- ī-Konjugation (auch 4. Konjugation).

Die Einteilung erfolgt je nach Auslaut des Präsensstammes. Sie lernen in dieser Lektion zunächst Verben der ā- und ē-Konjugation im Indikativ Präsens Aktiv kennen. Bei **laudāre** endet der Präsensstamm auf -ā- (**laudā-re**). Das Verb gehört also zur ā-Konjugation. Bei **docēre** endet der Präsensstamm auf -ē- (**docē-re**). **Docēre** gehört somit zur ē-Konjugation. Die Formen lauten:

|           |         | **laudāre**   | *loben*         | **docēre**    | *lehren*         |
|-----------|---------|---------------|-----------------|---------------|------------------|
| **Singular** | 1. Pers | laud-**ō**    | *ich lobe*      | doce-**ō**    | *ich lehre*      |
|           | 2. Pers | laudā-**s**   | *du lobst*      | docē-**s**    | *du lehrst*      |
|           | 3. Pers | lauda-**t**   | *er/sie/es lobt*| doce-**t**    | *er/sie/es lehrt*|
| **Plural**   | 1. Pers | laudā-**mus** | *wir loben*     | docē-**mus**  | *wir lehren*     |
|           | 2. Pers | laudā-**tis** | *ihr lobt*      | docē-**tis**  | *ihr lehrt*      |
|           | 3. Pers | lauda-**nt**  | *sie loben*     | doce-**nt**   | *sie lehren*     |

- In der 1. Person der ā-Konjugation entfällt das ā: **laudā-o** → **laudō**.
- Anders als im Deutschen müssen die Personalpronomen *(ich, du, …)* im Nominativ nicht gesondert erscheinen, sie werden vor allem bei besonderer Betonung hinzugefügt (→ Lektion 2, S. 31).
- Die konjugierten Formen (finite Verbformen) können hinsichtlich
  – der Person (1., 2. oder 3.),
  – des Numerus (Singular oder Plural),
  – des Tempus (Präsens, Imperfekt, Futur I, Perfekt, Plusquamperfekt und Futur II),
  – des Modus (Indikativ, Konjunktiv, Imperativ) und
  – des Genus verbi (Aktiv oder Passiv) bestimmt werden.

Somit ist die vollständige Bestimmung von **laudat** 3. Person Singular Indikativ Präsens Aktiv.

## 2. Das Verb *esse*   Ü 1, 2, 5

Das Verb *esse sein* gehört zu den unregelmäßigen Verben. Sie sollten es sich gut einprägen. Die Formen lauten:

| Singular | | | Plural | | |
|---|---|---|---|---|---|
| 1. Pers | su-m | *ich bin* | 1. Pers | su-mus | *wir sind* |
| 2. Pers | es | *du bist* | 2. Pers | es-tis | *ihr seid* |
| 3. Pers | es-t | *er/sie/es ist* | 3. Pers | su-nt | *sie sind* |

Zu dem Verb *esse* gibt es mehrere Komposita wie z. B. **deesse** *fehlen*, **adesse** *da sein*; die Formen sind im Wesentlichen die gleichen.

## 3. Die Substantive der ā- und o-Deklination   Ü 3, 4, 5, 6, 8

Wie die lateinischen Verben gehören auch die Substantive unterschiedlichen Gruppen an. Kriterium der Einteilung ist der Stammauslaut. Man unterscheidet:
- ā-Deklination (1. Deklination), z. B. **bibliothēca**, *Gen Sg* **bibliothēc-ae** *Bibliothek*,
- o-Deklination (2. Deklination), z. B, **amīcus**, *Gen Sg* **amīc-ī** *Freund*,
- konsonantische Deklination, i-Deklination und gemischte Deklination (alle drei zusammen werden auch als 3. Deklination bezeichnet),
- u-Deklination (4. Deklination),
- ē-Deklination (5. Deklination).

### ā-Deklination: bibliothēca, ae f *Bibliothek*

| | Singular | | Plural | |
|---|---|---|---|---|
| Nominativ | bibliothēc-a | *die Bibliothek* | bibliothēc-ae | *die Bibliotheken* |
| Genitiv | bibliothēc-ae | *der Bibliothek* | bibliothēc-ārum | *der Bibliotheken* |
| Dativ | bibliothēc-ae | *der Bibliothek* | bibliothēc-īs | *den Bibliotheken* |
| Akkusativ | bibliothēc-am | *die Bibliothek* | bibliothēc-ās | *die Bibliotheken* |
| Ablativ | (in) bibliothēc-ā | *(in der) Bibliothek* | (in) bibliothēc-īs | *(in den) Bibliotheken* |

### o-Deklination: amīcus, ī m *Freund*

| | Singular | | Plural | |
|---|---|---|---|---|
| Nominativ | amīc-us | *der Freund* | amīc-ī | *die Freunde* |
| Genitiv | amīc-ī | *des Freundes* | amīc-ōrum | *der Freunde* |
| Dativ | amīc-ō | *dem Freund* | amīc-īs | *den Freunden* |
| Akkusativ | amīc-um | *den Freund* | amīc-ōs | *die Freunde* |
| Ablativ | (cum) amīc-ō | *(mit dem) Freund* | (cum) amīc-īs | *(mit den) Freunden* |

# 1

| o-Deklination: | verbum, ī n Wort | | | |
|---|---|---|---|---|
| | **Singular** | | **Plural** | |
| Nominativ | verb-**um** | *das Wort* | verb-**a** | *die Worte* |
| Genitiv | verb-**ī** | *des Wortes* | verb-**ōrum** | *der Worte* |
| Dativ | verb-**ō** | *dem Wort* | verb-**īs** | *den Worten* |
| Akkusativ | verb-**um** | *das Wort* | verb-**a** | *die Worte* |
| Ablativ | verb-**ō** | *(durch das) Wort* | verb-**īs** | *(durch die) Worte* |

Das Lateinische hat **keine Artikel**. Sie müssen diese beim Übersetzen dem Kontext entsprechend hinzufügen: **amīcus** *der Freund* oder *ein Freund*.

Wie im Deutschen werden **drei Geschlechter** (Genus, *Pl* Genera) unterschieden: Maskulinum, Femininum und Neutrum.
▎ Die Substantive der ā-Deklination sind Feminina, allerdings gilt bei einigen Wörtern das natürliche Geschlecht: **poēta** *Dichter* folgt dem Deklinationsschema der ā-Deklination, ist aber maskulin.
▎ Die Substantive der o-Deklination auf **-us** sind Maskulina. Hinzu kommen Wörter wie **vir** *Mann*, die nicht die charakteristische Endung **-us** im Nominativ zeigen, aber ansonsten dem Deklinationsschema folgen.
▎ Die Substantive der o-Deklination auf **-um** sind Neutra. Sie zeigen im Nominativ und Akkusativ Singular und Plural jeweils die gleichen Formen.

**Hinweis:** In der Vokabelliste der Lektionen werden die Substantive folgendermaßen angegeben: **bibliothēca, ae** *f* oder **poēta, ae** *m*. Nach dem Nominativ folgt die Genitivendung oder auch das ganze Wort im Genitiv und dann *m*, *f* oder *n* für das Genus. Lernen Sie die Formen gleich von Anfang an so: **poēta, poetae,** *maskulin*. Dadurch können Sie später auch bei Überschneidungen von Endungen die Wörter ihren jeweiligen Deklinationen zuordnen und somit Formen korrekt identifizieren und übersetzen.

Im Lateinischen gibt es **sechs Fälle** (Kasus, *Pl* Kasus): Nominativ (wer oder was?), Genitiv (wessen?), Dativ (wem?), Akkusativ (wen oder was?), Ablativ (wo? wann? womit? wodurch? mit wem? woher?), Vokativ (Anrede).

Ablativ und Vokativ kennt das Deutsche nicht. Der **Ablativ** ist der vielseitigste Kasus des Lateinischen. Er steht mit und ohne Präpositionen und hat unterschiedliche Funktionen, die Sie im Laufe der Lektionen kennenlernen werden. Ausdrücke im Ablativ fungieren meist als adverbiale Bestimmungen und geben Umstände wie Ort, Zeit, Art und Weise, Mittel und Gründe an. In der vorliegenden Lektion begegnet Ihnen der Ablativ als Ablativ des Ortes (Ablativus loci) mit der Präposition **in**: **in bibliothēcā** *in der Bibliothek*, **in forō** *auf dem Forum*.

Der **Vokativ**, der Kasus der Anrede, erscheint in der Formenübersicht oben nicht, weil seine Formen bis auf einige Ausnahmen mit denen des Nominativs identisch sind. Abweichende Formen finden sich bei
- den Substantiven der o-Deklination auf **-us**; sie erhalten die Endung **-e**: **amīce, Quīnte**,
- den Substantiven der o-Deklination auf **-ius** wie **fīlius** *Sohn* oder bei dem Namen **Lūcius**. Die Formen lauten **fīlī** und **Lūcī**.

## 4. Die Adjektive der ā- und o-Deklination  Ü 5, 7, 8

Die Adjektive werden nach ihrer Zugehörigkeit zur ā- und o-Deklination und zur 3. Deklination unterschieden. Die Adjektive der ā- und o-Deklination folgen dem gleichen System wie die oben dargestellten Substantive. **Sie stimmen mit ihrem Bezugswort in Kasus, Numerus und Genus überein (Kongruenz).** Je nach Bezugswort bilden sie die passende Endung aus: **amīcus bonus, philosophia bona, verbum bonum.** Deshalb heißt es auch **poēta clārus** und nicht **clāra**, denn **poēta** ist maskulin, und somit zeigt auch das Adjektiv die maskuline Endung. Das Deklinationsschema des Adjektivs **clārus, a, um** *berühmt* lautet:

|     | Singular | | | Plural | | |
|     | m | f | n | m | f | n |
| --- | --- | --- | --- | --- | --- | --- |
| Nom | clār-us | clār-a | clār-um | clār-ī | clār-ae | clār-a |
| Gen | clār-ī | clār-ae | clār-ī | clār-ōrum | clār-ārum | clār-ōrum |
| Dat | clār-ō | clār-ae | clār-ō | clār-īs | clār-īs | clār-īs |
| Akk | clār-um | clār-am | clār-um | clār-ōs | clār-ās | clār-a |
| Abl | clār-ō | clār-ā | clār-ō | clār-īs | clār-īs | clār-īs |

Zu dieser Gruppe von Adjektiven gehören auch Adjektive auf **-er**, die im Nominativ Singular Maskulinum nicht die Endung **-us** haben: **pulcher, pulchra, pulchrum** *schön*: **verba pulchra** *schöne Worte*.

## 5. Satzglieder  Ü 9

Satzglieder können sein:
- **Subjekt:** Subjekte stehen im Nominativ, lassen sich mit „Wer oder was?" erfragen und stimmen mit dem finiten Verb im Numerus überein:
  **Amicus laudat.** *Der Freund lobt.*
- **Prädikat:** Zum Prädikat gehören die verbalen Teile im Satz: Vollverb oder Prädikatsnomen mit **esse**. Das Prädikat stimmt mit dem Subjekt im Numerus überein:
  **Amicus laudat.** *Der Freund lobt.*

XIX undeviginti

- **Objekt:** Satzergänzung z. B. im Dativ oder Akkusativ: Quintus **amicum** laudat. *Quintus lobt **den Freund**.*
- **Adverbiale Bestimmungen:** Adverbiale geben Auskunft über Zeit, Ort, Art und Weise, Mittel und Gründe: Amici **in bibliotheca** sedent. *Die Freunde sitzen **in der Bibliothek**.* Auch Adverbien wie **hodie** *heute* und **saepe** *oft* haben diese Funktion im Satz.
- **Attribute:** Sie sind nur Satzgliedteile und bestimmen Substantive näher: vir **bonus** *der **gute** Mann* oder **Quinti** amicus *der Freund **des Quintus**.*
- **Prädikatsnomen:** Es ist Teil des Prädikats, kann Substantiv oder Adjektiv sein und stimmt mit seinem Bezugswort (meist das Subjekt des Satzes) in Kasus, Numerus und Genus überein. Es bildet zusammen mit dem Hilfsverb **esse** das Prädikat: Horatius **poeta** est. *Horaz ist **ein Dichter**.* Horatius **clarus** est. *Horaz ist **berühmt**.*

## Usus magister optimus est

In dieser Rubrik festigen Sie die neuen grammatischen Strukturen zusammen mit dem Wortschatz der jeweiligen Lektion.

**1** Ordnen Sie die folgenden Verbformen in die Tabelle ein und vermerken Sie dahinter, zu welcher Konjugationsklasse die Verben gehören (ā-Konjugation, ē-Konjugation bzw. unregelmäßig).

> laudare ✔  sum  superamus  sunt  sedere  est  studetis
> doceo  es  docere  laudas  solemus  adaequat  desunt  laudatis
> studeo  sedet  confirmas  debellant  confirmamus  imperatis

| | |
|---|---|
| Infinitiv: | *laudare (a-Konjugation),* |
| 1. Person Singular: | *laudo* |
| 2. Person Singular: | *laudas* |
| 3. Person Singular: | *laudat* |
| 1. Person Plural: | *laudamus* |
| 2. Person Plural: | *laudatis* |
| 3. Person Plural: | *laudant* |

**2** Tragen Sie die Übersetzungen ein. Die markierten Buchstaben ergeben ein Wort.

1. *er befiehlt*: i m p e r a t
2. *sie ermutigen*: c o n f i r m a n t
3. *ihr seid*: e s t i s
4. *lehren*: d o c e r e
5. *ich fehle*: d e s u m
6. *wir bemühen uns*: s t u d e m u s

Lösungswort: ..................................

**3** Bestimmen Sie die Formen und ordnen Sie die Deklination zu. Nehmen Sie ein extra Blatt zur Hand.

1. forum — Nominativ/Akkusativ Singular Neutrum, o-Deklination
2. poetas
3. litteris
4. philosophiam
5. populos
6. amici
7. bibliothecarum

**4** Trennen Sie die Wörterkette und unterstreichen Sie alle Substantive im Dativ. Notieren Sie dann die Form im Nominativ, die Genitivendung und das Genus.

poetae | virum | animo | amicus | bibliothecae | Catulli | viro | poetas | populi | amicis | foro | philosophia | ingenia | litteris

*poetae: poeta, ae m,*

**5** Wie lautet das passende Prädikat?

1. viri — *desunt* — (deesse)
2. Quintus et Amphio — .................... — (laudare)
3. poetae Graeci — .................... — (clarus, a, um/esse)
4. vir — .................... — (doctus, a, um/esse)
5. iambi — .................... — (delectare)
6. Marcus — .................... — (sedere)

XXI viginti unus **21**

**6** Was passt nicht in die Reihe? Unterstreichen Sie.

1. poetis – amicis – litteris – sedetis – populis
2. derident – docent – imperant – delectare – superant
3. poeta – vir – iudicium – populus – animus
4. nugas – laudas – delectas – imperas – confirmas

**7** Ordnen Sie den Substantiven links jeweils ein passendes Adjektiv zu. Beachten Sie, dass Kasus, Numerus und Genus übereinstimmen müssen. Es kann mehrere Möglichkeiten geben.

| populus   viros   Horatio poetarum   satura   bibliothecarum amicum   ingenii | bonum   multorum   docto   magnarum claro   optimarum   Romanus   Graecum magni   multos   Romana   boni   doctos |
|---|---|

**8 a.** Wie lauten die Formen jeweils entsprechend im Singular bzw. Plural?

1. superas   *superatis*        4. deridet   .................
2. sedent   .................    5. vides     .................
3. doceo    .................    6. laudamus  .................

**b.** Hier kann es mehrere Möglichkeiten geben:

1. populi superbi   .................    3. amicorum bonorum   .................
2. vir egregius     .................    4. poetis claris       .................

**9** Bestimmen Sie in den folgenden Sätzen soweit wie möglich die Satzglieder Subjekt (S), Prädikat (P), Objekte – Dativ (DO) oder Akkusativ (AO) – und adverbiale Bestimmungen (AB). Kennzeichnen Sie auch Attribut (Attr) und Prädikatsnomen (PN) und übersetzen Sie anschließend mündlich.

    (S)                  P
1. Quintus poetarum nugas saepe laudat.
                                P
2. Populo Romano viri egregii non desunt.
                       P
3. Graecorum poetae clari sunt.
                              P          P
4. Quintus et Amphio in bibliotheca sedent. Litteris student.

# Quis ignorat ...?

Hier erhalten Sie weitere interessante Hintergrundinformationen, die Ihnen die Einordnung und Übersetzung des Lektionstextes erleichtern.

## Wissenswertes zur Literatur der Römer

Lange Zeit konnte Rom auf dem Gebiet der Literatur wenig aufweisen. Man weiß von juristischen und magischen Formeln, von Klageliedern und Possenspielen, nicht annähernd vergleichbar mit der Fülle an Gattungen, Formen und Stoffen, die die Griechen hervorgebracht hatten. Doch dies änderte sich ab 240 v. Chr. Der Dichter Livius Andronicus brachte griechische Dramen in lateinischer Übertragung auf die Bühne und übersetzte auch die *Odyssee* des griechischen Dichters Homer ins Lateinische. Die lateinische Literatur war geboren und bestand zunächst – bis auf einige Ausnahmen wie die Verssatire, die der Dichter Lucilius prägte –, aus Übersetzungen und Übertragungen griechischer Stücke, Gattungen und Versmaße – ein Lernprozess, bei dem auch die Sprache an Ausdrucksmöglichkeiten gewann.

Aus der großen Abhängigkeit von den griechischen Dichtern wurde in der Zeit der untergehenden Republik und der Herrschaft des Kaisers Augustus ein Wetteifern unter Könnern. Eine Vielzahl brillanter Autoren lebte und wirkte in dieser Zeit. Sie orientierten sich zwar an griechischen Mustern, schufen aber eigene Werke, die die Vorgänger noch übertreffen wollten. Ciceros Werk galt als Gipfel der Redekunst, Vergil schuf mit der *Aeneis* ein Epos, das für Generationen die Dichter in ihrem Schaffen beeinflusste, und im Bereich der Lyrik und der Satire ragte Horaz heraus. Deren Nachfolger orientierten sich nun nicht mehr an den Griechen, sondern an ihren einheimischen Vorbildern.

# Utilia

In dieser Rubrik finden Sie zusätzliche praktische Informationen rund ums Lateinische, darunter Tipps zur Übersetzung und Hinweise auf grammatische Besonderheiten.

## Übersetzen

Von Lektion zu Lektion werden die Sätze und Texte, die Sie übersetzen, länger und auch komplexer. Deshalb ist es wichtig, beim Übersetzen systematisch vorzugehen. Beispiel:
**Viri docti poetas laudant.**
Suchen Sie zunächst das Prädikat des Satzes und übersetzen Sie es: **laudant** – 3. Person Plural Indikativ Präsens Aktiv: *sie loben*. Das Prädikat gibt Ihnen Auskunft über den Numerus des Subjekts, das Sie als nächstes identifizieren. Sie suchen also eine Form im Nominativ Plural und fragen: Wer lobt? → **Viri docti ... laudant.** *Die gelehrten Männer loben.*
Haben Sie Prädikat und Subjekt identifiziert, so steht das Gerüst, das Sie nun nach und nach mit den noch übrigen Ergänzungen füllen. Im Beispielsatz tritt **poetas** noch als Akkusativobjekt dazu: Wen loben die gelehrten Männer? → *Die gelehrten Männer loben* **die Dichter.**

Hinweise:
- Beachten Sie, dass das **Subjekt manchmal im Prädikat verborgen** sein kann und nicht extra im Satz erscheint: **Poetas laudant.** *Sie loben die Dichter.* Mit „sie" ist in dem Fall noch das Subjekt des Vorsatzes gemeint.
- Nehmen Sie auch die **Konstruktionshinweise**, die Ihnen die Wortschatzliste oder Ihr Wörterbuch geben, unbedingt zur Kenntnis. So erfahren Sie z. B., dass das Verb **studere** ein Dativobjekt verlangt und dass dem Verb **solere** ein Infinitiv folgt. Diese Informationen sind wichtig für das Zuordnen und Übersetzen.
- Die **Wortstellung** ist im Lateinischen **relativ frei**. Eine ziemlich häufige Abfolge ist Subjekt – Objekt – Prädikat.

## Lectio alit ingenium

Unter diesem Titel finden Sie zum Abschluss den Lektionstext. Sie können jetzt alles, was Sie in der Lektion gelernt haben, direkt anwenden. Viel Erfolg!

### Quis poeta optimus est?

*Die Freunde Quintus und Amphio geraten in einen kleinen Literaturstreit.*

Quintus et Amphio in bibliotheca sedent. Poetarum iambi nugaeque animos amicorum valde delectant. Philosophorum verba animos confirmant. Hodie Amphio poetas Graecos laudat.

| | |
|---|---|
| *Amphio:* | Homerus clarus poetas Romanos multo superat, nam optimus poeta est. |
| *Quintus:* | Sed Catullus, Horatius Vergiliusque viri egregii sunt et ceteros poetas superant. |
| *Amphio:* | Graeci philosophiae et litteris student, Romani autem multis populis imperant et superbos debellant, ut ait Vergilius. Neque umquam ingenia poetarum Romanorum ingenia poetarum Graecorum adaequant. |
| *Quintus:* | Saturam autem saepe laudare soles. |
| *Amphio:* | Certe laudo, amice. Nam Lucilius et Horatius poetae populum derident et docent. |
| *Quintus:* | Cicero vir disertus peritusque litterarum est. Neque in foro neque in iudiciis amicis deest. |
| *Amphio:* | Ciceronem quidem iure laudas. Populo Romano neque poetae egregii neque viri diserti desunt. |

## Lektion 2

**Was Sie in dieser Lektion lernen:**
- Verben der **3. Konjugation**
- das Verb **īre**
- den **Imperativ**
- Substantive der **konsonantischen Deklination**
- die **Personal-** und **Possessivpronomina**
- das Pronomen **is/ea/id**
- Funktionen des **Ablativs**

## De deis hominibusque

*Di impia facta vident.* — Die Götter sehen gottlose Taten.

**Di pia facta vident** Die Götter sehen gottesfürchtige Taten heißt es eigentlich im Original in den *Fasten* 2, 117 des römischen Dichters Ovid (43 v. Chr. – 17 n. Chr.). Dass unsere Umdichtung aber durchaus passend ist, zeigt ein Blick in die antiken Geschichten über Götter und Menschen: Überhebliches oder nachlässiges Verhalten der Sterblichen gegenüber den Göttern bleibt dort nie verborgen und ohne Strafe.

**Bis heute werden** die menschlichen Grundthemen der jahrtausendealten antiken Mythen in Kunst und Literatur immer wieder aufgegriffen und von Neuem bearbeitet. Unsere Hauptquellen für die griechischen Mythen sind Dichtungen wie die *Theogonie* Hesiods und die *Ilias* und die *Odyssee* Homers. Bei diesen Dichtern wurden die zuvor nur mündlich überlieferten, aus verschiedenen Kulturen und Traditionen stammenden Stoffe zu komplexen Erzählungen, auf die spätere Dichter oft Bezug nahmen. In Dichtungen der Folgezeit traten noch neue Mythen hinzu, andere bereits bekannte wurden variiert. Häufig entstanden Gründungsmythen, mit denen sich zahlreiche Städte auf Heroen als Gründungsväter beriefen. Auch für Feste und Kulte entstanden Ursprungssagen. Diese finden sich zum Beispiel in den oben zitierten *Fasten* des Ovid, einem Sammelgedicht, das die Herkunft von Monatsnamen, Sternbildern, Festen und Kulten entlang des römischen Kalenders schildert.

**Für die Überlieferung** der griechisch-römischen Mythen sind vor allem die *Metamorphosen* Ovids bedeutsam. In diesem Epos sind zahlreiche Mythen versammelt, die in 15 Büchern von der Entstehung der Welt und der Menschen über Götter- und Heldensagen, mythische Geschichten über Troja und Rom bis hin in die Gegenwart des Dichters führen und oftmals in einer Verwandlung enden: Halbgötter und Menschen verwandeln sich als Strafe oder Erlösung in Vögel, Bäume, Quellen oder Sternbilder.

# 2

## Verborum copia

| | | | |
|---|---|---|---|
| deus, ī *m, Pl auch* dī | Gott | gaudeō, gaudēre + *Abl* | sich freuen über |
| homō, inis *m* | Mensch | sub *Präp* + *Abl* | unter |
| impius, a, um | gottlos, pflichtvergessen | arbor, oris *f* | Baum |
| factum, ī *n* | Tat | līberī, ōrum *m, Pl* | Kinder |
| pius, a, um | gottesfürchtig, gewissenhaft | dēpellō, dēpellere dē/ex + *Abl* | vertreiben von, verjagen aus |
| | | labor, ōris *m* | Mühe, Anstrengung |
| | | līberō, līberāre + *Abl* | befreien von |
| | | ē/ex *Präp* + *Abl* | aus, aus … heraus |

### Quid novi?

### Usus magister optimus est

| | | | |
|---|---|---|---|
| dīcō, dīcere | sagen | maledīcō, maledīcere | schmähen, lästern |
| cupiō, cupere | wünschen, begehren | tollō, tollere | aufheben, hochheben |
| eō, īre | gehen | | |
| abeō, abīre | weggehen | moveō, movēre | bewegen |
| redeō, redīre | zurückkehren | aspiciō, aspicere | erblicken |
| timeō, timēre | fürchten | relinquō, relinquere | zurücklassen |
| parcō, parcere + *Dat* | schonen | parō, parāre | vorbereiten, zu tun beabsichtigen |
| mūnus, eris *n* | Gabe, Geschenk | | |
| pūblicus, a, um | öffentlich | bibō, bibere | trinken |
| egŏ *Perspron* | ich | prohibeō, prohibēre (ā/ab) + *Abl* | abwehren, fernhalten von |
| tū *Perspron* | du | | |
| nōs *Perspron* | wir | vīvō, vīvere | leben |
| vōs *Perspron* | ihr | improbus, a, um | unredlich, schlecht |
| meus, a, um | mein | fūr, fūris *m* | Dieb |
| tuus, a, um | dein | timor, ōris *m* | Angst |
| suus, a, um | sein/ihr | submergō, submergere in + *Abl* | untertauchen, versenken in |
| noster, tra, trum | unser | | |
| vester, tra, trum | euer | sōl, sōlis *m* | Sonne |
| is/ea/id *Perspron, Dempron* | er/sie/es, dieser/diese/dieses | rāna, ae *f* | Frosch |
| | | silva, ae *f* | Wald |
| agricola, ae *m* | Bauer | longus, a, um | lang, lang dauernd |
| ager, agrī *m* | Feld | novus, a, um | neu |
| colō, colere | bebauen, pflegen, verehren | gelidus, a, um | (eis)kalt, frisch |
| | | concurrō, concurrere | zusammenlaufen |
| clāmor, ōris *m* | Geschrei | rāstrum, ī *n* | Hacke |
| pēs, pedis *m* | Fuß | cōnsīdō, cōnsīdere | sich setzen, sich niederlassen |
| aqua, ae *f* | Wasser | | |
| perturbō, perturbāre | aufwühlen, verwirren | stāgnum, ī *n* | Teich, Tümpel |
| īra, ae *f* | Zorn | | |
| ārdeō, ārdēre | glühen, brennen | | |
| dea, ae *f* | Göttin | | |

| | | |
|---|---|---|
| appropinquō, appropinquāre | sich nähern | |

**Utilia**

| | | |
|---|---|---|
| in *Präp + Akk* | in (... hinein) | |
| sub *Präp + Akk* | unter (... hinunter) | |
| ad *Präp + Akk* | zu, an (... heran), bei | |

**Lectio alit ingenium**

| | |
|---|---|
| Lātōna, ae *f* | Latona, Mutter von Apollo und Diana |
| peragrō, peragrāre | durchwandern, durchstreifen |
| iam *Adv* | schon |
| ūrō, ūrere | (ver)brennen |
| fessus, a, um | müde, erschöpft |
| forte *Adv* | zufällig |
| ibī *Adv* | dort |
| dīligentia, ae *f* | Sorgfalt |
| deinde *Adv* | darauf, danach |
| properō, properāre | eilen |
| tum *Adv* | da, dann |
| rogō, rogāre | fragen, bitten |
| cūr *Adv* | warum |
| membrum, ī *n* | Glied |
| abluō, abluere | abwaschen |
| sitis, is *f, Akk* sitim | Durst |
| Lyciī, ōrum *m, Pl* | Lykier, Einwohner von Lykien |
| precēs, um *f, Pl* | Bitte, das Bitten |
| nec *Kj* | und nicht, auch nicht, aber nicht |
| satis *Adv* | genug |
| etiam *Kj* | sogar, auch |
| atque *Kj* | und, und noch dazu |
| corrumpō, corrumpere | verderben |
| negō, negāre | verneinen, versagen |
| līber, era, erum + *Abl* | frei von |
| ōrō, ōrāre | bitten |
| nōn iam | nicht mehr |
| blandus, a, um | schmeichelnd |
| palma, ae *f* | (flache) Hand |
| caelum, ī *n* | Himmel |
| agedum *Sg*, agitedum *Pl* | wohlan!, auf! |
| aeternum *Adv* | für immer, ewig |
| iam ... iam ... | bald ... bald ... |
| collum, ī *n* | Hals |
| tumēscō, tumēscere | anschwellen |
| spīna, ae *f* | Rücken |
| vireō, virēre | grün sein |
| postrēmō *Adv* | zuletzt, schließlich |
| dēsinō, dēsinere | aufhören |
| Lycia, ae *f* | Lykien, Landschaft in Kleinasien |

# Quid novi?

## 1. Die Verben der 3. Konjugation   *Ü 1, 2*

Nach der ā- und der ē-Konjugation (→ Lektion 1, S. 18) lernen Sie nun die 3. Konjugation kennen. Sie umfasst die konsonantische und die kurzvokalische ĭ-Konjugation. Der Stamm der Verben der **konsonantischen Konjugation** endet auf einen Konsonanten: dīc-e-re *sagen*. Vor die Infinitivendung -re tritt ein kurzes -e-, das das Aufeinandertreffen zweier Konsonanten verhindert. Zwischen Stamm und Personalendung erscheint außer in der 1. Person Singular der Bindevokal -i-, in der 3. Person Plural der Bindevokal -u-.

Die Verben der **kurzvokalischen Konjugation** (z. B. **cup-e-re** *wünschen*) weisen – abweichend von der konsonantischen Konjugation – in der 1. Person Singular und in der 3. Person Plural zusätzlich ein kurzes -i- auf. Die Formen im Indikativ Präsens Aktiv lauten:

| konsonantische Konjugation dīcere *sagen* | | | | kurzvokalische ĭ-Konjugation cupere *wünschen* | | | |
|---|---|---|---|---|---|---|---|
| Sg | dīc-ō | Pl | dīc-i-mus | Sg | cup-i-ō | Pl | cup-i-mus |
|    | dīc-i-s |    | dīc-i-tis |    | cup-i-s |    | cup-i-tis |
|    | dīc-i-t |    | dīc-u-nt |    | cup-i-t |    | cup-i-u-nt |

## 2. Das Verb īre  Ü 3

Mit **īre** *gehen* lernen Sie ein wichtiges Verb kennen, zu dem eine Reihe häufig gebrauchter Komposita gehören, die im Wesentlichen alle dem gleichen Konjugationsmuster folgen. In dieser Lektion begegnen Ihnen die Verben **abīre** *weggehen* und **redīre** *zurückkehren*. Die Formen von īre lauten im Indikativ Präsens Aktiv Singular eō, īs, it, im Plural īmus, ītis, eunt.

## 3. Der Imperativ  Ü 4, 5

Im Lateinischen werden drei Modi (Aussageweisen) unterschieden. Sie haben bereits den **Indikativ** kennengelernt, die Wirklichkeitsform (→ Lektion 1, S. 18). Die anderen beiden Modi sind der **Konjunktiv**, die Möglichkeitsform, und der **Imperativ**, die Befehlsform. Mit dem Imperativ Präsens werden Aufforderungen an die 2. Person Singular und Plural ausgedrückt.
- Bei den Verben der ā- und ē-Konjugation entspricht der Imperativ Singular dem Stamm, im Plural wird die Endung **-te** an den Stamm angehängt.
- Bei den Verben der 3. Konjugation tritt ein **-e** hinzu, im Plural wird die Endung **-te** an den Bindevokal **-i-** angefügt.

|  | Sg | Pl |
|---|---|---|
| laudāre *loben* | laudā! *lobe!* | laudā-te! *lobt!* |
| timēre *fürchten* | timē! *fürchte!* | timē-te! *fürchtet!* |
| parcere *schonen* | parc-e! *schone!* | parc-i-te! *schont!* |

Ausnahme: Der Imperativ Präsens Singular von **dīcere** *sagen* lautet **dīc!** *sag!*, der Plural wird regelmäßig gebildet: **dīcite!** *sagt!* Die Imperativformen der unregelmäßigen Verben **esse** und **īre** lauten **es!** *sei!*/**este!** *seid!* und **ī!** *geh!*/**īte!** *geht!*

## 4. Die Substantive der 3. Deklination: konsonantische Deklination  Ü 4, 6, 8

Im Gegensatz zu den Substantiven der ā- und o-Deklination (→ Lektion 1, S. 19) kann der Nominativ bei den Substantiven der 3. Deklination ganz unterschiedlich aussehen, z. B. **hom-ō, hom-in-is** *m Mensch, Mann* oder **mūn-us, mūn-er-is** *n Gabe*: Erst im Genitiv Singular wird der jeweilige Wortstamm ersichtlich, an den die Kasusendungen treten. Lernen Sie also immer auch die Genitivform mit!

Zur 3. Deklination gehören die konsonantische Deklination, die i-Deklination und die gemischte Deklination. Sie lernen zunächst die Substantive der **konsonantischen Deklination** kennen. Sie werden so genannt, weil ihr Wortstamm auf einen Konsonanten ausgeht. Es können alle drei Genera vorkommen. Die Ausgänge von Maskulinum und Femininum sind immer gleich (hier ist exemplarisch ein Substantiv im Maskulinum dekliniert). Bei den Neutra haben Nominativ und Akkusativ die gleichen Endungen.

|     | **homō, inis** *m Mensch, Mann* | | **mūnus, eris** *n Gabe* | |
|-----|----------|-------------|----------|-------------|
|     | Sg       | Pl          | Sg       | Pl          |
| Nom | homō     | homin-ēs    | mūnus    | mūner-a     |
| Gen | homin-is | homin-um    | mūner-is | mūner-um    |
| Dat | homin-ī  | homin-ibus  | mūner-ī  | mūner-ibus  |
| Akk | homin-em | homin-ēs    | mūnus    | mūner-a     |
| Abl | homin-e  | homin-ibus  | mūner-e  | mūner-ibus  |

Jetzt steht Ihnen schon eine ganze Menge unterschiedlicher Formen zur Verfügung. Denken Sie daran, dass Ihnen nun auch die Substantive der 3. Deklination zusammen mit Adjektiven der ā- und o-Deklination begegnen können, z. B. **homo egregius** *ein hervorragender Mann* oder **munus publicum** *die öffentliche Gabe*. Auch wenn die Endungen äußerlich unterschiedlich sind, stimmen Substantiv und Adjektiv in Kasus, Numerus und Genus überein, die Formen folgen lediglich unterschiedlichen Bildungsmustern!

## 5. Die Personalpronomina der 1. und 2. Person  Ü 10

Die Personalpronomina werden im Nominativ selten verwendet, da die konjugierte Verbform allein bereits die Person mit ausdrückt. In diesem Kasus stehen sie nur bei besonderer Betonung oder Gegenüberstellung. In den übrigen Kasus treten sie ziemlich häufig auf. Beachten Sie, dass im Ablativ die Präposition **cum** *mit* an das Pronomen angehängt wird.

|       | 1. Pers Sg   |         | 2. Pers Sg |         | 1. Pers Pl        |         | 2. Pers Pl        |         |
|-------|--------------|---------|------------|---------|-------------------|---------|-------------------|---------|
| Nom   | egŏ          | ich     | tū         | du      | nōs               | wir     | vōs               | ihr     |
| Gen   | meī          | meiner  | tuī        | deiner  | nostrī/ nostrum   | unser   | vestrī/ vestrum   | euer    |
| Dat   | mihĭ         | mir     | tibĭ       | dir     | nōbīs             | uns     | vōbīs             | euch    |
| Akk   | mē           | mich    | tē         | dich    | nōs               | uns     | vōs               | euch    |
| Abl   | dē mē/       | über mich/ | dē tē/  | über dich/ | dē nōbīs/      | über uns/ | dē vōbīs/      | über euch/ |
|       | mēcum        | mit mir | tēcum      | mit dir | nōbīscum          | mit uns | vōbīscum          | mit euch |

## 6. Die Possessivpronomina   Ü 7, 10

Zu jedem Personalpronomen gibt es auch ein Possessivpronomen. Die Possessivpronomina werden wie die Adjektive der ā- und o-Deklination dekliniert.

| Sg      |                   |           | Pl      |                      |        |
|---------|-------------------|-----------|---------|----------------------|--------|
| 1. Pers | meus, a, um       | mein      | 1. Pers | noster, tra, trum    | unser  |
| 2. Pers | tuus, a, um       | dein      | 2. Pers | vester, tra, trum    | euer   |
| 3. Pers | suus, a, um       | sein, ihr | 3. Pers | suus, a, um          | ihr    |

Die Possessivpronomina passen sich ihrem Bezugswort in Kasus, Numerus und Genus an: **amicus meus** *mein Freund*, **poetae nostri** *unsere Dichter*, **muneribus vestris** *durch eure Gaben*.

## 7. Das Pronomen *is/ea/id* (Personalpronomen der 3. Person)   Ü 9, 10

Als Personalpronomina der 3. Person dienen die Formen von **is/ea/id** *er/sie/es*. Die Formen sind im Gen und Dat Sg für alle drei Geschlechter gleich, deshalb werden sie in der Tabelle nur einmal genannt. Das Gleiche gilt für den Dat und Abl Pl.

|     | Sg    |       |     | Pl        |        |        |
|-----|-------|-------|-----|-----------|--------|--------|
|     | m     | f     | n   | m         | f      | n      |
| Nom | is    | ea    | id  | eī (iī)   | eae    | ea     |
| Gen |       | eius  |     | eōrum     | eārum  | eōrum  |
| Dat |       | eī    |     | eīs (iīs) |        |        |
| Akk | eum   | eam   | id  | eōs       | eās    | ea     |
| Abl | eō    | eā    | eō  | eīs (iīs) |        |        |

- **Is/ea/id** verweist auf bereits Genanntes zurück: Viri deos derident. **Eos** non timent.
  *Die Männer verspotten die Götter. Sie fürchten sie (= die Götter) nicht.* Das Personalpronomen **eos** verweist also zurück auf **deos** *die Götter.*
- **Is/ea/id** kann auch zu einem Substantiv treten und damit die Funktion eines (schwachen) Demonstrativpronomens annehmen. Es wird dann mit *dieser/diese/dieses* übersetzt, z. B. **ea verba** *diese Worte.*
- Die Genitivformen **eius** und **eorum/earum/eorum** dienen als Possessivpronomina der 3. Person. Der Unterschied zum Possessivpronomen **suus, a, um** *sein/ihr* besteht darin, dass **suus** reflexiv ist, d. h., dass es auf das Subjekt des Satzes zurückweist, **eius** bzw. **eorum/earum/eorum** jedoch nicht. Ein Beispiel:

| | |
|---|---|
| Agricolae **agros suos** colunt. *Die Bauern bebauen **ihre** Felder.* → Es handelt sich um ihre eigenen Felder. | Agricolae **agros eorum** colunt. *Die Bauern bebauen **ihre**/**deren** Felder.* → Die Felder gehören nicht den Bauern. |

**Suos** verweist also auf das Subjekt des Satzes **agricolae** zurück, **eorum** dagegen auf einen anderen, hier nicht genannten Besitzer.

## 8. Häufige Funktionen des Ablativs  Ü 11

In dieser Lektion begegnet Ihnen der Ablativ in einigen häufig auftretenden Funktionen. Mit der folgenden Tabelle erhalten Sie einen kurzen Überblick.

| | |
|---|---|
| **magno clamore** *mit/unter großem Geschrei* **iure** *zu Recht* | Der **Ablativus modi** drückt aus, wie bzw. auf welche Weise etwas geschieht oder getan wird. Er steht manchmal auch mit der Präposition **cum**: **cum clamore** *mit Geschrei* |
| **pedibus aquam perturbare** *mit den Füßen das Wasser aufwirbeln* | Mit dem **Ablativus instrumenti** wird ein Mittel oder Werkzeug angegeben. |
| **irā ardere** *vor Zorn brennen/glühen* **deae verbis gaudent** *sie freuen sich über die Worte der Göttin* | Hier liegt der **Ablativus causae** vor. Er bezeichnet Grund und Ursache einer Handlung. |
| **in bibliothecā** *in der Bibliothek* **sub arbore** *unter einem Baum* | Mit dem **Ablativus loci** wird der Ort angegeben. |
| **cum liberis suis** *mit ihren Kindern* **mecum/tecum** *mit mir/mit dir* | Der **Ablativus sociativus** steht mit der Präposition **cum**. Er ist der Ablativ der Begleitung und antwortet auf die Frage „Mit wem?" |
| **de agris depellere** *von den Feldern vertreiben* **laboribus liberare** *von Strapazen befreien* | Der **Ablativus separativus** antwortet auf die Fragen „Woher?", „Wovon?" Er steht bei Verben mit der Bedeutung *befreien, entfernen, abhalten* und tritt mit und ohne die Präpositionen **a/ab**, **e/ex** und **de** auf. |

# 2 Usus magister optimus est

**1** Welche der jeweils drei Formen steht richtig im Indikativ Präsens Aktiv? Streichen Sie die falschen Formen durch und bestimmen Sie die richtige mit Person und Numerus sowie der Konjugationsklasse (ā-, ē- oder 3. Konjugation) und übersetzen Sie.

1. ~~maledices~~
   ~~maledicant~~
   maledicunt
   
   *3. Pers Pl, 3. K:*
   *sie lästern*

2. gaudas
   gaudunt
   ⟩ gaudeo
   
   ..................
   ..................

3. tollamus
   tollimus
   ✗ tollemus
   
   ..................
   ..................

4. ✗ perturbatis
   perturbimus
   perturbunt
   
   ..................
   ..................

5. movitis
   ⟩ moves
   movat
   
   ..................
   ..................

6. aspico
   aspiciunt
   aspicemus
   
   ..................
   ..................

**2** Setzen Sie die Formen jeweils in den Singular bzw. Plural.

1. relinquo  *relinquimus*
2. parant ..................
3. bibit ..................
4. prohibetis ..................
5. vivis ..................
6. cupimus ..................

**3** Bilden Sie die jeweils noch fehlenden Formen. Bringen Sie dann die Personalformen in die richtige Reihenfolge, indem Sie die Ziffern 1 bis 6 in die Kästchen eintragen.

1. abis ☐, abimus ☐, abitis ☐, abeo *1*, .............. ☐, .............. ☐
2. eo ☐, eunt ☐, it ☐, itis ☐, .............. ☐, .............. ☐
3. redis ☐, reditis ☐, redeunt ☐, redeo ☐, .............. ☐, .............. ☐

**4** Handelt es sich bei den folgenden Formen um Imperative oder Wörter im Ablativ?

| labore | ite | dea | bibe | lauda | pede | parcite |
| munere | | timore | depelle | submerge | | arbore |

Imperativ: ..................................................
Ablativ: ..................................................

**5** Suchen Sie aus dem Kasten die passenden Imperative heraus. Übersetzen Sie und bilden Sie dann die entsprechende Form im Singular bzw. Plural.

| parcite! | stude! | colite! | depelle! | timete! ✔ | laudate! |

1. *Timete* deos, improbi viri! *Fürchtet die Götter, ihr schlechten Männer!*
   *Time deos, improbe vir!*
2. .............. furem, amice! ..............
3. .............. agros, agricolae! ..............
4. .............. liberis nostris! ..............
5. .............. ingenia poetarum Graecorum, filii! ..............
6. .............. litteris! ..............

**6** In welchen Paaren stehen beide Substantive im selben Kasus? Verbinden Sie diese mit der Konjunktion **-que** und nennen Sie den Kasus.

| aquae + solis ✔ | philosophiam + litteras | hominis + ranis |
| forum + iudicia | homines + populi | poetae + dei | labori + verbo |
| munerum + agrum | silvas + arbores | clamori + viri |

*aquae solisque (Gen),* ..............
..............

**7** Bilden Sie die jeweils passende Form des angegebenen Possessivpronomens.

1. liberorum .............. (meus)
2. iram .............. (noster)
3. clamore .............. (tuus)
4. muneris .............. (vester)
5. verba .............. (suus)
6. agros .............. (noster)

**8** Bestimmen Sie die Formen, bilden Sie das Adjektiv in der passenden Form und übersetzen Sie die Wortverbindung. Es kann mehrere Möglichkeiten geben.

1. labori (longus, a, um) *Dat Sg, labori longo, der langen Mühe*
2. arbores (multi, ae, a) ..................
3. hominis (egregius, a, um) ..................
4. munere (optimus, a, um) ..................
5. verba (novus, a, um) ..................
6. aqua (gelidus, a, um) ..................

**9** Ersetzen Sie die hervorgehobenen Wörter durch Formen von **is/ea/id**.

1. Liberi *deam* vident.           ..................
2. Dei *hominibus* non parcunt.    ..................
3. Colite *agros vestros*!          ..................
4. *Munus* viros delectat.          ..................

**10** Unterstreichen Sie das jeweils passende Pronomen und übersetzen Sie.

1. *Nostri/Nostrae/Nostra* dei boni sunt. ..................
2. Parce *me/mihi/de* me! ..................
3. *Eos/Eis/Eorum* timemus. ..................
4. Redite *mihi/me/mecum* in forum. ..................
5. *Ei/Id/Eo* non video. ..................
6. Amicus *mei/meos/meus tibi/de te/te* laudare solet. ..................

**11** Übersetzen Sie die Sätze und bestimmen Sie die Funktion der Ausdrücke im Ablativ.

1. Agricolae magno clamore concurrunt. ..................
2. Viri deam rastris de agris suis depellunt. ..................
3. Liberi deae sub arbore considunt. ..................
4. Ranae in stagno vivunt. ..................

# Quis ignorat ...?

## Die Götter der Griechen und Römer

Von den Göttern der antiken Mythologie sind Ihnen sicher einige bekannt, etwa der Göttervater Zeus, seine eifersüchtige Ehefrau Hera oder auch die schöne Aphrodite. Die Mythen- und Götterwelt der Griechen war im Laufe der Jahrhunderte zu einem hochkomplexen System gereift. Man kannte göttliche Herrschaftsabfolgen, Verwandtschaftslinien und feste Wirkungsbereiche der Götter. Ein derartig ausgeprägtes System findet sich bei den Römern zunächst nicht. Sie vermuteten in allen Bereichen der Natur göttliche Kräfte und verehrten italische und römische Gottheiten wie Vesta, die Göttin des Herdes und spätere Beschützerin des Staates, Ceres, die Göttin des Ackerbaus und der Fruchtbarkeit, Ianus, den doppelköpfigen Gott der Türen und Tore. Neben diesen Gottheiten kannten die Römer die Penaten und Laren, die Schutzgötter des Hauses, sowie die Manen, die Seelen der Verstorbenen. Im Verlauf des 5. Jh. v. Chr. begannen die Römer, griechische Gottheiten und deren Geschichten in ihren Götterkreis zu übernehmen und griechische und römische Götter, die ähnliche Aufgaben hatten, miteinander zu identifizieren.

Neben einer Vielzahl anderer Götter wurden sowohl in Griechenland als auch in Rom die **zwölf olympischen Götter** besonders verehrt, als deren Wohnsitz der Berg Olymp galt:

| gr. Name | röm. Name | Funktion |
| --- | --- | --- |
| Zeus | Jupiter | Göttervater |
| Hera | Juno | Göttermutter, Frau des Zeus/Jupiters |
| Athene | Minerva | Göttin der Künste und Wissenschaften |
| Apollon | Apollo | Gott der Dichtkunst und Weissagung |
| Demeter | Ceres | Göttin des Ackerbaus und der Fruchtbarkeit |
| Artemis | Diana | Göttin der Jagd |
| Ares | Mars | Gott des Krieges |
| Hermes | Merkur | Gott der Reisenden, der Diebe und des Handels, Götterbote |
| Poseidon | Neptun | Gott des Meeres |
| Aphrodite | Venus | Göttin der Liebe und Schönheit |
| Hestia | Vesta | Göttin des Herdfeuers und des Familienlebens |
| Hephaistos | Vulcanus | Gott des Feuers und der Schmiedekunst |

# Utilia

## Präpositionen mit Ablativ oder Akkusativ

Die meisten Präpositionen stehen mit Ablativ oder Akkusativ. Einige kennen Sie schon:
- Mit **Ablativ** stehen: **a/ab** *von ... weg, her*, **e/ex** *aus*, **de** *von ... herab, über*, **cum** *mit*.
- Die Präposition **ad** *zu, an (... heran)*, **bei** zieht den **Akkusativ** nach sich: **ad stagnum** *an den Teich (heran)*.

# 2

Meist kann nur ein Kasus folgen, die Präpositionen **in** und **sub** können aber sowohl mit Akkusativ als auch mit Ablativ stehen. Dann gibt es Bedeutungsunterschiede, die Sie beachten müssen: Folgt auf **in** der Akkusativ, wird die Richtung angegeben („Wohin?"): **in bibliothecam** *in die Bibliothek*, **sub arborem** *unter den Baum*. Mit dem Ablativ wird dagegen der Ort ausgedrückt („Wo?"): **in bibliotheca** *in der Bibliothek*, **sub arbore** *unter dem Baum*. Sehen Sie genau hin, um die richtige Übersetzung zu treffen!

## Lectio alit ingenium

### Ira Latonae deae

*Die Göttin Latona, Mutter der Zwillinge Apollo und Diana, gelangt mit ihren Kindern nach Lykien. Erschöpft von ihrem weiten Weg will sie an einem Teich rasten und Wasser trinken.*

Latona silvas orasque multis laboribus peragrat.
Iam sol agros urit. Dea fessa aquam gelidam
bibere cupit. Forte stagnum aspicit. Ibi agricolae
agros suos magnā diligentiā colunt.
Latona eis appropinquat, deinde cum liberis suis
ad stagnum properat et aquam bibere parat.
Tum agricolae concurrunt et eam magnis
clamoribus a stagno prohibent: „Depellite
furem de agris nostris, amici!"
Tum dea eos rogat: „Cur nos ab aqua prohibetis?
Parcite nobis, o viri boni! Non nostra membra
abluere paro, sed sitim depellere et sub arbore
considere cupio. Liberate nos iis laboribus!"
Lycii autem deam derident. Neque verba neque
preces animos eorum movent. Nec satis est:
Viri etiam aquam pedibus rastrisque perturbant
atque corrumpunt.
Latona dea irā ardet: „Vos deae munera publica
negatis? Timete iram meam!"
Agricolae autem timore liberi sunt et eius irā gaudent. Dea non iam blandis verbis orat rogatque, sed palmas ad caelum tollit: „Di magni, videte impia facta eorum hominum! Agitedum, improbi viri, vivite aeternum in eo stagno!"
Iam colla tumescunt, iam spinae virent. Postremo novae ranae membra sua in aqua submergunt nec sub aqua maledicere desinunt.
Dea autem abit, novas ranas relinquit neque umquam in Lyciam redit.

(nach Ovid, *Metamorphosen* VI, 339–381)

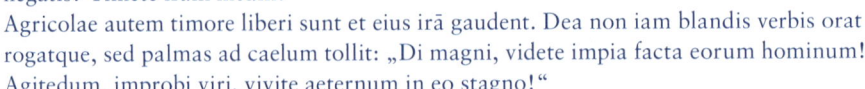

## Lektion 3

**Worum es in dieser Lektion geht:**
- die Verben der **ī-Konjugation**
- den **Indikativ Präsens Passiv**
- die Verben **posse** und **velle**
- die **Substantive** der **i-Deklination** und der **gemischten Deklination**
- die **Adjektive** der **3. Deklination**
- **Infinitiv** und **AcI**

## De magistris discipulisque

| I | Marcus Porcius Cato dicit morem maiorum summum bonum esse. | I | Marcus Porcius Cato sagt, dass die Sitte der Vorfahren das höchste Gut sei. |
|---|---|---|---|
| II | Marci Porcii Catonis dictum audimus morem maiorum summum bonum esse. | II | Wir hören den Ausspruch des Marcus Porcius Cato, dass die Sitte der Vorfahren das höchste Gut sei. |
| III | Marco Porcio Catoni placet dicere morem maiorum summum bonum esse. | III | Marcus Porcius Cato gefällt es zu sagen, dass die Sitte der Vorfahren das höchste Gut sei. |
| IV | Constat Marcum Porcium Catonem morem maiorum summum bonum esse dicere solere. | IV | Es steht fest, dass Marcus Porcius Cato zu sagen pflegt, dass die Sitte der Vorfahren das höchste Gut sei. |
| V | A Marco Porcio Catone dictum accipimus morem maiorum summum bonum esse. | V | Wir erhalten von Marcus Porcius Cato den Ausspruch, dass die Sitte der Vorfahren das höchste Gut sei. |
| VI | O tu Marce Porci Cato, tu dicis morem maiorum summum bonum esse. | VI | Marcus Porcius Cato, du sagst, dass die Sitte der Vorfahren das höchste Gut sei. |

(nach *Grammatici Latini* 1, 310)

**Ähnliche Deklinationsübungen wurden** römischen Schülern in der Sprach- und Literaturschule von ihrem Lehrer, dem **grammaticus**, abverlangt. Neben Disziplinen wie Geometrie, Arithmetik und Astronomie befassten sich die Schüler vor allem mit Sprache und mit den Werken griechischer und römischer Autoren, deren Texte inhaltlich und formal analysiert wurden. Auch Aussprüche berühmter Persönlichkeiten waren Unterrichtsgegenstand und wurden nicht nur in Aufsätzen behandelt, sondern auch für Grammatikübungen genutzt, ähnlich wie unser (erdachter) Ausspruch des Staatsmannes Marcus Porcius Cato.

XXXVII triginta septem

# Verborum copia

In dieser Lektion begegnen Ihnen zum ersten Mal auch zwei- und einendige Adjektive. Bei den dreiendigen Adjektiven wird – wie bisher – der Nominativ zusätzlich für Femininum und Neutrum angegeben, bei den zweiendigen finden Sie zusätzlich das Neutrum, und bei den einendigen den Genitiv Singular.

| | |
|---|---|
| magister, trī *m* | Lehrer |
| discipulus, ī *m* | Schüler |
| Marcus Porcius Catō, Marcī Porciī Catōnis *m* | Marcus Porcius Cato, röm. Staatsmann, 234–149 v. Chr. |
| mōs, mōris *m* | Sitte, Gewohnheit, Brauch |
| maiōrēs, um *m, Pl* | Vorfahren, Ahnen |
| summus, a, um | der höchste, größte, oberste |
| bonum, ī *n* | das Gute, Gut |
| dictum, ī *n* | das Gesagte, Ausspruch, Äußerung |
| Latīnus, a, um | lateinisch, römisch |
| audiō, audīre | hören |
| placet + AcI | es gefällt |
| cōnstat + AcI | es steht fest, es ist bekannt |
| accipiō, accipere | annehmen, empfangen |

**Quid novi?**

| | |
|---|---|
| voluptās, ātis *f* | Vergnügen, Freude, Vergnügung |
| puer, puerī *m* | Junge, Kind; Sklave |
| verēcundia, ae *f* | Sittsamkeit, Scheu, Zurückhaltung |
| māter, tris *f* | Mutter |
| temperō, temperāre | im rechten Maß halten, mäßigen; ordnen |
| possum, posse | können |
| volō, velle | wollen; behaupten |
| turris, is *f* | Turm |
| exemplar, āris *n* | Muster, Vorbild |
| urbs, urbis *f* | Stadt |
| os, ossis *n* | Knochen |
| ācer, ācris, ācre | scharf |
| brevis, e | kurz |
| prūdēns, entis | klug, erfahren |
| vetus, eris | alt |
| pauper, eris | arm |
| dīves, itis | reich |
| prīnceps, ipis | erster |
| particeps, ipis + Gen | teilnehmend an |
| glōria, ae *f* | Ruhm |
| auctor, ōris *m* | Schriftsteller, Autor, Urheber |
| cognōscō, cognōscere | kennenlernen |
| facilis, e | einfach |
| turpis, e | schändlich |
| vitium, ī *n* | Laster, Fehler |
| abstineō, abstinēre ā + Abl | sich fernhalten, zurückhalten von |
| decet + Inf/AcI | es gehört sich |
| prodest + Inf/AcI | es nützt |
| ēloquentia, ae *f* | Beredsamkeit, Redekunst |
| neglegō, neglegere | vernachlässigen, sich nicht kümmern um |
| Messalla, ae *m* | Vipstanus Messalla, röm. Offizier/Redner, 1. Jh. n. Chr. |
| sentiō, sentīre | meinen, urteilen, merken |
| Aper, Aprī *m* | M. Aper, röm. Redner, 1. Jh. n Chr. |
| sciō, scīre | wissen |

# 3

## Usus magister optimus est

| | |
|---|---|
| faciō, facere | machen, tun |
| dissentiō, dissentīre ā + Abl | anderer Meinung sein |
| mittō, mittere | schicken, senden |
| servō, servāre | bewahren, retten |
| putō, putāre | meinen, glauben, vermuten |
| capiō, capere | ergreifen, fassen |
| trādō, trādere | übergeben, überlassen, anvertrauen, überliefern |
| studium, ī n | eifriges Streben; wissenschaftliche Beschäftigung, Studium |
| pater, tris m | Vater |
| parentēs, um/ium m, Pl | Eltern |
| ōrātor, ōris m | Redner |
| ancilla, ae f | Dienerin |
| rhētor, oris m | Redelehrer |
| iūs, iūris n | Recht |
| īnfāns, antis m/f | kleines Kind |
| vōx, vōcis f | Stimme |
| exerceō, exercēre | üben, ausbilden |
| ars, artis f | Kunst, Geschicklichkeit |
| gravis, e | schwer |
| crūdēlis, e | grausam |
| antīquus, a, um | alt, altehrwürdig |
| īgnōrō, īgnōrāre | nicht wissen |
| nōn īgnōrāre | sehr wohl wissen |
| adūlātiō, ōnis f | Schmeichelei |
| fābula, ae f | Erzählung, Geschichte, Gerede |
| malus, a, um | schlecht, böse, übel |

## Quis ignorat ...?

| | |
|---|---|
| officium, ī n | Dienst, Pflicht |
| lūdus, ī m | Schule; Spiel |

## Utilia

| | |
|---|---|
| paucus, a, um | wenig, gering, klein, Pl Wenige |

## Lectio alit ingenium

| | |
|---|---|
| ērudītiō, ōnis f | Bildung |
| flōreō, flōrēre + Abl | blühen, in hohem Maß besitzen |
| nunc Adv | jetzt, nun |
| aut Kj | oder |
| nec aut ... aut ... | weder ... noch ... |
| laus, laudis f | Lob, Ruhm |
| laudem capere | Lob ernten |
| aeternus, a, um | ewig, unvergänglich |
| causa, ae f | Grund, Ursache; Rechtsfall |
| pateō, patēre | offenstehen, offenbar sein, klar sein |
| ēducō, ēducāre | aufziehen, erziehen, Pass aufwachsen |
| falsus, a, um | falsch, betrügerisch |
| fingō, fingere | erdichten, gestalten |
| error, ōris m | Irrtum |
| imbuō, imbuere | erfüllen |
| oportet + Inf/AcI | es ist nötig, man soll |
| puella, ae f | Mädchen |
| temperantia, ae f | Maßhalten, Mäßigung |
| pudor, ōris m | Scham, Ehrgefühl |
| lascīvia, ae f | Ausgelassenheit, Zügellosigkeit |
| superbia, ae f | Hochmut |
| comes, itis m/f | Begleiter, Gefährte |
| adulēscēns, entis m | junger Mann |
| licet + Inf/AcI | es ist erlaubt, es steht frei |
| gladiātor, ōris m | Gladiator |
| equus, ī m | Pferd |
| paene Adv | beinahe |
| uterus, ī m | Bauch, Gebärmutter |
| concipiō, concipere | empfangen |

# 3

| | | | |
|---|---|---|---|
| enim *Kj* | nämlich, in der Tat, freilich | grammatica, ae *f* | Grammatik |
| colligō, colligere | zusammensammeln, erwerben, um sich scharen | dēnique *Adv* | zuletzt, endlich |
| | | scientia, ae *f* | Kenntnis, Wissen |
| | | igitur *Adv* | also, daher |
| | | ērudītissimus, a, um | äußerst gebildet |
| ināni̇s, e | leer, inhaltslos | gignō, gignere | erzeugen, Pass entstehen |
| sermō, ōnis *f* | Gespräch, Unterhaltung | | |
| | | alter, era, erum | der andere |
| ūtilis, e | nützlich | pars, partis *f* | Teil, Seite |
| geōmetria, ae *f* | Geometrie | | |

## Quid novi?

### 1. Die Verben der ī-Konjugation  Ü 1, 2, 3

Als letzte Konjugation lernen Sie die ī-Konjugation kennen. Der Präsensstamm endet hier auf -ī-. In der 3. Person Plural tritt ein -u- als Bindevokal zwischen Stamm und Personalendung.

| audīre *hören* | Sg | Pl |
|---|---|---|
| | audi-ō | audī-**mus** |
| | audī-**s** | audī-**tis** |
| | audi-**t** | audi-**u**-**nt** |

Die Imperative lauten **audī!** *höre!* und **audīte!** *hört!*

### 2. Der Indikativ Präsens Passiv  Ü 2, 3, 4

Anders als im Deutschen werden die Formen des Passivs in Präsens, Imperfekt und Futur I nicht mit einem Hilfsverb (z. B. *ich werde gelobt*) gebildet, sondern es treten an die Stelle der Aktiv-Personalendungen eigene Passivendungen:

- Bei den Verben der 3. Konjugation wird in der 2. Person Singular der Bindevokal -i- zu -e-.
- Der Infinitiv Präsens Passiv endet bei den Verben der ā-, ē- und ī-Konjugation auf -**rī**, bei den Verben der 3. Konjugation tritt -**ī** an den Stamm.

| laudārī         | docērī          | audīrī          | relinquī              |
| gelobt werden   | gelehrt werden  | gehört werden   | zurückgelassen werden |
|-----------------|-----------------|-----------------|-----------------------|
| laud-or         | doce-or         | audi-or         | relinqu-o-r           |
| laudā-ris       | docē-ris        | audī-ris        | relinqu-e-ris         |
| laudā-tur       | docē-tur        | audī-tur        | relinqu-i-tur         |
| laudā-mur       | docē-mur        | audī-mur        | relinqu-i-mur         |
| laudā-minī      | docē-minī       | audī-minī       | relinqu-i-minī        |
| lauda-ntur      | doce-ntur       | audi-u-ntur     | relinqu-u-ntur        |

Die Person, die Urheber der Handlung ist, wird durch **a/ab** + Ablativ benannt: Discipuli **a magistro** laudantur. *Die Schüler werden **vom Lehrer** gelobt.*

Bei nichtpersonalen Urhebern bzw. Ursachen steht der bloße Ablativ ohne Präposition: Voluptates puerorum **verecundiā** matris temperantur. *Die Vergnügungen der Kinder werden **durch die Sittsamkeit** der Mutter gemäßigt.*

## 3. Die Verben *posse* und *velle*   Ü 5, 10

Wenn Sie die Formen von **esse** (→ Lektion 1, S. 19) beherrschen, dann sind die Formen von **posse** *können*, das sich aus **pot-** und **esse** zusammensetzt, leicht gemerkt. **Posse** tritt meist zusammen mit Infinitiven auf.

Auch das Verb **velle** *wollen* bildet meist zusammen mit einem Infinitiv das Prädikat. Beachten Sie hier die unterschiedlichen Formen!

|         | Sg      | Pl        | Sg    | Pl      |
|---------|---------|-----------|-------|---------|
| 1. Pers | possum  | possumus  | volō  | volumus |
| 2. Pers | potes   | potestis  | vīs   | vultis  |
| 3. Pers | potest  | possunt   | vult  | volunt  |

## 4. Die Substantive der 3. Deklination: i-Deklination und gemischte Deklination   Ü 6, 7, 9

In → Lektion 2, S. 31 haben Sie sich mit der konsonantischen Deklination beschäftigt. Hier folgen nun die Substantive der **i-Deklination**, deren Wortstamm auf **-i-** endet. Folgende Kasusendungen der i-Deklination weichen von der konsonantischen Deklination ab:

- **-im** im Akkusativ Singular Maskulinum/Femininum,
- **-ī** im Ablativ Singular,
- **-ium** im Genitiv Plural aller Genera und
- **-ia** im Nominativ/Akkusativ Plural Neutrum.

|     | turris, turris *f Turm* | | exemplar, exemplāris *n Muster, Vorbild* | |
|-----|----------|---------------|-----------|----------------|
|     | **Sg**   | **Pl**        | **Sg**    | **Pl**         |
| Nom | turr-is  | turr-ēs       | exemplar  | exemplār-ia    |
| Gen | turr-is  | turr-**ium**  | exemplār-is | exemplār-**ium** |
| Dat | turr-ī   | turr-ibus     | exemplār-ī | exemplār-ibus |
| Akk | turr-im  | turr-īs (-ēs) | exemplar  | exemplār-ia    |
| Abl | turr-ī   | turr-ibus     | exemplār-ī | exemplār-ibus |

Die Substantive der **gemischten Deklination** zeigen Merkmale der konsonantischen und der i-Deklination. Sie haben bis auf den Genitiv Plural, der auf **-ium** (i-Deklination) ausgeht, die gleichen Endungen wie die Substantive der konsonantischen Deklination.

|     | urbs, urbis *f Stadt* | | os, ossis *n Knochen* | |
|-----|---------|----------|--------|----------|
|     | **Sg**  | **Pl**   | **Sg** | **Pl**   |
| Nom | urbs    | urb-ēs   | os     | oss-a    |
| Gen | urb-is  | urb-**ium** | oss-is | oss-**ium** |
| Dat | urb-ī   | urb-ibus | oss-ī  | oss-ibus |
| Akk | urb-em  | urb-ēs   | os     | oss-a    |
| Abl | urb-e   | urb-ibus | oss-e  | oss-ibus |

## 5. Die Adjektive der 3. Deklination   Ü 8, 9

Die Adjektive der 3. Deklination folgen im Wesentlichen den Endungen der i-Deklination, d.h. sie haben die Endung **-ī** im Ablativ Singular und die Endung **-ium** im Genitiv Plural. Die Endung der Neutra im Nominativ und Akkusativ Plural lautet **-ia**.
Die Adjektive weisen im Nominativ Singular entweder drei, zwei oder nur eine Endung für die unterschiedlichen Genera auf: **dreiendig**: ācer *m*, ācris *f*, ācre *n scharf*, **zweiendig**: brevis *m/f*, breve *n kurz*, **einendig**: prūdēns *m/f/n klug*. Formen, die in den verschiedenen Genera übereinstimmen, werden in der Tabelle nur einmal aufgeführt.

| Sg  | m     | f       | n     | m/f      | n       | m/f        | n       |
|-----|-------|---------|-------|----------|---------|------------|---------|
| Nom | ācer  | ācr-is  | ācr-e | brev-is  | brev-e  | prūdēns    | prūdēns |
| Gen |       | ācr-is  |       | brev-is  |         | prūdent-is |         |
| Dat |       | ācr-ī   |       | brev-ī   |         | prūdent-ī  |         |
| Akk |       | ācr-em  | ācr-e | brev-em  | brev-e  | prūdent-em | prūdēns |
| Abl |       | ācr-ī   |       | brev-ī   |         | prūdent-ī  |         |

| Pl  | m       | f       | n       | m/f     | n       | m/f         | n           |
|-----|---------|---------|---------|---------|---------|-------------|-------------|
| Nom | ācr-ēs  |         | ācr-ia  | brev-ēs | brev-ia | prūdent-ēs  | prūdent-ia  |
| Gen |         | ācr-ium |         | brev-ium |        | prūdent-ium |             |
| Dat |         | ācr-ibus |        | brev-ibus |       | prūdent-ibus |            |
| Akk | ācr-ēs  |         | ācr-ia  | brev-ēs | brev-ia | prūdent-ēs  | prūdent-ia  |
| Abl |         | ācr-ibus |        | brev-ibus |       | prūdent-ibus |            |

Einige wenige einendige Adjektive folgen der konsonantischen Deklination: **vetus, eris** *alt*, **pauper, eris** *arm*, **dives, itis** *reich*, **princeps, ipis** *erster*, **particeps, ipis** *teilnehmend (an)*.

|     | Sg   | m/f       | n       | Pl  | m/f      | n        |
|-----|------|-----------|---------|-----|----------|----------|
| Nom |      | vetus     | vetus   |     | veter-ēs | veter-a  |
| Gen |      | veter-is  |         |     | veter-um |          |
| Dat |      | veter-ī   |         |     | veter-ibus |        |
| Akk |      | veter-em  | vetus   |     | veter-ēs | veter-a  |
| Abl |      | veter-e   |         |     | veter-ibus |        |

Wie bei der Kombination von Substantiven der 3. Deklination und Adjektiven der ā- und o-Deklination gilt auch hier: Sehen Sie genau hin! Zusammengehörende Wörter können ganz verschieden aussehen, aber dennoch in Kasus, Numerus und Genus übereinstimmen, z. B. **gloria vetus** *der alte Ruhm* oder **acre ingenium** *der scharfe Verstand*.

## 6. Der Infinitiv und der AcI  Ü 10, 11

Der Infinitiv kann die Funktion eines Objekts oder Subjekts haben.
- Der Infinitiv als **Objekt** kann z. B. nach den Verben **solere** und **parare** oder **posse** und **velle** stehen: Poetas **laudare soles.** *Du pflegst die Dichter zu loben.* Dea bibere parat. *Die Göttin schickt sich an, (etwas) zu trinken.* Auctores veteres **cognoscere volumus.** *Wir wollen die alten Autoren kennenlernen.*
- Der Infinitiv übernimmt die Funktion eines **Subjekts** bei **esse** in Verbindung mit einem Prädikatsnomen, z. B. **facile est** *es ist leicht*, **turpe est** *es ist schändlich*: Turpe est vitiis

non **abstinere**. *Es ist schändlich, sich nicht von Lasten fernzuhalten.* Er steht auch bei weiteren unpersönlichen Ausdrücken wie **decet** *es ziemt sich* oder **prodest** *es ist nützlich*: **Prodest studere** litteris. *Es ist nützlich, sich mit den Wissenschaften zu beschäftigen.*

Eine der wichtigsten und häufigsten Konstruktionen im Lateinischen ist der **Accusativus cum Infinitivo**, kurz **AcI**. Er besteht im Wesentlichen aus einer Form im Akkusativ und einem Infinitiv, wobei weitere Ergänzungen hinzutreten können. Wenn eine direkte Aussage zu einer indirekten Aussage wird, wird dazu der AcI verwendet. Ein Beispiel:

(1) **Romani eloquentiam neglegunt.** *Die Römer vernachlässigen die Redekunst.*
(2) **Messalla Romanos eloquentiam neglegere dicit.** *Messalla sagt, dass die Römer die Redekunst vernachlässigen.*

Satz 1 wird in Satz 2 integriert und von dem übergeordneten **Messalla dicit** abhängig gemacht: Das Subjekt des ersten Satzes, **Romani**, erscheint im zweiten Satz im Akkusativ: **Romanos**. Das Prädikat **neglegunt** wird zum Infinitiv: **neglegere**. In der Übersetzung ist dieser Akkusativ mit Infinitiv mit einem dass-Satz wiedergegeben, in dem der Akkusativ als Subjekt und der Infinitiv als vollwertiges Prädikat übersetzt werden. Die Bestandteile des AcI nennt man entsprechend **Subjektsakkusativ** und **Prädikatsinfinitiv**.

Der AcI kann durch weitere Elemente wie adverbiale Bestimmungen oder Objekte ergänzt werden. Diese Ergänzungen unterliegen keiner Veränderung, sie stehen im gleichen Kasus wie in einem unabhängigen Satz: Messalla gaudet discipulos **litteris** (Dativobjekt) studere. *Messalla freut sich, dass die Schüler sich **mit den Wissenschaften** beschäftigen.* Videmus Quintum **in bibliotheca** (adverbiale Bestimmung) sedere. *Wir sehen, dass Quintus **in der Bibliothek** sitzt.*

Der AcI steht nach
- Verben des Sagens, Meinens und Wahrnehmens, z. B. **dicere** *sagen*, **videre** *sehen*, **audire** *hören*, **sentire** *fühlen*, *meinen*. In diesen Fällen erfüllt er die Funktion eines Objekts: „Wen oder was sagt, sieht, hört, meint jemand?"
- unpersönlichen Ausdrücken wie **constat** *es steht fest*. In dieser Konstellation erfüllt der AcI die Funktion eines Subjekts: „Wer oder was steht fest?" **Romanos eloquentiam neglegere constat.** *Es steht fest, dass die Römer die Redekunst vernachlässigen.*

Wenn Sie einen AcI identifiziert haben, gehen Sie am besten folgendermaßen vor:
1. Übersetzen Sie zunächst den übergeordneten Satz: *Messalla sagt ...*
2. Fügen Sie dann ein „dass" hinzu: *Messalla sagt, dass ...*
3. Übersetzen Sie dann den Subjektsakkusativ wie ein ganz normales Subjekt im Nominativ: *Messalla sagt, dass die Römer ...*
4. Dann folgen mögliche Ergänzungen und abschließend der Prädikatsinfinitiv, den Sie wie ein finites Verb übersetzen: *Messalla sagt, dass die Römer die Redekunst vernachlässigen.*

**Beachten Sie:**
- Auch Prädikatsnomina treten im AcI in den Akkusativ: Messalla Aprum **prudentem** esse dicit. *Messalla sagt, dass Aper klug ist.*
- Das Gleiche gilt für adjektivische Attribute des Subjektsakkusativs: Messalla magistros **bonos** a vitiis abstinere dicit. *Messalla sagt, dass gute Lehrer sich von Lastern fernhalten.*
- Auch Pronomina können Subjektsakkusative sein: Messalla **te** prudentem esse dicit. *Messalla sagt, dass du klug bist.* Scimus **eos** prudentes esse. *Wir wissen, dass sie klug sind.*
- Auch der Infinitiv Präsens Passiv kann im AcI auftreten: Audimus discipulos a magistris **laudari**. *Wir hören, dass die Schüler von den Lehrern gelobt werden.*
- Esse + Prädikatsnomen und andere unpersönliche Ausdrücke können nicht nur mit dem Infinitiv, sondern auch mit dem AcI stehen: Turpe est **magistros** (Subjektsakkusativ!) a vitiis non abstinere. *Es ist schändlich, dass die Lehrer sich nicht von Lastern fernhalten.* Das gilt auch für **velle, cupere** und ähnliche Verben: **Te** venire volo. *Ich will, dass du kommst.*

## Usus magister optimus est

**1** Bestimmen Sie die folgenden Verbformen, notieren Sie den Infinitiv Präsens Aktiv und die Konjugation und übersetzen Sie.

1. faciunt — *3. Pers Pl Ind Präs Akt, facere, 3. Konjugation: sie machen*
2. dissentit ..........
3. mitto ..........
4. audimus ..........
5. docete ..........
6. sentitis ..........

**2** Ordnen Sie die folgenden Formen entsprechend zu.

| servantur | mittis | facimus | audimur | sentis |
| moveris | capi | putatis | tempero | tradimini |

Aktiv: ..........
Passiv: ..........

**3** Fügen Sie die fehlenden Endungen an die Verbstämme. Denken Sie daran, dass in manchen Fällen Bindevokale nötig sind!

1. *er wird erfreut* delecta-*tur*
2. *sie werden empfangen* accip-............
3. *bewegt werden* move-............
4. *sie werden geschickt* mitt-............
5. *gesagt werden* dic-............
6. *du wirst gehört* audi-............

**4** Wählen Sie einen passenden Urheber bzw. eine Ursache, bringen Sie die Wörter mit **a/ab** + Ablativ oder bloßem Ablativ in die richtige Form und übersetzen Sie.

| studia | pater | homines ✔ | parentes |

1. Oratores laudantur *ab hominibus: Die Redner werden von den Leuten gelobt.*
2. Pueri ancillis traduntur ......................................................
3. Viri docti delectantur ......................................................
4. Filius ad rhetorem mittitur ......................................................

**5** Verbinden Sie die einander entsprechenden Formen von **velle** und **posse**.

1. possumus
2. potes
3. posse
4. possum
5. potestis
6. possunt
7. potest

a. vult
b. volumus
c. vultis
d. velle
e. vis
f. volo
g. volunt

**6** Bei welchen Formen handelt es sich um Substantive im Akkusativ? Unterstreichen Sie. Die Anfangsbuchstaben der übrigen Wörter ergeben das Lösungswort.

| exemplaria | urbes | satis | viros | times | turris | uris |
| ius | desum | ossa | infantes | ira | timorem | ancillarum |

Lösungswort: ..............................

**7** Bilden Sie die korrekte Form der Wörter in Klammern und übersetzen Sie.

1. *vocem* .................. (vox, *Sg*) exercere
   *die Stimme trainieren*
2. de ..................... (exemplar, *Sg*)
   ...............................................
3. cum ..................... (orator, *Pl*)
   ...............................................
4. ex ..................... (urbs, *Sg*)
   ...............................................
5. peritus ..................... (ars, *Pl*)
   ...............................................
6. videmus ..................... (turris, *Pl*)
   ...............................................

**8** Kreuzen Sie an, wenn Singular- und Pluralform des Adjektivs im gleichen Kasus stehen. Berichtigen Sie die jeweils zweite Form, wenn dies nicht der Fall ist, und geben Sie in jedem Fall Kasus, Genus und Bedeutung an.

1. gravi — graves ☐ *gravibus, Dat/Abl m/f/n, schwer*
2. prudentium — prudentis ☐ ...............................................
3. vetus — vetera ☐ ...............................................
4. brevibus — breve ☐ ...............................................
5. veterum — veteris ☐ ...............................................
6. acre — acres ☐ ...............................................

**9** Kreuzen Sie die Formen des Substantivs an, die zu dem Adjektiv passen.

1. acre — ☐ ingenio — ☐ ingenium — ☐ ingenii
2. antiqui — ☐ mores — ☐ mos — ☐ moris
3. prudenti — ☐ viri — ☐ viris — ☐ viro
4. dives — ☐ homo — ☐ hominis — ☐ homines
5. claro — ☐ exemplar — ☐ exemplarium — ☐ exemplari
6. vetus — ☐ gloriis — ☐ gloria — ☐ gloriae

**10** Liegt in den Sätzen ein AcI vor oder nur ein Infinitiv? Kreuzen Sie an, unterstreichen Sie beim AcI den Subjektsakkusativ und den Prädikatsinfinitiv und übersetzen Sie.

|   |   | Infinitiv | AcI |
|---|---|---|---|
| 1. | Turpe est mores antiquos neglegi. | ☐ | ☐ |
| 2. | Eloquentiae studere volumus. | ☐ | ☐ |
| 3. | Magistros a vitiis non abstinere constat. | ☐ | ☐ |
| 4. | Te optimum oratorem esse non ignoramus. | ☐ | ☐ |
| 5. | Prodest litteris studere. | ☐ | ☐ |
| 6. | Voluptates temperare non possumus. | ☐ | ☐ |

**11** Stellen Sie aus den vorgegebenen Satzteilen im Kasten vier Sätze mit AcI zusammen und übersetzen Sie. Tipp: Nicht immer werden alle Teile benötigt.

| Subjekt des übergeordneten Satzes | Subjektsakkusativ | adverbiale Bestimmungen | Prädikatsinfinitiv | Prädikat des übergeordneten Satzes |
|---|---|---|---|---|
| Messalla | pueros | magna voce | maledicere | audit |
| Quintus | adulationem :> | in bibliothecam | delectari | dicit |
| magister | ‹- magistrorum | fabulis | malam esse | videt |
|  | infantes |  | ire | constat |
|  | Amphionem :> |  |  |  |
|  | ‹- amicum |  |  |  |

1. ..................................................................................................
2. ..................................................................................................
3. ..................................................................................................
4. ..................................................................................................

## Quis ignorat ...?

### Bildung und Erziehung im antiken Rom

Ein umfassendes staatliches Schulsystem, wie wir es heute kennen, gab es im Alten Rom nicht. Nach altrömischem Erziehungsideal sollten die Kinder im Schoß der Familie und gemäß römischer Werte erzogen und auf künftige Aufgaben vorbereitet werden. Zunächst war vor allem die Mutter für die Kinder verantwortlich. Wenn die Kinder älter

waren, lernten die Mädchen alle nötigen häuslichen Fertigkeiten von ihrer Mutter. Die Erziehung der Söhne ging dann in die Hand der Väter über. Übernahmen sie die Erziehung nicht selber, so kamen die Kinder in die Elementarschule (**ludus**), in der Jungen und Mädchen im Alter von sieben bis zwölf Jahren gegen ein Entgelt bei dem Elementarlehrer, dem **magister ludi**, Lesen, Rechnen und Schreiben lernen konnten.
Zudem war es üblich, dass Väter oder ältere Verwandte oder Bekannte die Söhne der Familie zu ihren Tätigkeiten auf dem Forum oder im Senat mitnahmen, sodass sie direkt am Beispiel lernen und es später, wenn sie so weit waren, ihren Vätern und Verwandten gleichtun konnten. Von dem berühmten Staatsmann und Schriftsteller Marcus Porcius Cato, der bekannt für seine Sittenstrenge war, wird berichtet, er habe sich umfassend um die Ausbildung und Erziehung seines Sohnes gekümmert, ihm das Lesen und Schreiben beigebracht, ihn in Recht und Sport unterwiesen und ihm mit einer selbst geschriebenen Geschichte Roms das Leben und Wirken der Vorfahren vor Augen geführt. Auch von Cicero existiert eine seinem Sohn zugedachte Schrift: *De officiis (Über die Pflichten)*.
Unter griechischem Einfluss setzte sich ab dem 2. Jh. v. Chr. das griechische Schulsystem durch, das Erziehung und Bildung vor allem durch literarische und rhetorische Schulung vorsah. Nach dem Besuch der Elementarschule gab es nun die Möglichkeit, eine weiterführende Schule zu besuchen, was allerdings nur für wohlhabendere Familien erschwinglich war. Bis zum Alter von 16 Jahren wurden die Schüler vom **grammaticus** sowohl auf Griechisch als auch auf Latein in den Bereichen Geometrie, Arithmetik, Musik, Astronomie, Grammatik und Literatur unterrichtet.
Im Anschluss konnten die jungen Männer ihre Ausbildung an einer Rhetorenschule fortführen. Die Rhetorenschulen waren in Rom seit dem 2. Jh. v. Chr. von griechischen Rhetoren gegründet worden. Ihr Besuch sollte auf die Aufgaben im Staat als Politiker oder Anwalt vorbereiten. Inhalt des Unterrichts waren vor allem die Theorie der Rede, die Lektüre von Reden und auch Redeübungen, bei denen die Studenten historische Themen und konstruierte, zum Teil absurde Fantasie-Rechtsfälle behandeln mussten, was den Schulen den Vorwurf der Einseitigkeit und Praxisferne eintrug. Das Begleiten eines Redners und das Lernen am praktischen Beispiel wurde vor allem in der Kaiserzeit selten, als wichtige Entscheidungen nicht mehr Sache des Senats, sondern des Kaiserhauses waren und die Bedeutung öffentlicher Reden zurückging. In dieser Zeit wurde es für junge Leute weniger interessant und lohnenswert, sich einem Redner anzuschließen. Seit der späten Republik unternahmen viele junge Männer der Oberschicht nach der Ausbildung eine Bildungsreise nach Athen oder zu anderen geistigen Zentren des Mittelmeerraumes, die eine tiefere Auseinandersetzung mit der griechischen Philosophie ermöglichten.

# Utilia

### Substantivierte Adjektive
Im folgenden Lektionstext begegnen Ihnen substantivierte Adjektive im Plural des Neutrums, d. h. ein Adjektiv wird als Substantiv gebraucht: **pauca dicere**. Hier müssen Sie gedanklich ein Substantiv ergänzen, in diesem Fall etwa **verba** *Worte*: *ein paar Worte sagen, wenige Dinge sagen*. Sie können auch als Singular übersetzen: *Weniges sagen*.

Das Gleiche gilt für **mala facere**; hier können Sie **facta** *Taten* hinzudenken: *schlechte Taten/ Dinge* oder einfach *Schlechtes tun*. Substantivierte Adjektive können im Maskulinum und Neutrum Plural auftreten (am häufigsten im Nominativ und Akkusativ): **boni** *die Guten*, *gute Männer*, **docti** *die Gelehrten*, **prudentes** *kluge Leute*.

## Lectio alit ingenium

### Messalla de eruditione

*Der Redner Messalla kritisiert im Gespräch mit seinem Kollegen Aper die Mängel in der Erziehung und Bildung seiner Zeit.*

Nunc de urbe nostra et eius vitiis pauca dicere volumus.
Romanos mores antiquos, eloquentiam et artes valde neglegere non ignoramus. Nos nunc nec aut vetere gloriā florere aut laudem aeternam capere posse satis constat. Causae patent:
Infantes non a parentibus educantur, sed ancillis Graecis traduntur. Ancillas fabulas falsas fingere et animos infantium erroribus gravibus imbuere saepe audimus. Oportet mores antiquos servari, pueros puellasque ad temperantiam et pudorem educari. Turpe est lasciviam superbiamque comites nostrorum infantium adulescentiumque esse. Nec voluptates puerorum verecundia matris temperantur, sed licet mala dicere atque facere.

Romani, vos ea vitia atque gladiatorum equorumque studia paene in utero matris concipere non sentitis? Ne magistros quidem ab iis vitiis abstinere puto. Studia enim ab eis negleguntur, discipuli non acri eorum ingenio, sed adulatione colliguntur.
Prodest auctores veteres cognoscere, litteris studere, mores colere. Sed filios a patribus ad rhetores mitti videmus. Ibi adulescentes inanibus sermonibus delectari non ignoramus nec utilia aut bona discere. Nam magistri satis esse se vocem exercere putant.
Optimis oratoribus autem non geometriae, non grammaticae, non denique iuris scientia deest. Videte igitur M. Tullium Ciceronem, eum exemplar eruditissimi viri esse constat. Ex eruditione et artibus eloquentiam optimorum oratorum gigni dicere soleo. Scio te a me dissentire, Aper amice. Agedum igitur, decet et alteram partem audiri.

(nach Tacitus, *Dialogus de oratoribus* 28, 1 ff.)

# Lektion 4

In dieser Lektion beschäftigen Sie sich mit:
- **Deponentien**
- den Verben **mālle** und **nōlle**
- den Demonstrativpronomina **hic**, **iste** und **ille**
- den **Reflexivpronomina**
- **Relativpronomina** und **Relativsätzen**
- **Wort-**, **Satz-** und **Doppelfragen**
- Funktionen des **Akkusativs**

## De otio et negotio

*Beatus ille, qui procul negotiis ...*

*Glücklich ist jener, der fern vom Geschäftsleben ...*

**Diese Worte spricht** der Geldverleiher Alfius in den *Epoden* des Horaz (2,1): Dem geschäftigen Treiben in der Stadt, den **negotia**, stellt er ausführlich das idyllische und einfache Landleben gegenüber, den Genuss der Früchte der eigenen Hände Arbeit im Kreis der Familie. Allerdings stürzt er sich nach seiner Rede sofort in neue Geldgeschäfte.

**In vielen** literarischen Zeugnissen findet man den Wunsch nach zumindest zeitweiser Befreiung von den Geschäften und Amtspflichten Roms. Allerdings war damit weniger die Sehnsucht nach dem einfachen Leben auf dem Land verbunden als vielmehr der Wunsch, in der Mußezeit, dem **otium**, neben Entspannung und Vergnügungen vor allem auch geistigen Tätigkeiten nachzugehen und sich zum Beispiel mit Literatur und Philosophie zu beschäftigen.

**Als idealen Ort** für diese Tätigkeiten wählte man einen Landsitz fern der Stadt, abseits von beruflichen Verpflichtungen und Ämtern und anderen Störungen. Der Besitz eines oder sogar mehrerer solcher Landsitze war vor allem für Angehörige der Oberschicht Roms üblich. Diese Villen waren meist eingebettet in reizvolle Natur und gewährten inspirierende Ausblicke auf das Meer oder die Berge. Sie dienten ihren Besitzern als Rückzugsmöglichkeit, aber auch als Arbeits- und Studienort und Treffpunkt für Kollegen und Freunde zu Gesprächen in ungezwungener Atmosphäre.

# 4

## Verborum copia

| | | | |
|---|---|---|---|
| ōtium, ī *n* | Muße, Mußezeit | nōnne *Fragepartikel* | (etwa) nicht? |
| negōtium, ī *n* | Tätigkeit, Beschäftigung | num *Fragepartikel* | wohl, etwa, doch wohl nicht? |
| beātus, a, um | glücklich | dēdō, dēdere | ganz hingeben, ausliefern |
| ille/illa/illud *Dempron* | jener/jene/jenes | sē dēdere | sich hingeben, widmen |
| quī/quae/quod *Relpron* | der/die/das, welcher/welche/welches | antepōnō, antepōnere | vorziehen |
| procul *Adv* | fern | (utrum/-ne) ... an ... | (ob) ... oder ... |
| | | hōra, ae *f* | Stunde |
| **Quid novi?** | | fēlīx, īcis | glücklich |
| vēnor, vēnārī | jagen | miser, era, erum | elend |
| sequor, sequī + *Akk* | folgen | putō, putāre + *dopp Akk* | halten für |
| fruor, fruī + *Abl* | genießen | | |
| mālō, mālle | lieber wollen | **Usus magister optimus est** | |
| nōlō, nōlle | nicht wollen | admīror, admīrārī | bewundern |
| āvertō, āvertere | abwenden | versor, versārī in + *Abl* | sich beschäftigen mit, tätig sein; sich aufhalten |
| adipīscor, adipīscī | erreichen, erlangen | | |
| hic/haec/hoc *Dempron* | dieser/diese/dieses | revocō, revocāre | wieder rufen, zurückrufen |
| iste/ista/istud *Dempron* | dieser (da)/diese (da)/ dieses (da) | extendō, extendere | ausdehnen, hinziehen |
| Tusculānum, ī *n* | Tusculanum, Landgut bei Tusculum, bes. das Ciceros | incitō, incitāre | antreiben, anspornen |
| tempus, oris *n* | Zeit | cōgitātiō, ōnis *f* | Denken, Überlegung |
| vīlla, ae *f* | Landhaus | | |
| cingō, cingere | umgeben | dēsidiōsus, a, um | träge, faul |
| piscor, piscārī | fischen | cūra, ae *f* | Sorge |
| ubī *Adv* | wo | liber, brī *m* | Buch |
| quis/quid *Interrogpron, subst* | wer/was | legō, legere | sammeln, auswählen, lesen |
| umbra, ae *f* | Schatten | doleō, dolēre | bedauern, trauern, Schmerz empfinden |
| ambulō, ambulāre | spazieren gehen | | |
| agō, agere | (be)treiben, machen, handeln | carmen, inis *n* | Dichtung, Gedicht |
| qui/quae/quod *Interrogpron, adj* | welcher/welche/ welches, was für ein/e | mandō, mandāre | anvertrauen, überlassen |
| -ne *Fragepartikel* | wird nicht übersetzt | libenter *Adv* | gern |

| | | | |
|---|---|---|---|
| compōnō, compōnere | abfassen, ersinnen | **Lectio alit ingenium** | |
| cēnō, cēnāre | speisen, essen | fugiō, fugere (+ Akk) | fliehen (vor), entfliehen |
| admīrābilis, e | bewundernswert, wunderbar | Cōmum, ī n | Como, nordital. Stadt |
| intersum, interesse + Dat | dazwischen sein, dabei sein, teilnehmen an | dēliciae, ārum f, Pl | Vergnügen, Freude, Kleinod |
| | | platanōn, ōnis m | Platanenhain |
| scrībō, scrībere | schreiben | opācus, a, um | schattig, dunkel |
| omnis, e Indefpron | all, jeder, Pl alle | balineum, ī n | Bad |
| | | impleō, implēre | anfüllen, ausfüllen |
| **Utilia** | | circumeō, circumīre + Akk | herumgehen um |
| C. Plīnius, ī m | C. Plinius Caecilius Secundus, Plinius der Jüngere, röm. Anwalt, Redner, Schriftsteller, 61–113 n. Chr. | cēna, ae f | Mahlzeit, Essen |
| | | vocō, vocāre | rufen, herbeirufen, einladen |
| | | crēber, bra, brum | zahlreich |
| | | excursiō, ōnis f | Ausflug |
| Canīnius Rufus, ī m | Caninius Rufus, Bekannter des Plinius | āvocō, āvocāre | wegrufen, ablenken |
| | | molestus, a, um | lästig, beschwerlich |
| | | alius, a, ud, Gen alterīus, Dat aliī | ein anderer |
| salūs, ūtis f | Rettung, Gesundheit; Gruß | | |
| | | altus, a, um | hoch, tief |
| salūtem dīcere | grüßen | locus, ī m, Pl loca, ōrum n | Ort, Platz, Stelle |
| sī Kj | wenn | | |
| valeō, valēre | gesund sein, sich wohl befinden; gelten, vermögen | et ... et ... | sowohl ... als auch |
| | | memoria, ae f | Gedächtnis, Erinnerung |
| bene Adv | gut | excēdō, excēdere (ex) + Abl | heraus-, weggehen, verschwinden |
| valē/valēte | leb wohl/lebt wohl | | |
| praenōmen, inis n | Vorname | numquam Adv | niemals |
| nōmen, inis n | Name | veniō, venīre | kommen |
| nomen gentile, nominis gentilis n | Familienname | accrēscō, accrēscere + Dat | hinzukommen zu |
| cognōmen, inis n | Beiname wegen einer Tat oder eines Merkmals; Familienname, der zum nomen gentile noch hinzukam | tamen Adv | dennoch, jedoch |
| | | peragō, peragere | vollenden, beenden |
| | | vinculum, ī n | Fessel, Schnur, Strick |
| | | abrumpō, abrumpere | abreißen, losreißen |
| | | molestia, ae f | Beschwerlichkeit, Ärgernis |
| lavō, lavāre | waschen | conquiēscō, conquiēscere | ruhen, ausruhen |

| | | | |
|---|---|---|---|
| tandem *Adv* | endlich, schließlich | ungō, ungere | salben, parfümieren |
| aliquandō *Adv* | irgendwann einmal, manchmal | per vicēs | im Wechsel, abwechselnd |
| tandem aliquando | endlich einmal | intendō, intendere | anspannen, anstrengen |
| Laurentīnum, ī *n* | Laurentinum, Landgut des Plinius | relaxō, relaxāre | lockern, abspannen, entspannen |
| notārius, ī *m* | Schreiber | | |
| cōgitō, cōgitāre | (aus)denken, überlegen, ersinnen | numerus, ī *m* | Zahl |
| | | iūcundus, a, um | angenehm, erfreulich |
| dictō, dictāre | diktieren | | |
| rūrsus *Adv* | wieder, nochmals; andererseits | vespera, ae *f* | Abend |
| | | varius, a, um | vielfältig, unterschiedlich |
| dīmittō, dīmittere | wegschicken | | |
| interdum *Adv* | manchmal, zuweilen | | |

# Quid novi?

### 1. Deponentien  Ü 1, 2

Im Lateinischen gibt es Verben, die **passive Formen** haben, aber **aktivisch übersetzt** werden müssen, die sogenannten Deponentien. Sie kommen in allen Konjugationsklassen vor. In dieser Lektion begegnen Ihnen Deponentien der ā-Konjugation, z. B. **vēnārī** *jagen*, und der konsonantischen Konjugation, z. B. **sequī** *folgen*: In silvis **venamur**. *Wir jagen in den Wäldern.* Viros **sequimur**. *Wir folgen den Männern.* Die Formen werden wie die Ihnen bereits bekannten Passivformen gebildet.

| | **vēnārī** *jagen* | | **sequī** *folgen* | |
|---|---|---|---|---|
| | Sg | Pl | Sg | Pl |
| 1. Pers | vēno-r | vēnā-mur | sequo-r | sequ-i-mur |
| 2. Pers | vēnā-ris | vēnā-minī | sequ-e-ris | sequ-i-minī |
| 3. Pers | vēnā-tur | vēna-ntur | sequ-i-tur | sequ-u-ntur |

Die Imperative der Deponentien werden im Singular mit der Endung -re und im Plural mit der Endung -minī gebildet: **vēnāre!** *jage!*/**vēnāminī!** *jagt!*, **sequere!** *folge!*/**sequiminī!** *folgt!* Auch die Deponentien werden im Wörterverzeichnis mit der 1. Person Singular Präsens und ihrem Infinitiv angegeben: **sequor, sequī** (dagegen: **dīcō, dīcere**).
Achten Sie auch hier auf die Konstruktionshinweise im Wörterverzeichnis: Sequī steht mit dem Akkusativ und nicht mit dem Dativ wie das deutsche Verb *folgen*. Fruī *genießen* hat den Ablativ bei sich: **Otio fruor.** *Ich genieße die Mußezeit.*

## 2. Die Verben *mālle* und *nōlle*   Ü 2, 3

Die beiden Verben **mālle** *lieber wollen* und **nōlle** *nicht wollen* ergänzen das Ihnen bereits aus → Lektion 3, S. 43, bekannte Verb **velle** *wollen*.

|  | Sg | Pl | Sg | Pl |
|---|---|---|---|---|
| 1. Pers | mālō | mālumus | nōlō | nōlumus |
| 2. Pers | māvīs | māvultis | nōn vīs | nōn vultis |
| 3. Pers | māvult | mālunt | nōn vult | nōlunt |

Zu **nōlle** existieren die Imperative **nōlī!** und **nōlīte!**, um ein Verbot auszudrücken. Die Tätigkeit, die verboten wird, steht als Infinitiv mit der Form von **nōlle**: **Noli** animum a studiis **avertere**! *Wende deinen Geist nicht von den Studien ab!* **Nolite** putare vos umquam laudem adipisci posse! *Glaubt nicht, dass ihr jemals Ruhm erlangen könnt!*

## 3. Die Demonstrativpronomina *hic*, *iste* und *ille*   Ü 4, 5, 6

Das Pronomen **hic/haec/hoc** *dieser/diese/dieses* verweist auf etwas, das dem Sprecher zeitlich, räumlich oder gedanklich am nächsten liegt: **haec turris** *dieser Turm (hier)*, oder auf etwas, das gerade vorausging oder im Anschluss folgt: **Hoc dicit:** ... *Er sagt Folgendes:* ...

|  | Sg m | f | n | Pl m | f | n |
|---|---|---|---|---|---|---|
| Nom | hic | haec | hoc | hī | hae | haec |
| Gen |  | huius |  | hōrum | hārum | hōrum |
| Dat |  | huic |  |  | hīs |  |
| Akk | hunc | hanc | hoc | hōs | hās | haec |
| Abl | hōc | hāc | hōc |  | hīs |  |

**Iste/ista/istud** *dieser (da)/diese (da)/dieses (da)* bezeichnet etwas, das dem Sprecher gegenüberliegt: **Quis est iste puer?** *Wer ist dieser (vor euch stehende) Junge?* Es kann auch ein verächtlicher Ton mitschwingen: **iste homo** *dieser Mensch da*.

|  | Sg m | f | n | Pl m | f | n |
|---|---|---|---|---|---|---|
| Nom | iste | ista | istud | istī | istae | ista |
| Gen |  | istīus |  | istōrum | istārum | istōrum |
| Dat |  | istī |  |  | istīs |  |
| Akk | istum | istam | istud | istōs | istās | ista |
| Abl | istō | istā | istō |  | istīs |  |

Ille/illa/illud *jener/jene/jenes* bezeichnen das, was dem Sprecher fernerliegt: **ille puer** *jener Junge*. Dabei werden **hic** und **ille** oft gegenübergestellt. Mit Hilfe von **ille** wird auch ausgedrückt, dass jemand oder etwas berühmt oder allgemein bekannt ist: **Cicero ille** *der berühmte Cicero*, **in Tusculano illo** *auf dem bekannten Landgut Tusculanum*, **illa tempora** *die damaligen Zeiten*.

|     | Sg m | f | n | Pl m | f | n |
| --- | --- | --- | --- | --- | --- | --- |
| Nom | ille | illa | illud | illī | illae | illa |
| Gen |  | illīus |  | illōrum | illārum | illōrum |
| Dat |  | illī |  |  | illīs |  |
| Akk | illum | illam | illud | illōs | illās | illa |
| Abl | illō | illā | illō |  | illīs |  |

Wenn mit Hilfe der Pronomina auf zwei zuvor genannte Dinge verwiesen wird, bezieht sich **hic** auf das zuletzt genannte (naheliegende), **ille** dagegen auf das zuerst genannte (fernerliegende):
Villa **silvis aquisque** cingitur. **In his** piscari, **in illis** venari potes. *Das Landhaus wird von Wäldern und Gewässern umgeben. In diesen (letztgenannten) kannst du fischen, in jenen (erstgenannten) kannst du jagen.*

## 4. Die Reflexivpronomina   Ü 9

Reflexivpronomina beziehen sich zurück auf das Subjekt. Bei der 1. und 2. Person (Singular und Plural) sind die Formen des Personalpronomens (→ Lektion 2, S. 32) automatisch auch rückbezüglich: **Me video.** *Ich sehe mich.* **Nos fessos esse dicimus.** *Wir sagen, dass wir müde sind.*
Für die 3. Person kennen Sie die Personalpronomina **is/ea/id** (→ Lektion 2, S. 32). Diese können sich jedoch **nicht** auf das Subjekt zurückbeziehen: **Eum videt.** *Er sieht ihn* (nicht sich selbst). Das gilt auch für den AcI: **Dicit eum Quintum esse.** *Er sagt, dass er* (nicht er/der Sprecher selbst, sondern ein anderer) *Quintus sei.* **Quintus eum laudari audit.** *Quintus hört, dass er* (nicht Quintus selbst, sondern ein anderer) *gelobt wird.*
Für die 3. Person gibt es eigene rückbezügliche Pronomina, die Reflexivpronomina. Die Formen sind im Singular und Plural gleich. Sie lauten im Genitiv **suī**, im Dativ **sibi**, im Akkusativ **sē** und im Ablativ **ā sē/sēcum**. Soll sich also das Pronomen auf das Subjekt zurückbeziehen, muss es heißen: **Se videt.** *Er sieht sich.* **Dicit se Quintum esse.** *Er sagt, dass er Quintus ist.*

## 5. Die Relativpronomina *quī/quae/quod* und Relativsätze   Ü 7, 8

Relativpronomina und Relativsätze funktionieren wie im Deutschen. Mit den Relativpronomina **quī/quae/quod** *der/die/das* werden Relativsätze eingeleitet, die ein Bezugswort im übergeordneten Satz oder sogar einen ganzen Satz näher erläutern. Dabei stimmen die Relativpronomina mit ihren Bezugswörtern in Genus und Numerus überein, ihr Kasus richtet sich aber nach ihrer Funktion in dem jeweiligen Relativsatz: **poetae, quos laudare soleo** *die Dichter, die ich gewöhnlich lobe*. **Quos** stimmt in Numerus und Genus mit **poetae** überein, steht aber im Akkusativ, da es in dem Relativsatz die Funktion des Akkusativobjekts innehat.

|     | Sg m | f | n | Pl m | f | n |
|-----|------|------|------|------|------|------|
| Nom | quī | quae | quod | quī | quae | quae |
| Gen |     | cuius |     | quōrum | quārum | quōrum |
| Dat |     | cui |     |     | quibus |     |
| Akk | quem | quam | quod | quōs | quās | quae |
| Abl | quō | quā | quō |     | quibus |     |

Wie bei den Personalpronomina wird die Präposition **cum** an die Relativpronomina im Ablativ angehängt: **quocum** *mit dem*, **quibuscum** *mit denen*.

## 6. Wort-, Satz- und Doppelfragen   Ü 10

▍ **Wortfragen** werden durch Frageadverbien oder Fragepronomina eingeleitet. Frageadverbien sind zum Beispiel **ubī?** *wo?*, **cur?** *warum?* Bei den Fragepronomina werden substantivische und adjektivische Pronomina unterschieden.
  – Die **substantivischen Fragepronomina** heißen **quis?** *wer?* und **quid?** *was?* Sie werden bis auf diese beiden Formen wie das Relativpronomen dekliniert. Es gibt keine Pluralformen: **Quis** in umbris arborum ambulat? *Wer spaziert im Schatten der Bäume?* **Quid** agis, Amphio? *Was machst du, Amphio?*
  – Die **adjektivischen Fragepronomina** heißen **quī/quae/quod?** *welcher/welche/welches?*, *was für ein/e?* und folgen der Deklination der Relativpronomina. Diese Pronomina treten zu Substantiven hinzu: **Quos viros** laudare soles? *Welche/Was für Männer lobst du gewöhnlich?*

▍ **Satzfragen** haben kein einleitendes Fragewort: Es handelt sich um Entscheidungsfragen, die mit Ja oder Nein beantwortet werden. Bei den Satzfragen wird durch die Fragepartikel **ne**, **nōnne** und **num** signalisiert, was für eine Antwort erwartet wird.
  – **-ne** wird an betonte Wörter angehängt. Es ist neutral und lässt offen, ob eine positive oder negative Antwort erwartet wird: Vis**ne** mecum ambulare? *Willst du mit mir spazieren gehen?*

– **Nōnne** wird verwendet, wenn ein Ja oder Doch erwartet wird: **Nonne** te studiis dedere vis? *Willst du dich (denn) nicht deinen Studien widmen?*
– **Num** wird verwendet, wenn eine negative Antwort erwartet wird: **Num** negotia studiis anteponis? *Ziehst du (etwa) die beruflichen Tätigkeiten den Studien vor?*

▌ Bei **Doppelfragen** wird der erste Teil durch **utrum** bzw. **-ne** (oder gar keine Partikel) eingeleitet und der zweite Teil mit **an** angeschlossen: **Utrum** piscaris **an** venaris?/Piscaris(**ne**) **an** venaris? *Fischst du oder jagst du?*

## 7. Funktionen des Akkusativs   Ü 11

Der Akkusativ ist Ihnen bisher bereits in Form des einfachen Akkusativobjekts und zusammen mit den Präpositionen **in**, **sub** und **ad** als Ausdruck einer Bewegungsrichtung begegnet. In dieser Lektion lernen Sie weitere wichtige Funktionen kennen.

| | |
|---|---|
| **multas horas** *viele Stunden lang* | Mit Hilfe des **Akkusativs** kann die **Ausdehnung von Raum und Zeit** beschrieben werden. |
| **Te felicem dico.** *Ich nenne dich glücklich.* **Oratorem prudentem putamus.** *Wir halten den Redner für klug.* | Beim **doppelten Akkusativ** tritt zu einem Akkusativobjekt ein weiteres Wort im Akkusativ in der Funktion eines Prädikatsnomens. |
| **O me miserum!** *Ach, ich Armer!* | Auch in **Ausrufen** wird der **Akkusativ** verwendet. |

# Usus magister optimus est

**1** Suchen Sie aus den Formen die Deponentien heraus und notieren Sie dazu den Infinitiv. Übersetzen Sie die Deponentien in der Form, die im Kasten angegeben ist.

> admiror   arbor   cingitur   piscamini   sermonis   miseris   versaris   adipiscor
> muneris   sequeris   venamur   orator   revocor   fruimini   extendimini   incitantur

.................................................................................................................

.................................................................................................................

.................................................................................................................

**2** Übersetzen Sie und verneinen Sie dann die Imperative mit den Formen von **nolle**.

1. Dic, amice! *Sag/Sprich, Freund! Noli dicere, amice!*
2. Sequimini patrem! 
3. Admirare hunc virum! 
4. Versare in studiis, Marce! 
5. Fruere otium! 
6. Gaudete! 

**3** Zu welchen Wörtern gehören die Formen **malo, mavis, malis, malum, malumus**? Sortieren Sie! Eine Form ist zweideutig. Welche?

**4** Deklinieren Sie folgende Wortpaare: **haec urbs**, **iste vir**, **illud tempus**.

Sg

Pl

LIX undesexaginta

## 5 Verbinden Sie die passenden Pronomina und Substantive und übersetzen Sie.

1. hanc
2. illae
3. istas
4. isto
5. eis
6. huius
7. illorum

a. studiorum
b. sermonibus
c. cogitationis
d. curas
e. laudem
f. negotio
g. artes

*dieses Lob*

## 6 Übersetzen Sie und beachten Sie dabei die verschiedenen Demonstrativpronomina.

1. Plinius ille litteris suis laudem adipiscitur.
2. Amphio a Quinto dissentit. Hic poetas Romanos, ille poetas Graecos laudat.
3. Oportet te istis curis liberari.
4. Amicus eruditissimus hoc dicit:

## 7 Setzen Sie das jeweils passende Relativpronomen ein und übersetzen Sie.

1. Quid ii viri dicunt, ............... sermonibus intersunt?
2. Mores, ............... maiores tradunt, servare volumus.
3. Illum oratorem, de ............... scribis, admiror.
4. Illum poetam, ............... carmina omnes laudant, cognoscere volumus.

## 8 Ordnen Sie die passenden Relativsätze zu und übersetzen Sie.

1. Ille vir, ☐, poeta est.
2. Doleo me illam gloriam, ☐, adipisci non posse.
3. His carminibus, ☐, animus meus valde delectatur.
4. Manda curas, ☐, aliis.
5. Nos studiis artibusque dedimus, ☐.
6. Libros, ☐, libenter lego.

a. quae componere soles
b. quos mihi mittere soles
c. quocum cenare soles
d. ex quibus illa admirabilis eloquentia exundat
e. quibus animus a studiis avertitur
f. qua veteres auctores florent

60  LX  sexaginta

**9** Übersetzen Sie. Auf wen beziehen sich die hervorgehobenen Pronomina?

Quintus cum amico ambulat.                                    Quintus    amicus

1. Quintus *sibi* placere desidiosum esse dicit.                 ☐          ☐

   ...................................................................................................................

2. Amicus *eum* librum legere videt.                             ☐          ☐

   ...................................................................................................................

3. Amicus *se* beatum virum esse putat.                          ☐          ☐

   ...................................................................................................................

4. Quintus et amicus *se* ad forum ire velle dicunt.             ☐          ☐

   ...................................................................................................................

**10** Übersetzen Sie die Fragen und notieren Sie, ob es sich um eine Wortfrage, Satzfrage (Antwort: Ja, Nein oder unentschieden) oder Doppelfrage handelt.

1. Num me deridetis?  *Satzfrage, Antwort: Nein* ...................................................
2. Cur me felicem dicis? ...............................................................................
3. Nonne turpe est mores antiquos neglegi? ....................................................
4. Quem admiraris? .......................................................................................
5. Utrum philosophos an oratores audire studes? ...........................................
6. Visne mecum in bibliothecam ire? ..............................................................

**11** Übersetzen Sie die Sätze mit den verschiedenen Akkusativausdrücken.

1. O amicum prudentem et bonum!

   ..............................................................

2. Quintus iam multos annos in foro versatur.

   ..............................................................

3. Vos amicos optimos puto.

   ..............................................................

4. O urbem miseram!

   ..............................................................

# 4 Quis ignorat ...?

## Die römische Villenkultur

Seit dem 2. Jh. v. Chr. entstanden in landschaftlich schönen Gegenden Italiens, zum Beispiel am Comer See, in Kampanien und am Golf von Neapel, zahlreiche Villen, die zwar meist zu landwirtschaftlichen Betrieben gehörten, sich aber mit dem zunehmenden Einfluss der griechischen Kultur und Bildung zu zentralen Orten kulturellen und gesellschaftlichen Lebens entwickelten. Sie waren mit Bibliotheken ausgestattet und verfügten manchmal sogar über eigene Theater. Gartenanlagen mit Skulpturensammlungen, künstlich angelegte Bäche und Hügel und schattige Spazierwege unter Zypressen oder Platanen gehörten ebenfalls dazu. Säulengänge erinnerten an die Unterrichtsstätten Griechenlands und boten somit ein angemessenes Umfeld für philosophische Gespräche. Die umgebende Landschaft beeinflusste die Architektur und Gestaltung der Gebäude, so rahmten Fenster landschaftlich markante Punkte ein oder Wandmalereien führten die Landschaft im Inneren der Villa fort.

Die Villenkultur ist verbunden mit dem Begriff des **otium**, der Muße, dem Gegenstück zum **negotium**, der beruflichen Tätigkeit und den Amtspflichten, die eher dem Bereich der Stadt zuzuordnen sind. Das **otium** zu genießen bedeutete allerdings nicht, sich nur auszuruhen und Vergnügungen wie der Jagd oder dem Ballspiel nachzugehen. Führende Politiker besuchten einander auf ihren Landsitzen auch, um politische Fragen zu klären und Amtsgeschäfte zu besprechen. Bei Cicero lesen wir von einem Ausspruch des Feldherrn und Politikers des 3./2. Jh. v. Chr., Publius Cornelius Scipio Africanus, er sei nie weniger müßig als in der Mußezeit: Gerade im **otium** befasste er sich mit Fragen, die die römische Republik betrafen.

Auch Cicero besaß mehrere Villen, von denen er das Tusculanum, seine Villa in Tusculum, südöstlich von Rom, am meisten schätzte. Dort schrieb er einen großen Teil seiner philosophischen und rhetorischen Texte. Die Bedeutung der Villen als Orte kultivierter Gemeinschaft spiegelt sich auch in Ciceros Dialogen wider, in denen er bedeutende Persönlichkeiten der Vergangenheit und Gegenwart vor der Kulisse ihrer Villen und Gärten auftreten und philosophische Fragen diskutieren ließ.

Unser Lektionstext ist Briefen des kaiserzeitlichen Anwalts und Politikers C. Plinius Caecilius Secundus nachempfunden, der ungefähr 150 Jahre später als Cicero als Schriftsteller tätig war. In einigen seiner Briefe beschreibt er die Ausstattung der Villen und seinen Tagesablauf während eines Landaufenthalts. Die Begriffe **otium** und **negotium** spielen auch hier eine Rolle: Die beruflichen Pflichten in der Stadt empfindet Plinius als lästige Fesseln, die ihn von seinen eigenen privaten **studia** abhalten, denen er sich im **otium** widmete. Da die Republik seit 27. v. Chr. nicht mehr existierte und alle wichtigen Entscheidungen vom Kaiser getroffen wurden, diente die Villa nun nicht mehr als Treffpunkt für Politikerkollegen, an dem politische Entscheidungen diskutiert und vorbereitet wurden, sondern war lediglich noch Inspiration für eigene Studien und das private literarische Schaffen.

# Utilia

### Substantivisch verwendete Pronomina
Pronomina werden im Lateinischen häufig verallgemeinernd im Neutrum Plural verwendet, während im Deutschen der Singular benutzt wird. Ähnlich wie bei den substantivierten Adjektiven im Plural des Maskulinums und Neutrums (→ Lektion 3, S. 45) kann die Ergänzung des Wortes „Dinge" oder einer Singularform Verständnis und Übersetzung erleichtern: **ea, quae dicere volo** *die Dinge, die ich sagen will* oder einfach *das, was ich sagen will*, **haec dicit** *er sagt folgende Dinge/Folgendes*. Auch Possessivpronomina werden manchmal substantivisch verwendet: **Mei** etwa bedeutet *die Meinen* bzw. *meine Angehörigen, Freunde, Leute*.

### Briefformeln
Den Text dieser Lektion bilden zwei kurze Briefe. Bei dieser Textsorte gibt es ein paar typische Wendungen bzw. Abkürzungen:
- C. Plinius Caninio Rufo suo **S.D.** = C. Plinius Caninio Rufo suo **s**alutem **d**icit.
  *Plinius grüßt seinen (Freund) Caninius.*
- **S.V.B.E.E.V.** = **S**i **v**ales, **b**ene **e**st; **e**go **v**aleo.
  *Wenn du wohlauf bist, ist es gut; ich bin auch wohlauf.*
- **Vale./Valete.** = *Leb wohl./Lebt wohl.*

### Römische Namen
Römische Namen bestehen meist aus drei Teilen, dem Vornamen (**praenomen**), dem Familiennamen (**nomen gentile**) und einem Beinamen (**cognomen**). Nehmen wir als Beispiel M. Tullius Cicero: Der Vorname Marcus erscheint bei der Angabe des ganzen Namens als Abkürzung, Tullius ist der Familienname, Cicero der Beiname. Häufig wird nur dieser zur Bezeichnung einer Person verwendet.
Hier einige Abkürzungen von Vornamen:

| A. | Aulus | L. | Lucius | Q. | Quintus | Sp. | Spurius |
| C. | Gaius | M. | Marcus | S(ex). | Sextus | T. | Titus |
| Cn. | Gnaeus | P. | Publius | Ser. | Servius | Ti(b). | Tiberius |

### Übersetzen
Noch ein letzter Hinweis, bevor Sie mit dem Übersetzen des Lektionstextes beginnen: Einige passive Formen können auch reflexiv übersetzt werden. Dies gilt z. B. bei Verben der Körperpflege und Bekleidung. **Lavor** wird also nicht mit *ich werde gewaschen* übersetzt, sondern am besten mit *ich wasche mich*.

# 4

## Lectio alit ingenium

### Plinius urbem fugit

*Der viel beschäftigte Anwalt sehnt sich nach einem Aufenthalt in seinen am Comer See gelegenen Villen.*

> C. Plinius Caninio Rufo suo S.D.
> S.V.B.E.E.V.
> Quid agit Comum, tuae meaeque deliciae? Quid ille platanon opacus, cuius in umbris ambulare soles? Quid agit illud balineum, quod sol implet et circumit? Quid villa tua, quae agris silvisque cingitur? Qui eruditi viri sermonibus intersunt? Quem ad cenam vocas?
> Utrum studes an piscaris an venaris an crebris excursionibus avocaris? Cur non molestas curas aliis mandas? Num negotia studiis anteponis? Nonne te in istis altis locis studiis dedere mavis et in artibus versari? Oportet hoc et negotium et otium tuum esse. Noli animum a studiis avertere! Compone carmina, quibus laudem aeternam adipisci potes! Cetera brevia sunt. Haec memoriā excedunt, illa autem numquam esse desinunt. Te felicem puto, mi amice, et doleo me in ista loca venire non posse. Veteribus negotiis nova accrescunt, nec tamen vetera peraguntur. O me miserum! Numquamne haec vincula abrumpere possum?
> Numquam, puto.
> Vale.

*Endlich findet Plinius Gelegenheit, sich aus der Stadt auf sein Landgut Laurentinum südwestlich von Rom zurückzuziehen.*

> C. Plinius Caninio Rufo S.D.
> S.V.B.E.E.V.
> Cicero ille, cuius ingenium valde admiror, ad Atticum amicum scribit se urbem et omnes molestias fugere et in illo Tusculano conquiescere solere. Tandem aliquando mihi licet negotia fugere et otio frui. Sed noli putare me desidiosum esse! In Laurentino meo cogitationes incitantur, multas horas in artibus versari possum. Lego, scribo, notario ea, de quibus cogito, dicto. Ille abit rursusque revocatur rursusque dimittitur. Interdum ego venor, ungor, exerceor, lavor. Animus per vices intenditur et relaxatur. Saepe cum meis ambulo, quorum in numero eruditi sunt. Cenam sermones iucundi sequuntur. Saepe vespera variis sermonibus extenditur.
> Vale.

(nach Plinius, *Epistulae* 1, 3; 2, 8; 9, 36)

# Lektion 5

Was Sie in dieser Lektion kennenlernen:
- die Substantive der **ē-** und **u-Deklination**
- das **Adverb**
- das **Prädikativum**
- die **Komparation** von Adjektiv und Adverb
- **Adverbialsätze** mit **dum**, **cum**, **quamquam** und **quod**
- einige Funktionen von **Genitiv** und **Ablativ**

## De principiis

*Omnium enim rerum principia parva sunt.*

Die Anfänge aller Dinge sind nämlich klein.

**Dieser Satz,** der aus einem philosophischen Werk Ciceros stammt (*De finibus* 5, 58), passt zum Thema dieser Lektion, in der es um die Gründung Roms geht.

**Für die Römer** lagen die Ursprünge ihrer Stadt in Troja. Der trojanische Held Aeneas floh der Sage nach aus Troja, nachdem die Griechen mit einer List in die Stadt eingedrungen waren. Nach vielen Jahren der Belagerung hatten sie ein hölzernes Pferd zurückgelassen, das die Trojaner als Geschenk deuteten und in ihre Stadt transportierten. Sie feierten das vermeintliche Ende des Krieges und schliefen bereits, als einige Griechen sich aus dem Pferd befreiten, in dessen Körper sie sich versteckt gehalten hatten. Sie öffneten die Tore für ihre Gefährten, eroberten die Stadt und töteten den trojanischen König Priamos. Aeneas rettete die Penaten aus der Stadt und begab sich mit seinem Vater, seinem Sohn und einer Gruppe Trojanern auf den Weg über das Meer, um eine neue Bleibe zu finden. Das Neue beginnt somit nur wenig hoffnungsfroh, aber – alle Anfänge sind nun einmal klein und beschwerlich.

**Für die Römer** war ihre eigene Geschichte untrennbar mit dem Untergang Trojas und der Landung des Aeneas in Italien verbunden, den sie als Vorfahren des Stadtgründers Romulus ansahen. Die Verbindungslinie zu Troja hatte große Bedeutung: Rom erschien als das nach göttlichem Willen wiedererstandene Troja, und viele Familien der Oberschicht führten ihren Stammbaum auf die trojanischen Gefährten des Aeneas zurück. Die Familie Julius Cäsars behauptete, über Ascanius, für den auch der Name Iulus belegt ist, von Aeneas und damit auch von der Göttin Venus abzustammen.

# 5

## Verborum copia

| | | | |
|---|---|---|---|
| prīncipium, ī *n* | Anfang, Beginn | cum *Kj + Ind* | immer wenn; jedes Mal, wenn |
| rēs, reī *f* | Sache, Ding | | |
| parvus, a, um | klein | quamquam *Kj* | obwohl |
| | | quod *Kj* | weil, dass |
| **Quid novi?** | | per *Präp + Akk* | durch, hindurch |
| diēs, diēī *m (f)* | Tag; Termin (f) | via, ae *f* | Weg, Straße |
| domus, ūs *f* | Haus | lābor, lābī | ausgleiten, straucheln |
| manus, ūs *f* | Hand, Schar | | |
| metus, ūs *m* | Furcht, Angst | resideō, residēre | sitzen bleiben, zurückbleiben |
| fortis, e | stark, tapfer | | |
| Trōiānus, ī *m* | Trojaner | Latium, ī *n* | Latium, Landschaft um (das spätere) Rom |
| pūgnō, pūgnāre | kämpfen | | |
| Aenēās, ae *m* | Aeneas, Sohn des Trojaners Anchises und der Göttin Venus | | |
| | | proficīscor, proficīscī | aufbrechen, abreisen |
| | | immortālis, e | unsterblich |
| maestus, a, um | traurig, niedergeschlagen | pāreō, pārēre + *Dat* | gehorchen |
| | | penātēs, ium *m, Pl* | Penaten, röm. Hausgötter, Schutzgötter |
| incolumis, e | unversehrt, wohlbehalten | | |
| | | flamma, ae *f* | Flamme, Feuer |
| postrēmus, a, um | der letzte | ēripiō, ēripere | entreißen |
| Ascanius, ī *m* | Ascanius, Sohn von Aeneas und Creusa | sēdēs, is *f* | Wohnsitz, Heimat, Stätte |
| patria, ae *f* | Heimat, Vaterstadt | | |
| fās *n indekl* | göttliches Recht | petō, petere | aufsuchen, ansteuern, streben nach, fordern |
| fās est + *Inf/AcI* | es ist erlaubt, es ist möglich | | |
| Creūsa, ae *f* | Creusa, Frau des Aeneas, Mutter des Ascanius | venter, tris *m* | Bauch |
| | | coniux, iugis *m/f* | Gatte/Gattin |
| | | hostis, is *m/f* | Feind |
| portō, portāre | tragen, bringen, mitnehmen | mors, mortis *f* | Tod |
| | | spēs, speī *f* | Hoffnung |
| celer, is, e | schnell | cupidus, a, um + *Gen* | (be)gierig nach, leidenschaftlich |
| quam *Adv* | als (bei Vergleichen) | | |
| morior, morī | sterben | decem *indekl* | zehn |
| exilium, ī *n* | Exil, Verbannung | lūx, lūcis *f* | Licht |
| patior, patī | erdulden, zulassen | prīmā lūce | bei Tagesanbruch |
| dulcis, e | süß, lieblich, freundlich | **Usus magister optimus est** | |
| currō, currere | laufen, eilen, rennen | lūctus, ūs *m* | Trauer |
| dum *Kj + Ind Präs* | während | fidēlis, e | treu, zuverlässig |

# 5

| | | | |
|---|---|---|---|
| nōtus, a, um | bekannt | animadvertō, animadvertere | bemerken, wahrnehmen, aufpassen |
| nāvis, is *f* | Schiff | itaque *Adv* | daher, deshalb, also |
| ascendō, ascendere | hinaufsteigen, besteigen | commendō, commendāre | übergeben, anvertrauen |
| socius, ī *m* | Gefährte | repetō, repetere | wieder aufsuchen |
| perveniō, pervenīre | hinkommen, hingelangen | plēnus, a, um + *Gen* | voll von, angefüllt mit |
| mulier, eris *f* | Frau | | |
| bellum, ī *n* | Krieg | hīc *Adv* | hier |
| nihil *indekl* | nichts | nōnnūllī, ae, a | einige |
| vīta, ae *f* | Leben | dux, ducis *m/f* | Führer, Anführer, Befehlshaber |
| sine *Präp + Abl* | ohne | | |
| auxilium, ī *n* | Hilfe, Beistand, Unterstützung, Pl Hilfstruppen | interficiō, interficere | töten, umbringen |
| | | dēscendō, dēscendere | herabsteigen |
| | | pietās, ātis *f* | Liebe, Pflichtgefühl, Frömmigkeit |
| auxiliō venīre | zu Hilfe kommen | | |
| īgnōtus, a, um | unbekannt, fremd | frūstrā *Adv* | umsonst, vergeblich |
| condō, condere | gründen, erbauen; verbergen | simulācrum, ī *n* | Bild, Traumbild, Schatten |
| exeō, exīre (ex) + *Abl* | herausgehen, weggehen von | īnfēlīx, īcis | unglücklich |
| | | appāreō, appārēre | erscheinen |
| vēlōx, ōcis | schnell | dēmō, dēmere | wegnehmen |
| sexta hora | sechste Stunde, mittags | pōnō, pōnere | setzen, stellen, legen, errichten |
| carpō, carpere | pflücken, nutzen | dolor, ōris *m* | Schmerz |
| | | nūmen, inis *n* | göttlicher Wille |
| **Utilia** | | ēveniō, ēvenīre | sich ereignen, eintreten |
| Athēnae, ārum *f, Pl* | Athen | | |
| Trōia, ae *f* | Troja | necesse est + *Inf/AcI* | es ist nötig |
| Rōma, ae *f* | Rom | Italia, ae *f* | Italien |
| | | Tiberis, is *m* | Tiber, Fluss durch Rom |
| **Lectio alit ingenium** | | | |
| gladius, ī *m* | Schwert | cārus, a, um | lieb, teuer |
| caedō, caedere | niederschlagen, töten | rīpa, ae *f* | Ufer |
| | | retineō, retinēre | zurückhalten |
| opēs, um *f, Pl* | Macht, Vermögen | imāgō, inis *f* | Bild, Schatten, Erscheinung |
| rēgnum, ī *n* | Königsherrschaft | | |
| ēruō, ēruere | umstürzen, zerstören | somnium, ī *n* | Traum |
| | | effugiō, effugere | entfliehen, entkommen |
| iubeō, iubēre | befehlen, verordnen | | |

# 5 Quid novi?

## 1. Die Substantive der ē- und u-Deklination  Ü 1, 2

Mit der ē- und der u-Deklination lernen Sie nun die letzten beiden Deklinationen kennen.
- Die Substantive der e-Deklination sind Feminina. Eine Ausnahme ist **diēs, diēī** *m*.
- Die Substantive der u-Deklination sind Maskulina. Beachten Sie auch hier die Ausnahmen: **domus, ūs** *f Haus* und **manus, ūs** *f Hand, Schar* sind Feminina.
- Darüber hinaus weist **domus, ūs** einige Abweichungen auf. So lautet der Ablativ Singular **domō**, der Genitiv Plural häufig **domōrum** und der Akkusativ Plural **domōs**.

|  | rēs, reī *f Sache, Ding* | | currus, ūs *m Wagen* | |
|---|---|---|---|---|
|  | Sg | Pl | Sg | Pl |
| Nom | r-ēs | r-ēs | curr-us | curr-ūs |
| Gen | r-eī | r-ērum | curr-ūs | curr-uum |
| Dat | r-eī | r-ēbus | curr-uī | curr-ibus |
| Akk | r-em | r-ēs | curr-um | curr-ūs |
| Abl | r-ē | r-ēbus | curr-ū | curr-ibus |

Beachten Sie, wie häufig die Endung **-us** bzw. **-ūs** in dieser Deklinationsklasse vorkommt. Prüfen Sie also beim Übersetzen sorgfältig, um welchen Kasus es sich handelt, und lernen Sie die Genitivendung beim Vokabellernen unbedingt mit: So wissen Sie, ob ein Substantiv zur u-Deklination gehört und die Endung **-us** mehrdeutig sein kann.

## 2. Das Adverb  Ü 4

Adverbien sind unveränderlich und werden im Lateinischen je nach Deklinationszugehörigkeit der zugrunde liegenden Adjektive folgendermaßen gebildet:
- Bei den Adjektiven der ā- und o-Deklination tritt die Endung **-e** an den Wortstamm: **doctus, a, um** *gelehrt* ▶ **docte**; **pulcher, chra, chrum** *schön* ▶ **pulchre**.
- Bei den Adjektiven der 3. Deklination tritt **-iter** an den Wortstamm, bei Stämmen auf **-nt-** wird **-er** angefügt: **fortis, e** *tapfer* ▶ **fortiter**, **prudens** *klug* ▶ **prudenter**.
- Das Adverb zu **bonus, a, um** heißt **bene**.

Adverbien bestimmen Verben, Adjektive oder auch Partizipien näher: Troiani **fortiter** pugnant. *Die Trojaner kämpfen tapfer.*

## 3. Das Prädikativum  *Ü 3*

Sie haben bisher Adjektive in der Funktion von Attributen (**vir doctus** *der gelehrte Mann*) und als Prädikatsnomina (**Vir doctus est.** *Der Mann ist gelehrt.*) kennengelernt. Adjektive können in einer weiteren Funktion auftreten, als Prädikativa: Das Prädikativum bestimmt das Prädikat näher, stimmt aber zugleich in Kasus, Numerus und Genus mit einem Bezugswort überein: **Aeneas maestus** in urbem redit. *Aeneas kehrt traurig in die Stadt zurück.* Die jeweilige Funktion muss aus dem Textzusammenhang erschlossen werden.

▎ Als Prädikativa können Adjektive auftreten, die einen körperlichen oder seelischen Zustand oder räumliche oder zeitliche Verhältnisse anzeigen, z. B: **maestus** *traurig*, **incolumis** *unversehrt*, **primus** *als Erster*, **postremus** *als Letzter*.

▎ Auch ein Substantiv kann die Funktion eines Prädikativums haben, so vor allem Substantive, die Ämter, Funktionen oder Lebensalter bezeichnen. Beim Übersetzen wird oft *als* hinzugefügt: **Ascanius puer** e patria excedit. *Ascanius verlässt als Junge/im Knabenalter die Heimat.* Neque fas est te Creusam **comitem** portare. *Aber es ist nicht erlaubt, dass du Creusa als Begleiterin mitnimmst.*

## 4. Die Komparation von Adjektiv und Adverb  *Ü 5, 6, 7, 9*

Wie im Deutschen unterscheidet man im Lateinischen die drei Stufen **Positiv** ▶ **Komparativ** ▶ **Superlativ**, z. B. *schnell* ▶ *schneller* ▶ *der schnellste*.

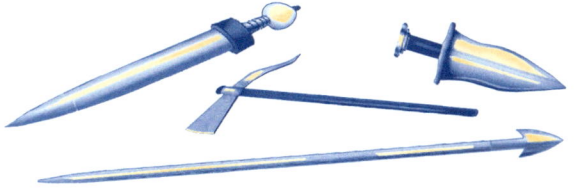

### Der Komparativ

Der Komparativ der Adjektive wird gebildet, indem beim Maskulinum und Femininum die Endung **-ior** und beim Neutrum die Endung **-ius** an den Wortstamm treten. Die Deklination der Komparative entspricht der Deklination der Adjektive der konsonantischen Deklination (z. B. **vetus, eris**, → Lektion 3, S. 45): **equus celer** *ein schnelles Pferd* ▶ **equus celerior** *ein schnelleres Pferd*.

| celer, is, e *schnell* | | | | |
|---|---|---|---|---|
| Sg m/f | Pl n | | Sg m/f | Pl n |
| Nom | celerior | celerius | celeriōr-ēs | celeriōr-a |
| Gen | | celeriōr-is | | celeriōr-um |
| Dat | | celeriōr-ī | | celeriōr-ibus |
| Akk | celeriōr-em | celerius | celeriōr-ēs | celeriōr-a |
| Abl | | celeriōr-e | | celeriōr-ibus |

# 5

## Vergleiche mit dem Komparativ

- Man schließt den **Vergleichsgegenstand** mit **quam** *als* und Nominativ oder Akkusativ an: Troiani fortiores sunt **quam Graeci**. *Die Trojaner sind tapferer **als die Griechen**.*
- Auch das Verb **malle** *lieber wollen* kann für Vergleiche verwendet werden: Mori **malumus quam** exilium pati. *Wir **wollen lieber** sterben, als das Exil auf uns zu nehmen.*
- Anstelle von **quam** + Nominativ/Akkusativ kann auch ein Ablativ stehen, der **Ablativus comparationis**: Troiani **Graecis** fortiores sunt. *Die Trojaner sind tapferer **als die Griechen**.*
- Der Komparativ kann auch **ohne Vergleichsgegenstand** verwendet werden. In diesem Fall drückt er aus, dass eine Eigenschaft stärker als normal ausgeprägt ist. In der Übersetzung kann dies durch Hinzufügen von *ziemlich* oder *zu*, *allzu* wiedergegeben werden: Via molestior est. *Der Weg ist **ziemlich beschwerlich**.*
- Der **Komparativ des Adverbs** entspricht dem Akkusativ Singular Neutrum des Komparativs des Adjektivs, z. B. **fortius** *tapferer*, **celerius** *schneller*.

## Der Superlativ

Der Superlativ wird gebildet, indem an den Stamm des Adjektivs die Endung **-issimus, a, um** gesetzt wird. Bei Stämmen auf **-er** folgt **-rimus, a, um**; bei Adjektiven auf **-lis** wird **-limus, a, um** angehängt. Dekliniert werden diese Formen wie die Adjektive der ā- und o-Deklination:

dulcis, e *lieblich* ▶ dulcior, ius *lieblicher* ▶ dulcissimus, a, um *der lieblichste*
celer, is, e *schnell* ▶ celerior, ius *schneller* ▶ celerrimus, a, um *der schnellste*
facilis, e *leicht* ▶ facilior, ius *leichter* ▶ facillimus, a, um *der leichteste*

- Vergleichspersonen oder -gegenstände erscheinen im **Genitivus partitivus** (→ Lektion 5, S. 74): fortissimi **omnium virorum** – *die tapfersten **aller Männer**.*
- Der Superlativ kann neben der höchsten Stufe auch eine **sehr hohe Stufe** (Elativ) ausdrücken, die man mit *sehr*, *höchst* oder *außerordentlich* wiedergeben kann: Troiani **fortissimi** sunt. *Die Trojaner sind **außerordentlich tapfer**.*
- Der **Superlativ des Adverbs** wird aus der Form des Superlativs des Adjektivs mit der Endung **-ē** gebildet: **fortissimē** *am tapfersten*, **celerrimē** *am schnellsten*, **optimē** *am besten*. Troiani **fortissime** pugnant. *Die Trojaner kämpfen **sehr tapfer/am tapfersten**.*

## Sonderformen

Einige Adjektive bilden ihre Komparativ- und Superlativformen mit Hilfe anderer Stämme:

| | | |
|---|---|---|
| bonus, a, um *gut* ▶ | melior, ius *besser* ▶ | optimus, a, um *der beste* |
| malus, a, um *schlecht* ▶ | peior, ius *schlechter* ▶ | pessimus, a, um *der schlechteste* |
| magnus, a, um *groß* ▶ | maior, ius *größer* ▶ | maximus, a, um *der größte* |
| parvus, a, um *klein* ▶ | minor, us *kleiner* ▶ | minimus, a, um *der kleinste* |
| multī, ae, a *viele* ▶ | plūrēs, a *mehr* ▶ | plūrimī, ae, a *die meisten* |

## 5. Adverbialsätze  Ü 8

Mit beiordnenden Konjunktionen können zwei Hauptsätze auf gleicher Ebene miteinander verbunden werden. Die beigeordneten Sätze bilden zusammen eine **Satzreihe**. Sie kennen bereits diese Konjunktionen: **et, -que** *und*, **neque** *und nicht, auch nicht, aber nicht*, **nam** *denn*, **sed** *aber* und **autem** *jedoch*.

Ein **Satzgefüge** liegt vor, wenn einem Satz ein anderer untergeordnet wird. Dies geschieht mit Hilfe unterordnender Konjunktionen wie z. B. **dum** *während*, **cum** *immer wenn* (cum iterativum), **quamquam** *obwohl* und **quod** *weil, dass*. Beispiel: **Dum** per vias currimus, Creusa labitur et residet. ***Während** wir durch die Straßen laufen, rutscht Creusa aus und bleibt sitzen*: **Dum per vias currimus** übernimmt hier die Funktion einer adverbialen Bestimmung der Zeit für den übergeordneten Satz.

Die mit unterordnenden Konjunktionen eingeleiteten Gliedsätze vertreten Bestimmungen der Zeit, des Grundes usw. und werden deshalb **Adverbialsätze** genannt.
- **Dum** und **cum** leiten Temporalsätze ein: Troiani, **cum** Graecos vident, irā ardent. ***Immer wenn** die Trojaner Griechen sehen, glühen sie vor Zorn.*
- **Quamquam** leitet Konzessivsätze (einschränkende Gliedsätze) ein: Troiani, **quamquam** pugnare malunt, penates servant et e patria fugiunt. *Die Trojaner retten die Penaten und fliehen aus der Heimat, **obwohl** sie lieber kämpfen wollen.*
- Mit dem kausalen **quod** beginnen Adverbialsätze des Grundes: Troiani in Latium proficiscuntur, **quod** deis immortalibus parere volunt. *Die Trojaner brechen auf nach Latium, **weil** sie den unsterblichen Göttern gehorchen wollen.*
- Das faktische **quod** – mit *dass* übersetzt – führt eine Tatsache zur Erläuterung des übergeordneten Satzes an: Dei Aeneam laudant, **quod** penates flammis eripit. *Die Götter loben Aeneas **dafür, dass** er die Penaten den Flammen entreißt.*

**Achtung: Cum** kann auch Präposition mit dem Ablativ sein: *mit*. Auch **quod** ist Ihnen bereits als Relativpronomen *das/welches* und adjektivisches Fragepronomen *welches* bekannt (→ Lektion 4, S. 59)

Bei gleichem Subjekt in Haupt- und Gliedsatz steht das Subjekt oft am Anfang des Satzgefüges: **Troiani**, quod novas sedes petere volunt, e patria excedunt. *Die Trojaner verlassen die Heimat, weil sie eine neue Heimat suchen wollen.* Es ist bei der Übersetzung auch möglich, mit dem Gliedsatz zu beginnen und das Subjekt des übergeordneten Satzes bereits hier zu nennen: *Weil **die Trojaner** neue Wohnsitze suchen wollen, verlassen **sie** die Heimat.*

## 6. Funktionen von Genitiv und Ablativ   Ü 10

Sie haben sich bereits mit einigen wichtigen Verwendungsweisen von Akkusativ (→ Lektion 4, S. 60) und Ablativ (→ Lektion 2, S. 33) beschäftigt. Auch der Genitiv erfüllt bestimmte Funktionen: In der Regel dient er als Attribut und gibt Zugehörigkeit und Bereich an.

| | |
|---|---|
| **venter equi** *der Bauch des Pferdes* **coniugis manus** *die Hand der Gattin* **Ager agricolae est.** *Das Feld gehört dem Bauern.* | Der **Genitivus possessivus** gibt den **Besitzer** an. Er wird attributiv und prädikativ verwendet. |
| **fortissimi omnium virorum** *die tapfersten aller Männer* **Quid novi?** *(„Was des Neuen?")* Was gibt es Neues? | Der **Genitivus partitivus** bezeichnet das Ganze, von dem ein **Teil** angegeben wird. |
| **Quis vestrum?** *Wer von euch?* | Der **Genitivus partitivus** von **nōs/vōs** heißt **nostrum** und **vestrum** (nicht **nostrī/vestrī**)! |
| **metus hostium** *die Angst der Feinde* | Im **Genitivus subiectivus** steht die **Person**, die etwas **tut** oder **empfindet**. |
| **metus hostium*** *die Angst vor den Feinden* **metus mortis** *die Angst vor dem Tod* **spes salutis** *die Hoffnung auf Rettung* **cupidus gloriae** *begierig nach Ruhm* **peritus litterarum** *in den Wissenschaften bewandert* | Der **Genitivus obiectivus** bezeichnet die **Person** oder **Sache**, auf die sich eine Tätigkeit oder Empfindung **richtet**.* Übersetzen Sie mit Hilfe einer Präposition. Auch **Adjektive** können mit dem Genitivus obiectivus stehen. |
| **vir magni ingenii** *ein Mann von großer Begabung* **puer decem annorum** *ein Junge von zehn Jahren/ein zehnjähriger Junge* | Mit dem **Genitivus qualitatis** werden **Eigenschaften** von Personen oder Dingen bezeichnet. Bei der Übersetzung kann man zur Präposition *von* greifen. |
| **vir summo ingenio** *ein Mann von größter Begabung* | Körperliche und geistige **Eigenschaften** können auch durch den **Ablativus qualitatis** zum Ausdruck gebracht werden. |
| **primā luce** *bei Tagesanbruch* | Der **Ablativus temporis** gibt einen **Zeitpunkt** an. |

*****Metus hostium** könnten Sie auf zwei Arten übersetzen: Im ersten Fall wären *die Feinde* Subjekt der Handlung, d.h. die Feinde fürchten sich ▶ *die Furcht der Feinde*; im zweiten Fall Objekt, d.h. jemand fürchtet die Feinde ▶ *die Furcht vor den Feinden*. Stoßen Sie beim Übersetzen von Texten auf solche nicht eindeutigen Ausdrücke, verrät Ihnen der Kontext, für welche Variante Sie sich entscheiden sollten.

# Usus magister optimus est

**1** Unterstreichen Sie alle Adjektive und Pronomina, die mit den Substantiven kombinierbar sind.

1. luctus — <u>is</u> – mala – magnus – veteri – novi – brevibus – illo – gravis – hos – misera – illius – hi
2. spes — novas – hic – admirabilis – hae – illa – fortia – bonas – egregiis – nostras – tuos – qui – fidelis
3. domus — haec – meus – vetus – bonus – vestra – illud – pulchrae – istae – huius – is – notus – tua

**2** Welche Form von **metus** entspricht der jeweiligen Form von **timor**? Verbinden Sie.

1. timoribus        a. metus
2. timore           b. metibus
3. timores          c. metui
4. timori           d. metus
5. timorem          e. metuum
6. timoris          f. metu
7. timorum          g. metum

**3** Attribut (A), Prädikatsnomen (PN) oder Prädikativum (P)? Bestimmen und übersetzen Sie.

1. Ascanius *primus* navem ascendit. (..........)
2. Troiani *boni* penates flammis eripiunt. (..........)
3. Metus mortis *magnus* est. (..........)
4. Creusa *fideli* coniugi „vale" dicit. (..........)
5. Socii *incolumes* ad naves perveniunt. (..........)
6. Mulieres *maestae* nomina coniugum vocant. (..........)

**4** Führen Sie die Adverbien auf die zugrunde liegenden Adjektive zurück.

1. pulchre   *pulcher*
2. feliciter   ..........................
3. misere   ..........................
4. prudenter   ..........................
5. docte   ..........................
6. acriter   ..........................

**5** Setzen Sie die Formen in die entsprechenden Formen des Komparativs und des Superlativs. Kennzeichnen Sie, ob es sich um ein Adjektiv (Adj) oder ein Adverb (Adv) handelt.

|   |   | Komparativ | Superlativ | Adj | Adv |
|---|---|---|---|---|---|
| 1. | longas | *longiores* | *longissimas* | ☐ | ☐ |
| 2. | magnis |   |   | ☐ | ☐ |
| 3. | prudenter |   |   | ☐ | ☐ |
| 4. | forti (Abl m) |   |   | ☐ | ☐ |
| 5. | bene |   |   | ☐ | ☐ |
| 6. | acriter |   |   | ☐ | ☐ |
| 7. | miseros |   |   | ☐ | ☐ |

**6** Welches Wort gehört jeweils nicht in die Reihe?

1. docte – bene – breve – fortiter – pulchre
2. dulcius – celerius – melius – filius – gravius
3. dulcissime – optime – acerrimus – miserrime
4. brevia – graviora – peiora – maiora

**7** Markieren Sie den Ablativus comparationis, wenn er vorhanden ist, und übersetzen Sie.

1. Quid est bello miserius? ..........................
2. Troianos fortiores puto quam Graecos. ..........................
3. Nihil socio fideli melius est. ..........................
4. Vir dicit vitam sine coniuge morte miseriorem esse. ..........................

**8** Welche Konjunktion passt: **cum**, **dum**, **quamquam** oder **quod**? Übersetzen Sie.

1. Mater, ........................ per vias ignotas currit, labitur.
2. ........................ sumus negotiis liberi, nos studiis et artibus dedimus.
3. Aeneas, ........................ novam urbem condere vult, penates secum portat.
4. Troiani ex urbe exire properant, ........................ patres matresque relinquere nolunt.

**9** Wie können die Komparative und Superlative sinnvoll wiedergegeben werden? Übersetzen Sie.

1. Coniux mea pulcherrima omnium mulierum est.

   ..........................................................................................................................

2. Turpissimum est sociis auxilio non venire.

   ..........................................................................................................................

3. Nonne doctior sum quam ceteri?

   ..........................................................................................................................

4. Ea, quae dicere cupio, longiora sunt.

   ..........................................................................................................................

**10** Welche Kasusfunktionen können Sie hier entdecken? Benennen und übersetzen Sie.

1. Hostes cupidi belli sunt. ................................................................................
2. Veteres oratores viri summi ingenii sunt. ................................................................
3. Horā sextā cum meis cenare soleo. ........................................................................
4. Quis vestrum me optimum oratorem esse putat? ................................................................

**11** Wortschatztraining: Finden Sie Begriffe mit gegenteiliger (1.–5.) oder gleicher bzw. ähnlicher Bedeutung (6.–9.). Die markierten Buchstaben ergeben in der Reihenfolge ihres Auftretens einen bekannten Spruch.

1. laudare ↔ m … l … i … e … …
2. dulcis ↔ … c … r
3. felix ↔ m … s … …
4. optimus ↔ … … s … … m … …
5. nolle ↔ … … … … …

6. villa ⊕ … … m … s
7. vetus ⊕ a … t … q … … s
8. velox ⊕ c … … … r
9. timor ⊕ … … t … s

Lösung: ………………………………!

## Quis ignorat …?

### Der Gründungsmythos Roms

Der Lektionstext ist angelehnt an einen Abschnitt aus der Aeneis, dem römischen Nationalepos des Dichters Vergil. Darin wird erzählt, wie der Trojaner Aeneas, Sohn der Göttin Venus und des Sterblichen Anchises, aus der von den Griechen eroberten Stadt Troja flieht und nach endlosen Irrfahrten, die ihn unter anderem nach Thrakien, Delos, Sizilien und Karthago führen, in Latium an Land geht. Nach Kämpfen mit den dort ansässigen Stämmen heiratet Aeneas die Königstochter Lavinia und herrscht über die nun vereinigten Trojaner und Latiner.
Aeneas tritt bereits in der *Ilias* Homers auf. Dort ist der Sohn der Göttin Venus nur eine Nebenfigur, ein mutiger Krieger, dem seine Rettung aus Troja und die Herrschaft über die Trojaner prophezeit wird. Dass die Figur des Aeneas auch sehr früh schon in Italien bekannt war, zeigen archäologische Zeugnisse. Bildnisse dieses Mannes, der seinen alten Vater auf den Schultern aus Troja herausträgt, tauchen bereits im 5. Jh. v. Chr. auf italischem Boden auf. Im 4./3. Jahrhundert begann man, die Aeneassage und die Romulussage miteinander in Einklang zu bringen.

# 5

Die ältesten Zeugnisse der römischen Literatur bieten unterschiedliche Versionen der Sage. Romulus erscheint unter anderem als Enkel des Aeneas. In der Geschichtsschreibung, in der die Sage fester Bestandteil der Frühgeschichte Roms ist, wird der große Zeitraum zwischen dem Untergang Trojas und der Gründung Roms – Trojas Untergang wurde in antiker Chronologie auf die Jahre 1184/3 datiert – durch das Einfügen einer Reihe von Königen gefüllt. Diese Könige sollen über Alba Longa, die Gründung des Aeneassohnes Ascanius, geherrscht haben.

Erst dann setzt die bekannte Geschichte um die Zwillinge Romulus und Remus ein, die Kinder der Rhea Silvia, der Tochter des Königs Numitor von Alba Longa, und des Gottes Mars, die über mehrere Generationen in verwandtschaftlicher Beziehung zu Aeneas und Ascanius stehen. Numitor wird von seinem Bruder Amulius verdrängt; dieser veranlasst auch, dass Numitors Enkelsöhne Romulus und Remus auf dem Tiber ausgesetzt werden. Eine Wölfin versorgt die Kleinkinder, bis sie von dem Hirten Faustulus gefunden werden, bei dem sie aufwachsen. Als die beiden herangewachsen sind, töten sie Amulius, setzen Numitor wieder in die Königswürde ein und beschließen, eine Stadt zu gründen. Anhand einer Vogelschau – der Beobachtung des Vogelflugs – soll bestimmt werden, wer offizieller Gründer der Stadt ist. Die Wahl fällt auf Romulus, der mit dem Bau der Stadtmauer beginnt. Als Remus sich über die niedrige Mauer seines Bruders lustig macht, tötet Romulus ihn.

Nach Ansicht des Historikers und Universalgelehrten Varro (116–27 v. Chr.) ist die Gründung der Stadt Rom auf das Jahr 753 v. Chr. zu datieren.

## Utilia

### Orts- und Richtungsangaben

Sie haben in den vorhergehenden Lektionen bereits Ortsangaben übersetzt: **in bibliothecam** *in die Bibliothek*, **de agris** *von den Feldern (weg)*, **sub arbore** *unter einem Baum*. Die Angaben bestanden bisher immer aus einer Präposition plus Akkusativ oder Ablativ. Hier gibt es noch ein paar Besonderheiten, die Ihnen des Öfteren begegnen werden.

- Gibt man den Ort an, so steht bei Städten und kleineren Inseln der Ablativus loci ohne Präposition: **Athenis** *in Athen*.
- Bei den Orten, die zur ā- und o-Deklination gehören, stehen alte Formen, die aussehen wie ein Genitiv: **Troiae** *in Troja*, **Romae** *in Rom*, **domi** *zu Hause*.
- Meint man einen Ausgangspunkt, steht bei Städten und kleinen Inseln der Ablativus separativus ohne Präposition: **Troiā proficisci** *von Troja/aus Troja aufbrechen*, **Romā** *aus/von Rom*, **Athenis** *aus/von Athen*. Auch **domus** fällt unter diese Regel: **domo** *von zuhause (weg)*.
- Für den Richtungsakkusativ gilt das Gleiche. Städte und kleine Inseln treten in den Akkusativ ohne Präposition: **Romam proficisci** *nach Rom aufbrechen*, **Athenas** *nach Athen*, **domum** *nach Hause*.

# Lectio alit ingenium

## Aeneas in Italiam proficiscitur

*Aeneas erzählt, wie er mit seiner Familie aus Troja fliehen muss, nachdem die Griechen in die Stadt eingedrungen sind. Auf dem Weg aus der Stadt verschwindet seine Frau Creusa unbemerkt. Nach vergeblicher Suche erscheint sie ihm als Schatten.*

Quid morte miserius est? Exilium miserius est. Gladiis hostium mori malo quam exilium pati. Mori melius est quam pati Graecos opes Troianas regnumque eruere et fortissimos omnium virorum caedere. Dei immortales autem nos Troiā celerrime proficisci iubent ... Dum celerius per vias currimus et ex notis viis excedimus, Creusam coniugem labi et residere non animadvertimus. Ad naves nostras pervenimus. Tum Creusam deesse videmus.
Itaque Ascanium filium, Anchisem patrem penatesque sociis fidelissimis commendo et urbem repeto. Via plena clamoris est. Hic nonnulli viri, dum suis auxilio veniunt, a viro maximi corporis caeduntur. Hic mulieres miserrimaeque puellae in maximis luctibus sunt. Duces Graecorum, cum suos interfici vident, novos viros ex equi ventre descendere iubent. Spes salutis iam deest, sed pietas parentum patriaeque metu mortis maior est. Maestus domum redeo. Frustra nomen coniugis voco et vias clamore impleo. Tum denique infelicis Creusae simulacrum apparet. His verbis gravissimas curas demit: „O dulcissime coniux, pone metum doloremque! Non haec sine numine deorum eveniunt. Nec fas est te Creusam comitem portare. Necesse est vos incolumes in Italiam pervenire, quod dei ibi res maiores parant. Celeriter redi ad filium nostrum, nam hostes iam adsunt. Vale, care coniux, pete Tiberis ripas! Condite novas urbes, Troiani!"
Manibus coniugem retinere volo, sed eius imago somnio velocius effugit. O diem miserum et infelicem! Primā luce naves ascendimus, e patria excedimus et novas sedes petimus.

(nach Vergil, *Aeneis* 2, 735–804)

# Test 1

**1** Testen Sie Ihre Vokabelkenntnisse! Geben Sie neben der deutschen Übersetzung der Wörter bei Substantiven den Genitiv und das Genus, bei Verben die 1. Pers Sg Präs und bei Adjektiven die Endungen der anderen Genera bzw. den Genitiv an.

1. iubere .................................................................
2. mos .................................................................
3. brevis .................................................................
4. velle .................................................................
5. vetus .................................................................
6. miser .................................................................

Punkte ...... /6

**2** Bestimmen Sie die Verbformen und notieren Sie die dazugehörigen Infinitive.

1. eo .................................................................
2. auditur .................................................................
3. potes .................................................................
4. sequimini .................................................................
5. desunt .................................................................
6. ponit .................................................................

Punkte ...... /6

**3** Bilden Sie passende Wortpaare aus je einem Substantiv und einem Adjektiv und übersetzen Sie sie. Ein falsches Paar bleibt übrig.

| nomen  rebus  pietas  homines | pulchram  fortiores  maximas |
| urbium  duce  domum           | clarum  prudenti  malis  veterum |

1. .................................................................
2. .................................................................
3. .................................................................
4. .................................................................
5. .................................................................
6. Falsches Paar: .................................................................

Punkte ...... /6

LXXIX undeoctoginta  79

# Test 1

**4** Welche Pronomina passen in die Lücken? Tipp: Es kann mehr als eine Möglichkeit geben. Notieren Sie alle Varianten.

> nostris   hunc   hoc   nos   illi   te   qui   his   illum   isto   mihi

1. Si vales, bene est. ........................................ valemus.
2. ........................................ placet litteris studere.
3. Oratores optimi a/ab ........................................ laudantur.
4. ........................................ virum admiror.
5. Numquam eis dees, ........................................ veniunt ad te.
6. Liberate nos ........................................ metu.

Punkte ...... /6

**5** Markieren Sie in den folgenden Sätzen den AcI und übersetzen Sie.

1. Vergilius poeta Romanos multis populis imperare, Graecos autem philosophiae studere dicit.
2. Non ignoro adulescentes mores antiquos saepe neglegere.
3. Noli putare animum meum a studiis averti.
4. Plinius se M. Tullium Ciceronem valde admirari scribit.
5. Scio te poetas Graecos laudare solere.
6. Satis constat animos hominum philosophiae studio delectari et confirmari.

Punkte ...... /6

**6** Übersetzen Sie die folgenden Wort- und Satzfragen.

1. Utrum Romam venio an in Tusculano meo conquiesco?
   ........................................
2. Quem vos optimum poetam putatis?
   ........................................
3. Num deos tua facta non videre putas?
   ........................................
4. Cur nos Athenas mittis?
   ........................................

Punkte ...... /4

Gesamt ....../34

80   LXXX   octoginta

**Lektion**

# 6

In dieser Lektion befassen Sie sich mit:
- den Vergangenheitstempora **Imperfekt** und **Perfekt**
- den **Zeitverhältnissen** im **AcI**
- den Konjunktionen **postquam**, **ubī**, **ut** und **cum**
- dem unregelmäßigen Verb **ferre**
- weiteren Funktionen des **Ablativs**

## De Hannibale

*Quis Carthaginiensium Hannibalem consilio ac virtute superavit, qui unus cum tot imperatoribus nostris per tot annos de imperio et de gloria decertavit? Hunc sui cives e civitate expulerunt: Nos etiam hostem litteris nostris et memoria videmus esse celebratum.*
      (nach Cicero, *Pro Sestio* 68, 142)

Wer von den Karthagern hat Hannibal an Klugheit und Tapferkeit übertroffen, der allein gegen so viele unserer Feldherren über so viele Jahre hinweg um Herrschaft und Ruhm gekämpft hat? Seine eigenen Mitbürger haben ihn aus der Stadt vertrieben: Wir sehen, dass er sogar, obwohl er ein Feind war, in unseren Büchern und unserem Andenken gerühmt wurde.

**Zwischen 264 und 146 v. Chr.** führte Rom drei große und folgenschwere Kriege gegen die Seemacht Karthago, in deren Folge Rom die führende Macht des Mittelmeerraumes wurde und das vormals blühende Karthago völlig zerstört und seine Bewohner versklavt wurden.

**Eine zentrale und schillernde Persönlichkeit** in diesem Konflikt ist der karthagische Feldherr Hannibal. Schon als neunjähriges Kind soll er seinem Vater Hamilkar unerbittliche Feindschaft gegenüber den Römern geschworen haben, und im Zweiten Punischen Krieg (218–202 v. Chr.) brachte er tatsächlich als Feldherr mit seiner kühnen Alpenüberquerung die Römer in Bedrängnis. Den Römern gelang es zwar letztendlich, sich gegen Karthago durchzusetzen, aber der Name Hannibal behielt seinen bedrohlichen Klang und rief noch lange Zeit die Erinnerung an Verlust und Vernichtung wach.

**Nach seiner Feldherrenlaufbahn** musste Hannibal seinen Oberbefehl ablegen und widmete sich politischen Angelegenheiten seiner Heimat, bevor er in politische Verwicklungen geriet und im Exil Selbstmord beging, um der Auslieferung an Rom zu entgehen.

# Verborum copia

Von dieser Lektion an wird Ihnen bei Verben, deren Perfektstamm und Partizip Perfekt unregelmäßig gebildet werden, neben der 1. Person Singular Präsens Aktiv und dem Infinitiv auch die 1. Person Perfekt Aktiv sowie das Partizip Perfekt Passiv angegeben. Handelt es sich um Komposita, wird das Präfix nur einmal genannt, z. B. **cōnficiō, -fēcī, -fectum, -ficere** *vollenden, erledigen.* Die Stammformen bereits gelernter unregelmäßiger Verben finden Sie im Glossar (→ S. 269).

| | |
|---|---|
| Hannibal, alis *m* | Hannibal, Feldherr der Karthager |
| Carthāginiēnsis, is *m*/is, e | Karthager/karthagisch |
| cōnsilium, ī *n* | Plan, Absicht, Beschluss |
| ac/atque | *und, und dazu;* bei Vergleichen *wie, als* |
| virtūs, ūtis *f* | Tugend, Tapferkeit |
| ūnus, a, um, Gen ūnīus, Dat ūnī | einer, ein einziger |
| tot *indekl* | so viele |
| imperātor, ōris *m* | Herrscher, Feldherr, Kaiser |
| annus, ī *m* | Jahr, Lebensjahr |
| imperium, ī *n* | (Ober-)Befehl, Macht, Gewalt |
| dēcertō, dēcertāre | kämpfen, ringen |
| cīvis, is *m/f* | Bürger, Mitbürger |
| cīvitās, ātis *f* | Bürgerschaft, Gemeinde, Stadt |
| celebrō, celebrāre | rühmen, feiern |

## Quid novi?

| | |
|---|---|
| expūgnō, expūgnāre | erstürmen, einnehmen |
| amīcitia, ae *f* | Freundschaft(sbündnis) |
| aggredior, -gressus sum, -gredī | sich nähern, angreifen |
| legiō, ōnis *f* | Legion, Heer |
| fuga, ae *f* | Flucht |
| coniciō, -iēcī, -iectum, -icere | (zusammen)werfen, schleudern, versetzen |
| nox, noctis *f* | Nacht |
| oppūgnō, oppūgnāre | angreifen, bekämpfen |
| dūcō, dūxī, ductum, dūcere | führen |
| perīculum, ī *n* | Gefahr, Wagnis |
| mīles, mīlitis *m* | Soldat |
| semper *Adv* | immer, stets |
| gerō, gessī, gestum, gerere | tragen, führen, verrichten |
| explōrātor, ōris *m* | Kundschafter, Beobachter |
| absum, āfuī, abesse | abwesend sein, entfernt sein |
| Alpēs, ium *f, Pl* | die Alpen |
| trānseō, -iī, -itum, -īre | hinübergehen, überschreiten |
| proelium, ī *n* | Schlacht, Gefecht |
| vincō, vīcī, victum, vincere | (be)siegen, übertreffen |
| postquam *Kj + Ind Perf* | nachdem, als |
| ubī (prīmum) *Kj + Ind Perf* | nachdem, sobald als |
| ut (prīmum) *Kj + Ind Perf* | sobald als |
| cum prīmum *Kj + Ind Perf* | sobald als |
| intellegō, -lēxī, -lēctum, -legere | erkennen, verstehen |

# 6

ferō, tulī, lātum, ferre — (er)tragen, bringen, berichten
īnferō, intulī, illātum, īnferre — hineintragen, zufügen
afferō, attulī, allātum, afferre — herbeitragen, -bringen

## Usus magister optimus est

paulum n, Abl paulō — etwas, eine Kleinigkeit
post Adv + Abl — danach, später/hinter, nach, seit
mensurae/Präp + Akk
castra, ōrum n, Pl — Lager, Kriegslager
respondeō, -spondī, -spōnsum, -spondēre — antworten, erwidern
terror, ōris m — Schrecken, Angst
senātor, ōris m — Senator, Mitglied des röm. Senats
certus, a, um — sicher, bestimmt, beschlossen
ēvādō, -vāsī, -vāsum, -vādere — herausgehen, entkommen
statim Adv — sogleich, sofort
īnsidiae, ārum f, Pl — Hinterhalt, Falle
habeō, habuī, habitum, habēre — haben, halten
exercitus, ūs m — Heer
cōnscrībō, -scrīpsī, -scrīptum, -scrībere — (Soldaten) ausheben, anwerben
lēgātus, ī m — Gesandter
Carthāgō, inis f — Karthago, Stadt in Nordafrika (heute Tunesien)

## Utilia

nārrō, nārrāre — erzählen, berichten
odium, ī n — Hass
cōnficiō, -fēcī, -fectum, -ficere — vollenden, erledigen
aequus, a, um — eben; gleichmütig
clādēs (-is), is f — Schaden, Niederlage

## Lectio alit ingenium

novem — neun
perennis, e — dauernd, immerwährend
iūrō, iūrāre — schwören, einen Eid ablegen
comparātiō, ōnis f — Vorbereitung, Rüstung
cōnferō, contulī, collātum, cōnferre — zusammentragen, -bringen, vergleichen
Saguntus, ī f — Saguntum, Stadt in Spanien
malum, ī n — Übel, Fehler, Schaden
Poenus, ī m — Punier, Karthager
dēnūntiō, dēnūntiāre — ankündigen, androhen
probāre, probō — prüfen, billigen, gutheißen
elephantus, ī m — Elefant
trādūcō, -dūxī, -ductum, -dūcere — hinüberführen, -bringen
Semprōnius, ī m — Sempronius Longus, röm. Konsul
tumultus, ūs m — Unruhe, Aufregung
Q. Fabius Maximus — Q. Fabius Maximus, röm. Feldherr, Gegner Hannibals
rēs mīlitāris, reī mīlitāris f — Kriegswesen
commūtō, commūtāre — verändern, umwandeln
tergum, ī n — Rücken
ā tergō — von hinten
circumveniō, -vēnī, -ventum, -venīre — umringen, einschließen
ager Falernus, agrī Falernī m — falernisches Gebiet, Gebiet in Kampanien
inclūdō, -clūsī, -clūsum, -clūdere — einschließen, einsperren, umringen

LXXXIII   octoginta tres   **83**

| | | | |
|---|---|---|---|
| cornū, ūs *n* | Horn; Heeresflügel | vetō, vetuī, vetitum, vetāre | verbieten, nicht zulassen |
| bōs, bovis *m/f*, Gen Pl boum | Rind | teneō, tenuī, tentum, tenēre | halten, festhalten |
| prope *Präp + Akk* | nahe, nahe bei | ūllus, a, um, Gen ūllīus, Dat ūllī | irgendein |
| sarmentum, ī *n* | Zweig; Pl Reisig | | |
| alligō, alligāre | an-, festbinden | | |
| incendō, -cendī, -cēnsum, -cendere | anzünden; aufhetzen | dētrīmentum, ī *n* | Verlust, Schaden |
| | | angustiae, ārum *f*, Pl | Enge, Schwierigkeit |
| hūc (et) illūc *Adv* | hierhin und dorthin | īgnāvus, a, um | träge, feige, mutlos |
| aliī ..., aliī ... | die einen ..., die anderen ... | haud *Adv* | nicht |
| | | Cannae, ārum *f*, Pl | Cannae, Ort in Apulien |
| extrā *Präp + Akk* | außerhalb, über ... hinaus; ohne | acerbus, a, um | herb, bitter |
| vallum, ī *n* | Wall, Verschanzung | ferē *Adv* | ungefähr, beinahe |
| ēgredior, -gressus sum, -gredī | hinausgehen, verlassen | aliquot *indekl* | einige, ein paar |
| | | singulāris, e | einzeln; vorzüglich |

## Quid novi?

### 1. Der Indikativ Imperfekt  Ü 1, 3, 4

Das Vergangenheitstempus Imperfekt ist erkennbar an dem Tempuszeichen -ba- zwischen Präsensstamm und Personalendung. Bei den Verben der ī- und der **konsonantischen** Konjugation tritt vor das -ba- zusätzlich ein -ē-. Die Endungen der **a-Konjugation** lauten bis auf die 1. Person Singular wie im Präsens:

| Imperfekt Aktiv *ich lobte* | | Imperfekt Passiv *ich wurde gelobt* | |
|---|---|---|---|
| Sg | Pl | Sg | Pl |
| laudā-ba-m | laudā-bā-mus | laudā-ba-r | laudā-bā-mur |
| laudā-bā-s | laudā-bā-tis | laudā-bā-ris | laudā-bā-minī |
| laudā-ba-t | laudā-ba-nt | laudā-bā-tur | laudā-ba-ntur |

Entsprechend lauten die Imperfektformen der Verben der anderen Konjugationen: **docē-bam** *ich lehrte*, **audi-ēbam** *ich hörte* und **duc-ēbam** *ich führte*.
Die Formen der unregelmäßigen Verben:

| | |
|---|---|
| esse: | eram *ich war*, erās, erat, erāmus, erātis, erant |
| posse: | poteram *ich konnte*, poterās, poterat, poterāmus, poterātis, poterant |
| īre: | ībam *ich ging*, ībās, ībat usw. |
| velle: | volēbam *ich wollte*, volēbās, volēbat usw. |
| mālle: | mālēbam *ich wollte lieber*, mālēbās, mālēbat usw. |
| nōlle: | nōlēbam *ich wollte nicht*, nōlēbās, nōlēbat usw. |

### Die Verwendung des Imperfekts

▌ Mit dem Imperfekt werden **Begleitumstände** einer Handlung, also der **Hintergrund** des erzählten Geschehens dargestellt. Bei der Übersetzung verwenden Sie das Präteritum: Hannibal expugnavit civitatem, quae in populi Romani amicitia **erat**. *Hannibal eroberte eine Stadt, die in freundschaftlicher Beziehung zu Rom stand.*

▌ Auch **Versuche** und **sich wiederholende Vorgänge** werden mit dem Imperfekt gekennzeichnet. Übersetzen Sie im ersten Fall (**konatives Imperfekt**) mit *versuchen*, im zweiten Fall (**iteratives Imperfekt**) mit *immer wieder, gewöhnlich* o. ä.: Romani hostem **aggrediebantur**, sed ille legiones in fugam coniecit. *Die Römer versuchten, den Feind anzugreifen, aber jener schlug die Legionen in die Flucht.* Hostes urbem die nocteque **oppugnabant**. *Die Feinde bestürmten die Stadt Tag und Nacht (immer wieder).*

## 2. Der Indikativ Perfekt  Ü 1, 2, 3, 4, 5

### Der Indikativ Perfekt Aktiv
Die Formen des Perfekt Aktiv werden mit dem **Perfektstamm** gebildet:

| | |
|---|---|
| v-Perfekt | laudāre ▶ laudāv-ī *ich habe gelobt* |
| u-Perfekt | docēre ▶ docu-ī *ich habe gelehrt* |
| s-Perfekt | scrībere ▶ scrīps-ī *ich habe geschrieben* |
| | dūcere ▶ dūx-ī (c + s) *ich habe geführt* |
| Reduplikationsperfekt | currere ▶ cucurr-ī *ich bin gelaufen* |
| Dehnungsperfekt | vidēre ▶ vīd-ī *ich habe gesehen* |
| | facere ▶ fēc-ī (mit Ablaut: a → e) *ich habe gemacht* |
| Stammperfekt | ascendere ▶ ascend-ī *ich habe bestiegen* |
| (Präsens- = Perfektstamm) | animadvertere ▶ animadvert-ī *ich habe bemerkt* |

▌ Die Verben der **ā-Konjugation** bilden ihr Perfekt vorrangig mit **v**, die Verben der **ē-Konjugation** meist mit **u**. Die **Personalendungen** treten an den Perfektstamm. Sie bleiben für alle Bildungsarten des Perfektstamms gleich:

| Perfekt Aktiv *ich habe gelobt* | |
|---|---|
| **Sg** | **Pl** |
| laudāv-ī | laudāv-**imus** |
| laudāv-**istī** | laudāv-**istis** |
| laudāv-**it** | laudāv-**ērunt** |

▌ Beispiele: **docu-istī** *du hast gelehrt*, **dūx-it** *er hat geführt*, **cucurr-imus** *wir sind gelaufen*, **vīd-ērunt** *sie haben gesehen*.

▌ Anstelle der Endung **-ērunt** in der 3. Person Plural findet sich manchmal auch die Endung **-ēre**: **laudāvēre** *sie haben gelobt*.

▌ Der **Infinitiv Perfekt Aktiv** wird mit dem Perfektstamm und **-isse** gebildet: laudāv-**isse** *gelobt haben*, dūx-**isse** *geführt haben*, vīd-**isse** *gesehen haben*.

■ Der Indikativ Perfekt Aktiv der unregelmäßigen Verben lautet:
esse: fuī *ich bin gewesen*, fuistī, fuit, fuimus, fuistis, fuērunt, Inf fuisse
posse: potuī *ich habe gekonnt*, potuistī, potuit usw., Inf potuisse
īre: iī *ich bin gegangen*, īstī, iit, iimus, īstis, iērunt, Inf īsse
velle: voluī *ich habe gewollt*, voluistī, voluit usw., Inf voluisse
mālle: māluī *ich habe lieber gewollt*, māluistī, māluit usw., Inf māluisse
nōlle: nōluī *ich habe nicht gewollt*, nōluistī, nōluit usw., Inf nōluisse

### Der Indikativ Perfekt Passiv

■ Das Perfekt Passiv setzt sich aus dem **Partizip Perfekt Passiv** (PPP) und einer **Form von** esse im Präsens zusammen, z. B. **laudātus est** *er ist gelobt worden*.
■ Das PPP wird wie die Adjektive der ā- und o-Deklination dekliniert. Es wird regelmäßig durch Anfügen von **-t** an den Verbalstamm gebildet. Daran treten die Endungen **-us, -a, -um: laudāre** ▶ **laudātus, a, um**. Anstelle des **-t** kann auch ein **-s** eintreten und der Verbstamm kann sich verändern: **dēpellere** ▶ **dēpulsus, a, um**.
■ Das PPP steht in KNG-Kongruenz zu seinem Bezugswort. Das bedeutet: Ist das PPP Teil der Zeitform Perfekt Passiv, stimmt es mit dem jeweiligen Subjekt in **Kasus**, Numerus und Genus überein. Die Formen lauten im Singular: **laudātus, a, um sum/es/est**, im Plural: **laudātī, ae, a sumus/estis/sunt**. Beispiele:
**Viri fortes laudati sunt.** *Die tapferen Männer sind gelobt worden.*
**Periculum depulsum est.** *Die Gefahr ist gebannt worden.*
■ Auch das **Perfekt der Deponentien** wird mithilfe des Partizip Perfekt und **esse** gebildet. Achten Sie darauf, die Deponentien auch im Perfekt aktivisch zu übersetzen: **proficīscī** ▶ **profectus sum** *ich bin aufgebrochen*.
■ Der **Infinitiv Perfekt Passiv** besteht aus dem PPP und dem Infinitiv **esse**, z. B. **laudātum esse** *gelobt worden sein*.

Das PPP vervollständigt die **Stammformenreihe**, wie sie ab Lektion 6 für die unregelmäßig gebildeten Verben angegeben wird: Sie umfasst die 1. Person Singular Präsens, die 1. Person Singular Perfekt, das PPP und den Infinitiv Präsens Aktiv (z. B. **moveō, mōvī, mōtum, movēre**).
Damit können Sie nun alle Formen eines Verbs bilden bzw. auf ihre Grundform zurückführen. Prägen Sie sich die Stammformen daher gut ein! Die Stammformen bereits bekannter Verben, die ihren Perfektstamm und ihr PPP unregelmäßig bilden, finden Sie im Glossar (→ S. 269).

### Die Verwendung des Perfekts

■ Das Perfekt bezeichnet die Hauptereignisse, die eine Handlung vorantreiben (**narratives/ historisches Perfekt**). Übersetzen Sie mit dem Präteritum: Milites ad arma **concurrerunt** et hostes **ceciderunt**. *Die Soldaten* **eilten** *zu den Waffen und* **töteten** *die Feinde.*
■ Es wird auch verwendet, wenn etwas in der Vergangenheit begonnen hat und dessen Auswirkungen noch in der Gegenwart spürbar sind (**resultatives Perfekt**). Es wird mit Präsens oder Perfekt übersetzt: **cognovi** (von **cognoscere**) *ich habe kennengelernt = ich kenne*. Omnia **dicta sunt**. *Alle Dinge sind* **gesagt** *(worden).*

▌ Das Perfekt stellt auch Ereignisse oder Tatsachen der Vergangenheit vom Standpunkt der Gegenwart aus fest (**konstatierendes Perfekt**). Es steht oft nach Wörtern wie **saepe, semper, multi, omnes** und wird mit dem Perfekt übersetzt: Hannibal multos annos cum Romanis bellum **gessit**. *Hannibal hat viele Jahre gegen die Römer Krieg geführt.*

## 3. Zeitverhältnisse im AcI  Ü 6

Sie haben sich bereits mit dem AcI vertraut gemacht (→ Lektion 3, S. 45). Neben dem Infinitiv Präsens kann auch der Infinitiv Perfekt Aktiv und Passiv Bestandteil dieser Konstruktion sein. Der Infinitiv Perfekt Passiv passt sich dabei dem Subjektsakkusativ an und hat dann im Singular die Endungen **-um, -am, -um**, im Plural **-ōs, -ās, -a** (**esse**). Achtung: Die Infinitive bezeichnen hier kein bestimmtes Tempus, sondern signalisieren das Zeitverhältnis, das zum Prädikat des übergeordneten Satzes besteht:

▌ **Gleichzeitigkeit**: Exploratores dicunt Hannibalem non longe **abesse** (Infinitiv Präsens). *Kundschafter berichten, dass Hannibal nicht weit entfernt ist.* → Der **Infinitiv Präsens** bezeichnet eine Handlung, die **gleichzeitig** zu der im Hauptverb ausgedrückten Handlung stattfindet (die Kundschafter berichten, und zur gleichen Zeit steht Hannibal vor den Toren).

▌ **Vorzeitigkeit**: Exploratores dicunt Hannibalem Alpes **transisse** (Infinitiv Perfekt Aktiv). *Kundschafter berichten, dass Hannibal die Alpen überquert hat.* Exploratores dicebant legiones Romanas proelio **victas esse** (Infinitiv Perfekt Passiv). *Kundschafter berichteten, dass die römischen Legionen in der Schlacht besiegt worden sind.* → Der **Infinitiv Perfekt** bezeichnet eine zur Handlung des Hauptverbs **vorzeitige** und bereits abgeschlossene Handlung (die Kundschafter berichten, und Hannibal hat zu dem Zeitpunkt die Alpen bereits überquert bzw. die Legionen besiegt).

## 4. Die Konjunktionen *postquam*, *ubī*, *ut* und *cum*   Ü 7

Adverbialsätze mit **postquam, ubi** (**primum**), **ut** (**primum**) und **cum primum** bezeichnen vorzeitige Handlungen. In diesen Sätzen steht meist Indikativ Perfekt. Die Übersetzung der Konjunktionen lautet *nachdem, sobald als*. Bei der Übersetzung mit *nachdem* verwenden Sie das Plusquamperfekt; sonst ist auch Präteritum möglich: **Postquam** Hannibal Alpes **transiit**, Romam profectus est. *Nachdem Hannibal die Alpen überwunden hatte, brach er nach Rom auf.* Romani, **ubi** hostem adesse **intellexerunt**, ad arma concurrerunt. *Sobald die Römer merkten, dass der Feind da war, liefen sie zu den Waffen.*

## 5. Das Verb *ferre*   Ü 8

Prägen Sie sich die unregelmäßigen Formen des häufig vorkommenden Verbs **ferre** *(er)tragen, bringen, berichten* gut ein. Wie bei **esse** gibt es auch zu **ferre** zahlreiche Komposita: z. B. **inferre** *hineintragen, zufügen*, **afferre** *hineintragen, -bringen*.

| Indikativ Präsens Aktiv *ich trage* | | Indikativ Präsens Passiv *ich werde getragen* | |
| --- | --- | --- | --- |
| Sg | Pl | Sg | Pl |
| ferō | ferimus | feror | ferimur |
| fers | fertis | ferris | feriminī |
| fert | ferunt | fertur | feruntur |

Imperativ:     fer! ferte!
Imperfekt:    ferēbam, ferēbās, ferēbat usw.
Perfekt Aktiv:    tulī, tulistī, tulit usw., Inf tulisse
Perfekt Passiv:    lātus, a, um sum/es/est, lātī, ae, a sumus/estis/sunt, Inf lātum esse

### 6. Weitere Funktionen des Ablativs  Ü 9

| | |
| --- | --- |
| **paulo post** *wenig („um ein weniges") später*<br>**multo superare** *weit („um vieles") übertreffen* | Der Ablativus **mensurae** antwortet auf die Frage „Um wie viel?" |
| **Hannibal ceteros virtute superavit.** *Hannibal übertraf die anderen an Tapferkeit.* | Der Ablativus **limitationis** oder **respectūs** antwortet auf die Frage „In welcher Hinsicht?" |

## Usus magister optimus est

**1** Ordnen Sie die folgenden Formen zu und geben Sie zu jedem Verb den Infinitiv Präsens Aktiv an.

> audivisti    vidit    poteras    fuistis    erat    cucurrimus    capiebatis
> venerunt    laudabam ✔    scribebant    dixi ✔    faciebamus

Imperfekt:   *laudabam (laudare),*

Perfekt:   *dixi (dicere),*


**2** Übersetzen Sie und nennen Sie den dazugehörigen Infinitiv Präsens.

1. vocati sunt
2. scriptum est
3. capti sumus
4. caesus est
5. missus est
6. relictum est

**3** Vervollständigen Sie die Reihen (Präsens – Imperfekt – Perfekt). Schlagen Sie unbekannte Stammformen in der Vokabelliste oder im Glossar (→ S. 269) nach.

1. ........................... agebamus ...........................
2. ........................... ........................... fecisti
3. ........................... coniciebatis ...........................
4. vocatur ........................... ...........................
5. ........................... ........................... audivi
6. aggrediuntur ........................... ...........................

**4** Übersetzen Sie und erklären Sie den Gebrauch der Tempora in diesen Sätzen.

Romani in castra redibant, non longe aberant. Tum Hannibal castra oppugnavit.

**5** Unterstreichen Sie die in der Wörterkette verborgenen Infinitive und bilden Sie das jeweilige Pendant im Präsens oder Perfekt.

vocareiubetcecidissecurritgeritducidepellitscripsistisuperareconcurruntscriptumestlaudatumesseprofectusestfecisselaudodocerediremittebatfacimuscepitaudire

*vocare/vocavisse,* ...........................
...........................

**6** Übersetzen Sie die Sätze mit AcI, markieren Sie die Infinitive und bestimmen Sie, was für ein Zeitverhältnis vorliegt (GZ oder VZ).

1. Nonne audivisti castra Romanorum oppugnata esse?
2. Cives se bellum non timere responderunt.
3. Constat Hannibalem cives Romanos in terrorem coniecisse.

**7** Übersetzen Sie die folgenden Sätze mit **postquam**, **ubi**, **ut** und **cum**.

1. Exploratores, *cum* primum Romam pervenerunt, senatores de Hannibalis consiliis certiores fecerunt.
2. *Ubi* senatores audiverunt hostem evasisse, rogaverunt: „Ubi sunt legiones nostrae?"
3. Exloratores statim *ut* intellexerunt hostem insidias paravisse, Romam redierunt.
4. Hannibal, *postquam* exercitum conscripsit, orationem habuit: „Timere non decet, ut saepe iam dixi."

**8** Bilden Sie die Formen von **ferre**, indem sie den jeweils angegebenen Aspekt verändern.

tuli → .................. (3. Pers Pl) → .................. (Präs) → .................. (Pass) →

.................. (Imperf) → .................. (Akt) → .................. (1. Pers Sg) →

.................. (Präs) → .................. (1. Pers Pl) → .................. (Inf) →

.................. (Perf) → .................. (Pass)


**9** Bestimmen Sie die Funktionen der Ausdrücke im Ablativ und übersetzen Sie.

1. Carthaginienses virtute Romanos aequabant.
   ....................................................................................................................

2. Paucis post diebus legati Carthaginem profecti sunt.
   ....................................................................................................................

3. Romae versantur.
   ....................................................................................................................


## Quis ignorat ...?

### Rom und Karthago

Karthago, eine phönizische Gründung des 9. Jhs. v. Chr., hatte sich im Laufe der Jahrhunderte zu einer führenden Handels- und Seemacht des Mittelmeerraums entwickelt. Im 4./3. Jh. v. Chr. verfügte es über ein weitreichendes Einflussgebiet, das sich bis auf die iberische Halbinsel und nach Sizilien erstreckte. Das Verhältnis zu Rom, der aufstrebenden Macht Italiens, war durch Verträge abgesichert, die die Verletzung der Interessen des jeweils anderen verhindern sollten. Im 3. Jahrhundert führte ein Konflikt um Sizilien zum **Ersten Punischen Krieg** (246–241 v. Chr.): Karthago musste sein Territorium auf Sizilien abtreten und sich in der Folge aus Korsika und Sardinien zurückziehen.

Karthago erweiterte in den darauffolgenden Jahren sein Herrschaftsgebiet auf der iberischen Halbinsel. Zu einem erneuten Konflikt mit Rom kam es, als Hannibal die Stadt Saguntum, die Beziehungen zu den Römern pflegte, belagerte und eroberte. Rom erklärte Karthago den Krieg (**Zweiter Punischer Krieg**, 218–202 v. Chr.), Hannibal zog daraufhin über die Pyrenäen und die Alpen nach Norditalien und fügte den Römern mehrere Niederlagen zu. Höhepunkt seines Siegeszugs und zugleich Tiefpunkt für die Römer war die **Schlacht bei Cannae** 216 v. Chr., in der das römische Heer vernichtend geschlagen wurde. Es gelang den Römern jedoch, verlorene Gebiete zurückzuerobern und Verbündete für sich zu gewinnen. Der Konsul und Feldherr P. Cornelius Scipio verlegte römische Truppen nach Nordafrika und besiegte Hannibal in der **Schlacht bei Zama** 202 v. Chr.

Nach der Kapitulation verlor Karthago die iberischen Gebiete und einen großen Teil seiner Souveränität: Es sollte in Zukunft nicht ohne römische Genehmigung Krieg führen können. Als die Karthager jedoch ohne Zustimmung Roms militärisch gegen den Numiderkönig Masinissa vorgingen, folgte der **Dritte Punische Krieg** (149–146 v. Chr.), an dessen Ende die Vernichtung Karthagos stand.
Unter Caesar und Augustus wurde die Stadt wiederbelebt und Kolonisten dort angesiedelt; in der Mitte des 2. nachchristlichen Jahrhunderts war Karthago schließlich sogar eines der bedeutendsten Zentren des römischen Reiches.
Hannibals Persönlichkeit und seine militärischen Leistungen waren mehrfach Gegenstand von Geschichtswerken. So haben neben anderen der römische Biograf Cornelius Nepos (ca. 100–27 v. Chr.) und der Historiker T. Livius (59 v. Chr. – 17 n. Chr.) über ihn geschrieben. Unser Lektionstext hat eine deutlich jüngere, neulateinische Vorlage, das Werk *De viris illustribus* des französischen Gelehrten und Pädagogen Charles François Lhomond (1727–1794), der aber aus den Texten von Nepos und Livius schöpft.

## Utilia

### „Man sagt ..."

**Ferunt, dicunt** und **narrant** werden bei fehlendem Subjekt mit *man sagt/man erzählt* übersetzt, wenn als Subjekt *homines* ergänzt werden kann: Hannibalem virum summa virtute fuisse **ferunt**. *Man sagt (= sie/die Leute sagen), Hannibal sei ein Mann von höchster Tapferkeit gewesen.*

### Die Übersetzung des AcI

Der lateinische AcI erlaubt verschiedene Wiedergabemöglichkeiten.

- Nach Verben des Sagens, Meinens, Glaubens wählen Sie den Konjunktiv:

**Hannibalis odium belli causam fuisse ferunt.**
- mit „dass" eingeleiteter Gliedsatz: *Man sagt, dass Hannibals Hass der Grund für den Krieg gewesen sei.*
- mit Gliedsatz ohne einleitende Konjunktion: *Man sagt, der Hass Hannibals sei der Grund für den Krieg gewesen.*
- mit Hauptsatz und Einschub des übergeordneten Satzes mit „wie" oder „so": *Hannibals Hass sei, wie man sagt/so sagt man, Grund für den Krieg gewesen.*

- Steht im übergeordneten Satz und AcI das gleiche Subjekt, eignet sich der Infinitiv:
**Romani** putabant **se** Hannibalem vincere posse. *Die Römer glaubten, Hannibal besiegen zu können.*
- Hängt ein AcI von einem unpersönlichen Ausdruck ab (z. B. **constat**), so ist eine Übersetzung mit Hauptsatz und Adverb möglich: Hannibalis odium belli causam fuisse **constat**. *Bekanntlich war Hannibals Hass der Grund für den Krieg. (= Es ist bekannt, dass ...)*

## Häufige Wendungen

In dieser Lektion begegnen Ihnen einige häufiger vorkommende Wendungen, die Sie sich einprägen sollten:

bellum inferre + Dat/gerere/conficere *Krieg anfangen (mit)/führen/beenden*
castra ponere *ein Lager aufschlagen*
se conferre in/ad + Akk *sich begeben nach, sich befassen mit*

certiorem facere + AcI/de + Abl *unterrichten, aufklären über*
aequo animo ferre *gleichmütig ertragen*
hostibus cladem afferre *den Feinden eine Niederlage zufügen*

## Lectio alit ingenium

### De Carthaginiensium imperatore

*Der römische Feldherr Quintus Fabius Maximus zieht gegenüber dem listenreichen Kriegsherrn der Karthager den Kürzeren.*

Hannibalem puerum novem annorum perenne in Romanos odium iuravisse ferunt. Hannibal adulescens omnem curam ad novi belli comparationem contulit. Hic post mortem patris Saguntum civitatem, quae populi Romani in amicitia erat, expugnavit. Romani, postquam de his rebus certiores facti sunt, legati Carthaginem miserunt. Ii Hannibalem mali auctorem sibi dedi iusserunt ac se Poenis bellum inferre denuntiaverunt. Poeni autem se Hannibalis imperatoris consilia probare responderunt.

Dum haec geruntur, Hannibal exercitum conscribebat et bellum parabat. Paucis post diebus Hannibal in Italiam profectus est et exercitum atque etiam elephantos Alpes traduxit. Publius Scipio et Sempronius hostem aggrediebantur, sed Hannibal legiones eorum in fugam coniecit.

His rebus Italia plena terroris ac tumultus erat. Tum Quintus Fabius dux peritus rei militaris consilia belli commutavit. Exercitum per loca alta duxit et milites castra ponere iussit. Hostem non aggressus est, sed eum a tergo circumvenit. His artibus Hannibalem Fabius in agro Falerno inclusit. Hannibal autem ad cornua boum, qui prope erant Romanorum castra, sarmenta alligavit eaque incendit. Boves, ubi cornua incensa esse viderunt, huc et illuc currebant. Romani, ut flammas aspexerunt, se in insidias incidisse putaverunt. Alii fugam petebant, alii ad arma concurrebant, sed Fabius milites extra vallum egredi vetuit. Milites in castris se tenebant. Hannibal autem sine ullo exercitus detrimento ex angustiis evasit.

Senatores, ubi Hannibalem evasisse audiverunt, Fabium ignavum esse dixerunt. Id haud aequo animo ferebat Fabius. Hannibal se Cannas contulit et Romanis cladem acerbissimam attulit. Omnes fere legiones cecidit. Aliquot annis post P. Cornelius Scipio illud periculum singulari consilio ac summa virtute depulit et bellum confecit.

(nach C. F. Lhomond, *De viris illustribus* XXXVI: Quintus Fabius Maximus)

**Lektion 7**

In dieser Lektionen lernen Sie:
- das Vergangenheitstempus **Plusquamperfekt**
- weitere Funktionen der Konjunktion **cum**
- die Pronomina **ipse** und **quīdam**
- den **NcI**
- den **verschränkten Relativsatz**
- den **relativen Satzanschluss**
- Funktionen des **Dativs**

## De pictura

*Nullus dies sine linea.*   *Kein Tag (sei) ohne Linie.*

**Über Apelles,** einen berühmten Maler des 4. Jhs. v. Chr., wird die Anekdote erzählt, er habe, als er den Maler Protogenes in seinem Hause nicht angetroffen habe, als Zeichen seines Besuchs eine feine Linie auf einer Tafel hinterlassen. Allein an der Feinheit dieser Linie soll Protogenes erkannt haben, wer bei ihm gewesen sei: Er teilte diese Linie mit einer feineren, und Apelles konterte bei einem zweiten Besuch mit einer dritten, noch feineren Linie, woraufhin sich Protogenes geschlagen gab.

**Apelles soll seine Technik** durch das tägliche Linienzeichnen trainiert haben. So schreibt es C. Plinius Secundus, Plinius der Ältere (23/24–79 n. Chr.), der Onkel des Ihnen bereits bekannten jüngeren Plinius, in seiner *Naturalis historia*, seiner *Naturgeschichte* (35, 81–84). Diese tägliche Übung sei, so Plinius, sogar zum Sprichwort geworden, das sich allerdings in der oben angegebenen Form nicht in antiken Quellen findet, sondern erst aus der frühen Neuzeit überliefert ist.

**Plinius der Ältere** trug Inhalte aus den Werken zahlreicher Schriftsteller zu seiner umfangreichen *Naturalis historia* in 37 Büchern zusammen, die das naturkundliche Wissen seiner Zeit enthalten: Astronomie, Ethnografie, Gartenbau, Geografie, Zoologie, Botanik, Mineralogie, Metallverarbeitung und andere Themen. Das 35. Buch behandelt Malerei und Keramik und ist eine wichtige Quelle für unsere Erkenntnisse über die Malerei der Antike. Plinius skizziert darin die Entwicklung der Malerei und erzählt Anekdoten zu Persönlichkeit und Werk einzelner Künstler.

# 7

## Verborum copia

pictūra, ae *f* — Malerei
nūllus, a, um, *Gen* nūllīus, *Dat* nūllī — kein, keinerlei
līnea, ae *f* — Linie, Grenzlinie

### Quid novi?

Apellēs, is *m* — Apelles, Maler aus Ephesos, 4. Jh. v. Chr.
Alexander Magnus, Alexandrī Magnī *m* — Alexander der Große, König von Makedonien, 356–323 v. Chr.
rēx, rēgis *m* — König, Herrscher
pingō, pīnxī, pictum, pingere — malen, zeichnen
cum *Kj + Ind* — damals, als; dann, wenn
pictor, ōris *m* — Maler
vix *Adv* — kaum, gerade; mit Mühe
nōndum *Adv* — noch nicht
subitō *Adv* — plötzlich
ipse/ipsa/ipsum *Dempron* — selbst, persönlich
quīdam/quaedam/quiddam/quoddam *Indefpron* — ein, ein gewisser, ein bestimmter
mīrus, a, um — wunderbar, erstaunlich
exīstimō, exīstimāre — schätzen, beurteilen, meinen
sinō, sīvī/siī, situm, sinere — lassen, erlauben
videor, vīsus sum, vidērī — gesehen werden; scheinen
dīligō, -lēxī, -lēctum, -ligere — hoch schätzen, verehren
tābula (picta), ae *f* — Gemälde, Tafel, Brett

genus, eris *n* — Art und Weise; Geburt, Abstammung
ob *Präp + Akk* — entgegen, wegen
ops, opis *f*; *Pl* opēs, opum — Mühe, Stärke; Pl Mittel, Vermögen

### Usus magister optimus est

iūdicō, iūdicāre — urteilen, beurteilen
praetereō, -iī, -itum, -īre — vorbeigehen
prōgredior, -gressus sum, -gredī — vorrücken, fortschreiten
dōnō, dōnāre — (ver)schenken
ōrnō, ōrnāre — ausstatten, ausschmücken
perficiō, -fēcī, -fectum, -ficere — vollenden, verfertigen
taceō, tacuī, tacitum, tacēre — schweigen
ante *Adv* — vorher, früher
adeō, -iī, -itum, -īre — herangehen, besuchen
referō, rettulī, relātum, referre (ad) — zurückbringen; berichten, melden; (beziehen auf)
nātūra, ae *f* — Natur, Beschaffenheit
amor, ōris *m* — Liebe, Zuneigung
vulgus, ī *n* — Volk, Leute
auctōritās, ātis *f* — Ansehen, Einfluss
tribuō, tribuī, tribūtum, tribuere — zuteilen, zugestehen
multum tribuere + *Dat* — großen Wert beimessen
statua, ae *f* — Statue
emō, ēmī, ēmptum, emere — kaufen
rapiō, rapuī, raptum, rapere — ergreifen, an sich reißen, rauben
honor, ōris *m* — Ehre, Auszeichnung

| | |
|---|---|
| beneficium, ī *n* | Wohltat, Begünstigung |
| afficiō, -fēcī, -fectum, -ficere | ausstatten, versehen mit |

## Utilia

| | |
|---|---|
| accēdō, -cessī, -cessum, -cēdere | herantreten, näherkommen |
| ērumpō, -rūpī, -ruptum, -rumpere | hervorbrechen, herausstürzen |

## Lectio alit ingenium

| | |
|---|---|
| excellō, –, –, -cellere + Dat | herausragen, sich hervortun vor |
| abdō, -didī, -ditum, -dere | entfernen, verstecken |
| modus, ī *m* | Art, Weise, Maß |
| nēmō, *Gen* nūllīus | niemand |
| sūtor, ōris *m* | Schuster |
| accurrō, -currī, -cursum, -currere | herbeilaufen |
| crepida, ae *f* | Sandale, Halbschuh |
| dīligēns, entis | sorgfältig, gewissenhaft |
| rēctus, a, um | richtig; gerade |
| incipiō, coepī, coeptum, incipere | beginnen, anfangen |
| laetus, a, um | froh, fröhlich |
| inter *Präp + Akk* | unter, zwischen |
| glōrior, glōriārī + Abl | sich rühmen |
| Venus, eris *f* | Venus, röm. Göttin der Liebe und Schönheit |
| caput, itis *n* | Kopf; Hauptstadt |
| prāvus, a, um | krumm, schief, verkehrt |
| suprā *Präp + Akk* | oberhalb, über ... hinaus |
| prōverbium, ī *n* | Sprichwort |
| cōnsuētūdō, inis *f* | Gewohnheit, Umgang |
| Macedonia, ae *f* | Makedonien |
| familiāris, e | häuslich, vertraut, freundschaftlich |
| familiāriter ūtī + Abl | befreundet sein mit |
| imperītus, a, um + Gen | unkundig, unerfahren in |
| vultus, ūs *m* | Miene, Gesichtsausdruck |
| tantus, a, um | so groß, so viel, so bedeutend |
| apud *Präp + Akk* | bei |
| dēclārō, dēclārāre | deutlich zeigen |
| īrāscor, īrāscī | zornig werden, zürnen |
| amīca, ae *f* | Freundin, Geliebte |
| cor, cordis *n* | Herz |
| cōnsulō, -suluī, -sultum, -sulere + Dat/+ Akk | sorgen für, helfen; um Rat fragen |
| prō *Präp + Abl* | vor; für, statt |
| vendō, vendidī, venditum, vendere | verkaufen |
| addō, -didī, -ditum, -dere | hinzufügen, dazugeben |
| nē ... quīdem | nicht einmal ... |
| tum dēmum | da endlich, dann schließlich |
| cēdō, cessī, cessum, cēdere | gehen, weichen |
| nihil cedere + Dat | jemandem in nichts nachstehen |

# 7 Quid novi?

## 1. Der Indikativ Plusquamperfekt  Ü 1, 2, 3

Hier lernen Sie nun das dritte Vergangenheitstempus kennen. Das **Plusquamperfekt Aktiv** bildet seine Formen mit dem Perfektstamm, an den Endungen angehängt werden, die wie die Imperfektformen von **esse** aussehen:

| Plusquamperfekt Aktiv *ich hatte gelobt* | |
|---|---|
| Sg | Pl |
| laudāv-eram | laudāv-erāmus |
| laudāv-erās | laudāv-erātis |
| laudāv-erat | laudāv-erant |

Beispiele: **docu-erās** *du hattest gelehrt*, **dūx-erat** *er hatte geführt*, **vīd-erant** sie *hatten gesehen*.
Die Formen der unregelmäßigen Verben lauten im Indikativ Aktiv Plusquamperfekt:
- esse: **fueram** *ich war gewesen*, **fuerās, fuerat, fuerāmus, fuerātis, fuerant**
- posse: **potueram** *ich hatte gekonnt*, **potuerās, potuerat** usw.
- īre: **ieram** *ich war gegangen*, **ierās, ierat** usw.
- velle: **volueram** *ich hatte gewollt*, **voluerās, voluerat** usw.
- mālle: **mālueram** *ich hatte lieber gewollt*, **māluerās, māluerat** usw.
- nōlle: **nōlueram** *ich hatte nicht gewollt*, **nōluerās, nōluerat** usw.
- ferre: **tuleram** *ich hatte getragen*, **tulerās, tulerat** usw.

Das **Plusquamperfekt Passiv** wird mit dem PPP und dem Imperfekt von **esse** gebildet: **laudātus, a, um eram** *ich war gelobt worden*; **laudātī, ae, a erant** *sie waren gelobt worden*. Auch das Plusquamperfekt der Deponentien wird mithilfe des Partizips Perfekt und den Imperfektformen von **esse** gebildet: **proficīscī ▶ profectus eram** *ich war aufgebrochen*.

### Die Verwendung des Plusquamperfekts

Mit dem Plusquamperfekt wird die sogenannte **Vorvergangenheit** ausgedrückt. Es bezeichnet Vorgänge, die bereits vor anderen Vorgängen der Vergangenheit abgeschlossen wurden: Apelles Alexandrum regem pinxit. Hic se ab Apelle pingi **iusserat**. *Apelles malte den König Alexander. Dieser* **hatte befohlen**, *von Apelles gemalt zu werden*.

## 2. Die Konjunktion *cum* mit dem Indikativ  Ü 4

Sie haben **cum** mit verschiedenen Tempora im Indikativ bereits als temporale Konjunktion zur Bezeichnung wiederholter Vorgänge (**cum iterativum**) (→ Lektion 5, S. 73) und vor-

zeitiger Handlungen (**cum primum**) (→ Lektion 6, S. 87) kennengelernt. **Cum** mit dem Indikativ wird zudem verwendet, um den Zeitpunkt der Handlung im übergeordneten Satz genau zu bestimmen: *damals, als* oder *dann, wenn* (**cum temporale**).
**Cum** Athenas **veni**, multi philosophi, pictores oratoresque eo loco versabantur.
*Damals, als ich nach Athen kam, hielten sich dort viele Philosophen, Maler und Redner auf.*
Mit **cum** kann aber auch die plötzlich eintretende Haupthandlung signalisiert werden (**cum inversum**). Im Hauptsatz stehen Imperfekt oder Plusquamperfekt und oftmals auch ein Adverb wie **vix** *kaum*, **iam** *schon*, **nondum** *noch nicht*. Im **cum**-Satz steht Indikativ Perfekt und manchmal auch **subito** *plötzlich*. Übersetzen Sie **cum** mit *als, da*:
**Vix** Apelles pictor domo exierat, **cum subito** multi homines **concurrerunt**.
*Kaum war der Maler Apelles aus seinem Haus getreten, als plötzlich viele Leute herbeiströmten.*

## 3. Die Pronomina *ipse* und *quīdam*   Ü 5, 6

Das Demonstrativpronomen **ipse/ipsa/ipsum** *selbst* wird bis auf den Nominativ und Akkusativ Singular des Neutrums (ipsu**m**, dagegen illu**d**) wie **ille** dekliniert (→ Lektion 4, S. 58).

| Sg m | f | n | Pl m | f | n |
|---|---|---|---|---|---|
| ipse | ipsa | ipsum | ipsī | ipsae | ipsa |
|  | ipsīus |  | ipsōrum | ipsārum | ipsōrum |
|  | ipsī |  |  | ipsīs |  |
| ipsum | ipsam | ipsum | ipsōs | ipsās | ipsa |
| ipsō | ipsā | ipsō |  | ipsīs |  |

■ Das Pronomen **ipse** dient zur nachdrücklichen Hervorhebung von Personen und Sachen: Rex **ipse** se pingi iusserat. *Der König selbst hatte befohlen, dass er gemalt würde.*
■ Beim Übersetzen muss man manchmal zu Umschreibungen greifen: rex **ipse** *der König persönlich*, haec **ipsa** res *gerade diese Angelegenheit*.
■ Daneben kann **ipse** auch das Personalpronomen der 3. Person ersetzen: *er, er selbst*. Is **ipse** und ille **ipse** bedeuten *eben dieser, gerade er*.

Das Pronomen **quīdam/quaedam/quiddam/quoddam** *ein, ein gewisser, ein bestimmter* gehört zu den sogenannten Indefinitpronomina, den unbestimmten Pronomen. Die Formen setzen sich zusammen aus dem Relativpronomen und der Silbe **-dam**. Es kann substantivisch und adjektivisch gebraucht werden. Dabei lauten die Formen jeweils gleich, das neutrale Pronomen heißt jedoch im Nominativ und Akkusativ substantivisch **quiddam** und adjektivisch **quoddam**.

|         | Sg        |               |         | Pl       |          |          |
| m       | f         | n             | m       | f        | n        |          |
|---------|-----------|---------------|---------|----------|----------|----------|
| quīdam  | quaedam   | quiddam/quoddam | quīdam  | quaedam  | quaedam  |          |
|         | cuiusdam  |               | quōrundam | quārundam | quōrundam |        |
|         | cuidam    |               |         | quibusdam |          |          |
| quendam | quandam   | quiddam/quoddam | quōsdam | quāsdam  | quaedam  |          |
| quōdam  | quādam    | quōdam        |         | quibusdam |          |          |

▮ **Quidam** bezeichnet eine Person oder Sache, die nicht näher erläutert werden kann oder soll. Man übersetzt es mit *ein, ein gewisser, ein bestimmter,* im Plural mit *einige, manche*: **pictor quidam Graecus** *ein (gewisser) griechischer Maler*, **ut quidam dicunt** *wie manche sagen.*

▮ Daneben dient das Pronomen der Abschwächung (*sozusagen, gewissermaßen*) und der Steigerung (*ganz, geradezu, außerordentlich*): Apelles Alexandrum **mira quadam** arte pinxit. *Apelles malte Alexander mit* **einer geradezu erstaunlichen** *Kunstfertigkeit.*

### 4. Der NcI (Nominativus cum Infinitivo)   Ü 7, 8

Beim NcI handelt es sich um eine dem AcI ähnliche Konstruktion. Jedoch steht das jeweilige übergeordnete Verb im Passiv, und das Subjekt des übergeordneten Satzes ist immer zugleich Subjekt des NcI.
Ein NcI tritt nur mit bestimmten Verben im Passiv auf:

▮ mit Verben des Sagens und Wahrnehmens wie **dicere** *sagen*, **ferre** *berichten*, **tradere** *überliefern*, **putare** *halten für*, **existimare** *meinen*: Apelles Alexandrum pinxisse **dicitur**. Eine wörtliche Übersetzung („Apelles wird gesagt Alexander gemalt zu haben") ergibt beim NcI meist keinen Sinn. Übersetzungsmöglichkeiten: *Man sagt, Apelles habe Alexander gemalt./Apelles* **soll** *Alexander gemalt haben./Apelles hat,* **wie man sagt***, Alexander gemalt./Von Apelles* **wird gesagt***, er habe Alexander gemalt.*

▮ mit Verben des Veranlassens wie **iubere** *befehlen*, **sinere** *lassen* und **vetare** *verbieten*. Hier gibt es folgende Wiedergabemöglichkeiten: **Iubeor** aves pingere. *Man befiehlt mir, Vögel zu zeichnen./***Mir wird befohlen***, Vögel zu zeichnen./***Es wird befohlen***, dass ich Vögel zeichne.*

▮ **Videri** heißt wörtlich *gesehen werden*, mit einem NcI wird es jedoch mit *scheinen* übersetzt: Graeci pictores dilexisse **videntur**. *Die Griechen* **scheinen** *die Maler verehrt zu haben.*

### 5. Der verschränkte Relativsatz   Ü 9

Vom Prädikat eines Relativsatzes können die Konstruktionen AcI und NcI abhängen:
▮ Verschränkung mit einem AcI:
   Apelles, **quem** pictorem egregium esse **scio**, ab omnibus laudatur.

Das Relativpronomen **quem** ist hier der Subjektsakkusativ des von **scio** abhängenden AcI, den man mit *Ich weiß, dass dieser ein herausragender Maler ist* übersetzen würde. Um nun den ganzen Satz wiedergeben zu können, muss man wieder ein wenig umformulieren. Wiedergabemöglichkeiten sind: *Apelles, **von dem ich weiß, dass er** ein hervorragender Maler ist, wird von allen gelobt./Apelles, **der, wie ich weiß,** ein hervorragender Maler ist, wird von allen gelobt.*

▍ Verschränkung mit einem NcI:
Apelles, **qui** pictor omnium maximus fuisse **dicitur**, ab omnibus laudatur.
Das Relativpronomen **qui** ist hier zugleich das Subjekt des NcI: *Apelles, **der, wie man sagt,** der größte Maler von allen gewesen ist, wird von allen gelobt./Apelles, **der** der größte Maler von allen gewesen sein **soll**, wird von allen gelobt.*

## 6. Der relative Satzanschluss  Ü 10

Um zwei Sätze enger miteinander zu verknüpfen, kann der zweite Satz mit einem Relativpronomen beginnen, das sich auf ein Wort des vorhergehenden Satzes oder auf den gesamten Inhalt beziehen kann. Bei der Übersetzung greift man meist auf Demonstrativpronomina zurück:
Apelles tabulas in via posuit. *Apelles stellte seine Bilder auf die Straße.*
**Quas** multi homines admirati sunt. ***Diese*** *bewunderten viele Leute.*
**Quo** in numero fuit Alexander Magnus. *Dazu zählte auch/Unter **diesen** (Leuten) war auch Alexander der Große.*
Häufige relative Satzanschlüsse sind **qua de causa** *daher, deshalb,* **quam ob rem** *daher, deshalb.*

## 7. Funktionen des Dativs  Ü 11

Sie haben sich in den vorangegangenen Lektionen mit der Verwendungsweise von Genitiv, Akkusativ und Ablativ beschäftigt. Auch der Dativ erfüllt bestimmte Funktionen.

| | |
|---|---|
| **Opes mihi sunt.** *Ich habe Vermögen.* | Zusammen mit einer Form von **esse** bezeichnet der **Dativus possessivus** den Besitzer. Übersetzen Sie mit *haben, besitzen.* |
| **Haec res mihi curae est.** *Ich kümmere mich um diese Sache.* **Tabulae tuae mihi magno gaudio sunt.** *Deine Gemälde erfreuen mich sehr.* **Rex omnibus odio est.** *Alle hassen den König.* | Der **Dativus finalis**, hier **curae, magno gaudio** und **odio**, bezeichnet den Zweck einer Handlung. Eine wörtlichere Übersetzung bringt dies stärker zum Ausdruck: *Diese Sache ist mir/gereicht mir zur Sorge/zur Freude/zum Hass.* Suchen Sie beim Übersetzen jedoch nach einer angemesseneren Formulierung. Oft tritt der Dativus finalis zusammen mit einem weiteren Dativ auf, dem **Dativus (in)commodi**, hier **mihi** und **omnibus**. Er bezeichnet eine Person oder Sache, zu deren Vorteil oder Nachteil etwas geschieht. |

# 7 Usus magister optimus est

**1** Suchen Sie die Verben im Plusquamperfekt heraus und bilden Sie die entsprechende Form im Präsens.

> dixeram ✔ poteram tulerunt ductus erat accepimus iudicaveram praeteribam eramus progressi erant donabant ornaverant potuerunt potuerat

*dixeram/dico,*

**2** Finden Sie jeweils den Störenfried in der Reihe.

1. intuleram – transieram – tabulam – fueram
2. ductus erat – latus erat – secutus erat – captus erat
3. factam – visam – eram – paratam
4. tradiderat – celebrat – voluerat – perfectae erant

**3** Was ist davor jeweils passiert? Bilden Sie die passenden Formen.

1. Quintus tacuit, nam pater eum tacere .......................... (*hatte befohlen*: iubere).
2. Quintus domum pervenit. Multis ante diebus Roma .......................... (*war aufgebrochen*: proficisci).
3. Alexander deae simulacrum laudavit, quod pictor .......................... (*gemalt hatte*: pingere).
4. Nonnulli tabulas pictas aspexerunt, quae in via .......................... (*waren aufgestellt worden*: ponere).

**4** Übersetzen Sie die Sätze angemessen. Beachten Sie die Funktionen von **cum**.

1. Alexander, *cum* primum Apellem pictorem optimum esse audivit, se ab alio pingi vetuit.
2. Apelles, *cum* tabulas perfecerat, eas in via ponebat.
3. Vix Apelles se ad Alexandrum amicum adire velle dixerat, *cum* puer Alexandrum venire rettulit.
4. Plinius, *cum* illos de natura libros scripsit, se ad picturam conferebat.

**5** Bilden Sie zu den vorgegebenen Pronomina die jeweils entsprechenden Formen der angegebenen Pronomina.

1. isto ...*eo*........ (is)
2. huius ................ (quidam)
3. id ................ (hic)
4. illud ................ (ipse)
5. quorum ................ (quidam)
6. ii ................ (ipse)
7. quam ................ (hic)
8. hunc ................ (quidam)

**6** Übersetzen Sie die folgenden Sätze mit **ipse** und **quidam** angemessen.

1. Alexander *ipse* Apellis domum venit.
2. Deae simulacrum singulari *quadam* arte perfecit.
3. Quidam se amici amore *ipso* delectari dicunt.
4. Pictor *quidam* tabulas vulgo donavit.

**7** AcI oder NcI? Kreuzen Sie an und nutzen Sie die Ihnen bekannten Übersetzungsmöglichkeiten.

|  | AcI | NcI |
|---|---|---|
| 1. Romanos pictores Graecos dilexisse ferunt. | ☐ | ☐ |
| 2. Magnam auctoritatem habere putamur. | ☐ | ☐ |
| 3. Aliud scribere aliud sentire mihi videris. | ☐ | ☐ |
| 4. Scripsit ad amicum se tabulas novas accepisse. | ☐ | ☐ |
| 5. Iudicio meo multum tribuere videntur. | ☐ | ☐ |

**8** Verwandeln Sie die Sätze in Sätze mit dem NcI, die den vorgegebenen Übersetzungen entsprechen.

1. Apelles simulacrum pulcherrimae deae pinxit. *Apelles malte eine sehr schöne Göttin.*
   → Apelles soll eine sehr schöne Göttin gemalt haben.
2. Haec non intellexistis. *Ihr habt diese Dinge nicht verstanden.* → Ihr scheint diese Dinge nicht verstanden zu haben.
3. Parentes me ad Apellem adire non sinunt. *Meine Eltern lassen mich Apelles nicht besuchen.* → Man lässt mich Apelles nicht besuchen.

# 7

**9** Liegt hier eine Verschränkung vor? Übersetzen Sie.

1. Graeci Apellem, qui princeps pictorum erat, maxima laude ornabant.
2. Apelles, qui regem pingere iussus erat, magna diligentia perfecit tabulam.
3. Romani tabulis statuisque, quas aut emptas aut raptas esse puto, domos ornaverunt.

**10** Übersetzen Sie die Sätze mit relativem Satzanschluss. Worauf beziehen sich die Relativpronomina und -ausdrücke?

Alexander Apellem admiratus est. *Alexander bewunderte Apelles.*

1. Quem honoribus beneficiisque affecit. .....................................................
2. Quam ob rem se ab illo pingi iussit. .....................................................
3. Quod ceteris pictoribus molestum erat. .....................................................

**11** Übersetzen Sie und benennen Sie die Kasusfunktionen.

1. Cui Alexander rex odio fuit?
2. Hoc vobis honori esse potest.
3. Spes salutis mihi non erat.

## Quis ignorat ...?

### Die Malerei der Antike

Aus der Vielzahl der Textstellen, die Malern oder der Malerei gewidmet sind, lässt sich die große Beliebtheit dieses Bereichs der Kunst in der Antike ablesen. Von den Originalwerken sind einige Grabmalereien, Mosaike und Wandmalereien erhalten, von den auf Holztafeln ausgeführten Tafelgemälden gibt es jedoch – bis auf in Ägypten gefundene Mumienporträts, die sich im trockenen Klima erhalten haben – so gut wie kein Anschauungsmaterial: Als Bildträger dienten den Künstlern der Antike vor allem in archaischer Zeit Stein und Ton, später dann vor allem Holztafeln, die leider nicht lange überdauert haben. Malerei auf Leinwand ist erst für die römische Kaiserzeit bezeugt; Wandgemälde wurden direkt auf den Putz oder Fels aufgetragen.

Die griechischen Maler erschlossen und kombinierten unterschiedliche gestalterische Mittel und gelangten von einfachen, flächenhaften und einfarbigen Zeichnungen hin zu mehrfarbigen Gemälden, die durch den Einsatz von Schattierungen, Kontrasten, Überschneidungen von Objekten und Perspektive eine räumliche Wirkung erzielten. Als Blütezeit der griechischen Malerei gilt das 4. vorchristliche Jahrhundert. Gemälde auf Stein oder

Holz wurden in Tempera oder enkaustisch ausgeführt, d. h., man band die mineralischen und organischen Farbpigmente mit heißem Wachs und trug dieses Farbwachs dann mit Metallwerkzeugen auf. Wandfresken entstanden durch Auftragen der Farbe auf die noch feuchte Putzschicht. Auf diese Weise konnten sich die Farbpigmente mit dem Kalk gut verbinden. Für wiederkehrende Motive oder die Vergrößerung von Motiven nutzten die Künstler Schablonen und Proportionszirkel.

Gemälde fanden sich hauptsächlich in Begräbnisstätten, an und in Tempeln und anderen öffentlichen Gebäuden. Häufig waren Götter und Heroen Motive, einige Werke dienten aber auch der Darstellung von Schlachten und anderen historischen Ereignissen sowie politischer Propaganda. In privaten Häusern gab es Wand- oder Tafelgemälde, die u. a. mythologische und alltägliche Motive und Stillleben zeigten.

Die römische Malerei integrierte etruskische und griechische Elemente. Über Kunstraub und Kunsthandel gelangten viele griechische Kunstwerke nach Rom. Griechische Maler waren seit dem 5. Jahrhundert in Rom tätig, erfüllten Auftragsarbeiten oder unterrichteten. Daneben gab es auch einheimische römische Künstler: Plinius nennt z. B. Fabius Pictor und den Dichter Pacuvius. In Rom waren die Tafel- und die Wandmalerei bedeutend. Für erstere gibt es fast nur schriftliche Zeugnisse, für letztere finden sich zahlreiche beeindruckende Zeugnisse vor allem in den Häusern und Villen der Vesuvstädte Pompeji und Herculaneum oder in Stabiae. Man ließ sämtliche Räume auf diese Weise dekorieren; die Wandgemälde waren wesentlicher Bestandteil der Einrichtung eines Hauses. Die erhaltenen Gemälde zeigen in Farbflächen gegliederte Wände, gemalte Fenster geben den Blick auf imaginäre Gartenlandschaften mit Menschen und Tieren und auf Fantasiearchitektur frei, auch mythologische Szenen und Figurenbilder schmücken die Wände.

# Utilia

## Komposita

Sie haben bereits eine größere Zahl Komposita kennengelernt. Hier erhalten Sie einen Überblick über wichtige Präfixe, die mit einfachen Verben zu Komposita verbunden werden (oft mit Konsonantenangleichung: con + ponere = componere). Wenn Sie die Präfixbedeutung und die Bedeutung der zugrunde liegenden Verben kennen, ist es Ihnen in vielen Fällen möglich, die Grundbedeutung des Kompositums zu erschließen. So müssen Sie auch beim Vokabellernen so manches Verb nicht ganz neu lernen.

| Präfix | Bedeutung | Beispiele |
|---|---|---|
| ab- | ab-, weg- | abesse, abire, abrumpere, avocare |
| ad- | herbei-, heran-, da | adesse, adire, accedere, afferre, afficere, aggredi |
| circum- | um-, herum- | circumire, circumvenire |
| con- | zusammen- | concurrere, conferre, componere |
| de- | herab- | descendere |
| dis- | auseinander- | dissentire, dimittere |
| ex- | aus-, heraus- | egredi, evadere, evenire, exire, erumpere |
| in- | hinein-; nicht | includere, inferre, ignorare |

| | | |
|---|---|---|
| inter- | (da)zwischen-, unter- | interesse |
| ob- | entgegen- | oppugnare |
| per- | durch-, zu Ende | pervenire, perficere |
| pro- | vor(wärts)-, für | prodesse, progredi |
| re- | zurück-, wieder- | redire, repetere, retinere |
| sub- | unter- | submergere |
| trans- | hinüber- | transire, traducere |

## Lectio alit ingenium

### De Apelle, pictore egregio

*Plinius kommt in seinem Buch über die antike Malerei auch auf den griechischen Maler Apelles zu sprechen und erzählt drei kleine Anekdoten.*

Nunc ad Apellem illum progredimur, qui ceteris pictoribus longe excellere existimatur. Ille vulgi iudicio plurimum tribuit. Qua de causa tabulas pictas in via ponebat, ipse autem in arboris umbram se abdebat. Eo modo a nullo videbatur, ipse autem omnes, qui praeteribant, videbat et omnia, quae dicebantur, audiebat.
Apelles aliquando tabulas vix posuerat, cum subito sutor quidam accurrit. Is paucis ante diebus Apellem crepidas non diligenter pinxisse dixerat. Tum eum recte dixisse Apelles responderat et novas crepidas pingere coeperat. Sutor autem laetus abierat et inter suos ea re gloriatus erat. Qui iam accessit ad tabulas pictas et simulacrum Veneris aspexit, quod Apelles singulari quadam arte perfecerat. Id diligenter aspexit, denique caput Veneris pravum esse dixit. Tum Apelles ex umbris, in quas se abdiderat, erupit et his verbis respondit: „Noli supra crepidas iudicare, sutor!" Quod in proverbii consuetudinem venit.

Cum Apelles in Macedoniam venit, Magnus ille Alexander regnum tenebat. Temporibus illis pictores apud homines in honore erant. Apelles Alexandro rege familiariter usus est. Qui ipse se ab alio pingi vetuerat. Alexander cum Apellis domum veniebat, multa de tabulis faciebat verba, quamquam erat illius artis imperitus. Quem Apelles vultu acerrimo aspiciebat et eum tacere iubebat. Alexander rex numquam irascebatur, sed ei parebat et tacebat. Tantam apud regem auctoritatem habebat Apelles! Alexander eum etiam magnis honoribus beneficiisque affecit. Quidam dicunt Apelli magnas opes fuisse. Alexander Magnus pictori etiam pulcherrimam amicarum suarum donavisse fertur.

Amici Apelli semper cordi fuisse videntur. Pictori cuidam pauperi consuluit. In forum iit et dixit se eius tabulas emere et pro suis vendere velle. Addidit etiam ne ipsum quidem umquam tabulas tanta arte diligentiaque perfecisse. Tum demum homines intellexerunt illum pictorem Apelli egregio nihil cedere et eius tabulas statuasque emerunt.

(nach Plinius d. Ä., *Naturalis historia* 35, 84–88)

## Lektion 8

In dieser Lektion geht es um:
- den **Konjunktiv Präsens** und **Perfekt**
- seine **Verwendung** und **Übersetzung**
- das **Gerundium**
- das Pronomen **īdem**

## De conviviis

*Bene enim maiores hoc convivium nominaverunt, melius quam Graeci, qui idem tum „compotationem", tum „concenationem" vocant, ut id maxime probare videantur, quod in eo genere minimum est.*

(nach Cicero, *Cato maior de senectute* 13, 45)

Treffend haben unsere Vorfahren dies als convivium, also „Zusammenleben" bezeichnet, treffender als die Griechen, die das Gleiche einmal „gemeinsames Trinken", das andere Mal „gemeinsames Essen" nennen, sodass sie das am meisten zu schätzen scheinen, was bei dieser Sache am unwichtigsten ist.

**Convivia**, gesellige Gastmähler mit Freunden, Bekannten, Kollegen oder Klienten waren eine häufige und alltägliche Form der Nachmittags- und Abendgestaltung für Angehörige der römischen Führungsschicht. Dazu war kein besonderer festlicher Anlass nötig, sondern es gehörte zur alltäglichen Routine, Gäste zu laden und im Gegenzug geladen zu werden. In vielen Texten, unter anderem auch in den Briefen Ciceros, ist mehrfach von Einladungen und Verabredungen zum gemeinsamen Essen die Rede.

**Diese Zusammenkünfte** gaben Gelegenheit, seinen gesellschaftlichen Verpflichtungen gegenüber Bekannten oder Geschäftspartnern nachzukommen, Freundschaften zu pflegen und zu schließen und sich über unterschiedlichste Themen auszutauschen. Cicero lässt in seinem Dialog *Cato maior de senectute* den alten Cato die Gemeinschaft und das Gespräch unter Freunden als wichtigsten Aspekt eines **conviviums** hervorheben und ihn dabei auch das lateinische Wort **convivium** loben, das für ihn eben diese Gemeinschaft bzw. ein „Zusammenleben" ausdrückte.

**In Griechenland** waren Gastmähler von frühester Zeit an üblich. Und auch wenn man eine der griechischen Bezeichnungen für Gastmahl, nämlich Symposion, mit „gemeinsames Trinken" übersetzen müsste, ging es dort nicht nur um das leibliche Wohl, sondern Symposien waren Orte des kulturellen, religiösen, politischen und gesellschaftlichen Lebens.

# 8

## Verborum copia

| | |
|---|---|
| convīvium, ī n | Gastmahl, Tischgesellschaft |
| nōminō, nōmināre | nennen, bezeichnen |
| īdem/eadem/idem Dempron | der-/die-/dasselbe, der/die/das Gleiche |
| tum ... tum ... | einmal ... das andere Mal, bald ... bald ... |
| compōtātiō, ōnis f | Trinkgelage |
| concēnātiō, ōnis f | Gastmahl, Tischgemeinschaft |
| ut Kj + Konj | dass, sodass, damit |
| symposion, ī n, gr | Symposion (Gastmahl) |

### Quid novi?

| | |
|---|---|
| utinam Wunschpartikel + Konj | oh dass doch, oh wenn doch |
| nē Kj + Konj | dass nicht, damit nicht |
| sānus, a, um | gesund, vernünftig |
| salvus, a, um | gesund, wohlbehalten |
| abiciō, -iēcī, -iectum, -icere | hinwerfen, wegwerfen |
| hortor, hortārī | ermuntern, ermahnen |
| revertor, -vertī, -versus sum, -vertī Semidep | zurückkehren |
| vereor, veritus sum, verērī | scheuen, fürchten |
| dēdiscō, -didicī, –, -discere | verlernen, sich abgewöhnen |
| tam Adv | so, so sehr |
| contingit, -tigit, ut | es gelingt, dass; es ereignet sich, dass |
| causā nachgestellt, + Gen | um ... willen, wegen |
| commodus, a, um + Dat/ad + Akk | angemessen, günstig |
| philosophor, philosophārī | philosophieren, nachdenken |
| cōnor, cōnārī | versuchen |
| occāsiō, ōnis f | Gelegenheit |
| moneō, monuī, monitum, monēre | (er)mahnen, erinnern |
| onus, oneris n | Last, Bürde |

### Usus magister optimus est

| | |
|---|---|
| dēmōnstrō, dēmōnstrāre | zeigen, darlegen |
| prōvideō, -vīdī, -vīsum, -vidēre | voraussehen, vorsorgen |
| dubium, ī n | Zweifel |
| quōmodo (auch quō modo) Adv | wie, auf welche Weise |
| cōnsequor, -secūtus sum, -sequī | nachfolgen, erreichen, erlangen |
| nihil ... nisī | nichts ... außer |
| cūrō, cūrāre | sorgen, sich kümmern |
| mēnsa, ae f | Tisch, Tafel |
| epulae, ārum f, Pl | Gerichte, Speisen |
| exstruō, -strūxī, -strūctum, -struere | aufhäufen, beladen |
| prīvō, prīvāre + Abl | berauben, befreien von |
| oblīvīscor, oblītus sum, oblīvīscī + Gen/Akk | vergessen, nicht beachten |
| expōnō, -posuī, -positum, -pōnere | herausstellen, vor Augen stellen, darlegen |
| cupiditās, ātis f | Verlangen |
| aptus, a, um + Dat/ad + Akk | geeignet, angemessen |
| pertineō, -tinuī, –, -tinēre ad | sich erstrecken, sich beziehen auf, von Bedeutung sein für |
| arbitror, arbitrārī | meinen, glauben |

| | | | |
|---|---|---|---|
| praetermittō, -mīsī, -missum, -mittere | vorbeigehen lassen, verstreichen lassen | Spurinna, ae *m* | Spurinna, ein berühmter Seher |
| conveniō, -vēnī, -ventum, -venīre | zusammenkommen, -treffen | superior, ius *Adj, Komp* | früher, vorig, höher |
| forīs *Adv* | draußen, auswärts | addūcō, -dūxī, -ductum, -dūcere | heranführen, versetzen in, veranlassen |
| persuādeō, -suāsī, -suāsum, -suādēre + *Dat* | überzeugen, überreden | mehercule *Interj* | beim Herkules |
| Paetus, ī *m* | L. Papirius Paetus, Freund Ciceros | iocus, ī *m* | Scherz, Spaß |
| | | commūnitās, ātis *f* | Gemeinschaft |
| | | remissiō, ōnis *f* | Erholung |
| dēlectātiō, ōnis *f* | Unterhaltung, Genuss | efficiō, -fēcī, -fectum, -ficere | hervorbringen, zustande bringen |
| ōvum, ī *n* | Ei | syndeipnon, ī *n, gr* | Syndeipnon (Gastmahl) |
| mālum, ī *n* | Apfel | id est | das heißt |
| **Quis ignorat ...?** | | sapiēns, entis | weise |
| trīclīnium, ī *n* | Speisezimmer, -saal | iocōsus, a, um | scherzhaft, neckisch |
| **Lectio alit ingenium** | | mūtuus, a, um (*Adv* mūtuō) | wechselseitig, gegenseitig, wieder |
| itō, –, –, itāre | gehen | etiam atque etiam | immer wieder |
| molestē ferre | sich ärgern | | |
| cēnula, ae *f* | kleine Mahlzeit | | |

# Quid novi?

## 1. Der Konjunktiv Präsens und Perfekt   Ü 1, 3

Sie haben schon den Indikativ als Modus der Wirklichkeit und den Imperativ als Modus des Befehls kennen- und verwenden gelernt. Hier folgt nun der dritte Modus, der Konjunktiv. Der Konjunktiv ist der Modus der Vorstellung, der Wünsche, Befehle und Vermutungen. Seine **Übersetzung** ist **kontextabhängig**: Nicht jeder Konjunktiv muss bei der Übertragung ins Deutsche konjunktivisch wiedergegeben werden.

### Der Konjunktiv Präsens
Die Formen des Konjunktivs Präsens sind an folgenden Moduszeichen erkennbar, an die wiederum die Personalendungen angehängt werden:
- Bei den Verben der ā-Konjugation ist das Moduszeichen -e-; das -a- des Stammauslauts entfällt: **laud-e-m, laud-ē-s.**
- Bei den Verben der ē-Konjugation und der 3. Konjugation wird -a- ergänzt: **doce-a-m, doce-ā-s; dūc-a-m, dūc-ā-s.**

|    | ā-Konjugation |          | ē-Konjugation |          |
|----|---------------|----------|---------------|----------|
|    | Aktiv         | Passiv   | Aktiv         | Passiv   |
| Sg | laud-e-m      | laud-e-r | doce-a-m      | doce-a-r |
|    | laud-ē-s      | laud-ē-ris | doce-ā-s    | doce-ā-ris |
|    | laud-e-t      | laud-ē-tur | doce-a-t    | doce-ā-tur |
| Pl | laud-ē-mus    | laud-ē-mur | doce-ā-mus  | doce-ā-mur |
|    | laud-ē-tis    | laud-ē-minī | doce-ā-tis | doce-ā-minī |
|    | laud-e-nt     | laud-e-ntur | doce-a-nt  | doce-a-ntur |

Der Konjunktiv Präsens der Deponentien lautet entsprechend **hortārī** ▶ horter; **sequī** ▶ sequar. Der Konjunktiv Präsens der unregelmäßigen Verben:

esse:    sim, sīs, sit, sīmus, sītis, sint
posse:  possim, possīs, possit usw.      velle:  velim, velīs, velit usw.
īre:     eam, eās, eat usw.             mālle:  mālim, mālīs, mālit usw.
ferre:  feram, ferās, ferat usw.        nōlle:  nōlim, nōlīs, nōlit usw.

### Der Konjunktiv Perfekt

Beim Konjunktiv Perfekt **Aktiv** tritt das Moduszeichen **-eri-** zwischen Perfektstamm und Personalendung: In der ā-Konjugation lauten die Formen also **laudav-eri-m, laudav-eri-s**, entsprechend in den anderen Konjugationsgruppen **docu-eri-m, docu-eri-s; dūx-eri-m, dūx-eri-s.**

| Sg            | Pl              |
|---------------|-----------------|
| laudāv-eri-m  | laudāv-eri-mus  |
| laudāv-eri-s  | laudāv-eri-tis  |
| laudāv-eri-t  | laudāv-eri-nt   |

Die unregelmäßigen Verben bilden folgende Formen:
esse:    fuerim, fueris, fuerit, fuerimus, fueritis, fuerint
posse:  potuerim, potueris, potuerit usw.    velle:  voluerim, volueris, voluerit usw.
īre:     ierim, ieris, ierit usw.              mālle:  māluerim, mālueris, māluerit usw.
ferre:  tulerim, tuleris, tulerit usw.       nōlle:  nōluerim, nōlueris, nōluerit usw.

Das **Passiv** wird aus dem PPP und dem Konjunktiv Präsens von **esse** gebildet: **laudātus, a, um sim/sīs/sit; laudātī, ae, a sīmus/sītis/sint.** Entsprechend bilden die **Deponentien** den Konjunktiv Perfekt: hortātus, ae, a sim/sīs/sit, hortātī, ae, a sīmus/sītis/sint.

## 2. Die Verwendung und Übersetzung des Konjunktivs Präsens und Perfekt  Ü 2, 4, 5

### Im Hauptsatz

▎**Wünsche:** Mit dem Konjunktiv Präsens und Perfekt können erfüllbare oder als erfüllbar gedachte Wünsche ausgedrückt werden (**Optativ**). Hier tritt oftmals ein verstärkendes *utinam oh dass doch, oh wenn doch* oder **velim** *ich möchte* hinzu. Nutzen Sie beim Übersetzen *sollen, wollen, mögen* oder den Imperativ. Verneint wird mit **ne**:
Sanus sis! *Hoffentlich bist du gesund!/Mögest du gesund sein!*
Ne sim salvus, si ... *Ich will nicht gesund sein, wenn .../Es soll mir schlecht gehen, wenn ...*
Utinam cives mei liberi sint! *Mögen meine Bürger frei sein!*
Velim venias! *Komm doch bitte!*

▎**Aufforderungen:** Mit dem Konjunktiv Präsens können Aufforderungen an die **1. Person Plural** zum Ausdruck gebracht werden (**Hortativ**). Übersetzen Sie mit *lasst uns ...* Verneint wird mit **ne**:
Eamus! *Lasst uns gehen!*
Cenas faciamus! *Lasst uns ein Bankett veranstalten!*
Der Konjunktiv Präsens wird auch für Befehle und Aufforderungen an die **3. Person Singular und Plural** genutzt (**Iussiv**). Verwenden Sie beim Übersetzen das Verb *sollen*. Verneint wird mit **ne**:
Taceat! *Er soll schweigen.*
Ne eant. *Sie sollen nicht gehen.*

▎**Zweifel und Überlegungen:** Mit dem Konjunktiv Präsens werden Zweifel und Überlegungen der **1. Person Singular** ausgedrückt (**Dubitativ/Deliberativ**). Verwenden Sie beim Übersetzen *sollen*. Die Verneinung ist **non**:
Quid faciam? *Was soll ich tun?*
Hoc non dicam? *Soll ich das nicht sagen?*

▎**Möglichkeiten und Vorstellungen:** Mit dem Konjunktiv Präsens und Perfekt können Möglichkeiten und Vorstellungen formuliert werden (**Potentialis der Gegenwart**). Nehmen Sie beim Übersetzen *dürfen, können, müssen, wollen* oder *möglicherweise, wohl* zu Hilfe. Die Verneinung erfolgt mit **non**. Achtung: Der Konjunktiv Perfekt drückt hier keine Vergangenheit aus, sondern wird wie das Präsens benutzt und übersetzt:
dicam/dixerim *ich könnte sagen*
Hoc facile intellexeritis. *Das könnt ihr wohl leicht verstehen.*
Existimem/Existimaverim te amicis bonis iucundisque delectari. *Ich darf wohl vermuten, dass du an guten und angenehmen Freunden deine Freude hast.*

▎**Verbote:** Mit dem Konjunktiv Perfekt und der Verneinung **ne** werden Verbote an die **2. Person Singular und Plural** formuliert (**Prohibitiv**). Auch hier drückt der Konjunktiv Perfekt keine Vergangenheit aus:
Ne putaveris me curam rei publicae abiecisse. *Glaub nicht, ich habe/hätte die Sorge um unseren Staat abgelegt.*

**Im Gliedsatz**

▌**Finalsätze:**

– Gliedsätze, die nach **Verben des Begehrens, Forderns und Bewirkens** auftreten, werden mit ut *dass* und ne *dass nicht* eingeleitet. Sie können beim Übersetzen auch den Infinitiv mit *zu* verwenden:
**Te hortor, ut revertaris.** *Ich fordere dich auf, dass du zurückkommst/zurückzukommen.*
**Te rogamus, ne tibi odio simus.** *Wir bitten dich, uns nicht zu hassen.*

– Bei Gliedsätzen, die eine **Absicht** oder einen **Zweck** ausdrücken, nutzen Sie beim Übersetzen die Konjunktion *damit*; auch *um zu …* ist manchmal möglich. Finalsätze werden in der Regel mit dem Indikativ übersetzt:
**Tibi litteras mitto, ut Romam revertaris.** *Ich schicke dir Briefe, damit du nach Rom zurückkommst.*
**Cives concurrunt, ut Ciceronem audiant.** *Die Bürger strömen zusammen, um Cicero zu hören.*
Achtung: Bei den **Verben des Fürchtens** wie **timere** und **vereri** *fürchten* oder bei **periculum est** *es besteht die Gefahr* bedeutet **ne** *dass* und **ne non** *dass nicht*:
**Vereor ne cenas facere dediscas.** *Ich fürchte, dass du verlernst, Bankette zu veranstalten.*

▌**Konsekutivsätze:** Sie bezeichnen eine Folge und werden mit **ut** *dass* und **ut non** *dass nicht* eingeleitet. Oft steht im vorangehenden Satz ein Signalwort wie **tam** *so, so sehr* oder **tantus** *so groß, so viel*:
**Tantam apud cives auctoritatem habes, ut tibi semper pareant.** *Du hast so großen Einfluss auf die Leute, dass sie dir immer gehorchen.*
Auch Sätze, die nach unpersönlichen Ausdrücken des Geschehens wie **evenit, ut** *es ereignet sich, dass*, **sequitur, ut** *es folgt daraus, dass* oder **contingit, ut** *es gelingt, dass* stehen, zählen zu den Konsekutivsätzen. Benutzen Sie beim Übersetzen den Indikativ.
**Tibi contingit, ut semper iure lauderis.** *Es gelingt dir, immer zu Recht gelobt zu werden.*

▌**Indirekte Fragesätze:** Indirekte, also von Verben des Fragens oder Sagens abhängige Fragesätze stehen auch im Konjunktiv. Beim Übersetzen verwenden Sie am besten den Indikativ:
**Dic nobis, cur in convivium non veneris.** *Sag uns, warum du nicht zum Bankett gekommen bist.*
**Scio, quid dies noctesque facias.** *Ich weiß, was du Tag und Nacht tust.*

## 3. Das Gerundium  Ü 6, 7, 8

Im Deutschen können Sie den substantivierten Infinitiv in alle Kasus setzen: *das Lesen, des Lesens, dem Lesen* usw. Auch im Lateinischen ist dies möglich: mit dem sogenannten Gerundium. Das Gerundium wird auch als **Verbalsubstantiv** bezeichnet, da es Eigenschaften des Verbs und des Substantivs vereint: Es kann wie ein Verb durch ein Adverb und ein Objekt ergänzt werden und wird wie ein Substantiv dekliniert.

Die Formen sind erkennbar an dem -nd- zwischen Stamm und Endung: **lauda-nd-ī**, **doce-nd-ī**. Bei den Verben der ī-Konjugation und der 3. Konjugation wird vor dem -nd- ein -e- eingeschoben: **audi-e-nd-ī, dūc-e-nd-ī**.
Die Endungen sind die der ō-Deklination. Das Gerundium kommt im Dativ selten vor, Formen im Plural existieren nicht. Auch Deponentien können das Gerundium bilden: **proficīscī** ▶ **proficīscendī**.

| Nom | vivere *leben, das Leben* | Iucundum est vivere. *Es ist angenehm zu leben.* |
|---|---|---|
| Gen | vivendi *des Lebens* | **ars vivendi** *die Kunst zu leben/die Kunst des Lebens* <br> **ars beate vivendi** *die Kunst, glücklich zu leben* <br> **beate vivendi causa** *um des glücklichen Lebens willen/um glücklich zu leben* |
| Akk | ad vivendum *zum Leben* | **ad beate vivendum** *zum glücklichen Leben/um glücklich zu leben* <br> **ad beate vivendum commodum** *zum glücklichen Leben günstig* |
| Abl | vivendo *durch das Leben* | **beate vivendo** *durch das glückliche Leben/indem man glücklich lebt* <br> **in beate vivendo** *beim glücklichen Leben/während man glücklich lebt* <br> **de vivendo cogitare** *über das Leben nachdenken* |

## Übersetzung
Das Gerundium können Sie auf verschiedene Arten übersetzen:
- Wörtliche Übersetzung mit einem substantivierten Infinitiv: Animos vestros **philosophando** confirmare conor. *Ich versuche, euren Geist **durch das Philosophieren** zu stärken.*
- Bei einer Erweiterung des Gerundiums um ein Adverb und/oder ein Objekt ist eine wörtliche Übersetzung meist nicht möglich: **Librum diligenter legendo** animum exerces hieße wörtlich „Durch das Das-Buch-sorgfältig-Lesen trainierst du deinen Geist". Eine mögliche Übersetzung wäre hier: ***Durch das sorgfältige Lesen eines Buches trainierst du deinen Geist.***
- Übersetzung mit dem Infinitiv mit *zu* und *um zu*: Multae occasiones **monendi agendique** sunt. *Es gibt viele Möglichkeiten, **zu mahnen und zu handeln*** (wörtl.: „Möglichkeiten des Mahnens und Handelns"). Consilium **bellum gerendi** ceperunt. *Sie fassten den Entschluss, Krieg zu führen* (wörtl.: „den Entschluss des Den-Krieg-Führens").
- Übersetzung mit einem Gliedsatz mit *indem, dadurch dass, wenn* oder *während*: **Scribendo** animum meum oneribus libero. ***Indem ich schreibe**, befreie ich meinen Geist von seinen Lasten.*

## 4. Das Pronomen *īdem*   Ü 9

Das Demonstrativpronomen **īdem/eadem/idem** *der-/die-/dasselbe, der/die/das Gleiche*
- drückt die Gleichheit zweier Dinge oder Personen aus: Maiores nostri illud „convivium", Graeci **idem** „concenationem" nominaverunt. *Unsere Vorfahren haben es „Zusammenleben" genannt, die Griechen nannten das Gleiche „gemeinsames Essen".*
- bedeutet zusammen mit einem Demonstrativpronomen *eben, gerade, vor allem*: **hoc idem** *eben dieses, vor allem dieses*.
- wird zudem verwendet, um auszudrücken, dass etwas oder jemand zwei Eigenschaften zugleich besitzt: Cicero orator fuit **idemque** philosophus. *Cicero war zugleich Redner und Philosoph.*

| Sg | | | Pl | | |
| m | f | n | m | f | n |
|---|---|---|---|---|---|
| īdem | eadem | idem | īdem (iīdem) | eaedem | eadem |
| | eiusdem | | eōrundem | eārundem | eōrundem |
| | eīdem | | eīsdem (iīs-/īsdem) | | |
| eundem | eandem | idem | eōsdem | eāsdem | eadem |
| eōdem | eādem | eōdem | | eīsdem (iīs-/īsdem) | |

# Usus magister optimus est

**1** Bestimmen Sie die Formen und führen Sie sie auf den dazugehörigen Infinitiv zurück.

1. ducat    *3. Pers Sg Konj Präs Akt, ducere*
2. veniant
3. conaris
4. moneas
5. existimaverit
6. demonstrant
7. putaverim
8. sit

**2** Übersetzen Sie den folgenden Satz. Welche der beiden Antworten ist die passende?

Timeo, ne Quintus    1. Keine Sorge, er wird schon kommen.    ☐
in convivium veniat.    2. Keine Sorge, er geht zu einer anderen Verabredung.    ☐

**3** Bilden Sie zu den Verben die gefragten Konjunktivformen.

1. agere: 3. Pers Pl Konj Präs Akt
2. esse: 1. Pers Pl Konj Präs
3. facere: 1. Pers Sg Konj Präs Akt
4. ducere: 3. Pers Pl Konj Präs Pass
5. esse: 3. Pers Sg Konj Perf
6. hortari: 1. Pers Sg Konj Präs
7. dicere: 2. Pers Sg Konj Perf Akt
8. providere: 3. Pers Pl Konj Präs Pass

**4** Übersetzen Sie und benennen Sie die Funktion der Konjunktive.

1. Quid tibi respondeam? ...................
2. Viros iucundos ad cenas vocemus! ...................
3. Sanus sis, amice! ...................
4. Ne putaveris te mihi curae non esse! ...................
5. Utinam me diligatis, amici! ...................
6. Hoc sine ullo dubio confirmaverim. ...................

**5** Übersetzen Sie.

1. Scio quomodo hoc consecutus sis.
2. Te hortor et rogo, ne Roma proficiscaris.
3. Dic mihi, cur cenam non feceris!
4. Nihil curo nisi ut valeas et me diligas.
5. In convivium venio, ut curas consiliaque amicorum accipiam.
6. Mensas epulis ita exstruere soles, ut omnes tibi magnae opes esse putent.

**6** Notieren Sie, bei welchen Formen es sich um Gerundia handelt, und nennen Sie die zugrunde liegenden Infinitive.

| | | | | | | |
|---|---|---|---|---|---|---|
| diligendo ✓ | condo | dicendi | blandi | monendi | intendo | |
| privando | ascendi | mando | incendo | obliviscendo | extendo | agendi |
| exponendum | vendo | nondum | demonstrandum | | faciendum | |

*diligendo (diligere)* ...................
...................

**7** Bestimmen Sie bei folgenden Phrasen den Kasus des Gerundiums, nennen Sie den zugrunde liegenden Infinitiv und übersetzen Sie.

1. ad *scribendi* studium se conferre    *Genitiv, scribere*
2. cupiditas id videndi
3. ad dicendum maxime aptum
4. de bene vivendo cogitare
5. agendo se exercere
6. consilium proficiscendi capere

**8** Finden Sie angemessene Übersetzungen für die folgenden Sätze mit Gerundium.

1. Haec res ad beate vivendum pertinere arbitror.
2. Ne hanc agendi occasionem praetermiseris!
3. Cenandi causa hodie convenimus.
4. Legendo, scribendo cogitandoque maxime delector.

**9** Setzen Sie die gefragte Form von **idem** ein und übersetzen Sie.

1. Puer ................ (*Akk Pl n*) dixit, quae foris audiverat.
2. Mihi persuadet, ut ................ (*Akk Sg n*) coner.
3. Paeti domum pervenimus, ................ (*Abl Sg n*) tempore amicus quidam accurrit.

## Quis ignorat ...?

### Das römische Gastmahl

Die römischen **convivia** gehörten zum Alltag der römischen Elite. Wo man sich auch befand – in Rom, auf dem Land oder unterwegs in den Provinzen –, gegenseitige Besuche und gemeinsame gesellige Gastmähler, die Gelegenheit zum Austausch über Politik und andere Themen boten, gehörten dazu.
Die **convivia** fanden im **triclinium** statt, dem Speisesaal, in dem sich drei Liegesofas (gr *klinai*) um einen Tisch gruppierten. Je nach Anzahl der Gäste (die Mindestzahl war drei) war auch eine Erweiterung dieser Anordnung möglich. Die geladenen **amici** gehörten verschiedenen gesellschaftlichen Gruppen an. Neben Standesgenossen fanden sich auch junge

Leute, Klienten, Denker, Dichter und Freigelassene. Auf ungeladene Begleiter der Gäste, sogenannte **umbrae**, reagierte man flexibel und brachte sie auf zusätzlichen Sitzgelegenheiten unter. Anders als bei den griechischen **symposia** durften auch die Ehefrauen der Gastgeber und Gäste anwesend sein. Der unterschiedliche Rang der Gäste zeigte sich an der Sitzordnung. Ehrengäste erhielten die besten Plätze direkt neben dem Gastgeber.
Die Gäste trugen in der Regel bequeme Kleidung, entledigten sich ihrer Sandalen und nahmen auf den Liegen Platz, die in ihrer Anordnung eine gute Möglichkeit zu Gesprächen boten. Gegessen wurde, wie man es von den griechischen **symposia** übernommen hatte, im Liegen. Was für Speisen aufgetragen wurden, hing vom Gastgeber ab. Manche begnügten sich mit schlichter Hausmannskost, einigen Gastgebern war jedoch daran gelegen zu zeigen, was ihr Geldbeutel an exklusiven Speisen ermöglichen konnte. Vor allem Vertreter der Generationen nach Cicero widmeten sich verstärkt dem kulinarischen Bereich und ließen exquisite Speisen aus aller Herren Länder zusammentragen, um alle anderen Gastgeber in den Schatten zu stellen und sich selbst als großzügige Kenner zu präsentieren.
Das Gastmahl wurde durch einen Götteranruf eröffnet und durch ein Speiseopfer für die Hausgötter beendet. Allgemein übliche Vorspeisen waren Salate, Pilze oder Eier. Dazu gab es mit Honig versetzten Wein als Aperitif. Ein typischer Hauptgang war deftiger Schweinebraten, zum Ende der Republik wurde den Gästen oftmals auch Wild und Geflügel geboten; an besonders luxuriösen Tafeln gab es Außergewöhnliches wie Flamingozungen und Pfauenhirne. Daneben galten Fisch und Meeresfrüchte als Delikatessen. Dazu reichte man pikante Soßen zum Verfeinern. Als Nachtisch wurden Früchte, Nüsse und Kuchen aufgetragen. Das Essen wurde in mundgerechten Häppchen serviert. Man aß mit den Fingern, die Essensreste fielen auf den Boden und wurden später entsorgt.
Nach dem Essen widmete man sich dem Trinken. Gesang, Lyraspiel und Rezitation sorgten für kultivierte Unterhaltung der Gäste. Cicero ließ zum Beispiel einen Vorleser auftreten. Andere Gastgeber setzten auf leichtere Kost und führten ihren Gästen Tänzerinnen, Schauspieler und Gaukler vor oder setzten sich auch selbst als Unterhaltungskünstler in Szene.

## Utilia

### Verben mit AcI und Finalsatz

Einige Verben können sowohl mit einem AcI als auch mit einem Finalsatz konstruiert werden und haben je nachdem eine andere Bedeutung, die Sie beim Übersetzen beachten sollten.

|  | mit AcI | mit *ut/ne* |
|---|---|---|
| cogitare | *daran denken* | *beabsichtigen* |
| monere | *erinnern* | *(er)mahnen, warnen* |
| persuadere | *überzeugen* | *überreden* |
| videre | *sehen* | *achten auf, dafür sorgen* |

## Semideponentien

Semideponentien bilden nur einen Teil ihrer Formen wie ein Deponens. Sie können dies an den Stammformen ablesen. **Solēre** bildet z. B. seine Formen im Perfektstamm, also im Perfekt, Plusquamperfekt und Futur II, deponential: **soleō** *ich pflege zu tun*, aber **solitus sum** *ich pflegte zu tun*. Bei **revertī** ist es umgekehrt, es bildet seine Formen im Präsensstamm, also im Präsens, Imperfekt und Futur I, wie ein Deponens, im Perfekt, Plusquamperfekt und Futur II hat es jedoch meist aktive Formen: **revertor** *ich kehre zurück*, aber **revertī** *ich kehrte zurück*.

## Lectio alit ingenium

### Paete, revertere!

*Cicero versucht, seinen Freund Paetus, der sich aus dem gesellschaftlichen Leben zurückgezogen hat, dazu zu bewegen, seine Entscheidung rückgängig zu machen.*

Cicero Paeto S. D.
Te ad cenas itare desisse moleste fero. Magna enim delectatione et voluptate te privavisti. Deinde etiam vereor – licet enim verum dicere – ne illud, quod facere solebas, dediscas et obliviscaris: cenulas facere. Spurinna, cui rem demonstravi et vitam tuam superiorem exposui, te rem publicam in periculum adducere dicit. Te hortatur rogatque, ut ad superiorem consuetudinem revertaris.
Quid dicam? Quid ergo faciam? Quomodo contingere potest, ut non has res obliviscaris? Num tibi sumus tam molesti, ut sine amicis cenare malis? Mehercule, mi Paete, extra iocum te moneo, ut cum viris bonis iucundisque vivas. Hoc ad beate vivendum pertinere arbitror. Nihil est aptius vitae, nihil ad beate vivendum commodius. Nec id ad voluptatem refero, sed ad communitatem vitae remissionemque animorum. Quae res maxime sermone familiari efficiuntur.
Graeci dicunt „symposia" aut „syndeipna", id est compotationes aut concenationes, nos autem idem sapientius quam Graeci „convivium" vocamus, nam non solum cenamus et bibimus cum amicis, sed etiam cum eis vivimus. Videsne, quomodo te philosophando ad cenas revocare coner? Cura, ut valeas! Id foris cenando facillime consequeris. Conveniamus, cenas faciamus, mi Paete, vivamus!
Scio me iocosius scribere. Sed ne existimaveris me curam rei publicae abiecisse! Persuade tibi, mi Paete, me dies noctesque nihil aliud agere, nihil curare, nisi ut mei cives salvi liberique sint. Nullam occasionem monendi, agendi, providendi praetermitto.
Oro te, ut respondeas. Utinam sanus sis meque mutuo diligas. Etiam atque etiam vale.

(nach Cicero, *Epistulae ad familiares* 9, 24)

**Lektion**

**9**

Was Sie in dieser Lektion kennenlernen:
- den **Konjunktiv Imperfekt** und **Plusquamperfekt**
- seine **Verwendung** und **Übersetzung**
- die **Zeitenfolge** in konjunktivischen Gliedsätzen
- das Verb **fierī**

## De vitiis hominum

Aesopi ingenio Attici statuam posuerunt servumque collocaverunt in basi aeterna, ut cuncti scirent viam honoris patere, nec gloriam generi, sed virtuti tribui. Quoniam prohibuerat, ne alter primus esset, studui, ne solus esset. Nec haec invidia, verum est aemulatio.

(nach Phaedrus II, Epilog)

Die Athener haben dem Talent des Aesop ein Denkmal gesetzt und somit einen Sklaven für ewig auf einen Sockel gehoben, damit alle wissen, dass der Weg zur Ehre offensteht und Ruhm nicht nach Herkunft, sondern nach Tugend verteilt wird. Weil er ja verhindert hatte, dass ein anderer der Erste (in dieser Gattung) sei, habe ich mich bemüht, dass er nicht der Einzige ist. Und das ist kein Neid, sondern Wetteifer.

**Wie Sie bereits wissen,** hatte die römische Literatur mit der Übernahme griechischer Muster ihren Anfang genommen. Autoren wie Cicero, Horaz oder Vergil brachten schließlich Texte hervor, die wiederum den nachfolgenden Generationen als musterhaft galten. In der frühen Kaiserzeit standen viele Autoren den kulturellen Leistungen ihrer Zeit skeptisch gegenüber – der Gipfel der Redekunst und Dichtung schien ihnen bereits durch die Vorgänger erreicht zu sein, und der Vorrat an griechischen Gattungen, die man hätte neu erschließen können, war aufgebraucht.

**Zahlreiche Autoren** beklagten den Verfall der Redekunst, die ihr Dasein in Rhetorenschulen fristete. Anderen schien es, als sei mit der Ruhe und dem Frieden der Kaiserzeit zugleich auch der Stoff für die großen Werke abhanden gekommen. Ein Autor, der noch eine Nische für sich entdeckte, war Phaedrus, ein Freigelassener, der am Kaiserhof tätig war: Er führte die Versfabel als eigenständige literarische Gattung in Rom ein und berief sich dabei auf den Griechen Aesop.

# 9 Verborum copia

| | |
|---|---|
| Aesōpus, ī *m* | Aesop, gr. Fabeldichter, 6. Jh. v. Chr. |
| Atticus, ī *m* | Athener |
| servus, ī *m* | Sklave |
| collocō, collocāre | aufstellen, errichten |
| basis, is *f, gr* | Sockel |
| quoniam *Kj + Ind* | weil ja, da nun |
| sōlus, a, um, *Gen* sōlīus, *Dat* sōlī | allein, einzig |
| invidia, ae *f* | Neid, Missgunst |
| vērum *Kj* | aber, sondern |
| aemulātiō, ōnis *f* | Wetteifer |

**Quid novi?**

| | |
|---|---|
| maneō, mānsī, mānsum, manēre | bleiben |
| vulpēs, is *f* | Fuchs |
| hircus, ī *m* | Ziegenbock |
| puteus, ī *m* | Grube |
| aquila, ae *f* | Adler |
| nātus, ī *m* | Sohn; Pl Kinder |
| reddō, -didī, -ditum, -dere | zurückgeben, wiedergeben |
| Sōcratēs, is *m* | Sokrates, gr. Philosoph, 469–399 v. Chr. |
| herī | gestern |
| interrogō, interrogāre | fragen |
| lātus, a, um | breit, groß |
| cum *Kj + Konj* | als, nachdem |
| turba, ae *f* | Menschenmenge, Unruhe |
| cum *Kj + Konj* | da, weil |
| tūtum, ī *n* | Sicherheit, sicherer Ort |
| Phaedrus, ī *m* | Phaedrus, röm. Fabeldichter, ca. 20 v. Chr. – 51 n. Chr. |
| cum *Kj + Konj* | obwohl, obgleich |
| aedēs, is *f* | Zimmer; Tempel; Pl Haus |

| | |
|---|---|
| possideō, possēdī, possessum, possidēre | besitzen |
| fīō, factus sum, fierī | werden, geschehen, gemacht werden |
| ita *Adv* | so |
| sapientia, ae *f* | Klugheit, Weisheit |
| vērus, a, um | wahr, echt |
| dīiūdicō, dīiūdicāre | unterscheiden, ein Urteil fällen |

**Usus magister optimus est**

| | |
|---|---|
| quaerō, quaesīvī/-ī, quaesītum, quaerere | (auf)suchen, fragen, untersuchen |
| rumpō, rūpī, ruptum, rumpere | zerbrechen; Pass platzen |
| invideō, -vīdī, -vīsum, -vidēre + *Dat* | (jemanden) beneiden |
| Platō, ōnis *m* | Platon, gr. Philosoph, Schüler des Sokrates, 427–347 v. Chr. |
| memoriae trādere | (schriftlich) der Nachwelt überliefern |
| potēns, entis | mächtig, einflussreich |

**Lectio alit ingenium**

| | |
|---|---|
| prātum, ī *n* | Wiese |
| quondam *Adv* | einmal, einst |
| cōnspiciō, -spexī, -spectum, -spicere | anschauen, erblicken |
| magnitūdō, inis *f* | Größe |
| rūgōsus, a, um | faltig, runzlig |
| pellis, is *f* | Haut |
| īnflō, īnflāre | aufblasen |
| vīs, *Akk* vim, *Abl* vī *f*; *Pl* vīrēs, ium | Kraft, Stärke, Gewalt; Pl Kräfte, Streitkräfte |
| similis, e | ähnlich, gleich |

| | | | | |
|---|---|---|---|---|
| corpus, oris *n* | Körper | supplex, icis | demütig bittend |
| inops, opis | machtlos, bedürftig | āra, ae *f* | Altar |
| cicōnia, ae *f* | Storch | fax, facis *f* | Fackel |
| patina, ae *f* | Schüssel | circumdō, -dedī, -datum, -dare | umgeben |
| cibus, ī *m* | Speise, Nahrung | | |
| liquidus, a, um | flüssig | sublīmis, e | hoch, erhaben |
| edō, ēdī, ēsum, edere | essen, fressen | humilis, e | niedrig, klein |
| lagōna, ae *f* | Flasche | fundō, fundāre | anlegen, bauen |
| convīva, ae *m* | Gast | nesciō quis | irgendwer |
| famēs, is *f* | Hunger | tālis, e | so beschaffen, solch |
| torqueō, torsī, tortum, torquēre | drehen, quälen | inquit | sagt er |
| | | fidēs, eī *f* | Treue, Vertrauen |
| lambō, lambī, lambitum, lambere | (be)lecken | dēcidō, -cidī, –, -cidere | herabfallen, stürzen |
| exemplum, ī *n* | Muster, Vorbild, Beispiel | satiō, satiāre | sättigen, stillen |
| | | nitor, nīxus/nīsus sum, nitī (+ *Abl*) | sich stützen (auf), sich anstrengen |
| catulus, ī *m* | Tierjunges | | |

# Quid novi?

## 1. Der Konjunktiv Imperfekt und Plusquamperfekt  Ü 1, 2, 3

Nach dem Konjunktiv Präsens und Perfekt (→ Lektion 8, S. 107) lernen Sie nun die übrigen Konjunktivformen und ihre Verwendung und Übersetzung.

### Der Konjunktiv Imperfekt
Beim Konjunktiv Imperfekt werden bei ā-, ē- und ī-Konjugation das Moduszeichen -re- und die Personalendung an den Verbstamm angehängt: **laudā-re-m, docē-re-m**; bei den Verben der 3. Konjugation wird zwischen Stamm und Moduszeichen noch ein -e- eingefügt: **dūc-e-re-m**. Die Formen lassen sich sehr leicht lernen: Sie sehen aus wie ein Infinitiv Präsens Aktiv mit angehängten Personalendungen.

| | ā-Konjugation | | 3. Konjugation | |
|---|---|---|---|---|
| | Aktiv | Passiv | Aktiv | Passiv |
| Sg | laudā-re-m | laudā-re-r | dūc-e-re-m | dūc-e-re-r |
| | laudā-rē-s | laudā-rē-ris | dūc-e-rē-s | dūc-e-rē-ris |
| | laudā-re-t | laudā-rē-tur | dūc-e-re-t | dūc-e-rē-tur |
| Pl | laudā-rē-mus | laudā-rē-mur | dūc-e-rē-mus | dūc-e-rē-mur |
| | laudā-rē-tis | laudā-rē-minī | dūc-e-rē-tis | dūc-e-rē-minī |
| | laudā-re-nt | laudā-re-ntur | dūc-e-re-nt | dūc-e-re-ntur |

Auch Deponentien bilden den Konjunktiv Imperfekt: **hortārī** ▶ **hortārer**; **sequī** ▶ **sequerer**.
Der Konjunktiv Imperfekt der unregelmäßigen Verben:
esse: essem, essēs, esset, essēmus, essētis, essent
posse: possem, possēs, posset usw.     velle: vellem, vellēs, vellet usw.
īre: īrem, īrēs, īret usw.     mālle: māllem, māllēs, māllet usw.
ferre: ferrem, ferrēs, ferret usw.     nōlle: nōllem, nōllēs, nōllet usw.

### Der Konjunktiv Plusquamperfekt
Die Formen des Konjunktivs Plusquamperfekt **Aktiv** werden gebildet, indem das Moduszeichen **-isse-** an den Perfektstamm tritt. Auch diese Formen sind leicht einzuprägen: Sie sehen aus wie ein Infinitiv Perfekt Aktiv mit Personalendungen.

| Sg | Pl |
|---|---|
| laudāv-**isse**-m | laudāv-**issē**-mus |
| laudāv-**issē**-s | laudāv-**issē**-tis |
| laudāv-**isse**-t | laudāv-**isse**-nt |

Die Formen des Konjunktivs Plusquamperfekt anderer Verben lauten z. B. **docu-isse-m**, **audīv-isse-m**, **dūx-isse-m** usw. Die Formen der unregelmäßigen Verben:
esse: fuissem, fuissēs, fuisset, fuissēmus, fuissētis, fuissent
posse: potuissem, potuissēs, potuisset usw.     velle: voluissem, voluissēs, voluisset usw.
īre: īssem, īssēs, īsset usw.     mālle: māluissem, māluissēs, māluisset usw.
ferre: tulissem, tulissēs, tulisset usw.     nōlle: nōluissem, nōluissēs, nōluisset usw.

Das **Passiv** wird aus dem PPP und dem Konjunktiv Imperfekt von **esse** gebildet: **laudātus, a, um essem/essēs/esset, laudātī, ae, a essēmus/essētis/essent**. Entsprechend bilden die **Deponentien** ihre Formen des Konjunktivs Plusquamperfekt: **hortātus, a, um essem/essēs/esset, hortātī, ae, a essēmus/essētis/essent**.

## 2. Die Verwendung und Übersetzung des Konjunktivs Imperfekt und Plusquamperfekt   Ü 4, 5, 10

Hier werden die Verwendungsweisen des Konjunktivs, die Sie bereits gelernt haben (→ Lektion 8, S. 109), noch ergänzt.

### Im Hauptsatz
▍ **Wünsche**: Mit dem Konjunktiv Imperfekt werden unerfüllbare Wünsche der Gegenwart und mit dem Konjunktiv Plusquamperfekt unerfüllbare Wünsche der Vergangenheit formuliert (**Optativ**). Einleitend steht immer **utinam** oder **vellem** (**nōllem, māllem**):
**Utinam boni viri diligerentur!** *Wenn doch gute Menschen hoch geschätzt würden!* (Werden sie aber nicht.)
**Utinam mansisses!** *Wenn du doch geblieben wärst!* (Bist du aber nicht.)

▎ **Zweifel und Überlegungen**: Für die Vergangenheit nutzt der **Deliberativ** bzw. **Dubitativ** den Konjunktiv Imperfekt. Beim Übersetzen verwenden Sie Konjunktiv Plusquamperfekt:
**Quid facerem?** *Was hätte ich tun sollen?*
**Cur hunc non diligerem?** *Warum hätte ich ihn nicht hoch schätzen sollen?*

▎ **Möglichkeiten und Vorstellungen**: Mit dem Konjunktiv Imperfekt können Möglichkeiten ausgedrückt werden, die in der Vergangenheit bestanden haben (**Potentialis der Vergangenheit**). Bei der Übersetzung verwenden Sie den Konjunktiv Plusquamperfekt. Der Potentialis der Vergangenheit ist in der Regel auf folgende und ähnliche Wendungen mit Verben des Sagens, Merkens und Meinens beschränkt:
**videres** *man hätte sehen können*
**diceres** *man hätte sagen können*

▎ **Unwirkliche Vorgänge**: Mit dem Konjunktiv Imperfekt und Plusquamperfekt können unwirkliche Vorgänge der Gegenwart und Vergangenheit bezeichnet werden (**Irrealis**). Verneint wird mit **non**:
**Sine amicis miserrimus esses.** *Ohne Freunde wärst du ganz bemitleidenswert.*
**Quid vita sine amicis esse potuisset?** *Was hätte das Leben ohne Freunde sein können?*

### Im Gliedsatz

Die konjunktivischen Gliedsätze im Imperfekt und Plusquamperfekt übersetzen Sie in der Regel mit dem Indikativ.

▎ **Finalsätze:**
**Vulpes hircum orabat, ut in puteum descenderet.** *Der Fuchs bat den Ziegenbock, in die Grube hinabzusteigen.*
**Aquila vulpi natos reddidit, ut suos e periculo mortis eriperet.** *Der Adler gab dem Fuchs seine Jungen zurück, um seine eigenen der Todesgefahr zu entreißen.*

▎ **Konsekutivsätze:**
**Ita factum est, ut rana in invidiam magnam veniret.** *So geschah es, dass der Frosch sehr neidisch wurde.*
**Tanta cupiditate incitata est, ut se ranam esse oblivisceretur.** *Er wurde von einer solchen Begierde angetrieben, dass er vergaß, dass er (nur) ein Frosch war.*

▎ **Indirekte Fragesätze**: Wie bei den direkten Fragen unterscheidet man hier Wort- und Satzfragen (→ Lektion 4, S. 59).
**Socrates amicis exposuit, quid sentiret.** *Sokrates legte seinen Freunden dar, was er meinte.*
**Heri mihi dixisti, quid Socrates respondisset.** *Gestern hast du mir erzählt, was Sokrates geantwortet hatte.*
**Rana natos suos interrogavit, num latior esset bove.** *Der Frosch fragte seine Kinder, ob er größer als das Rind sei.*

### Die Konjunktion *cum* mit dem Konjunktiv

Sie haben bereits mehrere Bedeutungen von **cum** kennengelernt (→ Lektion 7, S. 96). Die Konjunktion **cum** kann auch einen konjunktivischen Gliedsatz einleiten und dabei verschiedene weitere Bedeutungen haben:

- Mit **cum** wird ein Temporalsatz eingeleitet, der die Nebenumstände zur Haupthandlung bezeichnet (**cum narrativum**). Der Konjunktiv Imperfekt steht bei noch andauernden Handlungen, der Konjunktiv Plusquamperfekt bei bereits abgeschlossenen Handlungen. Übersetzen Sie mit *als* oder *nachdem*:
  Socrates, **cum** amicum quendam **videret** in turba, manus sustulit. *Als Sokrates in der Menge einen Freund **entdeckte**, hob er seine Hände.*
  **Cum** vulpes multis verbis precibusque **oravisset**, aquila ei reddidit natos. *Nachdem der Fuchs mit vielen Worten und Bitten **gebeten hatte**, gab ihm der Adler die Kinder zurück.*
- **Cum** kann auch einen Kausalsatz einleiten (**cum causale**). Übersetzen Sie mit *da*, *weil*:
  Aquila, **cum** se in tuto esse **putaret**, vulpem non timebat. *Weil der Adler **glaubte**, in Sicherheit zu sein, fürchtete er den Fuchs nicht.*
- Außerdem kann **cum** *obwohl*, *obgleich* bedeuten (**cum concessivum**):
  Socrates, **cum** vir clarissimus **esset**, aedes magnas possidere noluit. ***Obwohl** Sokrates ein sehr berühmter Mann **war**, wollte er kein großes Haus besitzen.*

## 3. Die Zeitenfolge in konjunktivischen Gliedsätzen  Ü 6, 10

Mit dem Tempus des Prädikats eines konjunktivischen Gliedsatzes wird das Zeitverhältnis zu dem im übergeordneten Satz verwendeten Tempus zum Ausdruck gebracht. Sie haben dieses Phänomen bereits beim AcI kennengelernt (→ Lektion 6, S. 87). Bei Gleichzeitigkeit finden die Handlungen von Haupt- und Gliedsatz zur gleichen Zeit statt, bei Vorzeitigkeit liegt die Handlung des Gliedsatzes vor der des Hauptsatzes.

| Tempus im Hauptsatz | Tempus im Gliedsatz bei Gleichzeitigkeit (GZ) | Tempus im Gliedsatz bei Vorzeitigkeit (VZ) |
|---|---|---|
| Präsens/Futur | Konjunktiv Präsens | Konjunktiv Perfekt |
| Socrates exponit, *Sokrates legt dar,* | quid sentiat. *was er meint.* | quid senserit. *was er gemeint hat.* |
| Imperfekt/Perfekt/ Plusquamperfekt | Konjunktiv Imperfekt | Konjunktiv Plusquamperfekt |
| Socrates exponebat/ exposuit/exposuerat, *Sokrates legte dar/ hatte dargelegt,* | quid sentiret. *was er meinte.* | quid sensisset. *was er gemeint hatte.* |

## 4. Das Verb *fierī*   Ü 7, 8

Das Verb **fierī** hat die Bedeutung *werden, geschehen*. Seine Formen dienen dem Verb **facere** auch als Passivformen. In diesem Fall wird **fierī** mit *gemacht werden* übersetzt.

| Präsens Indikativ | Präsens Konjunktiv | Imperfekt Indikativ | Imperfekt Konjunktiv |
|---|---|---|---|
| fī-ō | fī-a-m | fī-ē-ba-m | fi-e-re-m |
| fī-s | fī-ā-s | fī-ē-bā-s | fi-e-rē-s |
| fī-t | fī-a-t | fī-ē-ba-t | fi-e-re-t |
| fī-mus | fī-ā-mus | fī-ē-bā-mus | fi-e-rē-mus |
| fī-tis | fī-ā-tis | fī-ē-bā-tis | fi-e-rē-tis |
| fī-u-nt | fī-a-nt | fī-ē-ba-nt | fi-e-re-nt |

Die Stammformen sind **fierī, fīō, factus sum**. Im Perfekt und Plusquamperfekt werden die Passivformen von **facere** genutzt: Der Indikativ Perfekt lautet **factus, a, um sum** usw., der Konjunktiv Perfekt **factus, a, um sim** usw.; der Indikativ Plusquamperfekt ist **factus, a, um eram** usw., der Konjunktiv Plusquamperfekt **factus, a, um essem** usw. Der Infinitiv Perfekt heißt **factum esse** *geworden sein, gemacht worden sein, geschehen sein*:
**Non potest fierī,** ut vulpes aquilis familiariter utantur. *Es ist unmöglich* (wörtl. „kann nicht geschehen"), *dass Füchse und Adler freundschaftlichen Umgang pflegen.*
Ita **factum est,** ut vulpes e puteo evadere posset. *So geschah es, dass der Fuchs aus dem Loch entkommen konnte.*
Aesopo poetae statua **fit.** *Für den Dichter Aesop wird eine Statue errichtet* (wörtl. „gemacht").

# Usus magister optimus est

**1** Suchen Sie die Formen im Konjunktiv Imperfekt heraus und notieren Sie jeweils den dazugehörigen Infinitiv Präsens.

> imperatorem   eundem   possem ✓   labores   moneres   sedes
> quaereres   rumperetis   mortis   clamor   adducerer   morem   cladem
> manerem   admirabiles   exponeres   dies   mulieres   esses

1. *possem (posse)* ............   5. ............
2. ............   6. ............
3. ............   7. ............
4. ............   8. ............

## 9

**2** Bestimmen Sie die Formen im Konjunktiv Imperfekt und Plusquamperfekt und führen Sie sie auf ihren Infinitiv Präsens zurück.

1. fuisses — *2. Pers Sg Konj Plusqu, esse*
2. adductus esses ..........
3. interrogarent ..........
4. quaesivissemus ..........
5. referret ..........
6. isset ..........

**3** Bilden Sie die jeweils entsprechende Form im Indikativ bzw. Konjunktiv im gleichen Tempus.

| timebam ✔ | invideas | profecti essent | poterat | fuerunt | eo |
| exposuissem | tacuerit | raptum est | erat | eant | hortati erant |

1. *timerem*
2. ..........
3. ..........
4. ..........
5. ..........
6. ..........
7. ..........
8. ..........
9. ..........
10. ..........
11. ..........
12. ..........

**4** Übersetzen Sie den kleinen Dialog zwischen zwei Füchsen und bestimmen Sie die Funktion der Konjunktive.

- Vellem domi mansissem! Nam aquila natos meos rapuit.
- Nonne oravisti, ut eos tibi redderet?
- Certe oravi et multis horis post eos mihi reddidit. Vellem aquilae vulpibus familiariter uterentur!
- Utinam aquilae māla ederent!

**5** Überlegen Sie, wie Sie **cum** in den folgenden Sätzen wiedergeben müssen, und übersetzen Sie.

1. Cum Socrates mortuus esset, Plato eius sermones memoriae tradidit.
   ..................................................................................................................
2. Cum gloria saepe generi tribuatur, tamen Aesopo servo statuam ponitur.
   ..................................................................................................................
3. Phaedrus, cum potentibus odio esset, in iudicium vocatus est.
   ..................................................................................................................
4. Cum in iudicium vocaretur Phaedrus, interrogavit, quis eius mali auctor esset.
   ..................................................................................................................

**6** Welche Form ist richtig? Unterstreichen Sie, bestimmen Sie das Zeitverhältnis (GZ oder VZ) und übersetzen Sie.

1. Scisne, utrum Aesopus pictor an poeta *fuisset/fuerit/fuit*?
2. Scisne, quem *video/viderem/videam*?
3. Interrogavi, ubi Aesopi statua *est/esset/sit*.
4. Interrogavi, num pueros Romam *mittat/miserat/misisset*.

**7** Bestimmen Sie die Formen von **fieri**.

1. fit       *3. Pers Sg Ind Präs*        4. factum est    ...........................
2. fierem    ...........................  5. fiebatis      ...........................
3. fiat      ...........................  6. facta essent  ...........................

**8** Übersetzen Sie die folgenden Sätze mit dem Verb **fieri**.

1. Dic nobis, ubi hoc factum sit!
2. Senatores de consilia hostium certiores fiunt.
3. Id studeamus, ut virtus comes nostra fiat.
4. Fieri potest, ut redeam.

**9** Versuchen Sie sich an dieser bunt gemischten Übung: Kreuzen Sie an, was jeweils zutrifft. Die Buchstaben der richtigen Lösungen ergeben einen guten Wunsch. Können Sie ihn übersetzen?

1. Senatores cives hortati sunt, ut mores colerent. — Der **ut**-Satz ist final. ☐ P — Der **ut**-Satz ist konsekutiv. ☐ A
2. Cum Aesopo statua posita esset, cuncti sciebant viam honoris patere. — **Cum** ist hier eine Präposition. ☐ LT — **Cum** ist hier eine Konjunktion. ☐ R
3. Principibus odio erat hic poeta, quem eorum vitia demonstrare sciebant. — **Quem** leitet hier eine indirekte Frage ein. ☐ OR — **Quem** leitet hier einen Relativsatz ein. ☐ OS
4. Quaesivit, quid vellet. — Der Gliedsatz ist gleichzeitig. ☐ I — Der Gliedsatz ist vorzeitig. ☐ U
5. Romam non venirem? — Die Funktion des Konjunktivs ist Optativ. ☐ S — Die Funktion des Konjunktivs ist der Dubitativ. ☐ T

Lösungswort: … … … … … … ! ..............................

## Quis ignorat ...?

### Die antike Fabel

Als wichtigster Vertreter der Fabel galt in der Antike Aesop – laut Überlieferung ein aus Phrygien oder Thrakien stammender Sklave, der im 6. vorchristlichen Jahrhundert lebte. Der römische Fabeldichter Phaedrus gibt an, Aesop habe die Form der Fabel genutzt, da er als Sklave seine Kritik nicht unverhüllt habe äußern können.
Fabeln sind kurze Erzählungen, die menschliches Verhalten darstellen und kritisieren, wobei als Protagonisten zumeist Tiere mit menschlichen Eigenschaften und Fähigkeiten auftreten, aber auch Pflanzen, Götter und Menschen gehören zum Personal der antiken Fabel. Fabeln vermitteln in der Regel eine Lehre, die am Anfang oder Ende des Textes ausgesprochen wird. In den Werken griechischer Autoren diente die Fabel vor allem zur Ausmalung und Erläuterung von Aussagen. Als hohe Literatur wurden Fabeln nicht betrachtet, sie galten eher als Gebrauchstexte.
In der römischen Literatur findet sich die Fabel von Anfang an, ähnlich wie bei den griechischen Autoren, eingebunden in andere literarische Zusammenhänge wie z. B. die Satire. Erst Phaedrus machte die Fabel als eigenständige literarische Textsorte in Rom heimisch. Er wurde um 15 v. Chr in Makedonien geboren, kam als Sklave nach Rom, wurde von Kaiser Augustus freigelassen und widmete sich von da an der Dichtung von Fabeln. Phaedrus formulierte, er wolle mit seinen Texten sowohl unterhalten als auch mahnen. In der Kaiserzeit konnte es äußerst gefährlich sein, allzu offen die bestehenden Verhältnisse

zu kritisieren; aus diesem Grund eignete sich die Fabel besonders gut, um auf Missstände hinzuweisen, ohne dabei Personen direkt bezeichnen zu müssen.
Phaedrus verfasste fünf Fabelbücher. Unter Kaiser Tiberius, der überall Verschwörungen witterte, geriet Phaedrus wegen seiner Texte in Schwierigkeiten, kam aber anscheinend – anders als andere Autoren dieser Zeit – glimpflich davon. Seine Fabeln sind sehr kurz gehalten, beschränken sich auf das Wesentliche und stehen im Original im iambischen Senar, dem Versmaß der antiken Komödien. Phaedrus war mit seinen Fabeln in der Antike nur mäßig erfolgreich, zumindest findet er bei Zeitgenossen oder späteren antiken Autoren kaum Erwähnung. Im 5. Jahrhundert entstand eine Prosasammlung äsopischer Fabeln, aus denen mittelalterliche Autoren schöpften. Die Fabeln des Phaedrus wurden erst von einem Humanisten wiederentdeckt und im 16. Jh. veröffentlicht.
Die griechisch-römischen Fabeln erfuhren im Laufe der Jahrhunderte immer wieder großes Interesse, wovon die Nachdichtungen des Jean de La Fontaine und die zahlreichen Fabeln der Aufklärung zeugen.

## Utilia

### Der Genitivus possessivus mit *est, videtur, existimatur*
Beim Übersetzen begegnet Ihnen zuweilen der Genitiv mit einem unpersönlichen **est, videtur** oder **existimatur**. Hier handelt es sich um eine Sonderform des **Genitivus possessivus**. Beim Übersetzen ergänzen Sie zum Genitiv ein Substantiv wie *Pflicht, Zeichen, Aufgabe, Gewohnheit* oder lösen die Konstruktion auf mit *es gehört sich für* oder *es zeugt von*:
**Sapientiae est** vera a falsis diiudicare. **Es ist ein Zeichen von Weisheit**, Richtiges von Falschem zu unterscheiden.
**Diserti et docti est** vulgo verum dicere. **Es ist die Aufgabe eines beredten und gelehrten Mannes**, dem Volk die Wahrheit zu sagen.

## Lectio alit ingenium

### Phaedrus de vitiis hominum

*Phaedrus hält den Menschen mit seinen kurzen Fabeln einen Spiegel vor.*

De rana et bove
In prato quondam rana conspexit bovem et invidia eius magnitudinis adducta est, ut rugosam pellem inflaret. Tum natos suos interrogavit, num esset latior bove. Illi negaverunt. Rursus intendit pellem maiore vi. Tum simili modo quaesivit, quis maior esset. Illi bovem maiorem esse responderunt. Tum tanta vi se inflavit, ut corpus rumperetur.
Utinam inopes potentibus ne inviderent!

(nach Phaedrus I, 24)

### De vulpe et ciconia

Vulpes ciconiam ad cenam vocavit et illi patinam cibi liquidi plenam posuit, quem nullo modo potuit edere ciconia. Quae cum vulpem revocavisset, ei lagonam posuit. Ipsa edit, conviva autem fame tortus est. Cum vulpes frustra collum lagonae lamberet, ciconia eam hortata est, ut exemplum suum aequo animo pateretur.

(nach Phaedrus I, 26)

### De vulpe et aquila

Cum aquila vulpis catulos posuisset natis, ut eos ederent, vulpes multis et supplicibus verbis oravit, ne sibi miserae tantum luctum afferret. Aquila, cum se in tuto esse putaret, vulpem derisit. Tum vulpes ab ara rapuit facem et arborem flammis circumdedit. Aquila, ut periculo mortis eriperet suos, supplex vulpi tradidit natos incolumes.
Utinam sublimes metuerent humiles!

(nach Phaedrus I, 28)

### Socrates de amicis

Cum parvas aedes sibi fundavisset Socrates, ex populo nescio quis, ut fieri solet, quaesivit, cur talis vir domum tam angustam poneret. „Utinam", inquit, „veris amicis hanc impleam!" Sapientiae est veram fidem a falsam diiudicare.

(nach Phaedrus III, 9)

### De vulpe et hirco

Cum decidisset vulpes in puteum, venit hircus in eundem locum. Interrogavit, num aqua esset dulcis. Vulpes respondit aquam tam dulcem esse, ut et voluptas sua et hirci satiari posset. Cum hircus descenderet, vulpes eius cornibus nixa est et e puteo evasit. Ita factum est, ut hircus maneret in puteo.
Vix boni est alteri periculum inferre.

(nach Phaedrus IV, 9)

# Lektion 10

In dieser Lektion beschäftigen Sie sich mit:
- dem **Partizip Präsens Aktiv**
- der **Verwendung** der **Partizipien**
- dem **Participium coniunctum**
- dem Indefinitpronomen **aliquis**

## De matronis pudicis

*Hic est sepulcrum haud pulchrum pulchrae feminae. Nomen parentes nominaverunt Claudiam. Suum maritum corde dilexit suo, natos duos creavit. (...) Domum servavit, lanam fecit. (...)*

*Hier ist das nicht so schöne Grab einer schönen Frau. Ihre Eltern nannten sie Claudia. Sie liebte ihren Mann von ganzem Herzen und gebar zwei Söhne. (...) Sie hütete das Haus und spann Wolle. (...)*

(Corpus Inscriptionum Latinarum I² 1211)

**So heißt es in einer berühmten** Grabinschrift aus dem 2. Jh. v. Chr. Viele Grabinschriften, Bildzeugnisse sowie literarische Texte vermitteln eine Vorstellung davon, mit welchen Tugenden sich eine gute Ehefrau und Hausherrin schmücken sollte: Das Schalten und Walten im Haus, Fleiß, Sittsamkeit und Treue dem Ehemann gegenüber gehörten unbedingt dazu; idealerweise war eine Frau zudem auch nicht mehr als einmal in ihrem Leben verheiratet. Diese Ideale und Normen spielten zwar im Denken eine Rolle, trafen aber natürlich in der Realität nicht immer zu.

**Eine Figur der römischen Frühgeschichte,** Lucretia, galt vielen Römern als Inbegriff weiblicher Tugend. Als unter den Prinzen der Tarquinier ein Wettstreit entbrannte, wessen Ehefrau die anderen übertreffe, statteten die jungen Männer ihren Frauen gemeinsam einen Besuch ab. Alle Frauen trafen sie bei Gastmählern und Vergnügungen an, nur die Frau des Collatinus, die tugendhafte und dazu noch schöne Lucretia war noch spät mit ihren Wollarbeiten beschäftigt. Einer der Prinzen, Sextus Tarquinius, schlich sich nachts zu ihr und vergewaltigte sie, nachdem er sie damit erpresst hatte, sie und einen Sklaven zu töten und danach der Unzucht miteinander zu beschuldigen. Nach der Tat rief Lucretia ihren Mann und ihren Vater herbei und, obwohl diese sie von jeder Schuld freisprachen, tötete sie sich selbst, damit keine untreue Frau sich auf ihr Schicksal berufen könne.

# 10

## Verborum copia

mātrōna, ae *f* — Frau (gehobener Stand), *Ehefrau*
pudīcus, a, um — sittsam, ehrbar
sepulcrum, ī *n* — Grab
fēmina, ae *f* — Frau
marītus, ī *m* — Ehemann, Gatte
creō, creāre — erschaffen, gebären; wählen
lāna, ae *f* — Wolle, Wollespinnen

### Quid novi?
**praesum, -fuī, -esse** — leiten, verwalten
**efferō, extulī, ēlātum, efferre** — heraustragen, zu Grabe tragen
**pudīcitia, ae** *f* — Sittsamkeit, Ehrbarkeit
**pectus, oris** *n* — Brust
**plangō, plānxī, plānctum, plangere** — schlagen
**fleō, flēvī, flētum, flēre** — weinen, beweinen
**repellō, reppulī, repulsum, repellere** — zurückstoßen, -weisen
**supplicium, ī** *n* — Buße, (Todes-)Strafe
sibi mortem cōnscīscere — Selbstmord begehen
lūgeō, lūxī, lūctum, lūgēre — trauern, betrauern
conditōrium, ī *n* — Grabmal
**praebeō, praebuī, praebitum, praebēre** — darreichen, gewähren
**sē praebēre** + *Akk* — sich zeigen, sich erweisen als
fīlia, ae *f* — Tochter
complector, -plexus sum, -plectī — umarmen
**aliquis/aliquid** *subst* — irgendeiner, jemand, etwas
**aliquī/aliqua/aliquod** *adj*, *Indefpron* — irgendein, jemand, etwas
nūntiō, nūntiāre — melden, verkünden
crux, crucis *f* — Kreuz
asservō, asservāre — bewachen, bewahren
levis, e — leicht; wankelmütig
dētrahō, -trāxī, -tractum, -trahere — herabziehen

### Usus magister optimus est
spectō, spectāre — schauen, anschauen
custōdiō, custōdīvī/-iī, custōdītum, custōdīre — bewachen, behüten
abdūcō, -dūxī, -ductum, -dūcere — wegführen, abbringen
iaceō, iacuī, –, iacēre — liegen, ruhen
blanditia, ae *f* — Schmeichelei
percutiō, -cussī, -cussum, -cutere — heftig erschüttern, durchbohren
gemitus, ūs *m* — Seufzen, Stöhnen
subsistō, -stitī, –, -sistere — stehen bleiben
pulchritūdō, inis *f* — Schönheit
**loquor, locūtus sum, loquī** — sprechen
fūnus, eris *n* — Bestattung, Leichenzug
prōsequor, -secūtus sum, -sequī — begleiten
magistrātus, ūs *m* — Beamter, Magistrat

### Quis ignorat …?
potestās, ātis *f* — Macht, (Amts-)Gewalt; Möglichkeit

### Lectio alit ingenium
nōn sōlum …, sed etiam … — nicht nur …, sondern auch …
vulgāris, e — allgemein üblich, alltäglich

| | | | |
|---|---|---|---|
| nūdō, nūdāre | entblößen, entkleiden | impetrō, impetrāre | erreichen |
| nec ... nec ... | weder ... noch ... | vīnum, ī *n* | Wein |
| propinquus, ī *m* | Verwandter | reficiō, -fēcī, -fectum, -ficere | wiederherstellen |
| ōrdō, inis *m* | Reihe, Ordnung; Stand, Rang | sē reficere | sich erfrischen, erholen |
| cōnfiteor, -fessus sum, -fitērī | bekennen | ergō *Adv* | also, folglich |
| | | tantum *Adv* | nur, bloß |
| affīgō, -fīxī, -fīxum, -fīgere + *Dat* | anheften, annageln | nuptiās facere | das Bett teilen |
| | | posterus, a, um | folgend, kommend |
| prōvincia, ae *f* | Provinz | tertius, a, um | der dritte |
| turbō, turbāre | verwirren, aufwühlen | accidō, -cidī, –, -cidere | sich zutragen, sich ereignen |
| monumentum, ī *n* | Denkmal, Grabmal | duo, duae, duo | zwei |
| persevērō, perseverāre in + *Abl* | verharren in/bei | vacō, vacāre + *Abl* | leer sein, frei sein von |
| supervacuus, a, um | unnötig | mīror, mīrārī | sich wundern, staunen |
| at *Kj* | aber, dagegen | | |
| vehemēns, entis | heftig, leidenschaftlich | mortuus, a, um/ī *m* | tot/Toter |

# Quid novi?

## 1. Das Partizip Präsens Aktiv  Ü 1, 2, 3

Im Lateinischen gibt es drei verschiedene Partizipien:
- das Partizip Präsens Aktiv (PPA),
- das Partizip Futur Aktiv (PFA) und
- das Partizip Perfekt Passiv (PPP).

Das PPP ist Ihnen in den letzten Lektionen mehrfach als Bestandteil der Zeitformen Perfekt und Plusquamperfekt Passiv begegnet. Es entspricht dem Partizip II im Deutschen (z.B. *gemacht*, *gesehen*). Hier lernen Sie nun das Partizip Präsens Aktiv kennen. Es ist mit dem deutschen Partizip I (z.B. *machend*, *sehend*) vergleichbar.
Die Formen des PPA werden mit einem an den Stamm angehängten **-nt-** gebildet, das im Nominativ Singular als **-ns** erscheint: laudā-**ns** *lobend*, Gen lauda-**nt**-is. Bei der 3. Konjugation und der ī-Konjugation tritt zusätzlich der Bindevokal **-e-** vor **-nt-**: dūc-ē-**ns**, dūc-e-**nt**-is; audi-ē-**ns**, audi-e-**nt**-is.
Das PPA wird bis auf den Ablativ Singular wie ein einendiges Adjektiv der 3. Deklination dekliniert, z.B. fēlix, īcis (→ Lektion 3, S. 44).

| Sg m/f | | n | Pl m/f | | n |
|---|---|---|---|---|---|
| laudā-ns | | laudā-ns | lauda-nt-ēs | | lauda-nt-ia |
| | lauda-nt-is | | | lauda-nt-ium | |
| | lauda-nt-ī | | | lauda-nt-ibus | |
| lauda-nt-em | | laudā-ns | lauda-nt-ēs | | lauda-nt-ia |
| | lauda-nt-e | | | lauda-nt-ibus | |

Das Verb **esse** bildet kein PPA, nur die Komposita **abesse** *abwesend sein, entfernt sein* und **praeesse** *leiten, verwalten*: **absēns, absentis; praesēns, praesentis**. Auch zu **posse** gibt es kein PPA.
Die PPA der übrigen unregelmäßigen Verben lauten, soweit vorhanden: **īre** ▸ **iēns, euntis**; **velle** ▸ **volēns, volentis; nōlle** ▸ **nōlēns, nōlentis; ferre** ▸ **ferēns, ferentis**.
Auch Deponentien bilden das PPA: **sequī** ▸ **sequēns, sequentis; aggredī** ▸ **aggrediēns, aggredientis**.

## 2. Die Verwendung der Partizipien PPP und PPA  Ü 4

▎ Sie wissen bereits, dass das PPP als **Prädikatsnomen** auftreten kann. Es bildet zusammen mit der Kopula **esse** die Passivformen des Perfekts und Plusquamperfekts: Maritus a matrona **elatus est**. *Der Ehemann* **wurde** *von seiner Frau zu Grabe getragen*.
▎ Das PPP und das PPA können wie im Deutschen auch **attributiv** verwendet werden und einen **Relativsatz** ersetzen, der das Bezugswort näher erläutert. Einige Partizipien können auch ein **Substantiv** vertreten und ohne Bezugswort auftreten. Geben Sie die Partizipien mit einem deutschen Partizip oder mit einem Relativsatz wieder: Imperator **milites captos** Romam misit. *Der Feldherr schickte die* **gefangenen Soldaten** *nach Rom*. Verum **dicenti** etiam carissima commendare possumus. *Einem,* **der die Wahrheit sagt,** *können wir sogar die (uns) teuersten Dinge anvertrauen*.

## 3. Das Participium coniunctum  Ü 5, 6

Das PPP und das PPA treten zudem in einer häufig vorkommenden Konstruktion auf, dem Participium coniunctum, kurz **PC**. Die Partizipien stimmen hier mit einem beliebigen nominalen Satzglied in Kasus, Numerus und Genus überein und bilden mit ihm eine **satzwertige Konstruktion**, in der das **Bezugsnomen als Subjekt** und das **Partizip als Prädikat** fungiert. Das Partizip kann durch Ergänzungen wie Objekte oder adverbiale Bestimmungen noch erweitert werden. Diese Ergänzungen finden sich meistens zwischen dem Bezugswort und dem Partizip.

Das PC bezeichnet einen Begleitumstand und kann anstelle eines adverbialen Gliedsatzes verwendet werden. Die folgenden Beispiele verdeutlichen das:

| Gliedsatz | PC statt Gliedsatz |
|---|---|
| Miles, **cum amore incensus esset**, pudicitiam matronae aggrediebatur. *Der Soldat versuchte, die Sittsamkeit der Frau anzugreifen, **weil er in Liebe entbrannt war**.* | Miles amore **incensus** pudicitiam matronae aggrediebatur. *Der Soldat versuchte, die Sittsamkeit der Frau anzugreifen, **weil er in Liebe entbrannt war*** (wörtlich: *Der Soldat, **in Liebe entbrannt**, versuchte ...*). |
| Matrona, **cum virum efferret**, pectus planxit et flevit. *Die Frau schlug sich auf die Brust und weinte, **als sie ihren Mann zu Grabe trug**.* | Matrona virum **efferens** pectus planxit et flevit. *Die Frau schlug sich auf die Brust und weinte, **als sie ihren Mann zu Grabe trug*** (wörtlich: *Die Frau, **ihren Mann zu Grabe tragend**, schlug sich ...*). |

**Miles** und **matrona** sind hier jeweils das Subjekt der im Prädikat und der im Partizip ausgedrückten Handlung.

Die Partizipien bezeichnen selbst keine bestimmte Zeit, sondern das **Zeitverhältnis** zum übergeordneten Prädikat:
- Das im **PPA** dargestellte Geschehen ist **gleichzeitig** und dazu **aktiv**: Die Frau trägt ihren Mann zu Grabe, und zur gleichen Zeit schlägt sie sich auf die Brust und weint.
- Das im **PPP** ausgedrückte Geschehen ist **vorzeitig** und **passiv**: Der Soldat ist zunächst in Liebe entbrannt und versucht dann, die Sittsamkeit der Frau zu brechen.

### Übersetzungsmöglichkeiten
Die Übersetzung eines PC mit einem deutschen Partizip gelingt nicht immer. Weitere Möglichkeiten sind:
- Für eine erste Arbeitsübersetzung kann man einen **Relativsatz** verwenden: *Die Frau, die ihren Mann zu Grabe trug, schlug sich auf die Brust und weinte.* Hier geht jedoch meist ein Teil der Aussage verloren.
- Das PC kann in **temporalem, kausalem, konzessivem** und **modalem** Verhältnis zum übergeordneten Satz stehen, daher ist es sinnvoll, es mithilfe eines **Gliedsatzes** wiederzugeben (z. B. *nachdem, weil, obwohl, indem*).
- Daneben ist auch eine Übersetzung mit einer sogenannten **Beiordnung** möglich: Sie übersetzen das PC als Hauptsatz und verbinden dann beide Sätze passend mit einer beiordnenden Konjunktion (*und, aber*) und einem Adverb (*danach, deshalb, trotzdem*).
- In manchen Fällen bietet sich auch eine Übersetzung mit einem **Präpositionalausdruck** an, jedoch müssen Sie dabei meist stärker umformulieren und etwas freier übersetzen.

# 10

## Übersicht der Wiedergabemöglichkeiten

**temporal**
1. Gliedsatz: *während* (GZ), *als, nachdem* (VZ)
2. Beiordnung: *(und) dabei, währenddessen* (GZ), *(und) dann, danach, daraufhin* (VZ)
3. Präpositionalausdruck mit: *während* (GZ), *nach* (VZ)

Parentes **repulsi** abierunt.
1. *Die Eltern gingen weg, nachdem sie zurückgewiesen worden waren.*
2. *Die Eltern wurden zurückgewiesen, und daraufhin gingen sie weg.*
3. *Nach der Zurückweisung gingen die Eltern weg.*

**kausal**
1. Gliedsatz: *weil, da*
2. Beiordnung: *(und) deshalb, (und) daher*
3. Präpositionalausdruck mit: *wegen, infolge*

Miles **supplicium imperatoris timens** mortem sibi consciscere voluit.
1. *Der Soldat wollte Selbstmord begehen, weil er die Strafe des Feldherrn fürchtete.*
2. *Der Soldat fürchtete die Strafe des Feldherrn und wollte deshalb Selbstmord begehen.*
3. *Wegen seiner Angst vor der Strafe des Feldherrn wollte der Soldat Selbstmord begehen.*

**konzessiv**
1. Gliedsatz: *obwohl*
2. Beiordnung: *(und) trotzdem, (und) dennoch*
3. Präpositionalausdruck mit: *trotz*

Matrona **virum lugens** vivere voluit.
1. *Die Frau wollte leben, obwohl sie um ihren Mann trauerte.*
2. *Die Frau trauerte um ihren Mann, und trotzdem wollte sie leben.*
3. *Trotz ihrer Trauer um ihren Mann wollte die Frau leben.*

**modal**
1. Gliedsatz: *indem, dadurch dass, wobei, ohne dass/zu*
2. Beiordnung: *(und) dabei, (und) dadurch*
3. Präpositionalausdruck mit: *durch*

Matrona **in mariti conditorio sedens** se pudicissimam praebebat.
1. *Die Frau zeigte sich als äußerst sittsam, indem sie im Grab ihres Mannes saß.*
2. *Die Frau saß im Grab ihres Mannes und zeigte sich dadurch als äußerst sittsam.*
3. *Durch das Bleiben/Verharren (wörtlich: das Sitzen) im Grab ihres Mannes zeigte sich die Frau als äußerst sittsam.*

## Übersetzungsschritte

Wenn Sie ein Partizip entdecken, das nicht mit einer Form von **esse** verbunden ist, gehen Sie folgendermaßen vor:

Miles amore incensus pudicitiam matronae aggrediebatur.

1. Suchen Sie das Bezugswort, das in KNG-Kongruenz zu dem Partizip steht: **miles**.
2. Dann ermitteln Sie die Ergänzungen zum Partizip: **amore**.
3. Übersetzen Sie jetzt den Satz ohne das PC: *Der Soldat versuchte die Sittsamkeit der Frau anzugreifen.*
4. Übersetzen Sie das PC zunächst wörtlich und überlegen Sie, in welchem inhaltlichen Verhältnis das PC zum übergeordneten Satz steht: **incensus** *durch/in Liebe entbrannt*, das Verhältnis könnte temporal oder kausal sein.
5. Fügen Sie beide Teile zusammen. Beim Übersetzen nennen Sie das Bezugswort nur einmal und nutzen für den anderen Teil das jeweils passende Pronomen: ***Der Soldat versuchte, die Sittsamkeit der Frau anzugreifen, weil er** in Liebe (zu ihr) entbrannt war* (wörtlich: *durch Liebe entzündet worden war*).

**Beachten Sie:** Es ist oftmals nicht ganz einfach zu unterscheiden, ob das Partizip als Attribut verwendet wird oder ob ein „echtes" PC vorliegt. Prüfen Sie, ob das Partizip das Bezugswort wie ein Adjektiv näher beschreibt und einen Relativsatz ersetzt (Attribut), oder ob mit dem Partizip nähere Umstände zur Prädikatshandlung angegeben werden (PC).

### Partizipien von Deponentien
**Achtung!** Die Partizipien Perfekt der Deponentien sind **vorzeitig** und haben, anders als die anderen PPP, **aktive** Bedeutung: Parentes filiam e conditorio **egressam** complexi sunt. *Die Eltern umarmten ihre Tochter, nachdem sie aus dem Grabmal **herausgekommen war**.*
Die Partizipien Perfekt einiger Deponentien können auch in der Bedeutung eines PPA verwendet werden und damit eine Gleichzeitigkeit bezeichnen, z. B. **arbitratus** *glaubend, in der Meinung*, **veritus** *fürchtend, aus Furcht*, **secutus** *folgend*, **admiratus** *bewundernd, voll Bewunderung*: Miles **iram imperatoris veritus** mortem sibi consciscere voluit. *Der Soldat wollte Selbstmord begehen, **da er den Zorn des Feldherrn fürchtete*** (GZ).

## 4. Das Indefinitpronomen *aliquis/aliquid* und *aliquī/aliqua/aliquod*
*Ü 7, 8, 9*

Das substantivische **aliquis/aliquid** und das adjektivische **aliquī/aliqua/aliquod** werden mit *irgendeiner, jemand, etwas* übersetzt. Die Formen sind zusammengesetzt aus **ali-** und den Interrogativpronomina **quis, quid**, deren Formen Sie schon kennen (→ Lektion 4, S. 59).

| m/f | | n | m | f | n |
|---|---|---|---|---|---|
| aliquis | | aliquid | aliquī | aliqua | aliquod |
| | alicuius | | | alicuius | |
| | alicui | | | alicui | |
| aliquem | | aliquid | aliquem | aliquam | aliquod |
| | aliquō | | | aliquā | aliquō |

In adjektivischer Verwendung gibt es auch Pluralformen, die dem Deklinationsschema des Relativpronomens **quī/quae/quod** folgen (→ Lektion 4, S. 59), Ausnahme: Nominativ und Akkusativ Plural: **aliqua** ▶ **aliqua verba** *irgendwelche Worte*.
**Aliquis** nuntiavit militem cruces non asservare. *(Irgend-)Jemand meldete, der Soldat bewache die Kreuze nicht.* **Aliqui poeta** scripsit mulieres leves esse. *Irgendein Dichter schrieb, Frauen seien wankelmütig.*
Steht eine Form dieses Interrogativpronomens nach **si, nisi, ne** oder **num**, fällt das **ali**- meistens weg: Imperator, cum timeret, **ne quis** corpora de crucibus detraheret, militem cruces asservare iussit. *Der Feldherr befahl dem Soldaten, die Kreuze zu bewachen, da er fürchtete, dass jemand die Körper von den Kreuzen abnehmen könnte.*

**Hinweis:** In Wörterbüchern werden die Formen von **aliquis** in der Regel für Konstruktionshinweise verwendet. Dort findet sich also nicht die Angabe **oblivisci** + *Gen/Akk*, wie wir es in unserem Wörterverzeichnis halten, sondern **oblivisci alicuius/alicuius rei/aliquid** (oder abgekürzt **alcis/alcis rei**) *jemanden/etwas vergessen*.

## Usus magister optimus est

**1** Ordnen Sie den Wörtern passende PPA zu.

1. amicus
2. cives
3. militibus
4. imperatori
5. hominum
6. puero
7. filium
8. patris

a. spectantes
b. lugentem
c. custodiens
d. asservantium
e. abducentis
f. praesentibus
g. audienti
h. iacente

**2** Bestimmen Sie Kasus, Numerus und Genus und bilden Sie das dem PPP jeweils entsprechende PPA. Manchmal sind mehrere Formen möglich.

1. vocatus   *Nom Sg m, vocans*
2. motum
3. pulsi

4. elatus
5. repulsorum
6. laudato

**3** Verwechslungsgefahr! Suchen Sie die PPA heraus und nennen Sie die zugrunde liegenden Infinitive. Worum handelt es sich bei den anderen Formen?

| timentis ✔ | capiendi | respondenti | ducendi | hortanti | progrediendi | expellendum |
| vivendum | ducentium | laudandi | videnti | detrahendum | praebentium | sequendum |

1. *timentis: timere*
2. ..............................
3. ..............................
4. ..............................
5. ..............................
6. ..............................

**4** In welcher Funktion werden die Partizipien in diesen Sätzen verwendet? Übersetzen Sie.

1. Matrona blanditiis militis **percussa** est.
2. Matrona se sine coniuge vivere non posse **arbitrata** in eius conditorium iit.
3. Matrona domum **servans** pudica et pia est.

**5** Gehen Sie nach den folgenden Schritten vor und übersetzen Sie die Sätze mit PC.

a. Suchen Sie Partizip und Bezugswort.
b. Suchen Sie die Ergänzungen zum Partizip.
c. Übersetzen Sie den Satz ohne das PC.
d. Stellen Sie fest, ob GZ oder VZ vorliegt.
e. Übersetzen Sie das PC und bestimmen Sie das inhaltliche Verhältnis.
f. Übersetzen Sie den ganzen Satz.

1. Miles gemitum audiens substitit.
2. Matrona militis amore incensa lugere desiit.

**6** Unterstreichen Sie die passenden Partizipien und übersetzen Sie.

1. Miles pulchritudinem matronae *laudatus/laudans/laudantem* pudicitiam eius aggrediebatur.
2. Matrona omnibus delectationibus *privans/privatis/privata* vivere noluit.
3. Mater haec *locutus/locuta/loquentia* domum redit.
4. Matrona mos maiorum servavit et funus prosecuta est pectus *plancta/plangens/planctum*.

**7** Welche Formen von **aliquis** entsprechen den angegebenen Formen von **quidam**?

1. cuidam ..............................  4. quendam ..............................
2. quiddam ..............................  5. castra quaedam ..............................
3. amicus quidam ..............................  6. cuiusdam ..............................

**8** Übersetzen Sie die folgenden Sätze.

1. Num cui hoc dicam?
2. Magistratus aliqui dixit matronam abduci non posse.
3. Utinam tibi aliquid scribere potuissem!

**9** Werten Sie die Konstruktionshinweise aus und übersetzen Sie die Wendungen ins Lateinische.

1. consulere alicui/alicui rei *für jemanden sorgen*:

   für die Freunde sorgen → *consulere* ..............................

2. invidere alicuius alicui rei/alicui aliquid *jemanden um etwas beneiden*:

   Cicero um sein Talent beneiden → *invidere* ..............................

## Quis ignorat ...?

### Frauen im alten Rom

Die in der Grabinschrift gerühmten Qualitäten zeigen bereits deutlich, wo sich die römische Frau vor allem einbringen konnte: im Haus. Als Mutter war sie für die Erziehung der Kinder zuständig, überwachte oder erledigte den Haushalt und versah Textilarbeiten. Anders als ihre griechischen Geschlechtsgenossinnen konnten römische Frauen jedoch stärker am gesellschaftlichen Leben teilhaben, besuchten Gastmähler, gingen ins Theater, zu den Zirkusspielen und in die Thermen. In politischen Ämtern, als Beteiligte an politischen Entscheidungsprozessen, als Bürgen oder Vormünder konnte man sie jedoch nicht finden. Diese Bereiche waren den Männern vorbehalten, lediglich bestimmte Priesterämter waren den Frauen zugänglich.

Die Frau spielte als Hausherrin in der Familie zwar eine große Rolle, aber die Macht in der Familie lag in den Händen des **pater familias**, des ältesten Mannes im Haushalt. Seiner Autorität unterstanden alle Familienangehörigen: Frau, Kinder, Sklaven und Freigelassene. Noch bis in die Kaiserzeit hinein konnte er z. B. über die Aussetzung ungewollter Kinder entscheiden. Der väterlichen **potestas** war jedoch vor allem auch die Verwaltung des Vermögens unterstellt.

Römische Töchter wurden meist schon zwischen ihrem 13. und 17. Lebensjahr verheiratet. Die Ehen werden nur in wenigen Fällen Liebesverbindungen gewesen sein, meist spielten politische oder finanzielle Aspekte eine Rolle bei der Partnerwahl.
In früherer Zeit ging die Tochter bei einer Heirat in die **potestas** des Schwiegervaters oder des Ehemannes über, an den auch das Vermögen der Frau übertragen wurde. In der später üblicheren Eheform verblieb das Vermögen beim Vater der Braut bzw. ging nach dessen Tod auf die Tochter über. Scheidungen waren durchaus üblich und wurden häufig praktiziert, so zum Beispiel bei Kinderlosigkeit, denn das Zeugen von Nachkommen galt als wichtiger Zweck einer Ehe. In der Frühzeit fanden Scheidungen nur auf Initiative des Mannes statt, später konnte auch die Frau die Scheidung beantragen. Kaiserzeitliche Autoren beklagten die häufigen Scheidungen der Frauen ihrer Zeit, unterstellten ihnen unmoralische Beweggründe und warben für das alte Ideal der tugendhaften Frau, die sich auf ihre Kinder, Wollarbeiten und die Unterstützung ihres Mannes konzentrierte.
Besonders seit der späten Republik entwickelten einige Frauen großes Selbstbewusstsein und starke Eigenaktivität – einige vertraten ihre Männer bei längerer Abwesenheit, waren sogar an Verschwörungen beteiligt, auch weibliche Stiftungen und Ehrenämter sind bezeugt, aber bis auf wenige Ausnahmen hatten Frauen trotzdem keine offizielle politische Mitsprache und Entscheidungsgewalt.
Im folgenden Lektionstext, der an einen Abschnitt aus einem antiken Roman, die fragmentarisch überlieferten *Satyricon libri* des Autors Petron (gest. 66 n. Chr.), angelehnt ist, geht es – jedoch augenzwinkernd – um eine ideale Ehefrau, eine **matrona pudicissima**, die letztlich die althergebrachten Tugenden über Bord wirft.

# Utilia

### Latein in den modernen Sprachen
Sie haben in Lektion 1 bereits etwas über die Entwicklung der romanischen Sprachen aus dem Lateinischen erfahren. Auch im Englischen findet sich (Teile des heutigen Großbritannien standen unter römischer Herrschaft, und später gelangte mit der Christianisierung das Kirchenlatein dorthin) eine überaus große Zahl auf das Lateinische zurückgehender Wörter. Sollten Sie Kenntnisse in diesen Sprachen haben, so lohnt sich oftmals ein Vergleich. Hier einige Beispiele:

| Latein | Italienisch | Spanisch | Portugiesisch | Französisch | Englisch |
|---|---|---|---|---|---|
| dicere | dire | decir | dizer | dire | – |
| admirari | ammirare | admirar | admirar | admirer | admire |
| honor | onore | honor | honra | honneur | honour |
| invidia | invidia | envidia | inveja | envie | envy |
| mors | morte | muerte | morte | mort | – |
| vitium | vizio | vicio | vício | vice | vice |

# 10

## Lectio alit ingenium

### De matrona pudicissima

Petrons Novelle, „Die Witwe von Ephesos", bei der der Autor auf eine griechische Vorlage zurückgegriffen hat, ist neben der Cena Trimalchionis, *der Schilderung eines Gastmahls bei dem freigelassenen Emporkömmling Trimalchio*, eines der bekanntesten Stücke aus seinem Roman: Der Dichter Eumolp unterhält sein Publikum mit einer „wahren" Geschichte zum Thema weibliche Flatterhaftigkeit.

Matrona quaedam pudicissima virum efferens non solum vulgari modo nudatum pectus planxit, sed etiam maritum in conditorium prosecuta est et corpus in conditorio positum custodire ac flere totis noctibus diebusque coepit. Nec parentes nec propinqui eam abducere potuerunt. Magistratus ab ea repulsi abierunt. Omnis ordinis homines illud verum pudicitiae amorisque exemplum esse confitebantur. Eodem tempore aliqui viri crucibus affixi sunt. Imperator provinciae militem cruces asservare iussit, ne quis corpora detraheret. Miles cruces asservans gemitum lugentis audivit, in conditorium descendit et pulchritudine matronae lugentis turbatus substitit. Tum attulit in monumentum cenulam suam coepitque hortari lugentem, ne perseveraret in eo dolore supervacuo. At illa militis verbis percussa planxit vehementius pectus.

*Doch bald schon hört die Witwe auf die ermunternden Worte des Soldaten.*

Dulcibus blanditiis impetravit miles, ut matrona vellet vivere et cibo vinoque se reficeret. Iisdem blanditiis miles amore incensus etiam pudicitiam eius aggressus est. Iacuerunt ergo non tantum illa nocte, qua nuptias fecerunt, sed postero etiam ac tertio die. Aliquis vidit militem cruces non asservare et unum ex viris de cruce detraxit. Miles, postquam vidit, quid accidisset, supplicium imperatoris veritus mortem sibi consciscere voluit.
Matrona autem: „Ne istud", inquit, „dii sinant, ut eodem tempore duo funera duorum mihi carissimorum hominum spectem!" Haec locuta corpus mariti ex monumento sustulit atque eum illi cruci, quae vacabat, affigi iussit.
Postero die populus miratus est, quo modo mortuus isset in crucem.

(nach Petron, *Satyricon libri* 111–112)

# Test 2

**1** Bestimmen Sie die Formen. Nennen Sie die Grundform (Infinitiv, Nom Sg etc.) und übersetzen Sie diese.

1. tulisti ........................... 4. leve ...........................
2. alicui ........................... 5. fit ...........................
3. gerentem ........................... 6. rapti sunt ...........................

Punkte ...... /6

**2** AcI oder NcI? Bestimmen und übersetzen Sie.

1. Hannibal dux peritus rei militaris fuisse dicitur.
2. Apelles dixit se ceteris pictoribus longe excellere.
3. Quidam dicebant imperatorem multos poetas in iudicium vocavisse.
4. Miles se pulchritudine matronae turbatum esse dicit.
5. Socrates vir sapientissimus fuisse fertur.
6. Maiores dixerunt Carthaginienses Romanis cladem acerbissimam attulisse.

Punkte ...... /6

**3** Setzen Sie die passende temporale Konjunktion ein.

> cum (2x)     dum     postquam

1. ....................... haec aguntur, iam domum perveneram.
   **Während** dies geschah, war ich bereits zuhause angekommen.

2. Vix erat hoc imperatum, ....................... milites ad arma concurrerunt. *Kaum war dies befohlen worden, **als** schon die Soldaten zu den Waffen stürmten.*

3. ....................... eum non adesse vidi, domum redii.
   **Nachdem** ich gesehen hatte, dass er nicht da war, kehrte ich nach Hause zurück.

4. Scipio ....................... Hannibalem superavisset, magnis honoribus affectus est. **Nachdem** Scipio Hannibal besiegt hatte, wurde er mit großen Ehren versehen.

Punkte ...... /4

**4** Übersetzen Sie die folgenden Wortgruppen. Um welches grammatische Phänomen geht es hier?

1. consilium proficiscendi
2. cupiditas pugnandi
3. ad bene scribendum
4. occasio agendi
5. de bene vivendo philosophari
6. Es geht um .......................

Punkte ...... /6

CXLI centum quadraginta unus    141

# Test 2

**5** Ordnen Sie den Sätzen mit Konjunktiven die richtigen Übersetzungen zu und kreuzen Sie an. Notieren Sie die Funktion der Konjunktive.

1. Beate vivamus, amici!
   - ☐ a. *Wir haben glücklich gelebt, Freunde!*
   - ☐ b. *Lebt glücklich, Freunde!*
   - ☐ c. *Lasst uns glücklich leben, Freunde!*

2. Utinam tacuisses!
   - ☐ a. *Hoffentlich wirst du schweigen!*
   - ☐ b. *Hättest du doch geschwiegen!*
   - ☐ c. *Hätte ich schweigen sollen?*

3. Dic mihi, cur hoc feceris!
   - ☐ a. *Sag mir, warum du das tust!*
   - ☐ b. *Sag mir, warum er das getan hat!*
   - ☐ c. *Sag mir, warum du das getan hast!*

4. Imperator milites hortabatur, ut fortiter pugnarent.
   - ☐ a. *Der Feldherr fragte die Soldaten, ob sie tapfer gekämpft hätten.*
   - ☐ b. *Die Soldaten zeigten dem Feldherrn, dass sie tapfer gekämpft hatten.*
   - ☐ c. *Der Feldherr forderte die Soldaten auf, tapfer zu kämpfen.*

5. Rogem te, ut venias?
   - ☐ a. *Ich bitte dich, dass du kommst.*
   - ☐ b. *Soll ich dich bitten, zu kommen?*
   - ☐ c. *Hätte ich dich bitten sollen, nicht zu kommen?*

6. Romani veriti sunt, ne in insidias inciderent.
   - ☐ a. *Die Römer fürchteten, in einen Hinterhalt zu geraten.*
   - ☐ b. *Die Römer fürchteten sich nicht davor, in einen Hinterhalt zu geraten.*
   - ☐ c. *Die Römer fürchteten, dass ihr Hinterhalt nicht funktionieren würde.*

Punkte ...... /6

**6** Nennen Sie drei Übersetzungsmöglichkeiten für das PC und drei mögliche Sinnrichtungen und übersetzen Sie die Sätze mit PC.

1. Übersetzungsmöglichkeiten: ..................................................
2. Sinnrichtungen: ..................................................
3. Hannibal veritus, ne a civibus suis interficeretur, in exilium iit.
4. Mihi cenanti nuntiatum est te Romam rediisse.
5. Imperator summis honoribus affectus militum virtutem laudavit.
6. Hostes milites Romanos castra ponentes interfecerunt.

Punkte ...... /6

Gesamt ...... /34

**Lektion 11**

Was Sie in dieser Lektion lernen:
- den **Ablativus absolutus**
- die Pronomina **quisquis**, **quīcumque** und **quisque**

## De C. Iulio Caesare

C·IULIO·CAESARI·IMP
DICTAT·ITERUM
PONTUFICI·MAXUMO
AUG·COS

*C. Iulio Caesari, imperatori, dictatori iterum, pontifici maximo, auguri, consuli.*

Für C. Iulius Caesar, den Imperator, zum zweiten Mal Diktator, den Pontifex Maximus, den Augur und Konsul.

(Corpus Inscriptionum Latinarum I 620)

**Dies ist eine inschriftliche Widmung** für C. Iulius Caesar, den bekannten Politiker, Feldherrn und Schriftsteller des letzten vorchristlichen Jahrhunderts, eine zentrale Figur eines krisen- und kriegsreichen Jahrhunderts und des Übergangs der römischen Republik zur Monarchie.

**Die Inschrift stammt** vermutlich aus dem Jahr 47 oder 45 v. Chr. Caesar hatte zu dem Zeitpunkt bereits mehrfach das Amt des Konsuls innegehabt und war zum zweiten oder dritten Mal Diktator, ein Amt, das eigentlich für Notzeiten bestimmt und auf höchstens sechs Monate begrenzt war und das ihm im Jahr 44 auf Lebenszeit verliehen wurde. Seinem Walten setzte schließlich eine Verschwörung von Senatoren ein Ende: In der Senatssitzung am 15. März 44 wurde Caesar erstochen. Eine Rückkehr zu den alten Verhältnissen der römischen Republik fand trotzdem nicht statt: Caesars Großneffe Octavius, später Augustus, den Caesar in seinem Testament adoptiert hatte, wurde der erste römische Kaiser.

**Übrigens:** Der Beiname Caesar wurde für lange Zeit offizieller Teil des Herrschernamens. Er existiert noch heute als Lehnwort in anderen Sprachen: Kaiser, Zar.

# 11

## Verborum copia

| | | | |
|---|---|---|---|
| dictātor, ōris *m* | Diktator; höchster Beamter in Notzeiten | quisquis/quidquid *Relpron* | wer auch immer; jeder, der |
| iterum *Adv* | wiederum, zum zweiten Mal | quī-/quae-/quodcumque *Relpron* | wer auch immer; jeder, der |
| pontifex, icis *m* | Pontifex, Priester | quis-/quae-/quid-/quodque *Indefpron* | jeder |
| augur, uris *m* | Vogelschauer, Weissager | caedēs, is *f* | Morden, Blutbad |
| cōnsul, ulis *m* | Konsul | sīgnum, ī *n* | Kennzeichen, Signal |

### Quid novi?

| | | | |
|---|---|---|---|
| obses, idis *m/f* | Geisel | | |
| oppidum, ī *n* | Stadt | | |

### Usus magister optimus est

| | | | |
|---|---|---|---|
| absolvō, -solvī, -solūtum, -solvere | lösen, befreien; freisprechen | cōgō, coēgī, coāctum, cōgere | zusammenbringen, versammeln, zwingen |
| dēfendō, -fendī, -fēnsum, -fendere | abwehren, verteidigen | offerō, obtulī, oblātum, offerre | anbieten, darbringen |
| dēficiō, -fēcī, -fectum, -ficere | abfallen, ermüden; verlassen | egeō, eguī, –, egēre (+ *Gen/Abl*) | Mangel leiden, (etwas) nötig haben |
| animō dēficere | den Mut verlieren | complūrēs, a *Indefpron* | mehrere, einige |
| trāns *Präp + Akk* | über (... hin/hinaus) | Gallia, ae *f* | Gallien |
| flūmen, inis *n* | Fluss, Strom | cōnstituō, -stituī, -stitūtum, -stituere | festsetzen, beschließen, aufstellen |
| committō, -mīsī, -missum, -mittere | veranstalten, begehen; anvertrauen | reliquus, a, um | übrig |
| proelium committere | den Kampf beginnen | cohors, tis *f* | Kohorte |
| diū *Adv (Komp* diūtius) | lange | cōpia, ae *f* | Menge, Vorrat; Pl Truppen |
| impetus, ūs *m* | Ansturm, Angriff | usque ad *Adv* | bis zu |
| aedificium, ī *n* | Gebäude, Bauwerk | subsidium, ī *n* | Hilfe, Reserve(truppe) |
| invītus, a, um | unwillig, ungern | | |
| vīvus, a, um | lebend | convocō, convocāre | herbeirufen, versammeln |
| Vercingetorīx, -īgis *m* | Vercingetorix, Anführer der Averner in einem gall. Aufstand gegen Caesar 52 v. Chr. | Gallicus, a, um | gallisch |
| | | obtineō, -tinuī, -tentum, -tinēre | festhalten, innehaben |

### Utilia

| | | | |
|---|---|---|---|
| undique *Adv* | von allen Seiten, überall | potentia, ae *f* | Kraft, Macht |
| dō, dedī, datum, dare | geben | prīncipātus, ūs *m* | Vorherrschaft |
| | | tōtus, a, um, *Gen* tōtīus, *Dat* tōtī | ganz |
| pāx, pācis *f* | Friede | | |

| | | | |
|---|---|---|---|
| appetō, -petīvī, -petītum, -petere | erstreben, begehren | sententia, ae *f* | Meinung, Urteil |
| cliēns, entis *m* | Gefolgsmann | perdūcō, -dūxī, -ductum, -dūcere | hinführen, verführen |

## Lectio alit ingenium

| | | | |
|---|---|---|---|
| | | commūnis, e | gemeinsam |
| Carnūtēs, um *m, Pl* | Karnuten, gall. Volk | lībertās, ātis *f* | Freiheit |
| Cotuatus, ī *m* | Cotuatus, Name eines Karnuten | adversārius, ī *m* | Gegner, Feind |
| | | ēiciō, -iēcī, -iectum, -icere | hinauswerfen, vertreiben |
| Conconnetodumnus, ī *m* | Conconnetodumnus, Name eines Karnuten | appellō, appellāre | nennen, bezeichnen |
| | | Senonēs, um *m, Pl* | Senonen, gall. Stamm |
| dēspērō, dēspērāre | verzweifeln, keine Hoffnung mehr haben | Ōceanus, ī *m* | Weltmeer, Ozean |
| | | attingō, -tigī, -tāctum, -tingere | berühren, grenzen an |
| Cēnabum, ī *n* | Cenabum, Hauptstadt der Karnuten, heute Orléans | adiungō, -iūnxī, -iūnctum, -iungere | anbinden, verbinden |
| | | cōnsēnsus, ūs *m* | Übereinstimmung, Zustimmung |
| negōtior, negōtiātus sum, negōtiārī | Handel treiben | dēferō, -tulī, -lātum, -ferre | überbringen, übertragen |
| cōnsistō, -stitī, –, -sistere | sich niederlassen, aufstellen, haltmachen | quantus, a, um | wie viel, wie groß |
| | | dubitō, dubitāre | zögern, zweifeln |
| dīripiō, -ripuī, -reptum, -ripere | plündern, berauben | dēlictum, ī *n* | Vergehen, Fehler |
| | | tormentum, ī *n* | Marter, Qual |
| fāma, ae *f* | Ruf, Gerücht | necō, necāre | töten, ermorden |
| perferō, -tulī, -lātum, -ferre | überbringen, pass hingelangen | auris, is *f* | Ohr |
| | | dēsecō, -secuī, -sectum, -secāre | abschneiden |
| Gobannitiō, ōnis *m* | Gobannitio, Vercingetorix' Onkel | effodiō, -fōdī, -fossum, -fodere | ausgraben, ausstechen |
| patruus, ī *m* | Onkel (väterlicherseits) | oculus, ī *m* | Auge |
| | | remittō, -mīsī, -missum, -mittere | zurückschicken |
| Gergovia, ae *f* | Gergovia, Stadt der Averner | documentum, ī *n* | Lehre, Warnung, Beweis |
| dēsistō, -stitī, -stitum, -sistere | aufhören | poena, ae *f* | Strafe, Buße |
| dīlēctus, ūs *m* | Aushebung, Rekrutierung | perterreō, -terruī, -territum, -terrēre | heftig erschrecken, einschüchtern |
| perdō, -didī, -ditum, -dere | zugrunde richten, verlieren | | |

# Quid novi?

## 1. Der Ablativus absolutus  Ü 1, 2, 3, 4, 5, 6, 7, 8

Hier lernen Sie nun die neben dem Participium coniunctum, kurz PC (→ Lektion 10, S. 132), zweite wichtige Partizipialkonstruktion kennen, den Ablativus absolutus, kurz Abl. abs. Er besteht im Regelfall aus einem Substantiv im Ablativ und einem Partizip im Ablativ. Wie das PC gibt auch der Abl. abs. verkürzt Begleitumstände an, die auch in einem Gliedsatz oder einem weiteren Satz ausgedrückt sein könnten.

| Gliedsatz | Abl. abs. |
|---|---|
| **Postquam bellum confectum est**, principes obsides tradiderunt. *Nachdem der Krieg beendet worden war, übergaben die Anführer die Geiseln.* | **Bello confecto** principes obsides tradiderunt. *Nachdem der Krieg beendet worden war, übergaben die Anführer die Geiseln.* |

Während beim PC das Bezugswort des Partizips in den übergeordneten Satz integriert ist und dort die Funktion eines Satzglieds erfüllt, bezieht sich beim Abl. abs. das Partizip auf ein Substantiv, das selbst kein Satzglied des übergeordneten Satzes ist. Die Konstruktion ist somit anders als das PC **losgelöst** (**absolutus**: PPP von **absolvere** *lösen, befreien*) von dem jeweiligen Satz. Als Einheit erfüllt der Abl. abs. dann die Funktion einer adverbialen Bestimmung. Sie können den Unterschied an den folgenden Beispielen nachvollziehen:

| PC | Abl. abs. |
|---|---|
| <u>Milites</u> oppidum **defendentes** ab hostibus interfecti sunt. *Die Soldaten wurden, während sie die Stadt verteidigten, von den Feinden getötet.* → Das Bezugswort des Partizips ist das Subjekt des Satzes. | **Militibus victis** hostes oppidum expugnaverunt. *Nachdem die Soldaten besiegt worden waren, nahmen die Feinde die Stadt ein.* → Das Bezugswort des Partizips ist kein Satzglied des übergeordneten Satzes. |

**Übersetzungsmöglichkeiten**
- Sie können den Abl. abs. wie das PC mit einem **Gliedsatz** oder mit Hilfe der **Beiordnung** übersetzen. Dabei machen Sie das Substantiv im Ablativ zum Subjekt und das Partizip zum Prädikat: **bello confecto** *der Krieg war beendet worden/nachdem der Krieg beendet worden war.* Beachten Sie dabei: Mit dem **PPA** wird eine **aktive** und **gleichzeitige** und mit dem **PPP** eine **passive** und in Bezug auf das Prädikat des übergeordneten Satzes **vorzeitige** Handlung ausgedrückt. Bei Vorzeitigkeit zu einem Vergangenheitstempus verwenden Sie wie oben beim Übersetzen das Plusquamperfekt, bei Vorzeitigkeit zu einer präsentischen Handlung das Perfekt.
- Auch der **Präpositionalausdruck** ist in einigen Fällen eine gute Wiedergabemöglichkeit: **bello confecto** *nach Beendigung des Krieges.*

# 11

## Übersicht der Wiedergabemöglichkeiten

| | |
|---|---|
| temporal | Milites **obsidibus traditis** in castra reverterunt.<br>*Nachdem die Geiseln übergeben worden waren, kehrten die Soldaten ins Lager zurück.*<br>*Die Geiseln wurden übergeben, (und) dann kehrten die Soldaten ins Lager zurück.*<br>*Nach Übergabe der Geiseln kehrten die Soldaten ins Lager zurück.* |
| kausal | **Ducibus interfectis** hostes celerrime animo defecerunt.<br>*Weil ihre Anführer getötet worden waren, verloren die Feinde sehr schnell den Mut.*<br>*Die Anführer waren getötet worden, (und) deshalb verloren die Feinde sehr schnell den Mut.* |
| konzessiv | Caesar oppidum **paucis defendentibus** expugnare non potuit.<br>*Caesar konnte die Stadt nicht einnehmen, obwohl nur wenige sie verteidigten.*<br>*Nur wenige verteidigten die Stadt, (und) trotzdem konnte Caesar sie nicht einnehmen.* |
| modal | Romani **nullo hoste prohibente** in castra reverterunt.<br>*Die Römer kehrten ins Lager zurück, ohne dass ein Feind (wörtlich: indem kein Feind) sie davon abhielt.* |

Häufig finden sich die Ablativi absoluti am Anfang des Satzes, manchmal auch in Form eines relativen Satzanschlusses: **Quibus rebus gestis** ... *Nachdem dies erledigt war* ...
Das Partizip kann vor oder hinter dem jeweiligen Bezugswort stehen, und es können noch Ergänzungen hinzutreten, die sich oft zwischen Partizip und Bezugswort finden: **hoc proelio** trans flumen **nuntiato** *nachdem die Schlacht über den Fluss hinüber gemeldet worden war*, aber auch außerhalb: **nihil** timentibus nostris *während unsere Leute nichts fürchteten*.

### Übersetzungsschritte
Haben Sie ein Partizip im Ablativ (hier: commisso) und ein Bezugswort in KNG-Kongruenz (hier: proelio) und mögliche Ergänzungen entdeckt, gehen Sie folgendermaßen vor:
**Commisso proelio diutius nostrorum militum impetum hostes ferre non potuerunt.**
1. Übersetzen Sie zunächst den Satz ohne Abl. abs.: *Die Feinde konnten dem Ansturm unserer Soldaten nicht allzu lange standhalten.*
2. Bestimmen Sie das Zeitverhältnis. In unserem Fall liegt mit dem PPP **commisso** Vorzeitigkeit vor.
3. Überlegen Sie sich, welche Sinnrichtung passen könnte. Sie können dazu den Abl. abs. zunächst einmal mit einem temporalen Gliedsatz übersetzen und dann mit Blick auf den Kontext überlegen, ob eine andere Sinnrichtung passender wäre. Hier passt (wie häufig) die temporale Variante: *Nachdem die Schlacht begonnen worden war.*

4. Entscheiden Sie, ob Sie den Satz mit Hilfe eines Gliedsatzes, der Beiordnung oder eines Präpositionalausdrucks übersetzen wollen, und fügen Sie beide Teile zusammen:
*Nachdem die Schlacht begonnen worden war,/Nach Beginn der Schlacht konnten die Feinde dem Ansturm unserer Soldaten nicht allzu lange standhalten.*

### Der kryptoaktive Ablativus absolutus
In einigen Fällen verbirgt sich hinter einem PPP im Abl. abs. doch eine aktiv vom Subjekt des übergeordneten Satzes ausgeführte Tätigkeit (gr. **kryptein** *verbergen*). In einem solchen Fall können Sie das Subjekt des Restsatzes als Subjekt des aus dem Abl. abs. entstehenden Gliedsatzes und das PPP als aktives Prädikat behandeln:
Milites **aedificiis hostium incensis** in castra reverterunt. Statt *Nachdem die Gebäude der Feinde in Brand gesetzt worden waren, kehrten die Soldaten ins Lager zurück* können Sie auch übersetzen *Nachdem die Soldaten die Gebäude der Feinde in Brand gesetzt hatten, kehrten sie ins Lager zurück.*

### Der nominale Ablativus absolutus
Beim nominalen Abl. abs. ist anstelle des Partizips ein zweites Substantiv, ein Adjektiv oder ein Pronomen Bestandteil der Konstruktion. Es liegt Gleichzeitigkeit vor.
Legiones **Caesare duce** rem publicam defenderunt. *Die Legionen verteidigten unter Caesars Führung den Staat.*
Bei einem nominalen Abl. abs. bietet sich die Übersetzung mit einem Präpositionalausdruck an. Prägen Sie sich folgende Wendungen ein:

| | |
|---|---|
| **te invito** *gegen deinen Willen* | **Hannibale vivo** *zu Lebzeiten Hannibals* |
| **Caesare consule** *unter dem Konsulat Caesars* | **Vercingetorige auctore** *auf Veranlassung des Vercingetorix* |
| **hoste duce** *unter der Führung des Feindes* | |

### Mehrere Ablativi absoluti in einem Satz
Es können auch mehrere Ablativi absoluti nebeneinander auftreten. Entweder sind sie durch eine beiordnende Konjunktion wie **et** oder **-que** verbunden oder sie stehen unverbunden nebeneinander: Caesar **missis undique legatis** (1) **obsidibusque datis** (2) **et pace facta** (3) in Italiam profectus est. *Nachdem von überall her Botschafter geschickt worden waren, die Geiseln übergeben worden waren und Frieden geschlossen worden war, brach Caesar nach Italien auf.*

## 2. Die Pronomina *quisquis, quīcumque* und *quisque*  Ü 9

**Quisquis/quidquid** und **quicumque/quaecumque/quodcumque** *wer auch immer; jeder, der; was auch immer; alles, was* sind verallgemeinernde Relativpronomina. Die Formen von **quicumque** werden aus den Formen des deklinierten Relativpronomens (→ Lektion 4, S. 59) und **-cumque** gebildet. Sed, quoquo modo res se habet, defendite rem publicam! *Wie auch immer die Sache steht, verteidigt den Staat!* Quemcumque aspexit, hortatus est, ne animo deficeret. *Wen auch immer er erblickte/Jeden, den er erblickte, forderte er auf, den Mut nicht sinken zu lassen.*

Wenn Relativsätze mit einem normalen oder verallgemeinernden Relativpronomen eingeleitet werden, fehlt oft (wie im zweiten Beispiel) das Bezugswort im übergeordneten Satz, und die Relativsätze übernehmen die Funktion des Subjekts oder Objekts.

Das Indefinitpronomen **quisque** *jeder* kann substantivisch und adjektivisch verwendet werden. Es besteht aus den Ihnen bereits bekannten Fragepronomina (→ Lektion 4, S. 59), an die ein **-que** angehängt wird. Die Formen lauten also bei substantivischer Verwendung im Nominativ **quisque/quidque**, Genitiv **cuiusque** usw., bei adjektivischer Verwendung im Nominativ **quisque/quaeque/quodque**, Genitiv **cuiusque** usw.
Dieses Pronomen steht im Anschluss an Superlative, Ordnungszahlen, Relativ- oder Reflexivpronomina oder wird mit **unus-** zu **unusquisque** *jeder einzelne* erweitert: **Exposuit, quid quisque de eo dixisset.** *Er legte dar, was ein jeder über diesen gesagt hatte.*
Steht das Pronomen im Anschluss an einen Superlativ, wie z. B. **optimus quisque**, so wird bei der Übersetzung der Singular zum Plural und man übersetzt die Formen von **quisque** mit *gerade die, immer die: gerade die Besten, immer die Besten.*

## Usus magister optimus est

**1** Suchen Sie aus dem Kasten alle Partizipien im Ablativ heraus. Bilden Sie die entsprechende Form im Singular oder Plural und notieren Sie den Infinitiv.

> ducto ✔   datis   gerentis   coacto   petentes   referens   cognita   accipientibus
> iussus   traditum   oblatis   egentis   facta   vocantis   audientis   defendentibus

*ducto: ductis, ducere,* ........................................................................

........................................................................

........................................................................

........................................................................

**2** Setzen Sie die folgenden Wortgruppen aus Substantiv und Partizip in den Ablativ.

1. senator missus     *senatore misso*
2. res gestae
3. puer egens
4. socii timentes
5. obsides traditi

**3** Machen Sie aus den lateinischen Ablativi absoluti deutsche Gliedsätze. Welche Sinnrichtungen könnten passen?

1. *His verbis auditis* gingen die Bürger beruhigt nach Hause.
2. *Confecto iam magno labore exercitu* befahl Caesar einen langen Marsch.
3. *Multis defendentibus* nahm Caesar die Stadt nicht ein.
4. *Compluribus oppidis expugnatis* zogen sich die Soldaten ins Winterlager zurück.

**4** Ordnen Sie den vorgegebenen Ablativi absoluti, die übrigens so oder in ähnlicher Form häufig bei Caesar vorkommen, die passenden Übersetzungen zu. Manchmal gibt es mehrere Möglichkeiten. Zwei Übersetzungen passen gar nicht. Warum?

1. Bello confecto ...
2. His rebus gestis ...
3. Obsidibus armisque traditis ...

   *... Caesar in Galliam revertit.*
   *... kehrte Caesar nach Gallien zurück.*

4. Signo dato ...
5. Quibus rebus cognitis ...
6. His rebus constitutis ...

   *... milites impetum fecerunt.*
   *... machten die Soldaten einen Angriff.*

a. *Auf das Zeichen hin ...* – b. *Nachdem die Geiseln die Waffen übergeben hatten, ...* – c. *Davon in Kenntnis gesetzt ...* – d. *Nachdem er dies getan hatte, ...* – e. *Nachdem sie dies erfahren hatten, ...* – f. *Nachdem der Krieg beendet worden war, ...* – g. *Danach ...* – h. *Nach Übergabe der Geiseln und Waffen ...* – i. *Nachdem dies beschlossen worden war, ...* – j. *Während das Zeichen gegeben wurde, ...* – k. *Nachdem das Signal gegeben worden war, ...* – l. *Auf diesen Beschluss hin ...* – m. *Nach Beendigung des Krieges ...*

**5** Übersetzen Sie die Ablativi absoluti. Gehen Sie wie auf S. 145 beschrieben vor. Probieren Sie unterschiedliche Wiedergabemöglichkeiten aus.

1. Deinde milites longe lateque aedificiis incensis in castra redierunt.
2. Obsidibus datis et pace facta constituit Caesar cum reliquis cohortibus in castra reverti.
3. His rebus pace confirmata legati et civitatum principes domum redierunt.
4. Magnis copiis coactis Vercingetorix impetum non fecit.

**6** Markieren Sie in den folgenden Sätzen die Partizipialkonstruktionen. Kreuzen Sie an, ob es sich um ein PC oder einen Abl. abs. handelt, und übersetzen Sie.

|   | PC | Abl. abs. |
|---|---|---|
| 1. Copiis e castris ductis Caesar usque ad castra hostium accessit. | ☐ | ☐ |
| 2. Caesar militibus ab hostibus in fugam coniectis legionem subsidio misit. | ☐ | ☐ |
| 3. Hostes convocatis principibus legatos ad Caesarem de pace miserunt. | ☐ | ☐ |

**7** Überlegen Sie sich passende Übersetzungen für die nominalen Ablativi absoluti.

1. Caesare dictatore ................................................................
2. parentibus invitis ................................................................
3. patre et filio ducibus ................................................................
4. Quinto adulescente ................................................................

**8** Übersetzen Sie.

1. Vercingetorige auctore et duce magnae copiae coactae sunt.
2. Bellum Gallicum Caesare imperatore gestum est.
3. Me invito obsides liberati sunt.
4. Hannibale vivo Romani semper in timore erant.

**9** Übersetzen Sie die Sätze mit den Pronomina.

1. Improbissimus quisque miserrimus est.
2. Quidquid agis, prudenter agas.
3. Quicumque Galliam provinciam obtinuit, amicos populi Romani defendit.
4. Interrogavit, quid quisque eorum de quaque re audivisset.

# Quis ignorat ...?

### Gaius Iulius Caesar

C. Iulius Caesar wurde 100 v. Chr. am 13. Quintilis (der Monat wurde 44 v. Chr zu seinen Ehren in Iulius umbenannt) als Nachkomme einer alten vornehmen Familie, der **gens Iulia**, geboren. Caesars Familie stand den Popularen nahe, die sich für politische Reformen zugunsten der Plebs einsetzten. Ihre Gegner waren die Optimaten, die am Bestand herkömmlicher Strukturen und am Erhalt der Senatsmacht interessiert waren.

# 11

Caesar absolvierte die Ämterlaufbahn, den **cursus honorum**, bis zum höchsten Amt, dem Konsulat, das er erstmals 59 v. Chr. innehatte. Kurz zuvor hatte er mit dem reichen Politiker Crassus und dem erfolgreichen Feldherrn Pompeius ein Bündnis geschlossen, um das politische Geschehen in Rom beherrschen zu können. Die Mitglieder dieses sogenannten ersten Triumvirats wollten nur nach gegenseitigen Absprachen und gemeinsam handeln.
58 v. Chr. trat Caesar seine Statthalterschaft in Gallien an, wo er sich sogleich an die Eroberung der Gebiete zwischen Pyrenäen, Atlantikküste und Rhein machte. Von seinen Kriegszügen, seinen  Expeditionen nach Südbritannien und der Überquerung des Rheins in germanisches Gebiet zwischen 58 und 52 berichten sieben Bücher, die *Commentarii de bello Gallico*. Schließlich zerbrach die politische Freundschaft der drei mächtigen Männer: Crassus starb, und Pompeius schloss ein enges Bündnis mit den Optimaten, die Caesar feindlich gegenüberstanden, ihn nach Rom zurückholen und ihm den Prozess machen wollten. Dieser Streit mündete in einen Bürgerkrieg: Caesar entschloss sich zum Marsch auf Rom und überschritt 49 v. Chr. den Rubico, den Grenzfluss zwischen der römischen Provinz Gallia cisalpina und Italien (in der Nähe von Ravenna).
Bei Pharsalos in Griechenland standen sich schließlich Caesar und Pompeius gegenüber, Pompeius floh nach Ägypten, wo er ermordet wurde. Caesar siegte in den Schlachten der Folgejahre und erhielt schließlich uneingeschränkte Macht in Rom. Die Ereignisse des Bürgerkriegs bis zur Schlacht bei Pharsalos hielt er in seinen *Commentarii de bello civili* fest. Während seiner Herrschaft betrieb Caesar mehrere große Projekte: Er siedelte viele Bürger in den Provinzen an, ließ Städte außerhalb Italiens gründen, reformierte den Kalender, führte das Sonnenjahr mit 365 ¼ Tagen ein und initiierte verschiedene Bauprojekte. Auch ein großer Feldzug gegen die Parther schwebte dem Diktator vor. Jedoch wurden nicht all seine Projekte verwirklicht: Kurz vor seinem Aufbruch Richtung Osten wurde er ermordet.

## Utilia

### Hinweise zum Übersetzen
Hier finden Sie weitere grundlegende Hinweise zum Übersetzen besonders von längeren Sätzen.
1. Ermitteln Sie, wo sich Hauptsatz und Gliedsätze befinden. Unterordnende Konjunktionen, Interrogativpronomina und Relativpronomina leiten Gliedsätze ein. Markieren Sie diese, um einen besseren Überblick zu bekommen.
2. Ermitteln und markieren Sie die Prädikate.

3. Ermitteln Sie die Subjekte und kennzeichnen Sie sie. Wenn kein Subjekt extra ausgeschrieben ist, können Sie die Endung des Prädikats markieren, die ihnen über das Subjekt Auskunft gibt.
4. Um sich die Struktur eines komplexeren Satzes grafisch zu verdeutlichen, können Sie die **Einrückmethode** anwenden. Dabei schreiben Sie Hauptsatz und Gliedsätze in der Reihenfolge ihres Auftretens untereinander. Der Hauptsatz (HS) beginnt ganz links. Gliedsätze (GS), die direkt vom HS abhängen, also Gliedsätze ersten Grades, rücken Sie etwas weiter nach rechts. Gliedsätze, die von Gliedsätzen abhängen, also Gliedsätze zweiten Grades, werden wiederum ein Stück weiter nach rechts gerückt. Gliedsätze gleichen Grades oder auch Teile unterbrochener Haupt- und Gliedsätze beginnen jeweils untereinander an der gleichen Stelle:

| HS | GS 1 | GS 2 |
|---|---|---|
| Vercingetorix, | | |
| summae potentiae adulescens, | | |
| | cuius pater principatum Galliae totius obtinuerat | |
| | et ob eam causam, | |
| | | quod regnum appetebat, |
| | ab civitate erat interfectus, | |
| suos clientes facile incendit. | | |

5. Finden Sie heraus, welche Wortblöcke zusammengehören, und markieren oder vermerken Sie am Rand Konstruktionen wie AcI, NcI, PC, Abl. abs., Gerundium oder andere Besonderheiten, die Sie beim Übersetzen beachten müssen.
6. Übersetzen Sie zuerst den Hauptsatz, dann nacheinander die Gliedsätze und setzen Sie dann das Satzgefüge stimmig zusammen.

## Das historische Präsens und der historische Infinitiv

Zuweilen wird das Präsens bei der Erzählung vergangener Ereignisse verwendet, um größere Lebhaftigkeit und Anschaulichkeit zu erzielen. Dieses sogenannte historische Präsens begegnet Ihnen bei Caesar ziemlich häufig. Sie können beim Übersetzen das Präsens oder Präteritum verwenden: **Fit** magna caedes. Nonnulli equis relictis flumen transire **conantur**. Es *begann* ein großes Gemetzel. Einige ließen ihre Pferde zurück und *versuchten* dann, den Fluss zu überqueren.
Anstelle der finiten Verbform im Präsens kann auch ein Infinitiv Präsens stehen, der die gleiche Funktion erfüllt und wie eine konjugierte Verbform im Präsens oder Präteritum wiedergegeben wird – der historische Infinitiv: Hostes ex omnibus partibus signo dato **concurrere**, nostros in fugam **conicere**. *Auf ein Zeichen hin* **liefen** *die Feinde aus allen Richtungen* **zusammen** *und* **trieben** *unsere Leute in die Flucht.*

# 11

## Lectio alit ingenium

### De Vercingetorige, Romanorum hoste

Bevor Sie übersetzen, schreiben Sie den Text ab, indem Sie die Einrückmethode verwenden, um sich einen besseren Überblick über die Satzstrukturen zu verschaffen.

*Während Caesars Abwesenheit schmieden die Gallier Kriegspläne, um sich von der römischen Herrschaft zu befreien. Den Anfang machen die Carnuten in Cenabum. Auch der Averner Vercingetorix stachelt seine Leute unerbittlich gegen Rom auf ...*

Ubi ea dies venit, Carnutes Cotuato et Conconnetodumno ducibus, desperatis hominibus, Cenabum signo dato concurrunt civesque Romanos, qui negotiandi causa ibi constiterant, interficiunt bonaque eorum diripiunt. Celeriter ad omnes Galliae civitates fama perfertur.
Vercingetorix, summae potentiae adulescens, cuius pater principatum Galliae totius obtinuerat et ob eam causam, quod regnum appetebat, a civitate erat interfectus, clientes suos facile incendit. Cognito eius consilio ad arma concurritur. Prohibetur a Gobannitione, patruo suo, reliquisque principibus, et expellitur ex oppido Gergovia.
Non desistit tamen atque in agris habet dilectum egentium ac perditorum. Hac coacta manu, quoscumque adit ex civitate, ad suam sententiam perducit. Hortatur, ut communis libertatis causa arma capiant, magnisque coactis copiis adversarios suos, a quibus paulo ante erat eiectus, expellit ex civitate.
Rex ab suis appellatur. Celeriter sibi Senones reliquosque omnes, qui Oceanum attingunt, adiungit. Omnium consensu ad eum defertur imperium. Qua oblata potestate omnibus his civitatibus obsides imperat, certum numerum militum ad se celeriter adduci iubet, armorum quantum quaeque civitas domi efficiat, constituit. Magnitudine supplicii dubitantes cogit. Nam maiore commisso delicto igni atque omnibus tormentis necat, leviore de causa auribus desectis aut singulis effossis oculis domum remittit, ut sint reliquis documento et magnitudine poenae perterreant alios.

(nach Caesar, *De bello Gallico* VII, 3–4)

**Lektion 12**

Was Ihnen in dieser Lektion begegnet:
- das **Gerundivum** und seine Funktionen
- **unvollständige Verben**
- die **Pronominaladjektive**

## De philosophis

*Tamdiu discendum est, quamdiu nescias et quamdiu vivas.*

Man muss so lange lernen, wie man noch unwissend ist und wie man lebt.
(Seneca, *Epistulae morales* 76, 2)

**Dieser Satz stammt** aus den *Epistulae morales*, dem Alterswerk des L. Annaeus Seneca (ca. 4 v. Chr. – 65 n. Chr.). In 124 an seinen jüngeren Freund Lucilius gerichteten Briefen bespricht der ursprünglich aus der Provinz Hispania kommende bedeutendste Vertreter der stoischen Philosophie in Rom eine Reihe von Problemen des menschlichen Daseins wie den Wert der Freundschaft, Armut und Reichtum, die Muße und auch allgemeinere Bereiche der Ethik.

**Seneca verfasste** diese Briefe in den Jahren 62–65, in denen er sich aus dem öffentlichen Leben zurückgezogen hatte. Seine Biografie ist äußerst spannend – fiel seine Lebenszeit doch unter anderem in die Regierungszeit so berüchtigter Kaiser wie Caligula und Nero. Nach einem erfolgreichen Einstieg in die Ämterlaufbahn und dem Beginn der literarischen Tätigkeit wurde er im Jahr 41 des Ehebruchs mit der Schwester des Kaisers Caligula bezichtigt und musste die Folgejahre auf Korsika in der Verbannung verbringen. Nach seiner Rückkehr nach Rom wurde er mit der Erziehung des jungen Nero betraut, auf dessen Regierungspraxis er einigen Einfluss hatte, nachdem dieser mit 17 Jahren Kaiser geworden war. Sein Einfluss hielt jedoch nicht an: Nero wurde immer unberechenbarer, und Seneca zog sich schließlich 62 n. Chr. aus dem öffentlichen Leben zurück. Nach einer Verschwörung gegen den unerträglich gewordenen Tyrannen Nero wurde er der Mitwisserschaft beschuldigt und zum Selbstmord gezwungen, den er in lang eingeübter stoischer Haltung hinnahm.

## 12 Verborum copia

tamdiū *Adv* — so lange
discō, didicī, –, discere — lernen
quamdiū *Adv/Kj* — wie lange, so lange wie
nesciō, -scīvī/-sciī, -scītum, -scīre — nicht wissen, nicht kennen

### Quid novi?

dēligō, -lēgī, -lēctum, -ligere — auswählen
ante *Präp + Akk* — vor
quiēscō, quiēvī, quiētum, quiēscere — ruhen, sich zurückziehen
parātus, a, um — bereit, entschlossen
mēns, mentis *f* — Denken, Verstand
alō, aluī, altum/alitum, alere — fördern, vergrößern, stärken
adhibeō, -hibuī, -hibitum, -hibēre — anwenden
epistula, ae *f* — Sendung, Brief
pōns, pontis *m* — Brücke
meminī, meminisse + *Gen/Akk* — sich erinnern an
ōdī, ōdisse — hassen
nōscō, nōvī, nōtum, nōscere — kennenlernen; Perf kennen, wissen
uter/utra/utrum *Interrogpron* — wer von beiden
uterque/utraque/utrumque — jeder (von beiden)
neuter/neutra/neutrum — keiner (von beiden)

### Usus magister optimus est

admoneō, -monuī, -monitum, -monēre — erinnern, ermahnen
vītō, vītāre — meiden
intentiō, ōnis *f* — (An)Spannung
aequālis, e — gleich, gleichaltrig
dēvocō, dēvocāre — wegrufen

suspiciō, -spexī, -spectum, -spicere — aufschauen zu; beargwöhnen
rītus, ūs *m* — Brauch, Sitte
reprehendō, -prehendī, -prehēnsum, -prehendere — tadeln
condiciō, ōnis *f* — Bedingung, Verabredung
potior, potītus sum, potīrī + *Abl/Gen* — erlangen, sich (einer Sache) bemächtigen
arcessō, arcessīvī, arcessītum, arcessere — herbeirufen
aciēs, ēī *f* — Schlacht, Heer; Schärfe
īnstruō, -strūxī, -strūctum, -struere — aufstellen, ordnen
spatium, ī *n* — Zeit, Raum
suscipiō, -cēpī, -ceptum, -cipere — übernehmen, auf sich nehmen
dēbeō, dēbēre — müssen, schulden
contentus, a, um + *Abl* — zufrieden mit
grātia, ae *f* — Gunst, Gefälligkeit, Dank, Gnade

### Quis ignorat ...?

disputō, disputāre — diskutieren
Carneadēs, is *m* — Karneades, gr. Philosoph, 213–129 v. Chr.
Epicūrus, ī *m* — Epikur, gr. Philosoph, 342–270 v. Chr.
Stōicus, ī *m* — stoischer Philosoph, Stoiker
Cynicus, ī *m* — kynischer Philosoph, Kyniker
brevitās, ātis *f* — Kürze
secundum *Präp + Akk* — nach, gemäß

## Lectio alit ingenium

| | | | |
|---|---|---|---|
| commūnicō, commūnicāre | besprechen | inimīcus, ī *m* | Feind |
| quia *Kj* | weil | interveniō, -vēnī, -ventum, -venīre | dazwischenkommen, vorfallen |
| tantus-/tanta-/ tantundem | ebenso groß, ebenso viel | arcānus, a, um | heimlich, geheim |
| errō, errāre | sich irren, umherirren | quārē *Adv* | weshalb, deshalb |
| | | cōram *Präp + Abl* | in Gegenwart von, vor |
| vērō *Adv* | aber, jedoch | retrahō, -trāxī, -tractum, -trahere | zurückziehen, -holen, -nehmen |
| dēlīberō, dēlīberāre | überlegen, beraten | obvius, a, um | begegnend, entgegenkommend |
| prius *Adv* | eher, vorher | | |
| recipiō, -cēpī, -ceptum, -cipere | zurücknehmen, aufnehmen | cōnscientia, ae *f* | Mitwissen; Gewissen |
| admittō, -mīsī, -missum, -mittere | zulassen | reformīdō, reformīdāre | zurückschaudern vor, scheuen |
| audāx, ācis | mutig, furchtlos | inquiētus, a, um | unruhig |

# Quid novi?

### 1. Das Gerundivum  Ü 1

Das Gerundivum ist ein von einem Verb abgeleitetes Adjektiv. Seine Formen werden wie die des Gerundiums (→ Lektion 8, S. 110) gebildet: Zwischen Verbstamm und Endung wird -(e-)nd- eingeschoben. Das Gerundivum wird wie ein Adjektiv der ā- und o-Deklination dekliniert und kann alle Endungen der ā- und o-Deklination aufweisen: **laudāre** ▶ **lauda-nd-us, a, um**; **vidēre** ▶ **vide-nd-us, a, um**; **audīre** ▶ **audi-e-nd-us, a, um**; **dūcere** ▶ **dūc-e-nd-us, a, um**; **capere** ▶ **capi-e-nd-us, a, um**. Auch Deponentien bilden Gerundiva: **ūtī** ▶ **ūt-e-nd-us, a, um**.

### 2. Die Funktionen des Gerundivums  Ü 2, 3, 4, 5, 6, 7, 8, 10

Das Gerundivum, auch **Verbaladjektiv** genannt, ist nicht einfach mit einem Adjektiv gleichzusetzen. Es hat passivische Bedeutung und drückt die Notwendigkeit einer Handlung aus. So ist z. B. ein **puer laudandus** *ein „zu lobender" Junge/ein Junge, der gelobt werden muss*. Zudem können mit dem Gerundivum nicht abgeschlossene Vorgänge ausgedrückt werden wie z. B. **in amicis deligendis** *beim Auswählen der Freunde/bei der Auswahl der Freunde*. Das Gerundivum kann wie ein Adjektiv als Prädikatsnomen, als Attribut und als Prädikativum auftreten.

# 12

### Das Gerundivum als Prädikatsnomen

**Persönliche Konstruktion**: Häufig tritt das Gerundivum als Prädikatsnomen mit einer Form von *esse* auf. Dabei stimmt es mit dem Subjekt des Satzes in Kasus (also im Nominativ), Numerus und Genus überein: **Pax servanda est.** In dieser Konstellation wird mit Hilfe des Gerundivums ausgedrückt, was mit dem Subjekt getan werden muss oder – verneint – nicht getan werden darf. Eine erste Hilfsübersetzung: *Der Frieden ist ein zu bewahrender.* Der Satz sollte natürlich so nicht stehen bleiben; die gängigste Variante ist eine Umformung mit *müssen*, bei Verneinung mit *nicht dürfen*: *Der Frieden muss bewahrt werden.* Auch eine Übersetzung im Aktiv mit *man* ist möglich: *Man muss den Frieden bewahren.*

Auch im AcI kann Ihnen diese Konstellation begegnen. Das Gerundivum steht dann passend zum Subjektsakkusativ auch im Akkusativ: **Cicero officia non neglegenda esse dixit.** *Cicero sagte, man dürfe die Pflichten nicht vernachlässigen.*

Achtung: Formen von *esse* können des Öfteren ausgelassen werden (Ellipse). Dies gilt besonders häufig für die Gerundivkonstruktion mit *esse* und auch für den Infinitiv Perfekt Passiv.

Derjenige, der eine Handlung ausführen muss bzw. nicht darf, wird mit dem Dativ angegeben (**Dativus auctoris**): Pax **nobis** servanda est. In einer ersten Hilfsübersetzung hieße dies *Der Frieden ist uns/für uns ein zu bewahrender.* Schließen Sie beim Übersetzen die handelnde Person mit *von* an: *Der Frieden muss von uns bewahrt werden* oder formen Sie den Satz um, indem Sie den Dativus auctoris zum Subjekt des Satzes machen und aktivisch übersetzen: **Wir müssen den Frieden bewahren.**

**Unpersönliche Konstruktion**: Bei absolut, d. h. ohne Ergänzungen gebrauchten und bei intransitiven Verben (bei Verben, die kein Akkusativobjekt fordern) bezieht sich das Gerundivum nicht auf ein bestimmtes Subjekt und steht im Neutrum Singular. Nutzen Sie beim Übersetzen *es* oder *man*: **Agendum est.** *Es muss gehandelt werden./Man muss handeln.* **Ante amicitiam iudicandum est.** *Man muss vor der Freundschaft (d. h. bevor man eine Freundschaft schließt) urteilen.* Auch hier steht der „Urheber" im Dativ: **Agenti quiescendum est.** *Der Aktive muss ruhen.*

### Das Gerundivum als Attribut

Das Gerundivum kann wie ein adjektivisches Attribut zu einem Substantiv treten. Beide stimmen in Kasus, Numerus und Genus überein, z. B. **homo laudandus** oder ars **belli gerendi**.

Nur in einigen Fällen sind die Gerundiva tatsächlich wie attributiv verwendete Adjektive auf *-wert*, *-würdig*, *-lich* und *-bar* zu übersetzen: **homo laudandus** *ein lobenswerter Mensch*, **res mirandae** *wunderbare Dinge*. In den meisten Fällen gibt das Gerundivum in dieser Konstellation jedoch einen passiven, nicht abgeschlossenen Vorgang an. So könnte man **ars belli gerendi** zunächst etwas ungeschickt übersetzen: *die Kunst des geführt werdenden Krieges.* Eine korrekte und bessere Übersetzung wäre dann *die Kunst, Krieg zu führen.* Unser Beispiel kann auch durch eine Konstruktion mit Gerundium + Akkusativobjekt ersetzt werden: **ars bellum gerendi** *die Kunst, Krieg zu führen.* Gerundiv- und Gerundiumkonstruktion sind oftmals austauschbar.

Hier erhalten Sie eine Übersicht zu den verschiedenen Möglichkeiten des Auftretens und der Übersetzung der Gerundivkonstruktion als Attribut. Es gibt immer mehrere Möglichkeiten. Prüfen Sie im Einzelfall, welche Übersetzung geeignet ist.

**Gen** ars **rei publicae gerendae**
- *zu* + Infinitiv: Das Gerundivum wird zum Infinitiv, sein Bezugswort zum Akkusativobjekt: *die Kunst, **einen Staat zu verwalten***
- Substantivierung des Gerundivums und Anschluss des Bezugssubstantivs als Genitiv: *die Kunst **der Verwaltung des Staates/der Staatsverwaltung***

Legatus **auxilii petendi** causa ad imperatorem proficiscitur.
- bei nachgestelltem **causā** übersetzen Sie mit *um zu*: *Der Gesandte bricht zu dem Feldherrn auf, **um Unterstützung zu erbitten***.

**Dat** **Rei gerendae** diem dicit.
- Substantivierung des Gerundivums, Anschluss des Bezugssubstantivs im Genitiv und Verbindung mit passender Präposition: *Er legt einen Termin **für die Ausführung der Angelegenheit** fest.*

**Akk** Quintus et Amphio missi sunt **ad eas res conficiendas**.
- *um zu* + Infinitiv (bei **ad**): *Quintus und Amphio wurden geschickt, **um diese Dinge zu erledigen**.*

Legiones **ad liberandam patriam** sunt paratae.
- *zu* + Infinitiv (bei **ad**): *Die Legionen sind bereit, **die Heimat zu befreien**.*
- Substantivierung des Gerundivums, Anschluss des Bezugssubstantivs im Genitiv und Verbindung mit passender Präposition: *Die Legionen sind **zur Befreiung der Heimat** bereit.*

**Abl** **Libris legendis** mens noster alitur.
- Substantivierung des Gerundivums, Anschluss des Bezugssubstantivs im Genitiv und Verbindung mit passender Präposition: ***Durch das Lesen von Büchern** wird unser Geist gefördert.*
- Gliedsatz: ***Indem wir Bücher lesen**, wird unser Geist gefördert.*

**In amicis deligendis** summa diligentia adhibenda est.
- *in* ist am besten mit *bei* zu übersetzen: ***Bei der Auswahl der Freunde** muss man höchste Sorgfalt anwenden.*

## Das Gerundivum als Prädikativum
Bei den Verben des Gebens, (Über-)Nehmens und Überlassens usw. steht das Gerundivum im Akkusativ (ohne Präposition) zur Angabe des Zwecks. Hier hat es die Funktion eines Prädikativums: **Trado tibi librum legendum.** *Ich gebe dir das Buch „als ein zu lesendes"/ zum Lesen.* **Epistulam ad te perferendam amico trado.** *Ich übergebe dem Freund den Brief „als einen zu dir zu bringenden"/damit er ihn zu dir bringt.*
**Curare** wird in dieser Konstruktion mit *lassen* im Sinne von *veranlassen* übersetzt: **Caesar pontem faciendum curavit.** *Caesar ließ eine Brücke bauen.*

## 3. Die Unterscheidung von Gerundium und Gerundivum  Ü 9

Um zu unterscheiden, ob Sie es mit einem Gerundium oder einem Gerundivum zu tun haben, gehen Sie wie folgt vor:
1. Prüfen Sie die Endung der nd-Form. Alle Endungen außer **-nd-i**, **-nd-o**, **-nd-um** weisen eindeutig darauf hin, dass es sich um ein Gerundivum handelt.
2. Bei nd-Formen mit den Endungen **-nd-i**, **-nd-o**, **-nd-um** sehen Sie nun nach, ob es ein Bezugswort gibt, das in Kasus, Numerus und Genus mit der nd-Form übereinstimmt. Wenn ja, so handelt es sich um ein Gerundivum.
3. Haben Sie kein Bezugswort entdecken können, dann prüfen Sie, ob eine unpersönliche Konstruktion in der Form **-nd-um** mit **esse** vorliegt. Trifft dies zu, so haben Sie es mit einem Gerundivum zu tun, andernfalls handelt es sich um ein Gerundium.

## 4. Unvollständige Verben  Ü 11

Einige Verben besitzen nur den Perfektstamm, bilden also nur Formen im Perfekt, Plusquamperfekt und Futur II. Bei diesen Verben entspricht das Perfekt einem Präsens und das Plusquamperfekt einem Imperfekt oder Perfekt. Dazu gehören: **meminisse** *sich erinnern*, **odisse** *hassen* und **novisse** *kennen*:
- **memini** *ich erinnere mich*, **memineram** *ich erinnerte mich/habe mich erinnert*;
- **odi** *ich hasse*, **oderam** *ich hasste/habe gehasst*;
- **novi** *ich kenne*, *ich weiß*, **noveram** *ich kannte, ich wusste*.

**Novisse** ist das Perfekt zu **noscere** *kennenlernen*, **novi** heißt also *ich habe kennengelernt*, daraus ergibt sich die Bedeutung *ich kenne*.

## 5. Pronominaladjektive  Ü 12

Pronominaladjektive werden dekliniert wie die Adjektive der ā- und o-Deklination, bilden aber ihren Genitiv und Dativ Singular wie die Pronomina mit den Endungen **-īus** und **-ī**. Eine Übersicht über die Ihnen bereits bekannten und neuen Pronominaladjektive:

| | |
|---|---|
| **nūllus, a, um** *keiner* | **uter, utra, utrum?** *wer von beiden?* |
| **ūllus, a, um** *irgendeiner* | **uterque, utraque, utrumque** *jeder (von beiden)* |
| **ūnus, a, um** *einer, ein einziger* | **neuter, tra, trum** *keiner von beiden* |
| **sōlus, a, um** *allein, einzig* | **alter, altera, alterum** *der eine, der andere (von zweien)* |
| **tōtus, a, um** *ganz* | **alius, alia, aliud** (*Gen* alterius) *ein anderer* |

# Usus magister optimus est

**1** Verbinden Sie die Gerundiva mit passenden Substantiven. Achtung: Eine falsche Form hat sich eingeschlichen. Bestimmen Sie sie. Wie müsste das Gerundivum richtig lauten?

| dandi colendos defendis perferendarum neganda admonendorum gerendum | consulum castris facta epistularum bellum deos auxilii |
|---|---|

..................................................................................................................

..................................................................................................................

**2** Bilden Sie aus den Elementen sinnvolle Sätze und übersetzen Sie.

1. Dei           defendendos
2. Verba         scribendae
3. Cives         colendi        est/sunt.
4. Epistulae     timenda        esse puto.
5. Dea           servandas
6. Domos         discenda

**3** Ratschläge und Mahnungen eines Freundes. Übersetzen Sie.
1. Quaeris, quid tibi faciendum aut vitandum existimem.
2. Nec in eadem intentione aequaliter retinenda mens est, sed ad iocos devocanda.
3. Maiores nobis suspiciendi sunt et ritu deorum colendi.
4. Ista tibi in animo condenda sunt.

**4** Handelt es sich bei den Dativen um den Dativus auctoris oder das Dativobjekt? Bestimmen und übersetzen Sie.

1. Haec verba tibi animo mandanda sunt.

   ..................................................................................................................

2. Saluti rei publicae providendum est.

   ..................................................................................................................

3. Ceteris populi Romani auctoritati parendum est.

   ..................................................................................................................

**5** Wählen Sie die richtigen Übersetzungen und Formen für die folgenden Sätze aus. Übersetzen Sie Satz 3 und 4.

1. Das musste getan werden.

    **a.** Hoc factum est. ☐  **b.** Hoc erat faciendum. ☐  **c.** Hoc est faciendum. ☐

2. Ich meine, dass man Mühen nicht scheuen darf.

    **a.** Labores non fugere puto. ☐  **b.** Labores non fugiendos fuisse puto. ☐  **c.** Labores non fugiendos esse puto. ☐

3. Libri boni nobis ... sunt.

    **a.** legendi ☐  **b.** legendis ☐  **c.** legendo ☐

4. Iniuriae populo non ... sunt.

    **a.** ferendo ☐  **b.** ferendi ☐  **c.** ferendae ☐


**6** Suchen Sie angemessene Übersetzungen für die folgenden Wortgruppen.

1. in amicis quaerendis
2. ars orationis habendae
3. amicitiae servandae causa
4. ad bellum gerendum paratus
5. belli inferendi causa
6. amicis reprehendendis (*Abl*)


**7** Auch bei Caesar finden sich häufig Gerundiva in verschiedenen Konstruktionen. Übersetzen Sie.

1. Proelii committendi signum dedit.
2. Bello confecto multis de causis Caesar statuit sibi flumen esse transeundum.
3. Hoc facto proelio Caesar neque iam sibi legatos audiendos neque condiciones accipiendas arbitrabatur.
4. Hostes ea de causa spem potiendi oppidi dimiserunt.
5. Caesari omnia uno tempore erant agenda: milites arcessendi, acies instruenda, signum dandum.
6. Hostibus ad consilia capienda nihil spatii dandum existimabat.

**8** Sie kennen bereits viele Möglichkeiten des Lateinischen, Zweck und Absicht auszudrücken. Übersetzen Sie und benennen Sie jeweils das grammatikalische Phänomen.

1. Ad epistulam scribendam paratus sum.

   ..............................................................................................................

2. Discendi causa convenimus.

   ..............................................................................................................

3. Legati Romam missi sunt, ut senatores consulerent.

   ..............................................................................................................

4. Quaeris quid ad beate vivendum commodum sit.

   ..............................................................................................................

5. Tibi filium educandum trado.

   ..............................................................................................................

**9** Gerundium oder Gerundivum? Entscheiden und übersetzen Sie.

|  | Gerundium | Gerundivum |
|---|---|---|
| 1. Diu atque acriter pugnandum erat. | ☐ | ☐ |
| 2. Quod cuique temporis ad vivendum datur, eo debet esse contentus. | ☐ | ☐ |
| 3. Haec agendi occasio non est praetermittenda. | ☐ | ☐ |
| 4. Sapientia ars vivendi putanda est. | ☐ | ☐ |

**10** Können Sie die unterschiedliche Schreibweise der folgenden Wörter erklären?

Konfirma<u>nd</u>, Proba<u>nd</u>, Manda<u>nt</u>, Doze<u>nt</u>

**11** Übersetzen Sie die folgenden Sätze.

1. Horam mortis nemo novit.
2. Omnia noverat et meminerat.
3. Odi et amo.
4. Dicit se illius temporis meminisse.

**12** Übersetzen Sie die Sätze mit den verschiedenen Pronominaladjektiven.
1. Utrique nostrum gratiam debet.
2. Quaero, uter utri insidias fecerit.
3. Neutrum faciendum est: utrumque enim vitium est.
4. Num hoc tibi soli putas accidisse?

## Quis ignorat ...?

### Antike Philosophie: Die Stoa

Disputare cum Socrate licet, dubitare cum Carneade, cum Epicuro quiescere, hominis naturam cum Stoicis vincere, cum Cynicis excedere. *Man kann mit Sokrates diskutieren, mit Karneades zweifeln, mit Epikur sich zurückziehen, mit den Stoikern die menschliche Natur überwinden und mit den Kynikern über sie hinausgehen.*

Dieses Seneca-Zitat (*De brevitate vitae* 14, 2) gibt in Kurzform einen Überblick über wichtige Philosophen und philosophische Schulen der Antike. Seneca erwähnt Sokrates, den „Vater der Philosophie", der durch gezieltes Fragen Scheinwissen enttarnte, zum Nachdenken und Infragestellen anregte und seinen Mitbürgern neue Erkenntnisse entlockte. Karneades leitete im 2. Jahrhundert v. Chr. die 387 v. Chr. von dem Sokratesschüler Platon ins Leben gerufene Philosophenschule, die Akademie, und zweifelte die Erkenntnis der Wirklichkeit an. Mit Epikur verweist Seneca auf eine weitere, 306 v. Chr. gegründete philosophische Schule: Epikur strebte nach Beseitigung von Schmerz, Begierden, seelischer Unruhe und Ängsten, nach einem maßvollen Lebensgenuss und nach Zurückgezogenheit im Kreis der Freunde gemäß der Losung „Lebe im Verborgenen". Seneca nennt auch die Kyniker, die ein Leben in Bedürfnislosigkeit und Autarkie forderten, und davor die Stoiker, denen er sich selbst angeschlossen hatte.

Die Stoa wurde um 300 v. Chr. von Zenon von Kition in Athen gegründet und durch seine Nachfolger Kleanthes und Chrysippos stark geprägt. Die Philosophie der Stoa umfasste die Bereiche Logik, Physik und Ethik, wobei die Ethik das Kernstück darstellte. Nach der Vorstellung stoischer Philosophen werden Kosmos, Welt und Menschen von einer Vernunftkraft durchwaltet. Ziel ist es, im Einklang mit der menschlichen und kosmischen Natur zu leben (**secundum naturam vivere**), d.h., gemäß der Vernunft zu leben. Auf dem Weg dorthin gilt es, sich von Affekten zu befreien, Einsicht in die vernünftige Ordnung der Dinge und die Notwendigkeit aller Geschehnisse zu erlangen und somit unerschütterliche Seelenruhe und Glückseligkeit zu gewinnen. Für die Stoiker ist die Tugend das wahre Gut, alle anderen Dinge sind nicht wesentlich, an sie sollte ein Weiser sein Herz nicht hängen und sich jederzeit schmerzlos von ihnen trennen können.

Nach Rom drang die griechische Philosophie nach der Ausdehnung der römischen Herrschaft seit dem 3. Jh. v. Chr. Die Stoiker Panaitios von Rhodos und Poseidonios von Apameia übten große Wirkung auf einige gebildete Römer aus. Ersteren verband eine Freundschaft mit Scipio Africanus dem Jüngeren, letzteren hörte Cicero auf Rhodos. Bedeutende Stoiker der Kaiserzeit waren Seneca, Musonius Rufus (ca. 30–100 n. Chr.), Epiktet (ca. 60–140 n. Chr.) und der Kaiser Marcus Aurelius (121–180 n. Chr.).

# Utilia

## Das Wörterbuch als nützliches Hilfsmittel

Trotz eines Wörterbuchs sollten Sie über einen soliden Grundwortschatz und gute Grammatikkenntnisse verfügen, denn das Nachschlagen kostet viel Zeit. Um Wörter rasch aufzufinden, müssen Sie nach deren Grundform suchen. So sind z. B. Verben unter ihrer 1. Person Singular Indikativ Präsens zu finden, nicht unter dem Infinitiv: **dēligō**, -lēgī, -lēctum, -ligere. Unregelmäßige Perfekt- bzw. PPP-Formen findet man jedoch extra aufgelistet mit einem Verweis zum richtigen Wörterbucheintrag z. B. **pepercī** s. **parcō**, **oblītus** s. **oblīvīscor**.
Substantive, Adjektive und Pronomen finden Sie im Nominativ Singular (bzw. Plural): **cīvis**, is m/f, **Athēnae**, ārum f, **vērus**, a, um Adj, **iste**, ista, istud Dempron.
Machen Sie sich mit dem Aufbau der Einträge ihres Wörterbuchs und mit den darin verwendeten Abkürzungen vertraut. In der Regel finden Sie Hinweise dazu auf den ersten Seiten des Wörterbuchs. Das folgende Beispiel macht auf einige wichtige Informationen, die ein Wörterbucheintrag enthalten kann, aufmerksam.

▌ **Stammformen** und **Konjugationsklasse** werden angegeben (2./ē-Konj.)
▌ Angabe der möglichen Konstruktionen: **AcI**, **indir. Fragesatz**, **ut/ne** u. ä. Beachten Sie, dass mit Unterschieden in der Konstruktion auch Unterschiede in der Bedeutung einhergehen können.
▌ Oft werden **feste Wendungen** angegeben, was das Übersetzen erleichtert, wenn in Ihrem Text genau diese Wendung vorkommt.
▌ Manchmal gibt es Hinweise zur **Verwendung** eines Wortes zu einer bestimmten Zeit: vkl. vorklassisch, nkl. nachklassisch oder mlat. mittellateinisch. Je nachdem, aus welcher Zeit Ihr Text stammt, kommen einige Übersetzungen besonders oder gar nicht in Frage.

> ad-moneō (-monuī, -monitum, -monēre 2.)
> 1. erinnern, mahnen, alqm alcis rei/de re j-n an etw., j-n in Bezug auf etw., + AcI/+ indir. Fragesatz
> 2. *Geschäftsprache* an seine Schuld erinnern, alqm aeris alieni j-n an seine Schulden
> 3. zu bedenken geben, alqm de re j-m in Bezug auf etw., + AcI
> 4. zu etw. ermahnen, auffordern; vor etw. warnen, ut/ne dass/ dass nicht, + Kj./ad + Ger./+ indir. Fragesatz/ + Inf.
> 5. (nkl.) poet. zurechtweisen, züchtigen

▌ Formen von **aliquis** und **res** zeigen an, mit welchen Kasus das Verb steht.
▌ Einträge enthalten Hinweise zu den **Bereichen**, in denen eine Vokabel verwendet wird, hier: *Geschäftssprache*. An anderer Stelle zeigen Ihnen Abkürzungen wie jur., mil. oder pol. an, dass bestimmte Bedeutungen dem juristischen, militärischen oder politischen Bereich zuzuordnen sind. So erfahren Sie, ob eine angegebene Bedeutung für Ihren Übersetzungstext in Frage kommt.
▌ poet. (poetisch) bedeutet, dass die angegebene Wortbedeutung v. a. für dichterische Texte anzunehmen ist. In den Latinumsprüfungen wird in der Regel Prosa übersetzt, entsprechend entfallen für Sie die poetischen Bedeutungsvarianten.

Wenn zu einem Wort sehr viele Bedeutungen angegeben sind, arbeiten Sie zunächst mit der Grundbedeutung, bis Sie Näheres wissen bzw. eine klarere Vorstellung haben.

# 12 Lectio alit ingenium

## Seneca de amicitia

*Seneca thematisiert in einem Brief an seinen Freund Lucilius die Freundschaft und das rechte Maß an Vertrauen und Offenheit.*

Seneca Lucilio suo salutem.
Epistulas ad me perferendas tradidisti, ut scribis, amico tuo. Deinde admones me, ne omnia cum eo ad te pertinentia communicem, quia non soleas ne ipse quidem id facere. Ita eadem epistula illum et dixisti amicum et negavisti.
Si aliquem amicum existimas, cui non tantundem credis quantum tibi, vehementer erras et non satis novisti vim verae amicitiae. Tu vero omnia cum amico delibera, sed de ipso prius: post amicitiam credendum est, ante amicitiam iudicandum. Diu cogita, an tibi in amicitiam aliquis recipiendus sit. Amicum receptum toto pectore admitte. Tam audaciter cum illo loquere quam tecum.
Tu quidem ita vive, ut nihil tibi committas nisi quod committere etiam inimico tuo possis. Sed quia interveniunt quaedam, quae consuetudo fecit arcana, cum amico omnes curas, omnes cogitationes tuas misce.
Quid est, quare ego ulla verba coram amico meo retraham? Quid est, quare me coram illo non putem solum? Quidam ea, quae tantum amicis committenda sunt, obviis narrant. Quidam rursus etiam carissimorum conscientiam reformidant. Neutrum faciendum est. Utrumque enim vitium est, et omnibus credere et nulli.
Sic utrosque reprehendas, et eos, qui semper inquieti sunt, et eos, qui semper quiescunt. Inter se ista miscenda sunt: et quiescenti agendum et agenti quiescendum est. Cum rerum natura delibera: Illa diem fecit et noctem.
Vale.

(nach Seneca, *Epistulae morales* 1, 3)

# Lektion 13

Themen dieser Lektion sind:
- das **Futur I** und das **Futur II**
- das **Partizip Futur Aktiv** und seine Verwendung
- das **Supinum I** und **II**
- **Konditionalsätze**
- eine weitere Funktion der Konjunktion **cum**

## De oratoribus

*Quo usque tandem abuteris, Catilina, patientia nostra?*

Wie lange wirst du unsere Geduld denn noch missbrauchen, Catilina?
(Cicero, *In Catilinam* 1,1)

**Dies sind die berühmten** Eröffnungsworte der ersten von vier Reden Ciceros gegen L. Sergius Catilina, gehalten am 7. November 63 v. Chr. in Ciceros Konsulatsjahr.
**Catilina,** ein verschuldeter Senator, der sich mehrfach erfolglos für das Amt des Konsuls beworben hatte, schreckte nicht davor zurück, sein Ziel mittels eines gewaltsamen Umsturzes zu erreichen. Er warb in verschiedenen Gegenden Italiens Unterstützer an, sammelte Waffen und Geld und hatte bald Rückhalt unter Bauern, der Stadtbevölkerung und den Senatoren.
**Cicero** erhielt Kenntnis über die Pläne Catilinas, so auch über den auf ihn selbst geplanten Mordanschlag, den er vereiteln konnte, indem er sein Haus von Wachen schützen ließ. Er berief sofort den Senat, um endlich Beschlüsse gegen Catilina zu bewirken. Da erschien auch Catilina zur Sitzung, um damit zu demonstrieren, dass er sich nichts habe zuschulden kommen lassen. Cicero improvisierte nun seine erste Rede, in der er Catilina ausdrücklich dazu aufforderte, die Stadt zu verlassen. Catilina ging daraufhin tatsächlich nach Etrurien zu seinem Verbündeten C. Manlius und übernahm dort das Kommando über die dort wartenden Truppen.
**Einige Zeit später** gelangten handfeste Beweise für die Verschwörung in die Hände der Senatoren, fünf Verschwörer wurden festgenommen und nach einer dramatischen Senatssitzung, in der Caesar lebenslange Haft, M. Porcius Cato der Jüngere jedoch die Hinrichtung gefordert hatte, getötet. Catilina fiel einige Zeit später im Kampf.
**Noch während** seines Konsulats wurde Cicero vorgeworfen, mit der sofortigen Hinrichtung der Verschwörer unrechtmäßig gehandelt zu haben. Dies führte letztlich dazu, dass Cicero Rom verlassen und 15 Monate im Exil verbringen musste.

# 13

## Verborum copia

|  |  |
|---|---|
| quō *Adv* | wie weit; wohin |
| abūtor, -ūsus sum, -ūtī + *Abl* | verbrauchen, missbrauchen |
| Catilīna, ae *m* | L. Sergius Catilina, röm. Senator, 108–62 v. Chr. |
| patientia, ae *f* | Geduld |

### Quid novi?

| | |
|---|---|
| praesidium, ī *n* | Schutz, Wache |
| obsīdō, -sēdī, -sessum, -sidere | besetzen, umstellen |
| polliceor, pollicitus sum, pollicērī | versprechen, ankündigen |
| eques, itis *m* | Ritter, Reiter |
| salūtō, salūtāre | begrüßen, besuchen |
| māne *Adv* | morgens |
| quodsī (*auch*: quod sī) *Kj* | wenn also, wenn nun aber |
| vim īnferre + *Dat* | jemandem Gewalt antun |
| cum *Kj* + *Ind* | indem; dadurch, dass |

### Usus magister optimus est

| | |
|---|---|
| dēleō, dēlēvī, dēlētum, dēlēre | vernichten, zerstören |
| scelus, eris *n* | Verbrechen, Frevel |
| sērus, a, um | spät, zu spät |
| fortūnātus, a, um | glücklich |
| crēdō, crēdidī, crēditum, crēdere | (an)vertrauen, glauben |
| grātulor, grātulārī | Glück wünschen, gratulieren |
| coniūrātī, ōrum *m* | Verschwörer |
| multō, multāre | strafen, bestrafen |
| mūniō, mūnīvī, mūnītum, mūnīre | schützen, sichern |
| dēcernō, -crēvī, -crētum, -cernere | entscheiden, beschließen |

### Lectio alit ingenium

| | |
|---|---|
| furor, ōris *m* | Wut, Raserei, Wahnsinn |
| ēlūdō, -lūsī, -lūsum, -lūdere | sein Spiel treiben mit, verhöhnen |
| fīnis, is *m* | Ende, Grenze; Pl Gebiet |
| effrēnātus, a, um | zügellos |
| sē iactāre | sich rühmen, sich brüsten |
| audācia, ae *f* | Kühnheit, Mut, Frechheit |
| istō pactō | auf diese Art und Weise |
| ecquid *Adv* | etwa, wohl, denn |
| attendō, -tendī, -tentum, -tendere | beachten, merken |
| silentium, ī *n* | Stille |
| P. Sestius, ī *m* | Publius Sestius, Freund Ciceros, später von diesem vor Gericht verteidigt |
| M. Marcellus, ī *m* | M. Claudius Marcellus, angesehener Politiker, später Gegner Caesars |
| templum, ī *n* | Raum; Heiligtum, Tempel |
| senātus, ūs *m* | Senat |
| manūs īnferre + *Dat* | Hand legen an |
| clāmō, clāmāre | schreien, rufen |
| patrēs cōnscrīptī | Senatoren (als Anrede im Senat) |
| querimōnia, ae *f* | Klage, Beschwerde |
| dētestor, dētestārī | ablehnen, von sich weisen |
| percipiō, -cēpī, -ceptum, -cipere | erfassen, hören |
| etenim *Kj* | nämlich, denn |

| | | | |
|---|---|---|---|
| comperiō, comperī, compertum, comperīre | erfahren, in Erfahrung bringen | comprimō, -pressī, -pressum, -primere | zusammendrücken, verdrängen |
| sanctus, a, um | heilig, ehrwürdig | ēdūcō, -dūxī, -ductum, -dūcere | herausführen |
| mactō, mactāre | opfern, zugrunde richten | naufragus, ī *m* | Schiffbrüchiger, Gescheiterter |
| ūsūra, ae *f* | Gebrauch, Frist | aggregō, aggregāre | zu-, beigesellen |
| gladiātor, ōris *m* | hier: Bandit | exstinguō, -stīnxī, -stīnctum, -stinguere | auslöschen, vernichten |
| pestis, is *f* | Seuche, Unglück | | |
| paulīsper *Adv* | ein Weilchen | | |
| reprimō, -pressī, -pressum, -primere | zurückdrängen, -treiben | stirps, is *f* | Wurzel |
| | | nōn modo ..., sed (etiam) ... | nicht nur ..., sondern (auch) ... |
| perpetuus, a, um | beständig, auf Lebenszeit | sēmen, inis *n* | Same, Spross, Ursache |

# Quid novi?

## 1. Das Futur I und II   Ü 1, 2, 3

In dieser Lektion lernen Sie nun die letzten Tempora kennen, das Futur I und das Futur II.

### Das Futur I
Die Bildung des Futur I ist je nach Konjugationsklasse verschieden. Bei den Verben der ā- und ē-Konjugation werden zwischen Stamm und Personalendung ein -b- und ein Bindevokal eingeschoben. Die übrigen Verben bilden das Futur nur mit den Bindevokalen -a- und -e-. Die **Aktivformen** lauten:

| ā-Konjugation | ē-Konjugation | ī-Konjugation | kons. Konjugation |
|---|---|---|---|
| laudā-**b**-ō | docē-**b**-ō | audi-**a**-m | dic-**a**-m |
| *ich werde loben* | *ich werde lehren* | *ich werde hören* | *ich werde sagen* |
| laudā-**bi**-s | docē-**bi**-s | audi-**ē**-s | dic-**ē**-s |
| laudā-**bi**-t | docē-**bi**-t | audi-**e**-t | dic-**e**-t |
| laudā-**bi**-mus | docē-**bi**-mus | audi-**ē**-mus | dic-**ē**-mus |
| laudā-**bi**-tis | docē-**bi**-tis | audi-**ē**-tis | dic-**ē**-tis |
| laudā-**bu**-nt | docē-**bu**-nt | audi-**e**-nt | dic-**e**-nt |

Bei den **Passivformen** werden entsprechend die Passivendungen angehängt; in der 2. Person Singular wird statt des -i- ein -e- eingeschoben: **laudā-b-or, laudā-be-ris, laudā-bi-tur; docē-bi-mur, docē-bi-minī, docē-bu-ntur; audi-a-r, audi-ē-ris, audi-ē-tur; dic-ē-mur, dic-ē-minī, dic-e-ntur.**

Die Futurformen der unregelmäßigen Verben lauten:
- esse: erō *ich werde sein*, eris, erit, erimus, eritis, erunt
- posse: poterō *ich werde können*, poteris, poterit, poterimus, poteritis, poterunt
- īre: ībō *ich werde gehen*, ībis, ībit, ībimus, ībitis, ībunt
- velle: volam *ich werde wollen*, volēs, volet usw.
- mālle: mālam *ich werde lieber wollen*, mālēs, mālet usw.
- nōlle: nōlam *ich werde nicht wollen*, nōlēs, nōlet usw.
- ferre: feram *ich werde tragen*, ferēs, feret usw.
- fierī: fīam *ich werde werden (gemacht werden zu)*, fīēs, fīet usw.

Mit dem Futur I werden in der Zukunft eintretende und ablaufende Handlungen bezeichnet. **Vives ita, ut nunc vivis, multis meis praesidiis obsessus.** *Du wirst so leben, wie du jetzt lebst, belagert von meinen vielen Wachen.*
Der **Imperativ Futur** richtet sich an die 2. und 3. Person Singular und Plural und lautet: **laudā-tō** *du sollst loben/er soll loben*, **laudā-tōte** *ihr sollt loben* und **lauda-ntō** *sie sollen loben*. Er dient einigen Verben als Ersatz für den Imperativ Präsens. So heißt **mementō** *denke daran*, **scītō** *wisse* und **estō** *sei*.

### Das Futur II

Das Futur II **Aktiv** bildet seine Formen mit dem Perfektstamm und Endungen, die bis auf die der 3. Person Plural den Futurformen von **esse** entsprechen: **laudāv-erō** *ich werde gelobt haben*, **laudāv-eris, laudāv-erit; docu-erimus, docu-eritis, docu-erint** usw.
Das **Passiv** des Futur II setzt sich zusammen aus dem PPP und den Futurformen von **esse**: **laudātus, a, um erō/eris/erit; laudātī, ae, a erimus/eritis/erunt.**
Das Futur II der unregelmäßigen Verben lautet:
- esse: fuerō *ich werde gewesen sein*, fueris, fuerit usw.
- posse: potuerō *ich werde gekonnt haben*, potueris, potuerit usw.
- īre: ierō *ich werde gegangen sein*, ieris, ierit usw.
- velle: voluerō *ich werde gewollt haben*, volueris, voluerit usw.
- mālle: māluerō *ich werde lieber gewollt haben* usw.
- nōlle: nōluerō *ich werde nicht gewollt haben* usw.

Mit dem Futur II werden Handlungen bezeichnet, die vorzeitig zu einer anderen Handlung stattgefunden haben. Man findet diese Zeitform vor allem in Gliedsätzen, seltener in Hauptsätzen. Bei der Übersetzung verwenden Sie Präsens oder Perfekt: **Si te, Catilina, interfici iussero, rem publicam magno metu liberabo.** *Wenn ich befehle (wörtlich: befohlen haben werde), dass du, Catilina, getötet wirst, werde ich unseren Staat von großer Furcht befreien.*
Vielleicht wundern Sie sich, dass die Römer nicht einfach das Präsens oder Perfekt anstelle des Futur II benutzt haben: Das Lateinische ist hier um einiges genauer als das Deutsche, und es gibt bestimmte Regeln für die Zeitenfolge in Haupt- und Gliedsätzen (für konjunktivische Gliedsätze haben Sie diese bereits gelernt: → Lektion 9, S. 122):

▌ Bei Gleichzeitigkeit finden Sie in Haupt- und Gliedsatz die gleichen Tempora.
▌ Ist das im Gliedsatz ausgedrückte Geschehen aber vorzeitig, so steht in Bezug auf ein Präsens im Hauptsatz ein Perfekt im Gliedsatz, in Bezug auf ein Futur oder einen futurischen Ausdruck ein Futur II und auf ein Vergangenheitstempus ein Plusquamperfekt.

Achtung: Das Futur II der unvollständigen Verben (→ Lektion 12, S. 160) muss wie Futur I übersetzt werden: **Eum odi et odero.** *Ich hasse ihn und werde ihn (immer) hassen.*

## 2. Das Partizip Futur Aktiv   Ü 4, 5, 6

Neben dem PPP und dem PPA, die Ihnen schon vertraut sind, gibt es auch ein Partizip Futur Aktiv, das PFA. Es drückt eine aktive Handlung in der Zukunft aus: **laudāt-ūr-us** *loben werdend*; *einer, der loben wird*. Die Formen sehen dem PPP ähnlich, es ist jedoch vor der Endung ein -ūr- eingeschoben: **laudāt-ūr-us, a, um; duct-ūr-us, a, um; lāt-ūr-us, a, um.** Das PFA von **esse** ist **futūrus, a, um**, das PFA von **īre itūrus, a, um**. Das Partizip wird nach der ā- und o-Deklination dekliniert.

### Das PFA im Infinitiv Futur
Am häufigsten wird Ihnen das PFA als **Bestandteil des Infinitivs Futur** begegnen, also im AcI. Das PFA stimmt dabei in Kasus, Numerus und Genus mit dem Subjektsakkusativ überein: **Confirmat se iam exiturum esse.** *Er versichert, er werde bald selbst hinausgehen.* Wie bei anderen zusammengesetzten Formen im AcI kann hier **esse** ab und zu entfallen (→ Lektion 12, S. 158); anstelle von **futūrum, -am, -um, futūrōs, -ās, a esse** kann auch das unveränderliche **fore** auftreten: **Polliceor hoc vobis magnam in nobis consulibus futuram esse/futuram/fore diligentiam.** *Dies verspreche ich euch, Senatoren, dass wir Konsuln es nicht an Sorgfalt fehlen lassen werden* (wörtlich: *in uns ... Sorgfalt sein wird*).
Wie die anderen Partizipien drückt auch das PFA ein bestimmtes Zeitverhältnis zum übergeordneten Verb aus: Es dient zum Ausdruck der **Nachzeitigkeit.** Sie übersetzen also nicht einfach mit dem Futur, sondern müssen in Ihrer Übersetzung die Nachzeitigkeit zum Ausdruck bringen: Duo equites Romani se illa ipsa nocte me **interfecturos esse** polliciti sunt. *Zwei römische Ritter versprachen, dass sie mich noch in eben jener Nacht* **töten würden.** Catilinam **rediturum esse** puto. *Ich glaube, dass Catilina* **zurückkommen wird.**

### Das PFA als Prädikatsnomen
Das PFA kann Ihnen auch als Prädikatsnomen mit einer Form von **esse** begegnen (umschreibendes Futur). Auf diese Weise wird eine unmittelbar bevorstehende Handlung, ein Wille oder eine Absicht zum Ausdruck gebracht: Epistulam **scripturus sum**. *Ich bin im Begriff,/werde/will gleich einen Brief (zu) schreiben.* Epistulam **scripturus eram**. *Ich war im Begriff,/wollte gerade einen Brief (zu) schreiben.*

### Das PFA in attributiver Verwendung
In attributiver Verwendung tritt in klassischen Texten vor allem **futūrus**, das PFA von **esse**, auf: **bella futura** *künftige Kriege*.

### Das PFA als PC

Das PFA kann als Participium coniunctum auftreten und bringt dort den bevorstehenden Beginn einer Handlung oder eine Absicht zum Ausdruck: Milites castra **defensuri** ad arma concurrunt. *Die Soldaten eilen zu den Waffen,* **um** *das Lager* **zu verteidigen**/ *weil sie das Lager* **verteidigen wollen**.

### 3. Das Supinum I und II  Ü 7

Das **Supinum I** ist äußerlich nicht von einem PPP im Neutrum Singular zu unterscheiden: **salutātum, postulātum**. Es steht in dieser Form unveränderlich nach Verben der Bewegung zum Ausdruck eines Zwecks und kann auch durch ein Objekt ergänzt werden: Orationes **auditum** redii. *Ich kam zurück,* **um** *die Reden* **zu hören**. Vidi eos, quos tu ad me **salutatum** mane miseras. *Ich habe diejenigen gesehen, die du geschickt hattest,* **um** *mich morgens zu besuchen.*
Das **Supinum II** sieht beinahe aus wie ein PPP, endet aber auf -ū: **dictū, factū**. Es steht nach Adjektiven wie **facilis, incredibilis**, nach Superlativen oder auch nach **res** oder **fas**. Nicht alle Verben bilden diese Form. Häufig kommen vor: **audītū, cognitū, dictū, factū, intellectū**: Hoc facile est intellectu. *Das ist leicht zu verstehen.* Hoc optimum factu iudico. *Ich halte dies für das Beste (zu tun).*

### 4. Konditionalsätze  Ü 8

Die Konjunktion **sī**, die einen Konditionalsatz, also einen Bedingungssatz, einleitet, ist Ihnen schon mehrfach begegnet. Konditionalsätze können auch mit **sī nōn** *wenn nicht*, **nisī** *wenn nicht, außer wenn* oder auch **quodsī** *wenn nun aber* eingeleitet werden. Je nach dem vom Sprecher angenommenen Verhältnis der Bedingung zur Wirklichkeit unterscheidet man drei Arten von Konditionalsätzen:
- **Indefinitus oder Realis:** Hier bleibt das Verhältnis der Bedingung zur Wirklichkeit unbestimmt. In beiden Teilen des Satzes steht der Indikativ: **Si te rogavero aliquid, nonne respondebis?** *Wenn ich dir eine Frage stelle, wirst du dann nicht antworten?*
- **Potentialis** (→ Lektion 8, S. 109, Lektion 9, S. 121): Hier wird die Bedingung als Möglichkeit angenommen. In beiden Teilen des Satzes steht Konjunktiv Präsens oder Perfekt: **Si haec tecum patria loquatur, nonne impetrare debeat?** *Wenn das Vaterland dies zu dir sagte, müsste es dann nicht Gehör bei dir finden* (wörtlich: *sollte es [dies] nicht durchsetzen*)?
- **Irrealis** (→ Lektion 9, S. 121): Hier wird die Bedingung als nicht wirklich angesehen. In beiden Satzteilen steht der Konjunktiv Imperfekt (Irrealis der Gegenwart) oder der Konjunktiv Plusquamperfekt (Irrealis der Vergangenheit): **Si hoc dicerem/dixissem, iure optimo senatus mihi vim inferret/intulisset.** *Wenn ich das sagte (= sagen würde)/ gesagt hätte, würde/hätte der Senat mir mit vollem Recht Gewalt antun/angetan.*

## 5. Cum modale  Ü 9

In seinen hauptsächlichen Funktionen haben Sie **cum** bereits kennengelernt. Auf eine letzte Verwendungsweise sei hier noch kurz hingewiesen: Mit dem cum modale werden Handlungen eingeführt, die mit der Handlung im übergeordneten Satz zusammenfallen. **Cum** hat hier den Indikativ bei sich, in beiden Satzteilen steht in der Regel das gleiche Subjekt und das gleiche Tempus. Sie übersetzen mit *indem* oder *dadurch, dass*: **Cum quiescunt, probant.** *Indem Sie schweigen, billigen Sie es.*

# Usus magister optimus est

**1** Bestimmen Sie die Formen. Welche sind eindeutig bestimmbar, bei welchen gibt es zwei Möglichkeiten?

1. ferar .................................... 4. malam ....................................
2. dicam .................................... 5. potuerint ....................................
3. erunt .................................... 6. audies ....................................

**2** Finden Sie die jeweils zusammengehörenden Formen im Futur I und II. Einige Formen bleiben übrig. Bilden Sie zu diesen die entsprechenden fehlenden Formen.

> laudabitur ✔   capies   ierit   auditus erit   loquemur   liberabimus   ceperis   liberaverint
> locuti erimus   liberaverimus   ibit   audiet   laudatus erit ✔   locutus ero   audiverit

*laudabitur: laudatus erit,* .................................................................
.................................................................
.................................................................

**3** Trainieren Sie das Übersetzen der neu gelernten Futurformen mit folgenden Sätzen.
1. Catilinam patriam caede delere cupientem nos consules perferemus?
2. Cives Romani scelera tua meminerint, Catilina.
3. Bello delebitur Italia, diripientur urbes, domus ardebunt.
4. Si Catilinam interfici iussero, mihi erit verendum, ne quis hoc serius a me factum esse dicat.
5. Haec omnia sic agentur, ut pericula summa nullo tumultu me duce et imperatore depellantur.
6. Si Catilinam secuti erunt sui comites, si ex urbe exierint, o nos beatos, o rem publicam fortunatam!

**4** Beherrschen Sie die Formen der drei lateinischen Partizipien? Ergänzen Sie die fehlenden Formen.

1. relictus ................................ ................................
2. ................................ capiens ................................
3. ................................ ................................ missuras
4. rapti rapientis ................................
5. eiecto (*Dat*) ................................ ................................
6. ................................ ferentibus ................................

**5** Übersetzen Sie die Sätze mit dem PFA.

1. Speramus vos incolumes redituros esse.
2. Negavi me hoc esse facturum.
3. Hoc certe, quod sum dicturus, neque praetermittendum neque relinquendum est.
4. Vos, equites Romani, quid tandem estis acturi?
5. Te numquam imperium obtenturum esse puto.
6. Unus ex viris ad Caesarem venit, se suosque omnes in officio futuros neque ab amicitia populi Romani defecturos confirmavit.

**6** Lösen Sie die Fragen rund um das PFA.

1. Welche Formen sind richtig? Unterstreichen Sie.

   Caesar confirmavit sibi eam rem curae *futuram esse / fore / futurum esse.*

   Caesar se legatos Romam *missurum / missuros / missurum esse* dixit.

2. Welche Endung müssen Sie einsetzen?

   Cives sperabant milites domos non incensur......... esse.

   Cicero pollicitus est se patriam servatur......... esse.

3. Bestimmen Sie die Zeitverhältnisse (VZ, GZ, NZ) der Partizipien bzw. der Infinitive zum übergeordneten Verb.

   Senatores Ciceronis orationem audientes secum putabant patriam semper a bonis viris servatam esse et se Ciceroni patriae salutem credituros esse.

**7** Übersetzen Sie die Sätze mit Supinum.

1. Venimus te admonitum.
   
   ...................................................................................................

2. Quod tibi optimum factu videbitur, facies.
   
   ...................................................................................................

3. Sequani legatos ad Caesarem miserunt oratum, ne se in hostium numero duceret.
   
   ...................................................................................................

4. Bello confecto totius fere Galliae principes civitatum ad Caesarem gratulatum convenerunt.
   
   ...................................................................................................


**8** Finden Sie zu folgenden Konditionalsätzen passende Übersetzungen und bestimmen Sie, ob ein Indefinitus, ein Potentialis oder ein Irrealis vorliegt.

1. Cives Romani si una voce loquerentur, hoc dicerent: Egredere, Catilina!
2. Si te interfici iussero, manebit in re publica reliqua coniuratorum manus.
3. Si hoc optimum factu existimavissem, Catilinam morte multavissem.
4. Catilinae si paucos putatis adesse, vehementer erratis.
5. Dies me deficiat, si omnia exponere velim.
6. Comites tui me interfecissent, si domum meam non maioribus praesidiis munivissem.


**9** Bestimmen Sie die Funktion von **cum** in den folgenden Sätzen. Kreuzen Sie an und übersetzen Sie.

|  | Präp + Abl | Kj temporal | Kj kausal | Kj konzessiv | Kj modal |
|---|---|---|---|---|---|
| 1. Cicero cum morte multare posset Catilinam, nondum noluit. | ☐ | ☐ | ☐ | ☐ | ☐ |
| 2. Senatores vix consederant, cum Catilina advenit. | ☐ | ☐ | ☐ | ☐ | ☐ |
| 3. Proficiscere ad impium bellum, Catilina, cum sociis tuis, inimicis bonorum, hostibus patriae! | ☐ | ☐ | ☐ | ☐ | ☐ |
| 4. Cum id fieri patiemur, decernemus. | ☐ | ☐ | ☐ | ☐ | ☐ |

# Quis ignorat ...?

## Antike Rhetorik

Wird man nach einem antiken Redner gefragt, so kommt einem sofort Cicero in den Sinn. Natürlich war der 106 v. Chr. geborene Anwalt und Politiker, der als **homo novus** – also als „Emporkömmling" aus einer Familie, in der noch niemand ein Amt versehen hatte – sogar das Konsulat erreichte, nicht der einzige römische Redner. Trotzdem ist es bezeichnend, dass eine Vielzahl seiner Reden bis in die heutige Zeit gelangt sind, während die Reden anderer damals angesehener Redner wie z. B. die des Hortensius, des Konkurrenten Ciceros, nicht überliefert wurden.

Cicero befasste sich intensiv mit der Beredsamkeit und verfasste mehrere rhetorisch-philosophische Schriften zum Thema, in denen er u.a. das Ideal eines umfassend gebildeten Redners entwarf, der nicht nur rhetorisch versiert war, sondern sich zu jeglicher Angelegenheit fundiert und dem Staatswohl verpflichtet äußern konnte. Cicero selbst hatte auf Bildungsreisen nach Griechenland und Kleinasien bei berühmten Lehrern gelernt und sich neben dem Studium der Rhetorik u.a. auch der Philosophie gewidmet.

Sowohl in Griechenland als auch in Rom waren Reden von jeher präsent, sei es als politische Rede, als Ansprache vor dem Heer oder als Trauer- oder Lobrede für Verstorbene. Allerdings gab es zunächst keinen theoretischen Unterbau und keine systematische Unterweisung. Als Begründer der Beredsamkeit als lehrbare Kunst gelten Teisias und Korax aus Sizilien. Mit dem Sizilier Gorgias gelangte die Redekunst im 5. Jh. v. Chr. nach Griechenland, wo sie sich durch die Arbeit von Rednern und Philosophen immer weiter entwickelte. Mit der Öffnung Roms für die griechische Kultur hielt auch das Lehrfach der Beredsamkeit dort Einzug – schien es doch sinnvoll, in der Volksversammlung oder im Senat seinen Standpunkt mit Hilfe rhetorischer Fähigkeiten überzeugend darlegen zu können. Es entstanden Rhetorenschulen, in denen zunächst auf Griechisch unterrichtet wurde. In Ciceros Jugend eröffnete die erste Redeschule, in der Unterricht auf Latein stattfand.

Mit den politischen Umwälzungen, die der Übergang von der Republik zur Kaiserzeit mit sich brachte, ging eine stärkere Verdrängung der Rede aus der Öffentlichkeit in die Schulen einher. Die rhetorische Ausbildung gehörte zur gehobenen Allgemeinbildung und war sehr angesehen. Unter Kaiser Vespasian wurden öffentliche Lehrstühle für Rhetorik mit staatlicher Besoldung gestiftet. Der erste Inhaber eines solchen Lehrstuhls war M. Fabius Quintilianus.

Nach antiker Tradition erfolgte das Erstellen einer Rede in fünf Arbeitsschritten: 1. **inventio** (Stofffindung), 2. **dispositio** (Stoffgliederung), 3. **elocutio** (Stilisierung), 4. **memoria** (Auswendiglernen) und 5. **actio** (Vortrag). Die antiken Redner sprachen in der Regel frei, deshalb mussten sie sich vorher ihre Reden einprägen.

# Utilia

## Übersicht über *cum*
Damit Sie bei dem vielseitigen Wörtchen **cum** den Überblick behalten, sind hier die wichtigsten Verwendungsweisen noch einmal kurz zusammengefasst:

| Präposition + Ablativ | Konjunktion + Indikativ | Konjunktion + Konjunktiv |
|---|---|---|
| *mit* | *als, wenn* (cum iterativum)<br>*sobald* (cum primum + Perfekt)<br>*als, wenn* (cum temporale)<br>*als (plötzlich)* (cum inversum)<br>*indem* (cum modale) | *als, nachdem* (cum narrativum)<br>*weil* (cum causale)<br>*obwohl* (cum concessivum) |

## Der *cursus honorum*, die Ämterlaufbahn zur Zeit Ciceros
In der römischen Republik gab es mehrere Ehrenämter, die römische Politiker in einer festgelegten Reihenfolge durchliefen. Hier die wichtigsten Begriffe und Informationen:

| Amt | Qästor → | Ädil → | Prätor → | Konsul |
|---|---|---|---|---|
| Anzahl | 20 | 4, unter Caesar 6 | 10, unter Caesar 12 | 2 |
| Mindestalter | 31 | 37 | 40 | 43 |
| Aufgabe | Verwaltung der Staats- und Kriegskasse und der Gelder in den Provinzen | polizeiliche Aufgaben, Aufsicht über Straßen, Markt und Plätze, Veranstaltung der öffentlichen Spiele | Beamter mit **imperium** (umfassende Amtsgewalt, jur., mil. und relig. Kompetenzen), Rechtsprechung, Provinzverwaltung | oberste Staatsrepräsentanten mit **imperium**, Berufung und Leitung des Senats |

Cicero, der Autor unseres Lektionstextes, war 75 v. Chr. Quästor, 69 v. Chr. Ädil, 66 v. Chr. Prätor und 63 v. Chr. Konsul. Er erlangte alle Ämter im Mindestalter.

# Lectio alit ingenium

## Egredere, Catilina!

*Empört über das scheinheilige Auftreten Catilinas im Senat greift Cicero diesen scharf an.*

Quo usque tandem abuteris, Catilina, patientia nostra? Quam diu etiam furor iste tuus nos eludet? Quem ad finem sese effrenata iactabit audacia?
Servi mehercule mei si me isto pacto metuerent, ut te metuunt omnes cives tui, domum meam relinquendam putarem; tu tibi urbem relinquendam esse non arbitraris? Egredere ex urbe, Catilina, libera rem publicam metu, in exilium proficiscere! Ecquid attendis, ecquid animadvertis senatorum silentium? Si hoc idem huic adulescenti optimo, P. Sestio, si fortissimo viro, M. Marcello, dixissem, iam mihi hoc ipso in templo iure optimo senatus vim et manus intulisset. De te autem, Catilina, cum quiescunt, probant, cum patiuntur, decernunt, cum tacent, clamant.

*Aber ist das Exil nicht vielleicht eine zu milde Bestrafung für einen Verbrecher wie Catilina? Cicero hat sich auch darüber Gedanken gemacht.*

Nunc, ut a me, patres conscripti, patriae querimoniam detester, percipite diligenter, quae dicam. Etenim, si mecum patria, quae mihi vita mea multo est carior, sic loquatur: „M. Tulli, quid agis? Tune eum, quem esse hostem comperisti, quem ducem belli futurum vides, exire patieris? Nonne hunc in vincula duci, non ad mortem rapi, non summo supplicio mactari imperabis?"
His ego sanctissimis rei publicae vocibus pauca respondebo: Ego si hoc optimum factu iudicarem, patres conscripti, Catilinam morte multari, unius usuram horae gladiatori isti ad vivendum non dedissem.
Hoc autem uno interfecto intellego hanc rei publicae pestem paulisper reprimi, non in perpetuum comprimi posse. Quodsi sese eiecerit secumque suos eduxerit et ceteros undique collectos naufragos aggregaverit, exstinguetur atque delebitur non modo haec rei publicae pestis, verum etiam stirps ac semen malorum omnium.

(nach Cicero, *In Catilinam* 1, 1–12)

**Lektion 14**

Was Sie in dieser Lektion kennenlernen:
- die **indirekte Rede**
- die **konjunktivischen Relativsätze**
- die römischen **Zahlen**

## De Germanis

*G*alli ingenti magnitudine corporum Germanos, incredibili virtute atque exercitatione in armis esse praedicabant, saepe sese cum his congressos ne vultum quidem atque aciem oculorum dicebant ferre potuisse.

*D*ie Gallier erklärten, die Germanen seien ungeheuer groß, unglaublich tapfer und geübt im Umgang mit Waffen. Sie seien häufig mit ihnen zusammengestoßen und hätten nicht einmal ihren Blick, die Schärfe ihrer Augen ertragen können.
(nach Caesar, *De bello Gallico* I, 39)

**Diese furchteinflößende Schilderung** lässt in Caesars *Commentarii de bello Gallico* den römischen Soldaten Angst und Schrecken in die Glieder fahren, während sie dem Germanenkönig Ariovist entgegenziehen. Caesar beschreibt, dass sich einige Soldaten aus Angst vor den Germanen um Beurlaubung bemühten, während andere ihr Schicksal beklagten und schon ihre Testamente verfassten.
**In der Darstellung Ariovists** und der Germanen bedient sich Caesar typischer Beschreibungsmuster für außerhalb der römischen Zivilisation lebende, noch ungezähmte Barbaren – so bezeichneten die Griechen fremde, nicht griechisch sprechende Völker, und auch die Römer kannten diesen Begriff für die Völker am Rand und außerhalb ihres Imperiums.
**In den Darstellungen der** antiken Autoren ist immer von der immensen Körpergröße der Germanen die Rede und von ihrer Wildheit, die von dem rauen Klima im Norden herrührte. Das Klima war in der Antike eine Erklärungsgröße für die Unterschiede zwischen den Völkern. Aber auch die Einfachheit und Unverdorbenheit der wilden und fremden Völker wird bei den antiken Autoren thematisiert. So rühmt der kaiserzeitliche Autor Tacitus in seinem ethnografischen Werk *Germania* unter anderem die Moral und Sittenstrenge der Germanen, die ihm im Rom seiner Zeit fehlten.

# 14

## Verborum copia

| | |
|---|---|
| Germānī, ōrum *m*, *Pl* | die Germanen |
| Gallī, ōrum *m*, *Pl* | die Gallier |
| ingēns, entis | riesig, gewaltig |
| incrēdibilis, e | unglaublich, erstaunlich |
| exercitātiō, ōnis *f* | Gewandtheit, Übung |
| praedicō, praedicāre | erklären, bekannt machen |
| sēsē (= sē) | sich |
| congredior, -gressus sum, -gredī | zusammentreffen, -stoßen |

### Quid novi?

| | |
|---|---|
| Dīviciācus, ī *m* | Diviciacus, Häduerfürst |
| Sēquanī, ōrum *m*, *Pl* | die Sequaner, kelt. Volksstamm |
| nōbilis, e | edel, berühmt, vornehm |
| Ariovistus, ī *m* | Ariovist, König eines germ. Stammes |
| colloquium, ī *n* | Unterredung, Gespräch |
| Haeduī, ōrum *m*, *Pl* | die Häduer, kelt. Volksstamm |
| arbitrium, ī *n* | Gutdünken, freies Ermessen; Schiedsspruch |
| iniūria, ae *f* | Unrecht, Ungerechtigkeit |
| praemittō, -mīsī, -missum, -mittere | vorausschicken |
| idōneus, a, um | passend, geeignet |
| dīgnus, a, um | würdig, wert |
| gēns, gentis *f* | Volk, Stamm, Sippe |
| vulnerō, vulnerāre | verwunden |
| passus, ūs *m* | Schritt |
| amplus, a, um | weit, groß, bedeutend |

### Usus magister optimus est

| | |
|---|---|
| adiuvō, -iūvī, -iūtum, -iuvāre | helfen, beistehen |
| exercitātus, a, um | geübt, erfahren |
| implōrō, implōrāre | erflehen, erbitten |
| crūdēlitās, ātis *f* | Grausamkeit |
| sustineō, -tinuī, -tentum, -tinēre | ertragen, standhalten |
| praescrībō, -scrīpsī, -scrīptum, -scrībere | vorschreiben |
| quemadmodum *Adv* | auf welche Weise, wie |
| impediō, impedīvī/ -iī, impedītum, impedīre | aufhalten, behindern |
| modestus, a, um | maßvoll, bescheiden |
| circiter *Adv* | ungefähr |
| supersum, -fuī, -esse | übrig sein, überleben |

### Quis ignorat ...?

| | |
|---|---|
| colōnia, ae *f* | Niederlassung, Kolonie |
| mūnicipium, ī *n* | (Klein-)Stadt mit bestimmten Vorrechten |

### Lectio alit ingenium

| | |
|---|---|
| lēgātiō, ōnis *f* | Gesandtschaft |
| praetereā *Adv* | außerdem |
| omnīnō *Adv* | völlig, überhaupt |
| rēspōnsum, ī *n* | Antwort |
| mandātum, ī *n* | Auftrag, Weisung |
| postulō, postulāre | fordern, verlangen |
| prīmum *Adv* | zuerst, erstens |
| Rhēnus, ī *m* | Rhein |
| permittō, -mīsī, -missum, -mittere | überlassen, erlauben |
| voluntās, ātis *f* | Wille, Wunsch, Genehmigung |
| nēve *Kj* | und nicht |

| | | | |
|---|---|---|---|
| lacessō, lacessīvī/-iī, lacessītum, lacessere | reizen, herausfordern | contendō, -tendī, -tentum, -tendere | sich messen, kämpfen; eilen; behaupten |
| item *Adv* | ebenso | invictus, a, um | unbesiegbar |
| cōnsuēscō, -suēvī, -suētum, -suēscere | sich gewöhnen an | tēctum, ī *n* | Dach, Haus |
| cōnsuēvisse | gewohnt sein, pflegen | subeō, -iī/-īvī, -ītum, -īre | betreten; auf sich nehmen |
| perniciēs, ēī *f* | Untergang, Verderben | | |

# Quid novi?

### 1. Indirekte Rede  Ü 1, 2, 3, 4

Der Autor des Lektionstextes, Caesar, bedient sich häufig der indirekten Rede, um seine eigenen Worte oder die eines Gegenübers wiederzugeben. Aus *Ariovist sagte: „Ich werde die Geiseln nicht zurückgeben"* wird *Ariovist sagte, er werde die Geiseln nicht zurückgeben.* Das Gesagte wird einem Verb des Sagens oder Meinens untergeordnet, dies erscheint allerdings nicht immer im Text, sondern muss bei langen Passagen oft in Gedanken ergänzt werden.

### Die Wiedergabe der indirekten Rede
Benutzen Sie den Konjunktiv I. Wenn die Formen des Konjunktivs I mit denen des Indikativs identisch sind, benutzen Sie die Formen des Konjunktivs II oder die Umschreibung mit *würde*: *Caesar sagte, Ariovist gebe die Geiseln nicht zurück* (Konjunktiv I).
Beim Plural im Satz *Caesar sagte, die Germanen gäben die Geiseln nicht zurück / würden die Geiseln nicht zurückgeben* hieße der Konjunktiv I *geben* und wäre mit dem Indikativ identisch, daher ersetzen Sie *gäben*, also die Konjunktiv-II-Form.

# 14

## Direkte und indirekte Rede in der Gegenüberstellung

- Alle **Aussagesätze** der direkten Rede werden in der indirekten Rede in einen AcI umgewandelt.

| direkte Rede | indirekte Rede |
|---|---|
| **Locutus est Diviciacus:** *Diviciacus sagte:* ||
| **Coacti sunt** Sequanis obsides dare nobilissimos civitatis. *Sie wurden gezwungen, den Sequanern die vornehmsten Männer des Stammes als Geiseln zu stellen.* | **Coactos esse** Sequanis obsides dare nobilissimos civitatis. *Sie seien gezwungen worden, den Sequanern die vornehmsten Männer des Stammes als Geiseln zu stellen.* |
| Ariovistus, rex Germanorum, superbe et crudeliter **imperat**. *Ariovist, der König der Germanen, übt seine Herrschaft stolz und grausam aus.* | Ariovistum, regem Germanorum, superbe et crudeliter **imperare**. *Ariovist, der König der Germanen, übe seine Herrschaft stolz und grausam aus.* |

- **Indikativische und konjunktivische Nebensätze** der direkten Rede stehen in der indirekten Rede nach den Regeln der Zeitenfolge (→ Lektion 9, S. 122) im Konjunktiv.

| direkte Rede | indirekte Rede |
|---|---|
| **Ariovistus dixit:** *Ariovist sagte:* ||
| Ius est belli, ut, qui **vicerunt**, iis, quos vicerunt, imperent. *Es ist Kriegsrecht, dass die, die gesiegt haben, über diejenigen, die sie besiegt haben, herrschen.* | Ius esse belli, ut, qui **vicissent**, iis, quos vicissent, imperarent. *Es sei Kriegsrecht, dass die, die gesiegt hätten, über diejenigen, die sie besiegt hätten, herrschten.* |

- **Aufforderungen in Imperativ und Konjunktiv** stehen in der indirekten Rede im Konjunktiv (ohne **ut**).

| direkte Rede | indirekte Rede |
|---|---|
| **Caesar postulavit:** *Caesar forderte:* ||
| **Delige** aliquem locum colloquio! *Wähle irgendeinen Ort für eine Unterredung aus!* | Ille aliquem locum colloquio **deligeret**. *Er solle irgendeinen Ort für eine Unterredung auswählen.* |
| Ne Haeduis bellum **intuleris**! *Fang mit den Häduern keinen Krieg an!* | Ne Haeduis bellum **inferret**. *Er solle mit den Häduern keinen Krieg anfangen.* |

▎ **Fragesätze** treten in den Konjunktiv.

| Ariovistus rogavit: |
|---|
| *Ariovist fragte:* |
| Visne tu, Caesar, cum Germanis pugnare?   Velletne ille cum Germanis pugnare? |
| *Willst du, Caesar, gegen die Germanen*   *Ob er (Caesar) gegen die Germanen* |
| *kämpfen?*   *kämpfen **wolle**?* |
| Quid **veremini**?   Quid **vererentur**? |
| *Was **fürchtet** ihr?*   *Was **sie fürchteten**?* |

▎ **Pronomina** in der indirekten Rede:
- In der indirekten Rede beziehen sich Reflexivpronomina und Formen von **ipse** auf den Sprecher: (Ariovistus dixit:) **Sibi** mirum videri, quid in **sua** Gallia Caesari negotii esset. *(Ariovist sagte:) Es erscheine **ihm** verwunderlich, was Caesar in **seinem** (Ariovists) Gallien zu besorgen habe.*
- Die Reflexivpronomina können sich aber auch direkt auf das Subjekt bzw. den Subjektsakkusativ in der indirekten Rede beziehen: (Ariovistus dixit:) **Populum Romanum** victis ad **suum** arbitrium imperare. *(Ariovist sagte:) **Das römische Volk** beherrsche die von ihm Besiegten nach **seinem eigenen** (des römischen Volkes) Gutdünken.*
- Die angeredete Person und die 3. Person werden in der indirekten Rede mit Formen von **ille** oder **is** bezeichnet: (Ariovistus dixit:) **Illum/Eum** magnam iniuriam facere. *(Ariovist sagte:) **Er** (Caesar) begehe ein großes Unrecht.*

## 2. Konjunktivische Relativsätze  Ü 5, 6, 7

Relativsätze können (auch außerhalb der indirekten Rede und dem Potentialis oder Irrealis) in den Konjunktiv treten, wodurch der Relativsatz finalen, kausalen, konzessiven oder konsekutiven Sinn erhält. Dieser muss aus dem Zusammenhang erschlossen werden.

▎ **finaler Nebensinn**
Übersetzen Sie den Relativsatz als Finalsatz mit *damit*, *um zu* oder nutzen Sie das Verb *sollen*: Caesar exploratores praemittit, **qui** locum castris idoneum **deligant**. *Caesar schickte Kundschafter voraus, **die** einen für ein Lager geeigneten Platz **aussuchen sollten**/**damit sie** einen für ein Lager geeigneten Platz **aussuchten**.*
Relativsätze nach den Adjektiven **dignus** oder **idoneus** gelten auch als final: **Tu nobis idoneus visus es, qui exercitum hortareris.** *Du schienst uns geeignet zu sein, das Heer aufzumuntern.*

▎ **konsekutiver Nebensinn**
Mit dem Relativsatz wird hier eine Folge ausgedrückt. Die konsekutive Nuance lässt sich nur umständlich zum Ausdruck bringen. Übersetzen Sie also wie bei einem ganz normalen Relativsatz: **Exercitus est, qui nulli exercitui cedat.** *Das ist ein Heer, das keinem Heer in etwas nachsteht* (konsekutiver Sinn: *das **so beschaffen ist, dass** es keinem Heer in etwas nachsteht*).

In diesen Bereich gehören auch Relativsätze nach unbestimmten oder negativen Bezugswörtern: **sunt, qui** *es gibt Leute, die* oder **nemo est, qui** *es gibt niemanden, der* sowie Relativsätze nach Wendungen wie **is sum, qui** ... oder **talis/tantus sum, qui** ... *ich bin so ein Mensch, dass ich ...*: **Sunt, qui dicant** populum Romanum victis ad suum arbitrium imperavisse. *Es gibt Leute, die sagen, das römische Volk habe nach eigenem Gutdünken über seine Besiegten geherrscht.* **Non talis sum, qui** mortis periculum timeam. *Ich bin nicht so ein Mensch, dass ich um mein Leben fürchte.*

▌**kausaler Nebensinn**
Wandeln Sie den Relativsatz in einen Kausalsatz um: Caesar, **qui** multas gentes amicitia sibi **adiunxisset**, imperium obtinere poterat. *Caesar konnte seine Herrschaft behaupten, da er sich viele Stämme freundschaftlich verbunden hatte.*

▌**konzessiver Nebensinn**
Übersetzen Sie den Relativsatz als konzessiven Gliedsatz: Milites, **qui vulnerati essent**, pugnare non desierunt. *Die Soldaten hörten nicht auf zu kämpfen, obwohl sie verwundet worden waren.*

### 3. Die römischen Zahlen   Ü 8, 9

Bei der Lektüre lateinischer Texte können Ihnen immer wieder Zahlen begegnen, bei Caesar sind dies z. B. Entfernungsangaben, Angaben zur Truppenstärken oder Zeitangaben. Man unterscheidet Grund- bzw. Kardinalzahlen („Wie viele?") und Ordnungs- bzw. Ordinalzahlen („Der Wievielte?"):

|    |        | Grund-/Kardinalzahlen | Ordnungs-/Ordinalzahlen |
|----|--------|------------------------|--------------------------|
| 1  | I      | ūnus, a, um *ein*      | prīmus, a, um *der erste* |
| 2  | II     | duo, duae, duo *zwei*  | secundus, a, um *der zweite* |
| 3  | III    | trēs, trēs, tria *drei* | tertius, a, um *der dritte* |
| 4  | IV/IIII | quattuor              | quārtus, a, um           |
| 5  | V      | quīnque                | quīntus                  |
| 6  | VI     | sex                    | sextus                   |
| 7  | VII    | septem                 | septimus                 |
| 8  | VIII   | octō                   | octāvus                  |
| 9  | IX     | novem                  | nōnus                    |
| 10 | X      | decem                  | decimus                  |
| 11 | XI     | undecim                | undecimus                |
| 12 | XII    | duodecim               | duodecimus               |
| 13 | XIII   | trēdecim               | tertius decimus          |
| 14 | XIV    | quattuordecim          | quārtus decimus          |
| 15 | XV     | quīndecim              | quīntus decimus          |

| | | | |
|---|---|---|---|
| 16 | XVI | sēdecim | sextus decimus |
| 17 | XVII | septendecim | septimus decimus |
| 18 | XVIII | duodēvīgintī | duodēvīcēsimus |
| 19 | XIX | undēvīgintī | undēvīcēsimus |
| 20 | XX | vīgintī | vīcēsimus |
| 30 | XXX | trīgintā | trīcēsimus |
| 40 | XL | quadrāgintā | quadrāgēsimus |
| 50 | L | quīnquāgintā | quīnquāgēsimus |
| 60 | LX | sexāgintā | sexāgēsimus |
| 70 | LXX | septuāgintā | septuāgēsimus |
| 80 | LXXX | octōgintā | octōgēsimus |
| 90 | XC | nōnāgintā | nōnāgēsimus |
| 100 | C | centum | centēsimus |
| 200 | CC | ducentī, ae, a | ducentēsimus |
| 300 | CCC | trecentī, ae, a | trecentēsimus |
| 400 | CCCC | quadringentī, ae, a | quadringentēsimus |
| 500 | D | quīngentī, ae, a | quīngentēsimus |
| 600 | DC | sescentī, ae, a | sescentēsimus |
| 700 | DCC | septingentī, ae, a | septingentēsimus |
| 800 | DCCC | octingentī, ae, a | octingentēsimus |
| 900 | CM | nōngentī, ae, a | nōngentēsimus |
| 1000 | M | mīlle | mīllēsimus |
| 2000 | MM | duo mīlia | bis mīllēsimus |

Die Ordnungszahlen sind alle wie die Adjektive der ā- und o-Deklination deklinierbar. Von den Grundzahlen können nur 1 bis 3, die Hunderter ab **ducentī** und der Plural von **mīlle** dekliniert werden.

| ein | | | zwei | | | drei | | | Tausende |
|---|---|---|---|---|---|---|---|---|---|
| ūnus | ūna | ūnum | duo | duae | duo | trēs | trēs | tria | mīlia |
| | ūnīus | | duōrum | duārum | duōrum | | trium | | mīlium |
| | ūnī | | duōbus | duābus | duōbus | | tribus | | mīlibus |
| ūnum | ūnam | ūnum | duō(s) | duās | duo | trēs | trēs | tria | mīlia |
| ūnō | ūnā | ūnō | duōbus | duābus | duōbus | | tribus | | mīlibus |

Bei zusammengesetzten Zahlen stehen die größeren Zahlen vor den kleinen (mit oder ohne **et**): **trecenti septuaginta quattuor** = 374. Bei den Zahlen 21 bis 99 kann auch die kleinere Zahl vor der größeren stehen. Beide müssen dann mit **et** verbunden werden: **trecenti quattuor et septuaginta** = 374.

CLXXXV centum octoginta quinque

Zwei Zahlen vor dem Zehner wird rückwärts gezählt: **duode**viginti (18: „2 von 20"), **unde**viginti (19: „1 von 20"). So auch **duode**triginta (28) oder **unde**centum (99).
Beispiele für Zahlenangaben:
Caesar ab hostium castris non longius **mille et quingentis passibus** aberat. *Caesar war nicht weiter als 1500 Schritte vom Lager der Feinde entfernt.* Flumen a castris non amplius **milibus passuum X** abest. *Der Fluss ist nicht weiter als zehn Meilen (10.000 an Schritten) vom Lager entfernt* (**mille passus** [tausend Schritte] = eine Meile, **duo milia passuum** [zweitausend an Schritten] = zwei Meilen; eine Meile entspricht 1,5 km).

## Usus magister optimus est

**1** Setzen Sie die folgenden deutschen Sätze in die indirekte Rede.

1. Caesar: Ich muss mit Ariovist über wichtige Angelegenheiten verhandeln.

   *Caesar sagt,* ..................................................................................................................

2. Die Germanen haben den Rhein überquert und sich in Gallien niedergelassen.

   ..................................................................................................................................

3. Warum fürchten die Stämme Galliens den Germanenkönig?

   ..................................................................................................................................

**2** Übersetzen Sie diese Sätze in der indirekten Rede.

Caesar dixit:
1. Di se adiuvarent.
2. Se Germanos exercitatissimos in armis timere.
3. Quid Ariovistus vellet?
4. Senatui placuisse, ut quicumque Galliam provinciam obtineret, amicos populi Romani defenderet.

**3** Eine Unterredung zwischen Caesar und Diviciacus über die Probleme mit dem Germanenkönig Ariovist: Markieren Sie die indirekte Rede und übersetzen Sie.

Diviciacus respondit Sequanos, quorum oppida omnia in potestate Ariovisti essent, auxilium implorare non audere absentisque Ariovisti crudelitatem timere. Non posse eius imperia diutius sustineri. His rebus cognitis Caesar Gallorum animos verbis confirmavit pollicitusque est sibi eam rem curae futuram; magnam se habere spem et beneficio suo et auctoritate adductum Ariovistum finem iniuriis facturum. Hac oratione habita Caesar in castra rediit.

**4** Nachdem Caesar Ariovist aufgefordert hat, zu einer Unterredung zu kommen, lässt Ariovist Caesar Folgendes ausrichten. Auf wen beziehen sich die Pronomina? Übersetzen Sie.

1. Ariovistus respondit: *Illum* ad *se* venire oportere.
2. *Ipsum* non venturum esse.
3. Non *sese* Gallis, sed Gallos *sibi* bellum intulisse.
4. Si *ipse* populo Romano non praescriberet, quemadmodum *suo* iure uteretur, non oportere *se* a populo Romano in *suo* iure impediri.

..................................................................................................................
..................................................................................................................
..................................................................................................................
..................................................................................................................

**5** Übersetzen Sie die Relativsätze. Bestimmen Sie den Nebensinn, sofern es einen gibt.

1. Caesar milites reliquit, qui castra defenderent.
2. Qui modeste paret, videtur dignus esse, qui aliquando imperet.
3. Legati redierunt, qui cum Ariovisto de summis rebus egerant.
4. Senatores Ciceronem laudaverunt, qui rem publicam servavisset.

**6** Welche Sätze haben die gleiche Bedeutung wie der erste Satz? Kreuzen Sie an und notieren Sie die passende Übersetzung.

Haedui legatos miserunt, qui auxilium implorarent.

| | | |
|---|---|---|
| a. | Haedui legatos miserunt auxiliis imploratis. | ☐ |
| b. | Haedui legatos miserunt ad auxilium implorandum. | ☐ |
| c. | Haedui legatos miserunt auxilium imploratum. | ☐ |
| d. | Haedui legatos miserunt, ut auxilium implorarent. | ☐ |
| e. | Haedui legatos miserunt, qui auxilium imploraverunt. | ☐ |

..................................................................................................................

**7** Übersetzen Sie und beantworten Sie die Fragen.

1. Wen spricht Cicero an? „Non es dignus, qui in senatum venias."
2. Von wem ist hier die Rede? „Nemo est, qui ignoret ei Romam semper odio fuisse."
3. Wer könnte Folgendes einem Freund als Rat auf den Weg geben? „Talem te esse oportet, qui tam audaciter cum amico quam tecum loquaris."

## 8 Welche Zahlen verbergen sich hier?

1. duodequinquaginta ........................  5. XIX ........................
2. tria milia ........................  6. DCC ........................
3. quinque et octoginta ........................  7. XIV ........................
4. ducenti septem et nonaginta ........................  8. IC ........................

## 9 Übersetzen Sie die Sätze mit Zahlenangaben.

1. Milites nostri impetum hostium sustinuerunt atque amplius horis quattuor fortissime pugnaverunt.
2. Occisis hominum milibus quattuor reliqui ex oppido expulsi sunt.
3. Ex eo proelio circiter hominum milia CXXX superfuerunt.
4. Caesar cum exercitu circiter milia passuum quinque aberat.
5. Caesar eum ad se cum ducentis obsidibus venire iussit.

## 10 Welches Wort ist das richtige? Sammeln Sie die Lösungsbuchstaben und ordnen Sie sie. Das Lösungswort ergibt das Ziel zweier Exkursionen Caesars während seiner Zeit in Gallien.

1. Geisel          obsessus    (R)   obses      (A)
2. Sieger          victor      (A)   victus     (O)
3. Unterredung    colloquium  (B)   convivium  (M)
4. hochmütig      superamus   (A)   superbus   (T)
5. Kriegsrecht    ius belli   (N)   vis belli  (E)
6. aufhören       dissentire  (C)   desinere   (I)
7. Herrschaft     imperium    (I)   imperator  (L)
8. anvertrauen    manere      (S)   mandare    (N)
9. gezwungen werden  cogi     (R)   coepi      (A)

Lösungswort: ... ... ... ... ... ... ... ...

# Quis ignorat ...?

## Römer und Germanen

Informationen über Germanen aus erster Hand kamen erst mit Caesar nach Rom. Vorher hatte man wenig Kenntnisse über die Völker und Gebiete im Norden. In seinen *Commentarii de bello Gallico* fügte Caesar unter anderem einen Exkurs über die Germanen ein, in dem er über ihre Lebensweise, Bräuche und Vorstellungen Auskunft gibt und sie von den Galliern abgrenzt. Er berichtet unter anderem, es handle sich um dem Krieg und der Jagd zugetane Menschen, die sich von Milch, Käse und Fleisch ernährten, im Ackerbau nicht die geschicktesten seien, Raubzügen nicht abgeneigt, Gästen gegenüber aber friedlich.

Während Caesars Zeit kam es zu zahlreichen politischen und militärischen Kontakten und Konflikten mit den Germanen. In der Kaiserzeit wurden mehrere tiefere Vorstöße in rechtsrheinisches germanisches Gebiet unternommen, so unter dem Kommando von Drusus und Tiberius, den Stiefsöhnen des Kaisers Augustus. Die Niederlage des Quinctilius Varus gegen den eigentlich mit Rom eng verbundenen Cherusker Arminius 9 n. Chr. und der damit verbundene Verlust von drei Legionen war ein harter Rückschlag im römischen Bemühen um Germanien, dem weitere Feldzüge und Schlachten in germanischem Gebiet folgten.

Von der Nordsee bis in die Nähe des heutigen Koblenz war der Rhein die Grenze zu Germanien. Unter Kaiser Domitian (81–96 n. Chr.) wurde die Grenze zu Germanien zwischen Rhein und oberer Donau gesichert. Er begann mit der Errichtung des Limes, der in der Folgezeit immer weiter befestigt wurde und in seinem Endzustand über 550 km lang war. Unter seiner Herrschaft wurden auch die beiden Provinzen Germania Inferior und Superior gegründet. Germania Inferior umfasste Teile der heutigen Niederlande, Teile Belgiens, das linksrheinische Nordrhein-Westfalen und Teile von Rheinland-Pfalz; Germania Superior beinhaltete Teile von Rheinland-Pfalz, Hessen, Baden-Württemberg, der Westschweiz und des Elsass. Ihre Hauptstädte waren Colonia Claudia Ara Agrippinensium (Köln) und Mogontiacum (Mainz).

Händler, Handwerker und Gastwirte zog es meist in die Nähe von Truppenlagern und zu den recht kaufkräftigen Soldaten. Auf diese Weise entstanden in der Nähe von Lagern und Kastellen oftmals kleine Siedlungen, die sich teilweise sogar zu bedeutenden Städten entwickelten, wie Köln, Mainz oder Heidelberg. Diese Siedlungen konnten zu **coloniae** oder **municipia** erhoben werden. **Coloniae** hatten das volle Stadtrecht der Stadt Rom, und die Bürger besaßen das römische Bürgerrecht. Die erste **colonia** in germanischem Gebiet war Köln. In den **municipia**, die wie die **colonia** nach innen autonom verwaltet wurden, hatten die Bewohner das weniger umfassende latinische Recht.

In den Provinzen kam es zu einer Vermischung der Kulturen, die lateinische Sprache hielt Einzug, ebenso römische Wohn- und Lebensweise, Thermen, Theater, Feste, der Kalender und auch das Recht; einheimische Kulte und römische Kulte bestanden nebeneinander.

# Utilia

### Sonderformen von Verben

Hier erhalten Sie einen kurzen Hinweis auf Sonderformen von Verben, die Ihnen bei der Autorenlektüre begegnen können. Verben, die ihre Perfektformen mit -v- bilden, können durch das Ausstoßen des -v- Kurzformen bilden:

vocāvistī → vocāstī         vocāverim → vocārim         vocāvisse → vocāsse
vocāveram → vocāram         vocāvissem → vocāssem

Der Anfang der Ersten Catilinarischen Rede, aus der Sie in Lektion 13 einen Auszug gelesen haben, lautet im Original Quo usque tandem **abutere**, Catilina, patientia nostra? In Ihrem Text stand **abuteris**: Anstelle der Passivendung **-ris** in der 2. Person Singular findet sich ab und zu die Endung **-re**.

## Lectio alit ingenium

### De superbia Ariovisti

*Die gallischen Sequaner standen in ständigem Streit mit den Haeduern um die Vorherrschaft in Gallien. Die Sequaner hatten germanische Söldner zu ihrer Unterstützung angeworben, die in großer Zahl nach Gallien geströmt waren. Der Germanenkönig Ariovist besiegte die Haeduer und machte sie tributpflichtig. Aber auch die Sequaner wurden von ihm bedrängt, da er ihr Land für sich einforderte. Die Haeduer baten Caesar um Hilfe, der sich sogleich einschaltete.*

Quam ob rem placuit Caesari, ut ad Ariovistum legatos mitteret, qui ab eo postularent, ut aliquem locum colloquio deligeret: velle sese de re publica et summis utriusque rebus cum eo agere.
Ei legationi Ariovistus respondit: si quid ille velit, illum ad se venire oportere. Praeterea se sine exercitu in eas partes Galliae venire non audere, quas Caesar possideret. Sibi autem mirum videri, quid in sua Gallia, quam bello vicisset, aut Caesari aut omnino populo Romano negotii esset.
His responsis ad Caesarem relatis iterum ad eum Caesar legatos cum his mandatis mittit: haec esse, quae ab eo postularet: primum, ne quam multitudinem hominum amplius trans Rhenum in Galliam traduceret; deinde obsides, quos haberet ab Haeduis, redderet Sequanisque permitteret, ut, quos illi haberent, voluntate eius reddere illis liceret; neve Haeduos iniuria lacesseret neve his sociisque eorum bellum inferret.
Ad haec Ariovistus respondit: ius esse belli, ut victores iis, quos vicissent, quemadmodum vellent, imperarent. Item populum Romanum victis ad suum arbitrium imperare consuesse. Si ipse populo Romano non praescriberet, quemadmodum suo iure uteretur, non oportere se a populo Romano in suo iure impediri.
Neminem secum sine sua pernicie contendisse. Cum vellet, congrederetur: intellecturum, quid invicti Germani, exercitatissimi in armis, qui inter annos XIV tectum non subissent, virtute possent.

(nach Caesar, *De bello Gallico* I, 34–36)

**Lektion 15**

Womit Sie sich in dieser Lektion beschäftigen:
- mit den **Gliedsätzen** mit **quōminus** und **quīn**
- weiteren Funktionen des **Genitivs**
- mit **stilistischen Mitteln**

## De M. Tullio Cicerone

*Non possum legere librum Ciceronis De senectute, De amicitia, De officiis, De Tusculanis disputationibus, quin aliquoties exosculer codicem ac venerer sanctum illud pectus.*

Ich kann Ciceros Buch über das Alter, über die Freundschaft, über die Pflichten und die Gespräche in Tusculum nicht lesen, ohne dass ich mehrmals das Buch küsse und jenen erhabenen Verstand verehre.
(Erasmus von Rotterdam, *Colloquia familiaria, Convivium religiosum*)

**Dieses Bekenntnis legt** Erasmus von Rotterdam (1465/69–1536) einem der Dialogpartner in seinem *Convivium religiosum* aus den erstmals 1518 erschienenen *Colloquia familiaria* in den Mund. Der Universalschriftsteller Cicero, in dessen Briefe und Reden Sie bereits einen kleinen Einblick erhalten haben, ist die wohl vielfältigste Persönlichkeit der römischen Antike; sowohl seine Sprache als auch die Inhalte vieler seiner Werke sind über die Jahrhunderte hinweg verehrt, nachgeahmt und weitergegeben worden. Zeitgenossen und Nachfolger feierten seine vollkommenen Reden und seine philosophischen Werke gehörten zwischen der Spätantike und Neuzeit zu den meistgelesenen philosophischen Schriften.

Auch christliche Leser ließen sich von diesem heidnischen Autor in ihren Bann ziehen. Mit der Entdeckung seiner Briefe in der Renaissance wurde Cicero auch als Person greifbar – gerade in diesen sehr persönlichen Mitteilungen an Freunde und Familie begegnet dem Leser ein ganz anderer Cicero als in den großen Reden.

**Cicero wird in dieser** Lektion eine große Rolle spielen und Sie haben die Gelegenheit, einen Textausschnitt aus einem seiner philosophischen Werke zu lesen, den *Tusculanae disputationes*, die schon Erasmus, einen der bedeutendsten Gelehrten des europäischen Humanismus, in Begeisterung versetzt haben.

## Verborum copia

| | |
|---|---|
| senectūs, ūtis *f* | Alter, Greisenalter |
| Tusculānus, a, um | aus Tusculum |
| disputātiō, ōnis *f* | Unterredung, Streitgespräch |
| quīn *Kj + Konj* | dass, dass nicht, ohne dass, der/die/das nicht |
| aliquotiē(n)s *Adv* | mehrmals |
| exōsculor, exōsculārī | küssen |
| cōdex, icis *m* | Handschrift, Buch |
| veneror, venerārī | verehren, anbeten |

### Quid novi?

| | |
|---|---|
| quōminus *Kj + Konj* | dass |
| dēterreō, -terruī, -territum, -terrēre | abschrecken, abhalten |
| recūsō, recūsāre | ablehnen, sich weigern |
| dīvitiae, ārum *f, Pl* | Reichtum, Schätze |
| fūrtum, ī *n* | Diebstahl |
| accūsō, accūsāre | anklagen, beschuldigen |
| damnō, damnāre | verurteilen |
| coniūrātiō, ōnis *f* | Verschwörung |
| ferrum, ī *n* | Eisen, Schwert |
| īnfestus, a, um | bedroht; bedrohlich |
| totiē(n)s *Adv* | so oft |
| mōlior, mōlītus sum, mōlīrī | bewegen, unternehmen |
| apertus, a, um | offen |
| dēserō, -seruī, -sertum, -serere | verlassen, im Stich lassen |
| libīdō, inis *f* | Begierde, Lust, Ausschweifung |
| facinus, oris *n* | Untat, Verbrechen |
| flāgitium, ī *n* | Schandtat, Schande |

### Usus magister optimus est

| | |
|---|---|
| crīmen, inis *n* | Beschuldigung, Anklage |
| sēnsus, ūs *m* | Gefühl, Empfindung |
| obstō, -stitī, –, -stāre | entgegenstehen, hinderlich sein |
| aetās, ātis *f* | Alter, Zeit |
| somnus, ī *m* | Schlaf |
| propter *Präp + Akk* | wegen; neben |
| sēditiō, ōnis *f* | Streit, Aufruhr |
| suspīciō, ōnis *f* | Verdacht |
| C. Gracchus, ī *m* | C. Sempronius Gracchus, Volkstribun, 154–121 v. Chr. |
| avus, ī *m* | Großvater |
| cōnsultum, ī *n* | Beschluss, Plan |
| dēpōnō, -posuī, -positum, -pōnere | ab-, niederlegen |
| Terentia, ae *f* | Terentia, Ciceros erste Ehefrau |
| quis-/quae-/quid-/quicquam *Indefpron* | irgendjemand, irgendeiner |
| pereō, -iī, -itum, -īre | verloren gehen, umkommen |
| Tullia, ae *f* | Tullia, Tochter Ciceros |
| maeror, ōris *m* | Trauer, Gram |

### Lectio alit ingenium

| | |
|---|---|
| cot(t)īdiē *Adv* | täglich, Tag für Tag |
| induō, -duī, -dūtum, -duere | (sich) anziehen; hineinfallen |
| aut ... aut ... | entweder ... oder ... |
| auferō, abstulī, ablātum, auferre | wegbringen, wegtragen |
| migrō, migrāre | wandern, auswandern |
| sīve *Kj* | oder wenn |
| nōn-numquam *Adv* | manchmal, zuweilen |
| vīsum, ī *n* | Bild, Traumbild |
| plācātus, a, um | ruhig, gelassen |
| quiēs, ētis *f* | Ruhe |
| lucrum, ī *n* | Gewinn, Vorteil |

| | | | |
|---|---|---|---|
| ēmorior, -mortuus sum, -morī | sterben, dahinscheiden | iūstus, a, um | gerecht, rechtmäßig |
| sīn *Kj* | wenn aber | peregrīnātiō, ōnis *f* | Aufenthalt, das Reisen im Ausland |
| migrātiō, ōnis *f* | Wanderung, Umzug | mediocris, e | mittelmäßig, gering |
| incolō, -coluī, -cultum, -colere | (be)wohnen | colloquor, -locūtus sum, -loquī | sich unterhalten, unterreden |
| iūdex, icis *m* | Richter | Orpheus, eī/eos *m* | Orpheus, myth. Sänger |
| habeor, habērī (in + *Abl*) | gehalten werden für, (gerechnet werden zu) | Hēsiodus, ī *m* | Hesiod, gr. Dichter, um 700 v. Chr. |
| Mīnōs, ōis *m* | Minos, Richter in der Unterwelt | Palamēdēs, is *m* | Palamedes, Erfinder, von Odysseus verleumdet, zu Unrecht gesteinigt |
| Rhadamanthus, ī *m* | Rhadamanthus, Richter in der Unterwelt, Bruder des Minos | inīquus, a, um | ungerecht, ungleich, ungünstig |
| | | hinc *Adv* | von hier |

# Quid novi?

### 1. Gliedsätze mit *quōminus*   Ü 1, 2, 4, 5

Sie haben bereits im Zusammenhang mit den Finalsätzen gelernt, dass nach den Verben des Fürchtens wie **timere** oder **vereri** *fürchten* **ne** *dass* bedeutet (→ Lektion 8, S. 110). Bei den Verben des Hinderns und Widerstehens wie z. B. **prohibere** *abwehren*, **deterrere** *abschrecken* oder **recusare** *sich weigern* wird der sich anschließende Satz mit **ne** oder **quominus** eingeleitet. Beides bedeutet hier *dass*; für die Übersetzung bietet sich ein Infinitiv mit *zu* an.
Socratis amici prohibentur, **ne** eum liberent. *Die Freunde des Sokrates werden daran gehindert, ihn zu befreien (= dass sie ihn befreien).* Non deterret sapientem metus mortis, **quominus** suis consulat. *Todesangst schreckt einen Weisen nicht davon ab, sich um seine Leute zu kümmern (= dass er sich um seine Leute kümmert).*

### 2. Gliedsätze mit *quīn*   Ü 1, 3, 4, 5

Bei der Lektüre lateinischer Texte wird Ihnen ab und zu die Konjunktion **quin** begegnen. Sie leitet Gliedsätze nach verneinten Ausdrücken des Zweifelns ein und wird mit *dass* übersetzt: Non dubito, **quin** Cicero Socratem admiratus sit. *Ich zweifle nicht daran, dass Cicero Sokrates bewundert hat.*

**▍ Quin** kann auch nach den verneinten Ausdrücken des Hinderns und Widerstrebens stehen und wird dann mit *dass* oder dem Infinitiv mit *zu* übersetzt: Cur non recusavisti, **quin**

criminibus responderes? *Warum hast du dich nicht geweigert, auf die Anschuldigungen zu antworten?*
Merken Sie sich in diesem Zusammenhang auch die Ausdrücke **paulum abest, quin** *es fehlt wenig, dass/und* und **non multum abest, quin** *es fehlt nicht viel, dass/und*: **Paulum afuit, quin** coniurati Ciceronem interficerent. *Es fehlte wenig, dass die Verschwörer Cicero töteten./Es hätte wenig gefehlt, und die Verschwörer hätten Cicero getötet.*

▪ **Quin** kann in Konsekutivsätzen anstelle von **ut non** im Sinne von *dass nicht, ohne dass* stehen, wenn der übergeordnete Satz **verneint** ist:
Fieri **non** potest, **quin** (= ut non) te adiuvem. *Es kann **nicht** geschehen, **dass** ich dir **nicht** helfe. (= Ich muss dir helfen.)* Dagegen: Fieri **non** potest, **ut** te adiuvem. *Es kann nicht geschehen, **dass** ich dir helfe. (= Ich kann dir nicht helfen.)*

▪ **Quin** kann auch nach einem negativen übergeordneten Satz einen Relativsatz einleiten und **qui non/quae non/quod non** ersetzen:
Nemo est, **quin** (= qui non) sciat Socratem morte multatum esse. *Es gibt niemanden, der nicht weiß, dass Sokrates mit dem Tode bestraft wurde.*
Quis est, **quin** (= qui non) hoc intellegat? *Wen gibt es, **der** das **nicht** versteht?*

## 3. Weitere Funktionen des Genitivs   Ü 6, 7

Sie haben in diesem Lehrbuch schon sehr viele Funktionen der Kasus kennengelernt. Hier folgen noch zwei etwas seltenere Funktionen des Genitivs:

▪ Der **Genitivus pretii** gibt den Preis, den Wert oder die Bedeutung von etwas oder jemandem an. Im Genitivus pretii stehen unter anderem: **magni, pluris, plurimi** *hoch, höher, am höchsten;* **parvi, minoris, minimi** *gering, geringer, am geringsten;* **tanti, tantidem, quanti** *so hoch, genauso hoch, wie hoch.*
Er steht bei den Verben **esse** und **fieri** in der Bedeutung *wert sein, gelten* und bei **aestimare, putare, ducere** und **facere** in der Bedeutung *schätzen, achten*: Philosophia mihi **pluris** est quam divitiae. *Die Philosophie ist mir **mehr wert** als Reichtum.*
**Quanti** quisque alios facit, **tanti** solet ipse fieri. ***Wie sehr** jemand die anderen achtet, **so sehr** wird auch er gewöhnlich geachtet.*
Der Genitivus pretii steht auch bei den Verben des Kaufens wie **emere** oder **vendere**: **Quanti** Apelles tabulas picturas emit? *Für **wie viel** hat Apelles seine Bilder verkauft?*
Apelles tabulas pictas non **minoris** quam ceteri vendidit. *Apelles verkaufte seine Bilder nicht **für weniger** als die anderen.*

▪ Der **Genitivus criminis** gibt den Grund einer Anklage oder Verurteilung an: **aliquem furti accusare** *jemanden des Diebstahls beschuldigen/anklagen,* **aliquem iniuriarum damnare** *jemanden wegen Beleidigungen verurteilen,* **aliquem coniurationis absolvere** *jemanden von der Anklage der Verschwörung freisprechen*: Socrates **sceleris** accusatus est. *Sokrates ist **eines Verbrechens** angeklagt worden.*
Die Strafe wird in der Regel mit dem Ablativ angegeben (Ablativus instrumenti): **aliquem morte multare** *jemanden mit dem Tod bestrafen.* Eine Ausnahme besteht bei **capitis**: **aliquem capitis damnare/absolvere** *jemanden zum Tode verurteilen/von der Todesstrafe freisprechen*: Socrates **capitis** damnatus est. *Socrates ist **zum Tode** verurteilt worden.*

## 4. Einige wichtige Stilmittel  Ü 8, 9

Viele lateinische Texte sind kunstvoll durch verschiedene stilistische Mittel gestaltet, die zumeist die jeweilige Textaussage unterstreichen. Hier eine Übersicht über einige wichtige Stilmittel, mit der Sie bei Ihrer weiteren Lektüre über das reine Übersetzen hinaus tiefer in den Text und seine Aussagen eindringen können. Die Übungstexte, die Sie auf der CD zum Buch finden, geben Ihnen noch Gelegenheit, Ihren Blick für Stilmittel zu schulen. Man unterscheidet bei den Stilmitteln **Tropen** (Wendungen) und **Wort-** und **Gedankenfiguren** (die kunstvolle Anordnung mehrerer Wörter). Wenn Sie ein stilistisches Mittel entdecken, machen Sie sich auch immer Gedanken darüber, aus welchem Grund ein solches Mittel eingesetzt wird bzw. was es beim Hörer oder Leser bewirken soll.

| Tropen | | |
|---|---|---|
| Litotes | ein Sachverhalt wird hervorgehoben, indem das Gegenteil verneint wird | **non sine** causa *(nicht ohne Grund) aus gutem Grund*; **non ignorare** *(nicht nicht-wissen) sehr wohl/genau wissen* |
| Metonymie | ein Begriff wird durch einen anderen ersetzt, der ihm nahesteht, z. B. der Autor anstelle des Werks oder das Material anstelle des Produkts | **ferrum** *Eisen* anstelle von **gladium** *Schwert*; **Platonem** omnes legunt. *Alle lesen* **Platon** *(= Platons Werke).* |
| Metapher | ein Begriff wird durch einen anderen, aus einem anderen Bereich stammenden Begriff ersetzt; es gibt ein Merkmal, das beide Begriffe verbindet | Cicero über Catilina: Magna dis immortalibus habenda est gratia, quod hanc tam **infestam rei publicae pestem** totiens iam effugimus. *Wir müssen den unsterblichen Göttern danken, dass wir* **dieser gefährlichen Pest des Staates** *schon so oft entkommen sind.* |
| Synekdoche | statt eines umfassenderen Begriffs wird ein engerer gewählt, v. a. Pars pro toto: ein Teil anstelle des Ganzen | **tectum** *Dach* anstelle von **domus** *Haus* |

## Wortfiguren

| | | |
|---|---|---|
| Alliteration | zwei oder mehrere aufeinanderfolgende Wörter beginnen mit demselben Buchstaben | Patent portae; proficiscere! *Die Tore stehen offen; brich auf!* |
| Anapher | Sätze oder Teile von Sätzen beginnen mit dem gleichen Wort | Nihil agis, **nihil** moliris, **nihil** cogitas, quod ego non audiam. *Du tust **nichts**, du unternimmst **nichts**, du planst **nichts**, was ich nicht höre.* |
| Asyndeton | eine nicht durch et oder -que verbundene Aufzählung zweier oder mehrerer Satzglieder | Non feram, non patiar, non sinam. *Ich werde es nicht hinnehmen, ich werde es nicht dulden, ich werde es nicht zulassen.* (gleichzeitig Anapher) |
| Geminatio | ein Wort oder eine Wortgruppe wird unmittelbar wiederholt | Nos, nos, dico aperte, consules desumus. *Wir, ich sage es ganz offen, **wir** Konsuln lassen es an uns fehlen.* |
| Hendiadyoin | ein Begriff wird durch zwei Begriffe, von denen der eine dem anderen inhaltlich untergeordnet oder zugeordnet sein kann, wiedergegeben | **vita et mores** *Lebenswandel* (wörtlich: *Leben und Sitten*) Nos **reliquit ac deseruit**. *Er hat uns **treulos verlassen*** (wörtlich: *zurückgelassen und im Stich gelassen*). |
| Hyperbaton | zwei zusammengehörige Wörter werden durch ein oder mehrere andere Wörter getrennt | **Magna** me, inquit, **spes** tenet. *Ich habe **große Hoffnung**, sagte er.* |
| Parallelismus | Satzteile oder Sätze sind gleichartig angeordnet | Quae libido ab oculis, quod facinus a manibus umquam tuis, quod flagitium a toto corpore afuit? *Welche Begierde ist je deinen Augen, welche Freveltat deinen Händen, welche Schandtat deinem ganzen Körper fremd gewesen?* |

## Gedankenfiguren

| | | |
|---|---|---|
| Antithese | zwei Gedanken werden einander gegenübergestellt | Servi mei si me metuerent, ut te metuunt omnes cives tui, **ego mihi domum relinquendam putarem, tu tibi urbem non arbitraris**? *Wenn mich meine Sklaven so fürchteten wie dich alle deine Mitbürger fürchten, **würde ich mein Haus verlassen wollen, und du meinst, die Stadt nicht verlassen zu müssen**?* |

| | | |
|---|---|---|
| **Chiasmus** | eine kreuzweise Anordnung der Satzglieder: X + Y und Y + X | Castrorum imperatorem ducemque hostium videtis. *Ihr seht den Befehlshaber des Lagers, den Anführer der Feinde.* |
| **Klimax** | Wörter, Wortgruppen oder Sätze werden so angeordnet, dass eine Steigerung entsteht | Nonne hunc **in vincula duci**, non **ad mortem rapi**, non **summo supplicio mactari** imperabis? *Wirst du nicht befehlen, dass er in Ketten gelegt wird, dass er zum Tod geschleppt wird, dass er in höchsten Qualen dahingeschlachtet wird?* |
| **Oxymoron** | zwei sich widersprechende Begriffe werden miteinander verbunden | Cum **tacent, clamant.** *Indem sie schweigen, schreien sie.* |

## Usus magister optimus est

**1** Sortieren Sie die Verbformen in die vorgegebenen Kategorien.

> vereor   prohibui   dixerunt   clamare   deterrebor
> periculum fuit   recusavi   metuunt   nego

verba dicendi   ..................................................................................

verba timendi   ..................................................................................

verba impediendi   ..................................................................................

**2** Ordnen Sie die Nebensätze den Hauptsätzen zu.

1. Caesar militibus imperavit,
2. Dolore impedior,
3. Sunt, qui timeant,
4. Socratis amici prohibebantur,
5. Arbitror

a. quominus cibum afferrent.
b. mortem malum esse.
c. ut pontem facerent.
d. ne plura scribam.
e. ne Socrates adulescentium mores corrumpat.

**3** Übersetzen Sie die Sätze mit **quin**.

1. Socrates non recusavit
2. Paulum affuit,
3. Facere non possum,      **quin**
4. Nulla fuit civitas
5. Non dubitari debet,

criminibus responderet.
imperator ipse interficeretur.
te in foro defendam.
Caesari pareret.
sensus in morte nullus sit.

**4** Was gehört in die Lücken? Ergänzen und übersetzen Sie.

| nisi | quin | quominus (2x) | ut (2x) | cum | quare |

1. Quid obstat, .................... sis beatus?
2. .................... Socrates orationem habuisset, morte multatus est.
3. Tanta vis virtutis est, .................... eam in hoste etiam diligamus.
4. Philosophi docent, .................... quidque sit.
5. Aetas non impedit, .................... litterarum studia teneamus.
6. Nemo est, .................... putet Socratis iudices iniuriam fecisse.
7. Rogo te, .................... venias.
8. Satis locutus sum de hac re, .................... forte quid postulatis.

**5** Stimmen die Übersetzungen? Prüfen (R = richtig, F = falsch) und korrigieren Sie, wenn nötig.

1. Fieri non potest, quin ad me venias. — *Du kannst nicht zu mir kommen.*
2. Quid obstat, quominus Socrates liberetur? — *Was steht dem im Wege, dass Sokrates befreit wird?*
3. Non dubito, quin somnus imago mortis sit. — *Ich zweifle nicht daran, dass der Schlaf das Abbild des Todes ist.*
4. Prohibete Catilinam, ne tot summos viros interficiat. — *Haltet Catilina ab, damit er so viele bedeutende Männer töten kann.*

Korrektur: ................................................................................................................
................................................................................................................

**6** Übersetzen Sie und bestimmen Sie die Funktion der Genitive.

1. Parvi sunt foris arma, si deest consilium domi.

   ....................................................................................................

2. Audivi illos caedis damnatos esse.

   ....................................................................................................

3. Catilinae socii coniurationis accusati sunt.

   ....................................................................................................

4. Unum te pluris quam omnes illos puto.

   ....................................................................................................

**7** In acht der folgenden Wortgruppen verbergen sich Ihnen bereits bekannte Kasusfunktionen. Suchen Sie die Wortgruppen heraus, bestimmen und übersetzen Sie.

> alicui detrimento esse   litteris studere   morte multari   divitiis uti   amico maior
> pars senatorum   alicuius rei meminisse   hoc alicui faciendum est   vir summa sapientia
> tanti aestimare   sequi aliquem   bellum inferre alicui   paulo clarius loqui

**8** Was für Stilmittel liegen an den hervorgehobenen Stellen vor? Finden Sie noch ein weiteres und markieren Sie es.

Decrevit quondam senatus, ut consules viderent, ne quid res publica detrimenti caperet. Interfectus est propter quasdam seditionum suspiciones C. Gracchus, **clarissimo patre, avo, maioribus**. Habemus senatus consultum, verum inclusum in tabulis (*hier: Akten*), quo ex senatus consulto statim te interfectum esse, Catilina, convenit. Vivis, et vivis **non ad deponendam, sed ad confirmandam audaciam**.
*Der Senat hat einst beschlossen, dass die Konsuln dafür sorgen sollten, dass der Staat keinen Schaden nähme. C. Gracchus, Sohn eines hochangesehenen Vaters, Enkel eines hochangesehenen Großvaters und Nachkomme hochangesehener Vorfahren, wurde wegen des Verdachts auf Aufruhr getötet. Wir haben einen Senatsbeschluss, aber er ist in den Akten begraben, nach diesem Senatsbeschluss hättest du sofort getötet werden müssen, Catilina. Du lebst, und du lebst nicht, um deine Frechheit abzulegen, sondern um sie auch noch zu steigern.*

**9** Was bewirken die Stilmittel, die Sie in Übung 8 herausgesucht und bestimmt haben?

1. ....................................................................................................
2. ....................................................................................................
3. ....................................................................................................

**10** Wenn Sie die Lücken mit den richtigen Wörtern füllen, können Sie einige Ausschnitte aus Briefen Ciceros an seine Frau Terentia und seine Kinder Tullia und Marcus aus der Zeit seines Exils lesen. Setzen Sie ein und übersetzen Sie.

| plura | te | longiores | cura | s. d. | habebo |

1. Tullius Terentiae ............................
2. Noli putare me ad quemquam ............................ epistulas scribere.
3. Unum hoc scito: Si te ............................, non mihi videbor plane perisse.
4. Si tu et Tullia, lux nostra, valetis, ego valeo. ............................, ut valeas et ita tibi persuadeas, mihi ............................ carius nihil esse nec umquam fuisse.
5. Non possum ............................ iam scribere, impedit maeror.

## Quis ignorat ...?

### Marcus Tullius Cicero

Cicero konnte zwar eine glänzende Karriere als begehrter Anwalt und erfolgreicher Politiker aufweisen, aber er musste auch einige Rückschläge hinnehmen. Die politischen Umwälzungen führten die **res publica** in eine Richtung, die Cicero nicht den Einfluss und die Aufgaben ließ, die er gern gehabt hätte. Die Triumvirn Caesar, Pompeius und Crassus lenkten bald das politische Geschehen. Nach Ciceros Rückberufung aus dem Exil 57 v. Chr. hoffte er auf eine Rückkehr zu alten Verhältnissen, die Triumvirn bestätigten aber ihr Bündnis im Jahr 56 erneut.
In dieser für ihn unerfreulichen Zeit widmete sich Cicero dem Schreiben. In den Jahren 55–51 entstanden die Werke *De oratore*, *De re publica* und *De legibus*: Im Verfassen rhetorischer und philosophischer Schriften fand er einen Ersatz für seine politische Tätigkeit und wusste, dass er auch

auf diese Weise vielen Menschen nützen konnte, indem er ihnen z. B. die Welt der Philosophie eröffnete.

Nach dem Sieg Caesars über Pompeius 48 v. Chr. schien Cicero die **res publica** endgültig verloren und jede Möglichkeit zu sinnvoller politischer Betätigung genommen zu sein. So wandte er sich wieder der Schriftstellerei zu und verfasste die rhetorischen Schriften *Brutus* und *Orator*. Der Tod seiner Tochter Tullia im Jahr 45, die er in seinen Briefen liebevoll Tulliola nennt, traf Cicero sehr schwer. Er suchte Trost in der Philosophie, schrieb eine Trostschrift an sich selbst und verfasste eine Vielzahl philosophischer Schriften, unter anderem die *Tusculanae disputationes*, die in fünf Büchern die Themen Tod, Schmerz, Leidenschaften und deren Überwindung behandeln. Die Form der *disputationes* ist ein Dialog in aristotelischer Tradition, bei dem der Hörer eine These aufstellt, zu der dann der Lehrer bzw. Sprecher seine Ansichten äußert. In dieser Zeit entstanden auch die Werke *De senectute* und *De amicitia* aus dem Bereich der praktischen Ethik, in denen sich einige sehr lebensnahe Bilder und Gedanken finden, die auch einem heutigen Leser leicht zugänglich sind.

Den Tod Caesars im Jahr 44 begrüßte Cicero und hoffte auf eine neue Möglichkeit der politischen Beteiligung und Rückkehr zu den alten Verhältnissen. Cicero kämpfte mit seinen 14 Philippischen Reden gegen den Konsul Antonius, in dessen Händen nach dem Mord an Caesar die Macht lag, und ließ sich sogar auf ein Bündnis mit Octavian, dem Erben Caesars, ein, um ihn gegen Antonius zu unterstützen. Ende Oktober 43 näherten sich Octavian und Antonius jedoch an und bildeten zusammen mit Lepidus das zweite Triumvirat. Antonius nutzte die Gelegenheit, sich an Cicero zu rächen und ließ ihn ermorden. Ciceros Tod wurde unter anderem von dem Historiker Livius dargestellt: Cicero wurden Kopf und Hände abgetrennt und auf der Rednerbühne auf dem Forum ausgestellt, auf dem man ihn in den Jahren zuvor als leidenschaftlichen Redner erlebt hatte.

## Utilia

### Tipps für eine Prüfungssituation

- Stürzen Sie sich nicht sofort auf den lateinischen Text. Bleiben Sie ruhig und gehen Sie systematisch vor. Lesen Sie sich die **Überschrift** und die **deutsche Einleitung** zum Text durch, denn aus ihr wird bereits deutlich, in welche Richtung der Text gehen wird. Das hilft Ihnen, im Anschluss die richtigen Übersetzungsentscheidungen zu treffen.
- Schauen Sie sich dann die **Übersetzungshilfen** an, die in Lateinprüfungen dem Text beigegeben sind. Arbeiten Sie die angegebenen Wortbedeutungen und andere Hinweise gleich in den Text ein. So können Sie keine der wertvollen Hilfen übersehen und räumen gleich erste Hindernisse aus dem Weg.
- **Lesen** Sie dann den lateinischen Text und gehen Sie dabei vor wie in Lektion 11 beschrieben (→ S. 147).
- **Markieren** Sie unbekannte bzw. nicht erschließbare Substantive, Adjektive und Verben, die Sie noch im Wörterbuch nachschlagen müssen.
- Nutzen Sie Ihr **Wörterbuch** mit Bedacht. Versuchen Sie immer erst herauszufinden, worum es gerade geht, und suchen Sie dann gezielt im Wörterbuch nach Bedeutungen.

# Lectio alit ingenium

## Cicero de morte

*In dem Gespräch des ersten Buches der Tusculanae disputationes wird dargelegt, dass der Tod kein Übel ist, dessentwegen man unglücklich sein müsste: Entweder bleibt die Seele nach dem Tod bestehen und empfindet Glück, wenn sie nach dem Tod emporsteigt, oder die Seele wird mit dem Körper vernichtet und ist dann ohne jegliche Empfindung, da sie ja nicht mehr existiert. Einige vergleichen den Tod mit tiefem Schlaf, bei dem man nichts merkt:*

Ii, qui mortem leviorem faciunt, somni simillimam volunt esse. Habes somnum imaginem mortis eamque cottidie induis: et dubitas, quin sensus in morte nullus sit, cum in eius simulacro videas esse nullum sensum?

*Zum Ende des ersten Buches gibt Cicero dann eine Rede des Sokrates wieder, die er nach Verkündigung seines Todesurteils gehalten haben soll. Auch Sokrates hält den Tod nicht für ein schreckliches Übel:*

„Magna me", inquit, „spes tenet, iudices, bene mihi evenire, quod mittar ad mortem. Aut sensus omnino omnes mortem auferre aut nos in alium quendam locum ex his locis migrare puto. Quam ob rem, sive sensus exstinguitur morsque ei somno similis est, qui non numquam etiam sine visis somniorum placatissimam quietem affert, di boni, quid lucri est emori!
Sin vera sunt, quae dicuntur, migrationem esse mortem in eas oras, quas ii, qui e vita excesserunt, incolunt, id multo iam beatius est. Nam cum ab iis, qui se in iudicum numero haberi volunt, evasero, veniam ad eos, qui vere iudices appellentur, Minoem, Rhadamanthum, conveniamque eos, qui iuste et cum fide vixerint: haec peregrinatio mediocris vobis videri potest? Ut (*hier: angenommen dass*) vero colloqui cum Orpheo, Homero, Hesiodo liceat, quanti tandem aestimatis? Quanta delectatione autem afficerer, cum Palamedem, cum alios iudicio iniquo circumventos convenirem!
Sed tempus est iam hinc abire, me, ut moriar, vos, ut vitam agatis. Utrum autem sit melius, di immortales sciunt, hominem quidem scire arbitror neminem."

(nach Cicero, *Tusculanae disputationes* I, 92–99)

# Test 3

**1** Wie steht es mit Ihren Vokabelkenntnissen? Geben Sie neben der deutschen Übersetzung der Wörter bei Substantiven den Genitiv und das Genus, bei Verben die Stammformen und bei Adjektiven die Endungen der anderen Genera bzw. den Genitiv an.

1. obses .................................................................
2. cogere .................................................................
3. adiuvare .................................................................
4. nemo .................................................................
5. audax .................................................................
6. uter .................................................................

Punkte ...... /6

**2** Beherrschen Sie die Zeitformen? Bestimmen bzw. bilden Sie folgende Formen und übersetzen Sie.

1. ................ *3. Pers Sg Ind Plusqu Akt von* recipere
2. postulavero .................................................................
3. crediderim .................................................................
4. auferes .................................................................
5. ................ *3. Pers Sg Fut I von* esse
6. dedisti .................................................................

Punkte ...... /6

**3** Wo liegt der entscheidende Unterschied zwischen Abl. abs. und PC? Stellen Sie fest, welche der beiden Konstruktionen vorliegt, und übersetzen Sie.

1. Unterschied: .................................................................
2. His rebus decretis Catilina duo equites Romam misit.
3. Haec locutus Cicero abiit.
4. Pace facta cohortes in castra reverterunt.
5. Militibus castra ponentibus Caesar legatos ad Haeduos misit.
6. Aliquis servum meum epistulam ad te perferentem interfecit.

Punkte ...... /6

# Test 3

**4** Entscheiden Sie, ob in den folgenden Sätzen ein Gerundium oder ein Gerundivum vorliegt, und übersetzen Sie.

1. Eius audacia nobis non diutius ferenda erat.
   ............................................................................................
2. De arte dicendi loquamur!
   ............................................................................................
3. In militibus exercendis Romani magnam diligentiam adhibebant.
   ............................................................................................
4. Romani mihi illud bellum suscipiendum detulerunt.
   ............................................................................................
5. Caesar auxilii ferendi causa ad Haeduos profectus est.
   ............................................................................................
6. Habemus satis temporis ad cogitandum.
   ............................................................................................

Punkte ...... /6

**5** Welche grammatikalischen Besonderheiten verbergen sich in den folgenden Sätzen an den markierten Stellen?

1. Haedui ad Caesarem venerunt auxilium *postulatum*.
2. Brevi tempore te *sum visurus*.
3. Si Romam *venisses*, ab omnibus civibus *visus esses*.
4. Caesar cohortes reliquit, *quae* praesidio navibus *essent*.
5. Quid tum hos de te *iudicaturos* arbitratus es?
6. Nemo est, qui te non metuat, nemo, qui non *oderit*.

Punkte ...... /6

**6** Benennen Sie die vorliegenden Funktionen der Kasus und finden Sie geeignete Übersetzungen.

1. Iste vir *furti* damnatus est.
2. Boni est oratoris multa *auribus* accepisse, multa vidisse.
3. *Victis* nulla erat spes salutis.
4. Caesar *cum omnibus copiis* in Germaniam proficiscitur.

Punkte ...... /4

Gesamt ...... /34

# Übersetzung der Lektionstexte

Anmerkungen zur Übersetzung sind mit eckigen Klammern versehen: [...]. Wörter in der deutschen Übersetzung, die so nicht im lateinischen Text vorkommen, den deutschen Text aber verständlicher machen, sind mit runden Klammern gekennzeichnet: (...). Beachten Sie, dass es sich nur um Musterübersetzungen zur Orientierung handelt. Ihre Formulierungen können davon abweichen, ohne dadurch falsch zu sein.

## 1 Wer ist der beste Dichter?

Quintus und Amphio sitzen in der Bibliothek. Die Spottverse und kleinen Gedichte der Dichter erfreuen die Herzen der Freunde sehr [**iambi nugaeque**: Subjekt des Satzes]. Die Worte der Philosophen stärken ihre Gemüter. Heute lobt Amphio die griechischen Dichter.

*Amphio:* Der berühmte Homer übertrifft die römischen Dichter bei Weitem, denn er ist der beste Dichter.
*Quintus:* Aber Catull, Horaz und Vergil sind hervorragende Männer und übertreffen die übrigen Dichter.
*Amphio:* Die Griechen bemühen sich um die Philosophie und die Wissenschaften, die Römer aber beherrschen viele Völker und bekämpfen die Hochmütigen, wie Vergil sagt [**studere** steht mit Dat: **philosophiae et litteris**, ebenso hat **imperare** den Dat bei sich: **multis populis**. Das Adjektiv **superbus** wird hier als Substantiv gebraucht. In Vergils Epos *Aeneis* kommt im 6. Buch der Protagonist Aeneas in die Unterwelt, wo ihm sein Vater Anchises die Zukunft der Trojaner bzw. der römischen Nachkommen zeigt. Dort heißt es: „Du, Römer, sollst die Völker beherrschen, dem Frieden Gesetze auferlegen, die Unterlegenen schonen und die Hochmütigen niederkämpfen"]. Und niemals [wörtl.: *und nicht jemals/aber nicht jemals*] kommen die Talente der römischen Dichter [**ingenia**: Nom] den Talenten [**ingenia**: Akk] der griechischen Dichter gleich.
*Quintus:* Die Satire pflegst du aber oft zu loben [*oder*: lobst du aber für gewöhnlich oft].
*Amphio:* Ja, mein Freund [wörtl.: *Gewiss lobe ich sie*]. Denn die Dichter Lucilius und Horaz verspotten und belehren das Volk.
*Quintus:* Cicero ist ein redegewandter Mann und bewandert in den Wissenschaften [**peritus** steht mit Gen: **litterarum**]. Weder auf dem Forum noch in den Gerichten lässt er seine Freunde im Stich [wörtl.: *fehlt er seinen Freunden*].
*Amphio:* Den Cicero lobst du freilich zu Recht. Dem römischen Volk fehlen weder hervorragende Dichter noch redegewandte Männer.

### Übersetzung der Lektionstexte

## 2 Der Zorn der Göttin Latona

Latona durchstreift unter vielen Anstrengungen/Mühen Wälder und Küsten [**multis laboribus**: Abl modi]. Schon verbrennt die Sonne die Felder. Die müde Göttin möchte kaltes Wasser trinken [**cupit** mit Inf: **bibere**]. Zufällig erblickt sie einen Teich. Dort bebauen Bauern mit großer Sorgfalt ihre Felder [**magna diligentia**: Abl modi].

Latona nähert sich ihnen [**appropinquat** wird durch den Dat ergänzt: **eis**], dann eilt sie mit ihren Kindern an den Teich und schickt sich an, Wasser zu trinken [**parat** mit Inf: **bibere**]. Da laufen die Bauern zusammen und halten sie unter lautem Geschrei von dem Teich fern: „Vertreibt die Diebin von unseren Feldern, Freunde!"

Da fragt die Göttin sie: „Warum haltet ihr uns vom Wasser ab? Schont uns, ihr guten Männer! [**parcite**: Imp; **parcere** steht mit Dat: **nobis**] Ich habe nicht vor, unsere Glieder abzuwaschen [**non paro** mit Inf: **abluere**], sondern [nach Verneinung wird **sed** mit *sondern* übersetzt] ich möchte unseren Durst stillen [**cupio** mit Inf: **depellere**, wörtl.: *den Durst vertreiben*] und mich unter einem Baum niederlassen. Befreit uns von diesen Mühen!" [**liberate**: Imp; **iis laboribus**: Abl separativus]

Aber die Lykier verspotten die Göttin. Weder Worte noch Bitten bewegen ihre Herzen [Achten Sie immer auf strukturierende Elemente wie **neque ... neque ...**]. Und das ist (noch) nicht genug: Die Männer wühlen sogar das Wasser mit ihren Füßen und mit Hacken auf [**pedibus rastrisque**: Abl instrumenti] und verderben es. Die Göttin Latona glüht vor Zorn [**ira**: Abl causae]: „Ihr verweigert einer Göttin öffentliche Gaben? Fürchtet meinen Zorn!" [**timete**: Imp]

Die Bauern fürchten sich aber nicht [wörtl.: *sind aber frei von Angst*; **timore**: Abl separativus] und freuen sich über ihren [Latonas] Zorn [**ira**: Abl causae]. Die Göttin bittet und fragt (nun) nicht mehr mit schmeichelnden Worten [**blandis verbis**: Abl modi], sondern sie erhebt ihre Hände zum Himmel: „Große Götter, seht die gottlosen Taten dieser Menschen! [**videte**: Imp] Nun denn, ihr schlechten Männer, lebt für immer in diesem Teich!" [**vivite**: Imp]

Schon schwellen ihre Hälse an, schon sind ihre Rücken grün. Schließlich versenken die neuen Frösche ihre Glieder im Wasser, aber auch unter Wasser hören sie nicht auf zu lästern. Die Göttin geht jedoch fort, lässt die frisch verwandelten Frösche [wörtl.: *die neuen Frösche*] zurück und kehrt niemals nach Lykien zurück.

## 3 Messalla über (das Thema) Bildung

Nun wollen wir über unsere Stadt und ihre Fehler ein paar Worte sagen. Wir wissen genau, dass die Römer die alten Sitten, die Redekunst und die Künste vernachlässigen [**non ignoramus** löst einen AcI aus, Subjektsakk: **Romanos**, Inf: **neglegere**]. Es steht hinreichend [wörtl.: *genau*] fest, dass wir nun weder in altem Ruhm erstrahlen [wörtl.: *blühen*] noch ewiges Lob ernten können [**constat** löst einen AcI aus, Subjektsakk: **nos**, Inf: **florere, capere posse**. Achten Sie auf die strukturierenden Elemente **nec aut ... aut ...**]. Die Gründe sind klar:

## Übersetzung der Lektionstexte

Die kleinen Kinder werden nicht von ihren Eltern aufgezogen, sondern sie werden griechischen Dienerinnen übergeben. Oft hören wir [von **saepe audimus** hängt ein AcI ab, Subjektsakk: **ancillas**, Inf: **fingere, imbuere**], dass die Dienerinnen falsche Geschichten erdichten und die Herzen der kleinen Kinder mit schwerwiegenden Irrtümern erfüllen. Es ist nötig, dass die alten Sitten bewahrt werden und dass die Jungen und Mädchen zu/gemäß Mäßigung und Ehrgefühl erzogen werden [auf **oportet** folgen zwei AcI, Subjektsakk: **mores antiquos, pueros puellasque**, Inf: **servari, educari** (Pass!)]. Es ist schändlich, dass Zügellosigkeit und Hochmut die Begleiterinnen unserer Kinder und jungen Männer sind [von **turpe est** hängt ein AcI ab, Subjektsakk: **lasciviam superbiamque**, Inf: (**comites** ...) **esse**]. Auch werden die Vergnügungen der Jungen nicht durch die Sittsamkeit der Mutter im rechten Maß gehalten, sondern es steht (ihnen/den Jungen) frei, Schlechtes zu sagen und auch noch zu tun [**mala** ist Akk Pl n und wird als Substantiv gebraucht: *Schlechtes, schlechte Dinge*].

Ihr Römer, merkt ihr nicht, dass ihr diese Fehler und auch den Eifer bei Gladiatorenkämpfen und Pferderennen [wörtl.: *die Bemühungen um die Gladiatoren und die Pferde*] beinahe (schon) im Bauch der Mutter aufnehmt? [**non sentitis** löst einen AcI aus, Subjektsakk: **vos**, Inf: **concipere**] Ich glaube, dass nicht einmal die Lehrer sich von diesen Lastern fernhalten [**puto** löst einen AcI aus, Subjektsakk: **magistros** (eingeschlossen von **ne ... quidem**), Inf: **abstinere**]. Die Studien werden nämlich von ihnen vernachlässigt, (und) Schüler verschaffen sie [die Lehrer] sich nicht durch ihren scharfen Verstand, sondern durch Schmeichelei [wörtl.: *Schüler werden nicht durch ... zusammengeschart*].

Es ist nützlich, die alten Autoren kennenzulernen, sich mit den Wissenschaften zu befassen und die (althergebrachten) Sitten zu pflegen. Aber wir sehen, dass die Söhne von ihren Vätern zu den Redelehrern geschickt werden [von **videmus** hängt ein AcI ab, Subjektsakk: **filios**, Inf: **mitti** (Pass!)]. Wir wissen genau, dass die jungen Leute dort durch inhaltslose Gespräche erfreut werden/sich an inhaltslosen Gesprächen erfreuen und weder nützliche noch gute Dinge lernen [**non ignoramus** löst einen AcI aus, Subjektsakk: **adulescentes**, Inf: **delectari, discere**; **utilia** und **bona** sind Akk Pl n und werden als Substantive gebraucht: *Nützliches/nützliche Dinge, Gutes/gute Dinge*]. Denn die Lehrer meinen, dass es genug ist, dass sie ihre Stimme trainieren [**putant** löst einen AcI aus, von dem wiederum ein AcI abhängt: 1. AcI: Denken Sie bei **satis esse** ein **id** als Subjektsakk mit: *dass es genug ist, dass ...*; 2. AcI: Subjektsakk: **se**, Inf: **exercere**].

Den besten Rednern fehlt aber weder die Kenntnis der Geometrie noch die Kenntnis der Sprache und zuletzt auch nicht die Kenntnis des Rechts. Also schaut euch M. Tullius Cicero an: Es steht fest, dass er das Musterbild eines höchst gebildeten Mannes ist [**constat** löst einen AcI aus, Subjektsakk: **eum**, Inf: (**exemplar** ...) **esse**]. Ich pflege zu sagen, dass die Redekunst der besten Redner aus Bildung und Künsten entsteht [an **dicere soleo** schließt sich ein AcI an, Subjektsakk: **eloquentiam**, Inf: **gigni** (Pass!)].

Ich weiß, dass du anderer Meinung bist als ich, mein Freund Aper [auf **scio** folgt ein AcI, Subjektsakk: **te**, Inf: **dissentire**]. Deshalb wohlan, es gehört sich, dass auch die andere Seite gehört wird [auf **decet** folgt ein AcI, Subjektsakk: **alteram partem**, Inf: **audiri** (Pass!)].

### Übersetzung der Lektionstexte

##  Plinius entflieht der Stadt

C. Plinius grüßt seinen (Freund) Caninius Rufus.
Wenn du wohlauf bist, ist es gut. Ich bin auch wohlauf.

Was macht Comum, unser beider Kleinod? [wörtl.: *dein und mein Kleinod*; **deliciae** gibt es nur im Pl] Was macht jener schattige Platanenhain, in dessen Schatten du für gewöhnlich spazieren gehst? [im lat. Satz fehlt das Verb, die Frage steht aber parallel zur ersten Frage, d. h., dass Sie das Prädikat der ersten Frage, **agit**, auch auf die zweite Frage beziehen und hier wiederholen können] Was macht jenes Bad, das die Sonne ausfüllt und umwandert? [**quod** (Akk Sg n) leitet einen Relativsatz ein, bezieht sich auf **balineum** und ist hier Objekt des Relativsatzes] Was macht dein Landhaus [auch hier fehlt das **agit**, s. o.], das von Feldern und Wäldern umgeben wird? Welche gebildeten Männer sind bei (euren) Gesprächen dabei? [**qui** ist hier adjektivisches Fragepronomen und gehört zu **eruditi viri**] Wen lädst du zum Essen ein?

Studierst du oder fischst du oder jagst du oder wirst du durch zahlreiche Ausflüge [hier sind keine Vergnügungsausflüge gemeint, sondern wohl eher berufliche Termine, zu denen Caninius gerufen wird] abgelenkt? [Doppelfrage mit mehreren Gliedern: **utrum – an – an – an**] Warum überlässt du diese lästigen Sorgen nicht (einfach) anderen? Ziehst du die Geschäfte etwa den Studien vor? Willst du dich nicht lieber in dieser Zurückgezogenheit [wörtl.: *an diesen tiefen Orten*; gemeint ist: an einem verborgenen oder zurückgezogenen Ort] den Studien widmen und dich mit den Künsten befassen? Dies muss sowohl deine Arbeit als auch deine Muße sein [gemeint sind die Studien und die Beschäftigung mit den Künsten. Von **oportet** hängt ein AcI ab, Subjektsakk: **hoc**, Inf: (**et ...**) **esse**]. Wende deinen Geist nicht von den Studien ab! [verneinter Inf mit **nolle**] Schreibe Gedichte, durch die du ewigen Ruhm erreichen kannst! [**quibus** leitet einen Relativsatz ein, bezieht sich auf **carmina** und ist hier Abl Pl n]

Die anderen Dinge sind kurz(lebig) [**cetera** ist Nom Pl n und wird hier substantivisch verwendet]. Diese [die geschäftlichen Tätigkeiten und beruflichen Verpflichtungen] verschwinden aus der Erinnerung, jene aber [die **carmina** und andere Ergebnisse der Studien] hören niemals auf zu existieren. Ich halte dich für glücklich, mein Freund, und ich bedaure, dass ich nicht an diesen Ort kommen kann [**doleo** löst einen AcI aus, Subjektsakk: **me**, Inf: **venire non posse**]. Zu den alten Geschäften kommen neue hinzu, die alten (Geschäfte) sind jedoch noch nicht erledigt. Ach, ich Elender! [Akk des Ausrufs] Kann ich (denn) nie diese Fesseln abreißen? Niemals, glaube ich.

Leb wohl.

C. Plinius grüßt seinen (Freund) Caninius Rufus.
Wenn du wohlauf bist, ist es gut. Ich bin auch wohlauf.

Der berühmte [**ille** in der Bedeutung *berühmt, bekannt*] Cicero, dessen Talent ich sehr bewundere, schreibt an seinen Freund Atticus, dass er gewöhnlich der Stadt und allen Ärgernissen entflieht und sich auf dem Tusculanum ausruht [**scribit** löst einen AcI aus,

## Übersetzung der Lektionstexte

Subjektsakk: **se**, Inf: **fugere, conquiescere solere**]. Endlich einmal steht es mir frei, meinen Geschäften zu entkommen und die Muße zu genießen.

Aber glaube nicht, dass ich faul bin! [verneinter Imp mit **nolle**; der Inf **putare** löst einen AcI aus, Subjektsakk: **me**, Inf: (**desidiosum**) **esse**] Auf meinem Landgut Laurentinum werden meine Gedanken angetrieben, ich kann mich viele Stunden lang mit den Künsten befassen. Ich lese, ich schreibe und diktiere meinem Schreiber die Dinge, über die ich nachdenke [**ea**: Akk Pl n]. Jener geht weg und (dann) wird er wieder zurückgerufen und (dann) wieder weggeschickt. In der Zwischenzeit jage ich, salbe mich ein, trainiere [übe mich] und wasche mich [hier werden die Passivformen **ungi**, **exerceri** und **lavari** reflexiv verstanden und übersetzt: *sich einsalben, sich üben, sich waschen*].

Mein Geist wird abwechselnd angespannt und (wieder) entspannt. Ich gehe oft mit meinen Leuten spazieren, zu denen auch gebildete Leute gehören [das Pronomen **meis** ist hier substantivisch zu verstehen; **quorum** (Gen Pl m) leitet einen Relativsatz ein, wörtl.: *in deren Zahl Gebildete sind*; **eruditi**: hier substantiviertes Adj]. Dem Essen folgen angenehme Gespräche [**sermones iucundi**: Subjekt; **sequi** steht mit Akk: **cenam**]. Oftmals wird der Abend durch vielfältige Gespräche in die Länge gezogen.

Leb wohl.

## 5 Aeneas bricht nach Italien auf

Was ist schlimmer als der Tod? [**miserius**: Nom Sg n Komp von **miser**; **morte**: Abl comparationis] Das Exil ist schlimmer. Ich möchte lieber durch die Schwerter der Feinde sterben als das Exil erdulden [**malo**: 1. Pers Sg von **malle**; **gladiis**: Abl instrumenti]. Es ist besser zu sterben als zu erdulden, dass die Griechen die trojanische Macht und Herrschaft umstürzen und die tapfersten aller Männer töten [von **pati** hängt hier ein AcI ab, Subjektsakk: **Graecos**, Inf: **eruere, caedere**; **fortissimos**: Akk Pl m Superlativ von **fortis**; **omnium virorum** schließt sich als Gen partitivus an]. Aber die unsterblichen Götter befehlen, dass wir sehr schnell von Troja aufbrechen ... [**iubent** löst einen AcI aus, Subjektsakk: **nos**, Inf: **proficisci**; **Troia**: Abl separativus; **celerrime**: Superlativ des Adv **celeriter** zum Adj **celer**]

Während wir ziemlich schnell durch die Straßen laufen und die (uns) bekannten Straßen verlassen, merken wir nicht, dass (meine) Ehefrau Creusa ausgleitet und zurückbleibt [das **Adverb** im Komp, **celerius**, wird hier mit *ziemlich schnell* übersetzt, da es keinen Vergleichspunkt (*schneller als ...*) gibt; **animadvertimus** löst einen AcI aus, Subjektsakk: **Creusam coniugem**, Inf: **labi et residere**]. Wir gelangen zu unseren Schiffen. Da sehen wir, dass Creusa fehlt [**videmus** löst einen AcI aus].

Deshalb übergebe ich meinen Sohn Ascanius, meinen Vater Anchises und die Penaten meinen treuesten Gefährten und gehe zurück in die Stadt [wörtl.: *suche die Stadt wieder auf*]. Die Straße ist voll von Geschrei. Hier werden einige Männer, während sie ihren Leuten zu Hilfe kommen, von einem Mann von riesiger Statur getötet [**suis** (Dat Pl m): substantiviert; **maximi corporis**: Abl qualitatis]. Hier sind Frauen und sehr unglückliche Mädchen

## Übersetzung der Lektionstexte

in höchster Trauer. Die Anführer der Griechen befehlen, immer wenn sie sehen, dass ihre Leute getötet werden, dass neue Leute aus dem Bauch des Pferdes herabsteigen [**cum**: cum iterativum; gemeint ist das trojanische Pferd; **iubent** löst einen AcI aus, Subjektsakk: **novos viros**, Inf: **descendere**; im cum-Satz hängt von **vident** ein AcI ab, Subjektsakk: **suos**, Inf: **interfici** (Pass!)]. Schon fehlt die Hoffnung auf Rettung, aber das Pflichtgefühl gegenüber den Eltern und der Heimat ist größer als die Angst vor dem Tod [mehrere Genitivi obiectivi: (**spes**) **salutis, pietas parentum patriaeque, metu mortis**; **metu**: Abl comparationis].

Traurig kehre ich nach Hause zurück [**maestus**: als Prädikativum aufzufassen; **domum**: Akk der Richtung ohne Präposition]. Vergeblich rufe ich den Namen meiner Frau und fülle die Straßen mit meinem Rufen an. Da schließlich erscheint (mir) ein Traumbild der unglücklichen Creusa. Mit diesen Worten nimmt sie (mir) die schlimmsten Sorgen: „O mein liebster Ehemann, leg Angst und Schmerz ab! Diese Dinge geschehen nicht ohne den Willen der Götter. Es ist nicht erlaubt, dass du Creusa als Begleiterin mitnimmst [nach **nec fas est** folgt ein AcI, Subjektsakk: **te**, Inf: **portare**; **comitem** ist Prädikativum]. Es ist nötig, dass ihr unversehrt nach Italien gelangt, weil die Götter dort größere Dinge vorbereiten/vorhaben [von **necesse est** hängt ein AcI ab, Subjektsakk: **vos**, Inf: **pervenire**; **incolumes**: Prädikativum]. Kehre schnell zu unserem Sohn zurück, denn die Feinde sind schon da [**redi**: Imp von **redire**]. Leb wohl, (mein) lieber Mann [**care coniux**: Vokativ], suche die Ufer des Tibers auf! Gründet neue Städte, ihr Trojaner!"

Ich will meine Frau mit den Händen zurückhalten, aber ihr Schatten entflieht schneller als ein Traum [**velocius**: Adv im Komp zum Adj **velox**; **somnio**: der dazugehörige Abl comparationis]. Was für ein elender und unglücklicher Tag! [Akk des Ausrufs] Bei Tagesanbruch [**prima luce**: Abl temporis] besteigen wir die Schiffe, wir verlassen die Heimat und suchen neue Wohnsitze.

### 6 Über den Feldherrn der Karthager

Man sagt, dass Hannibal als neunjähriger Junge ewigen Hass gegen die Römer geschworen habe [**ferunt** ohne erkennbares Subjekt: *man sagt*, davon hängt ein AcI ab, Subjektsakk: **Hannibalem**, Inf: **iuravisse** (Inf Perf Akt); **puerum**: Prädikativum, **novem annorum**: Gen qualitatis; **perenne** und **odium** gehören – **in Romanos** umschließend – zusammen]. Hannibal verwandte als junger Mann jeden Gedanken [wörtl. *jede Sorge*] auf die Vorbereitung eines neuen Krieges [**adulescens**: Prädikativum]. Er nahm nach dem Tode seines Vaters die Stadt Sagunt ein, die in freundschaftlichem Verhältnis zum römischen Volk stand [**quae** leitet einen Relativsatz ein und bezieht sich auf **Saguntum civitatem**]. Nachdem die Römer über diese Dinge informiert worden waren, schickten sie Gesandte nach Karthago. Diese befahlen, dass Hannibal, der Urheber dieses Übels, ihnen ausgeliefert werde, und drohten, dass sie mit den Karthagern Krieg anfangen würden [**iusserunt** löst einen AcI aus, Subjektsakk: **Hannibalem mali auctorem**, Inf: **dedi** (Pass von **dedere**!); **sibi** bezieht sich zurück auf die Römer; auch von **denuntiaverunt** ist ein AcI abhängig, Subjektsakk: **se**, Inf: **inferre**]. Die Karthager antworteten jedoch, dass sie die Pläne ihres Feldherrn Hannibal billigten [auf **responderunt** folgt ein AcI, Subjektsakk: **se**, Inf: **probare**].

**Übersetzung der Lektionstexte**

Während diese Dinge geschahen, hob Hannibal ein Heer aus und bereitete einen Krieg vor [**dum** steht in der Bedeutung *während* mit dem Ind Präs auch bei vergangenen Ereignissen; findet sich im dazugehörigen Hauptsatz ein Vergangenheitstempus, so nutzen Sie dieses auch beim Übersetzen des dum-Satzes; **haec**: Nom Pl n]. Einige Tage später brach Hannibal nach Italien auf und führte ein Heer und sogar Elefanten über die Alpen [**paucis diebus**: Abl mensurae; **Alpes transire** = **trans Alpes ire**]. Publius Scipio und Sempronius griffen den Feind an/versuchten, den Feind anzugreifen [**aggrediebantur**: auch konativ zu verstehen], aber Hannibal schlug ihre Legionen in die Flucht.

Aufgrund dieser Dinge [Durch diese Dinge] war Italien voll von Schrecken und Aufregung [**plena** steht mit Gen partitivus: **terroris ac tumultus**]. Da änderte Quintus Fabius, ein in Kriegsdingen erfahrener Anführer, die Kriegspläne [**peritus** hat den Gen bei sich: **rei militaris**]. Er führte sein Heer durch hochgelegene Gegenden und befahl den Soldaten, ein Lager zu errichten [**iussit** löst einen AcI aus, Subjektsakk: **milites**, Inf: **ponere**]. Er griff den Feind nicht an, sondern schloss ihn von hinten ein. Mit dieser Strategie schloss Fabius Hannibal im falernischen Gebiet ein. Hannibal band jedoch Reisig an die Hörner von Rindern, die in der Nähe des römischen Lagers waren, und zündete es an [**qui** leitet einen Relativsatz ein und bezieht sich auf **boum**; **ea** ist Akk Pl n und weist zurück auf **sarmenta**]. Sobald die Rinder sahen, dass ihre Hörner angezündet worden waren, rannten sie hin und her [wörtl.: *hierhin und dorthin*; von **viderunt** hängt ein AcI ab, Subjektsakk: **cornua**, Inf: **incensa esse**]. Sobald die Römer die Flammen erblickten, glaubten sie, in einen Hinterhalt geraten zu sein [**putaverunt** steht mit einem AcI, Subjektsakk: **se**, Inf: **incidisse** (Inf Perf Akt)]. Die einen wollten fliehen [konatives Imp], die anderen eilten zu den Waffen, aber Fabius verbot den Soldaten, aus der Verschanzung herauszugehen [achten Sie auf die strukturierenden Elemente **alii ... alii ...**; **vetuit** steht mit einem AcI, Subjektsakk: **milites**, Inf: **egredi**]. Die Soldaten blieben/hielten sich im Lager. Hannibal aber entkam aus der schwierigen Situation ohne irgendeinen Schaden für das Heer [**exercitus**: Gen Sg m].

Sobald die Senatoren gehört hatten, dass Hannibal entkommen war, sagten sie, Fabius sei feige [**audiverunt** löst einen AcI aus, Subjektsakk: **Hannibalem**, Inf **evasisse** (Inf Perf Akt), ebenso **dixerunt**]. Dies ertrug Fabius nicht gerade gleichmütig. Fabius begab sich nach Cannae und fügte den Römern eine äußerst heftige Niederlage zu [**Cannas**: Richtungsakk]. Er tötete beinahe alle Legionen. Einige Jahre später vertrieb P. Cornelius Scipio jene Gefahr mit einzigartigem Verstand und höchster Tapferkeit und beendete den Krieg [**aliquot annis**: Abl mensurae].

## 7 Über Apelles, einen herausragenden Maler

Nun kommen wir zu dem berühmten Apelles, der, wie man meint, unter den übrigen Malern bei Weitem herausragt [**ille** in der Bedeutung *berühmt, bekannt*; **qui ... existimatur**: ein mit einem NcI verschränkter Relativsatz, wörtl.: *„der gemeint wird, unter den übrigen Malern bei Weitem herauszuragen"*]. Jener maß dem Urteil des Volkes großen Wert bei. Deshalb stellte er (immer) seine Gemälde auf die Straße, er selbst aber versteckte sich im Schatten eines Baumes [**qua de causa**: rel. Satzanschluss]. Auf diese Weise wurde er von

## Übersetzung der Lektionstexte

niemandem gesehen, er selbst sah aber alle, die vorbeigingen, und hörte alles, was gesagt wurde [**a nullo**: Abl von **nemo**].

Einmal hatte Apelles kaum seine Bilder aufgestellt, als plötzlich ein/irgendein Schuster herbeilief. Dieser hatte ein paar Tage zuvor gesagt, Apelles habe (irgendwelche) Sandalen nicht sorgfältig gemalt [**cum**: cum inversum; **dixerat** löst einen AcI aus, Subjektsakk: **Apellem**, Infinitiv **pinxisse** (Inf Perf Akt). Beachten Sie das Plusqu hier und in den Folgesätzen: Hier wird eine weiter zurückliegende Episode erzählt]. Darauf hatte Apelles geantwortet, dass er Recht habe [*wörtl.*: dass er richtig gesprochen habe], und hatte begonnen, neue Schuhe zu malen [**responderat** löst einen AcI aus, Subjektsakk: **eum**, Infinitiv: (**recte**) **dixisse** (Inf Perf Akt)]. Der Schuster aber war fröhlich (weg)gegangen und hatte sich bei seinen Leuten dieser Sache gerühmt. Dieser (Schuster) trat (nun) an die Bilder heran und erblickte ein Abbild der Göttin Venus, das Apelles mit geradezu einzigartiger Kunstfertigkeit vollendet hatte [hier beginnt das Perfekt und setzt die eigentliche Erzählung fort; **qui**: rel. Satzanschluss; **quod** leitet einen Relativsatz ein und bezieht sich auf **simulacrum**; **quadam**: hier zur Steigerung des Ausdrucks **singulari arte**]. Er betrachtete es sorgfältig, schließlich sagte er, der Kopf der Venus sei schief [**dixit** löst einen AcI aus, Subjektsakk: **caput Veneris**, Infinitiv: (**pravum**) **esse**]. Da stürzte Apelles aus den Schatten, in denen er sich versteckt hatte, hervor und antwortete folgendermaßen/mit diesen Worten: „Urteile nicht über deine Schuhe hinaus, Schuster!" [Vergleichen Sie das Sprichwort: Schuster, bleib bei deinen Leisten!] Das wurde zum Sprichwort [*wörtl.*: *das kam in die Gewohnheit eines Sprichworts*]. **Quod** ist hier rel. Satzanschluss und bezieht sich auf kein bestimmtes Wort, sondern auf den vorangegangenen Satz].

Als Apelles nach Makedonien kam, herrschte dort der berühmte Alexander der Große [**cum**: cum temporale; **ille** in der Bedeutung *berühmt, bekannt*]. In jenen Zeiten waren die Maler bei den Leuten angesehen [*wörtl.*: *waren bei den Menschen in Ehre/Ansehen*; **temporibus illis**: Abl temporis]. Apelles war mit dem König Alexander befreundet [**uti** steht mit Abl: **Alexandro rege**]. Dieser hatte persönlich verboten, von einem anderen gemalt zu werden [mit **qui** wird ein rel. Anschluss hergestellt, gemeint ist Alexander; **vetuerat** löst einen AcI aus, Subjektsakk: **se**, Inf: **pingi** (Pass!)]. Immer wenn Alexander in das Haus des Apelles kam, redete er viel über die Bilder, obwohl er von dieser Kunst keine Ahnung hatte [**cum**: cum iterativum; **domum**: Richtungsakk; wie **peritus** hat auch **imperitus** eine Ergänzung im Gen: **illius artis**]. Diesen blickte Apelles (dann immer) mit sehr finsterer Miene an und befahl ihm zu schweigen [**Quem** ist rel. Satzanschluss und bezieht sich auf Alexander; von **iubebat** hängt ein AcI ab]. König Alexander wurde niemals zornig, sondern gehorchte ihm und schwieg. So großes Ansehen hatte Apelles bei dem König! Alexander ließ ihm sogar große Ehren und Wohltaten zukommen [*wörtl.*: *versah ihn mit ...*]. Einige sagen, Apelles habe ein großes Vermögen besessen [von **dicunt** hängt ein AcI ab, Subjektsakk: **magnas opes**, Infinitiv: **fuisse** (Inf Perf), in den ein Dat possessivus integriert ist, *wörtl.*: *dass dem Apelles ein großes Vermögen gewesen ist*]. Alexander der Große soll dem Maler sogar die schönste seiner Geliebten geschenkt haben [NcI, *wörtl.*: *„Alexander der Große wird gesagt, dem Maler ... geschenkt zu haben"*].

## Übersetzung der Lektionstexte

Freunde scheinen Apelles immer am Herzen gelegen zu haben [NcI mit **videri**: **cordi** ist Dat finalis]. Er sorgte für (irgend)einen armen Maler [Beachten Sie die Bedeutungsunterschiede zwischen **consulere** mit Dat und mit Akk!]. Er ging auf das Forum und sagte (dort), er wolle dessen Bilder kaufen und anstelle seiner eigenen verkaufen [auf **dixit** folgt ein AcI]. Er fügte sogar noch hinzu, nicht einmal er selbst habe jemals Bilder von so großer Kunstfertigkeit fertiggestellt [auf **addidit** folgt ein AcI, Subjektsakk: **ipsum**, umrahmt von **ne ... quidem**, Inf: **perfecisse**; **tanta arte diligentiaque**: Ablativi qualitatis]. Da schließlich erkannten die Leute, dass jener Maler dem hervorragenden Apelles in nichts nachstand, und kauften dessen Bilder und Statuen [**intellexerunt** löst einen AcI aus, Subjektsakk: **illum pictorem**, Infinitiv: **nihil cedere**].

 **Paetus, komm zurück!**

Cicero grüßt seinen (Freund) Paetus.

Ich ärgere mich darüber, dass du aufgehört hast, zu Gastmählern zu gehen [von **moleste fero** hängt ein AcI ab, Subjektsakk: **te**, Inf: **itare desisse**; **itare** ist das Intensivum zu **ire** und drückt die Wiederholung der Handlung aus, also den häufigen Gastmahlbesuch]. Du hast dich nämlich einer großen Freude und Vergnügung beraubt [**delectatione et voluptate**: Ablativi separativi]. Und dann fürchte ich sogar – es ist nämlich erlaubt, die Wahrheit zu sagen –, dass du jenes, was du zu tun pflegtest, verlernst und vergisst: (nämlich) kleine Gastessen zu veranstalten [an **vereor** schließt sich ein Finalsatz mit **ne** und Konjunktiv an; **ne** wird in diesem Fall mit *dass* übersetzt; **quod** leitet einen Relativsatz ein und bezieht sich auf **illud**]. Spurinna, dem ich die Angelegenheit dargelegt und dein früheres Leben vor Augen gestellt habe, sagt, dass du den Staat in Gefahr bringst [**cui** leitet einen Relativsatz ein und bezieht sich auf **Spurinna**; von **dicit** hängt ein AcI ab, Subjektsakk: **te**, Infinitiv: **adducere**]. Er ermahnt und bittet dich, dass du zu deiner früheren Gewohnheit zurückkehrst [auf **hortatur rogatque** folgt ein Finalsatz mit **ut** und Konjunktiv].

Was soll ich sagen? Was soll ich also tun? [in beiden Fällen Deliberativ/Dubitativ] Wie kann es gelingen, dass du diese Dinge nicht vergisst? [auf **contingere** folgt ein Konsekutivsatz mit **ut non** und Konjunktiv] Sind wir dir etwa so lästig, dass du lieber ohne Freunde speisen willst? [auch hier liegt ein Konsekutivsatz vor; **malis**: Konj Präs von **malle**] Beim Herkules, mein Paetus, ich ermahne dich ohne Scherz, mit guten und angenehmen Männern zu leben/Zeit zu verbringen [von **moneo** ist ein Finalsatz abhängig]. Ich bin der Ansicht, dass dies von Bedeutung ist für ein glückliches Leben [**arbitror** löst einen AcI aus, Subjektsakk: **hoc**, Inf: **pertinere**; **ad beate vivendum**: Gerundium]. Nichts ist geeigneter für das Leben, nichts ist für ein glückliches Leben angemessener [**aptius** und **commodius**: Komp; **ad beate vivendum**: Gerundium]. Und ich beziehe das nicht auf das Vergnügen, sondern auf geselliges Beisammensein und die Erholung des Geistes [**communitatem vitae** ist hier etwas freier mit *geselliges Beisammensein* übersetzt]. Diese Dinge werden vor allem durch eine freundschaftliche Unterhaltung bewirkt [**quae res**: rel. Satzanschluss, der sich auf den zweiten Teil des letzten Satzes bezieht; **maxime** ist hier etwas freier mit *vor allem* übersetzt].

## Übersetzung der Lektionstexte

Die Griechen sagen „symposia" oder „syndeipna", das heißt Trinkgelage oder Gastmähler, wir aber nennen dasselbe weiser als die Griechen „convivium", denn wir speisen und trinken nicht nur mit den Freunden, sondern leben sogar mit ihnen [**sapientius**: Adv im Komp; beachten Sie die Struktur **non solum ..., sed etiam ...**]. Siehst du, wie ich versuche, dich durch mein Philosophieren zu unseren Gastmählern zurückzubewegen? [auf **videsne** folgt ein indir. Fragesatz, eingeleitet durch **quomodo**; **philosophando**: Gerundium im Abl, Sie können auch übersetzen *indem ich philosophiere*] Sorge dafür, dass es dir gut geht! [auf den Imp **cura** folgt ein Finalsatz] Das erreichst du am einfachsten, indem du auswärts speist [**facillime**: Superlativ des Adv **facile** zum Adj **facilis**; das Gerundium **cenando** steht im Abl und wird durch das Adv **foris** ergänzt]. Lass uns zusammenkommen, lass uns Gastmähler veranstalten, mein Paetus, lass uns leben! [dreimal Hortativ] Ich weiß, dass ich ganz schön scherzhaft schreibe [**scio** löst einen AcI aus; **iocosius** ist Adv im Komp, Sie können mit *ziemlich, allzu scherzhaft* o. ä. übersetzen]. Aber du darfst nicht glauben, dass ich die Sorge um unseren Staat hingeworfen/abgelegt habe! [**ne existimaveris**: Prohibitiv; von **existimaveris** hängt ein AcI ab, Subjektsakk: **me**, Inf: **abiecisse**] Sei überzeugt davon, mein Paetus, dass ich Tag und Nacht nichts anderes tue, mich um nichts anderes kümmere, außer dass meine Bürger wohlbehalten und frei sind [**persuadere** steht mit Dat: **tibi**; von **persuade** hängt ein AcI ab, Subjektsakk: **me**, Inf: **agere**, **curare**, von **curare** ist wiederum ein Finalsatz abhängig, eingeleitet mit **nisi ut** *außer dass*]. Ich lasse keine Gelegenheit zum Mahnen, Handeln und Vorsorgen verstreichen [**monendi**, **agendi** und **providendi**: Gerundia im Gen].

Ich bitte dich, mir zu antworten [auf **oro** folgt ein Finalsatz]. Mögest du gesund sein und mich genauso hoch schätzen wie ich dich [der Konjunktiv drückt hier einen Wunsch aus (Optativ)]. Immer wieder leb wohl.

## 9 Phaedrus über die Fehler der Menschen

### Über Frosch und Rind
Einmal erblickte ein Frosch auf einer Wiese ein Rind und wurde durch Neid auf dessen Größe dazu gebracht, dass er seine runzlige Haut aufblies [**invidia**: Abl causae; an **adducta est** schließt sich ein Finalsatz an]. Dann fragte er seine Kinder, ob er größer sei als das Rind [auf **interrogavit** folgt eine mit **num** eingeleitete indir. Frage; **bove**: Abl comparationis]. Jene verneinten. Wieder spannte er seine Haut mit noch größerer Kraft an [**maiore vi**: Abl modi]. Dann fragte er auf die gleiche Weise, wer größer wäre [**simili modo**: Abl modi; von **quaesivit** hängt eine indir. Frage ab]. Jene antworteten, das Rind sei größer [**responderunt** löst einen AcI aus]. Da blies er sich mit so großer Kraft auf, dass sein Körper platzte [**tanta vi**: Abl modi; **ut ... rumperetur**: Konsekutivsatz].
Würden doch die Machtlosen die Mächtigen nicht beneiden! [Konjunktiv im Hauptsatz: Optativ/unerfüllbarer Wunsch der Gegenwart]

### Über Fuchs und Storch
Der Fuchs lud den Storch zum Essen ein und setzte ihm eine Schüssel voll mit flüssiger Speise vor, die der Storch auf keine Weise essen konnte [**illi** ist Dat Sg und meint den Storch;

## Übersetzung der Lektionstexte

**plenam** steht mit Gen partitivus: **cibi liquidi**; das Relativpronomen **quem** bezieht sich auf **cibi**; **nullo modo**: Abl modi]. Nachdem dieser (dann) den Fuchs eingeladen hatte, setzte er ihm eine Flasche vor [**cum**: cum narrativum; **quae** ist rel. Satzanschluss, gemeint ist der Storch]. Er selbst aß, sein Gast aber wurde von Hunger gequält [**fame**: Abl causae; **conviva** ist maskulin, ist also mit **tortus** kongruent]. Als [**cum**: cum narrativum] der Fuchs vergeblich am Hals der Flasche leckte, ermahnte ihn der Storch dazu, sein eigenes Beispiel [d. h. das Beispiel, das er selbst gegeben hatte] mit Gleichmut zu ertragen [an **hortata est** schließt sich ein Finalsatz an].

### Über Fuchs und Adler

Nachdem ein Adlerweibchen die Jungen einer Füchsin ihren Kindern vorgesetzt hatte, damit sie diese äßen, bat die Füchsin sie mit vielen und flehenden Worten, dass sie ihr Elenden nicht ein so großes Unglück zufüge [**cum**: cum narrativum; **ut ... ederent** und **ne ... afferret** sind Finalsätze. Wir wählen aufgrund des Textinhalts die weiblichen Tierbezeichnungen]. Das Adlerweibchen verspottete die Füchsin, da sie glaubte, in Sicherheit zu sein [**cum**: cum causale; **putaret** löst einen AcI aus]. Da raubte die Füchsin von einem Altar eine Fackel und umgab den Baum mit Flammen. Um ihre Jungen der Todesgefahr zu entreißen, übergab das Adlerweibchen (daraufhin) demütig bittend der Füchsin ihre Jungen unversehrt [**ut ... eriperet suos**: Finalsatz].
Würden doch die Hohen die Niedrigen fürchten! [Konjunktiv im Hauptsatz: Optativ/unerfüllbarer Wunsch der Gegenwart; Adjektive **sublimes** und **humiles**: substantiviert gebraucht]

### Sokrates über Freunde

Nachdem Sokrates sich ein kleines Haus gebaut hatte, fragte irgendjemand aus dem Volk, wie es gewöhnlich geschieht, warum ein solcher Mann sich ein so kleines Haus hinstelle [**cum**: cum narrativum; **ut** steht hier mit dem Indikativ in der Bedeutung *wie*; von **quaesivit** hängt eine indir. Frage ab]. „O dass ich es doch", sagte er da, „mit echten Freunden füllen könnte!" [Konjunktiv im Hauptsatz: Optativ/erfüllbar gedachter Wunsch]
Es zeugt von Weisheit, wahre Treue von falscher Treue unterscheiden zu können [**Sapientiae est**: Sonderform des Gen possessivus].

### Über Fuchs und Ziegenbock

Nachdem ein Fuchs in eine Grube hinabgefallen war, kam ein Ziegenbock an denselben Ort. Er fragte, ob das Wasser lieblich sei [**cum**: cum narrativum; von **interrogavit** hängt eine indir. Frage ab]. Der Fuchs antwortete, das Wasser sei so lieblich, dass sowohl seine eigene Lust als auch die des Ziegenbocks gestillt werden könne [**respondit** löst einen AcI aus, an den sich ein Konsekutivsatz anschließt. Beachten Sie die Struktur **et ... et ...**; **voluptas** wird im lat. Text nicht wiederholt oder durch ein Pronomen ersetzt: Denken Sie den Begriff zu dem Gen **hirci** dazu]. Als der Ziegenbock hinabstieg, stützte sich der Fuchs auf dessen Hörner und entkam aus der Grube [**cum**: cum narrativum; **niti** steht mit Abl: **eius cornibus**]. So geschah es, dass der Ziegenbock in der Grube blieb/bleiben musste [**ut ... puteo**: Konsekutivsatz].
Es ist kaum Zeichen eines guten Mannes, einem anderen Gefahr zu bringen [**vix boni est**: Sonderform des Gen possessivus].

## Übersetzung der Lektionstexte

 **Über eine sehr sittsame Ehefrau**

Eine sehr sittsame Frau schlug sich, als sie ihren Mann zu Grabe trug, nicht nur nach allgemein üblicher Art die entblößte Brust, sondern begleitete ihren Ehemann sogar bis in das Grab hinein und begann, seinen Leichnam, der in dem Grab aufgebahrt worden war, zu bewachen und ihn ganze Tage und Nächte lang zu beweinen [**virum efferens**: PC, Bezugswort: **matrona quaedam pudicissima**; **positum**: PPP als Attribut zu **corpus**; **totis noctibus diebusque**: Abl temporis]. Weder ihre Eltern noch ihre Verwandten konnten sie wegführen [beachten Sie die Struktur **nec ... nec ...**]. Die Beamten (der Stadt) gingen wieder weg, nachdem sie von ihr zurückgewiesen worden waren [**magistratus** ist Nom Pl m; **ab ea repulsi**: PC, Bezugswort: **magistratus**]. Menschen jedes Standes bekannten, dass jenes ein echtes Muster an Sittsamkeit und Liebe sei [**confitebantur** löst einen AcI aus, Subjektsakk: **illud**, Inf: (**verum ... exemplum**) **esse**].

Zur gleichen Zeit wurden irgendwelche Männer ans Kreuz genagelt [**aliqui**: die adjektivische Variante von **aliquis**; **affigere** mit Dat: **crucibus**]. Der Statthalter der Provinz befahl einem Soldaten, die Kreuze zu bewachen, damit niemand die Körper herabnähme [**iussit** löst einen AcI aus; **ne quis ... detraheret**: Finalsatz; **quis** = **aliquis**]. Während der Soldat die Kreuze bewachte, hörte er das Seufzen der Trauernden, stieg in das Grab hinab und blieb, da er von der Schönheit der (dort sitzenden) Frau (ganz) verwirrt war, stehen [**cruces asservans**: PC, Bezugswort: **miles**; **pulchritudine ... turbatus**: PC, Bezugswort: **miles**]. Dann brachte er seine Essensration in das Grab und begann die Trauernde zu ermahnen, nicht in diesem unnötigen Schmerz zu verharren [nach **hortari** folgt ein verneinter Finalsatz]. Aber jene schlug sich nur noch heftiger die Brust, da sie durch die Worte des Soldaten heftig erschüttert worden war/da seine Worte sie heftig erschüttert hatten [**militis verbis percussa**: PC, Bezugswort: **illa**; **vehementius**: Komp des Adv **vehementer**].

Durch liebliche Schmeicheleien erreichte der Soldat, dass die Frau (wieder) leben wollte und dass sie sich mit Essen und Wein erfrischte [von **impetravit** hängt ein Finalsatz ab]. Mit denselben Schmeicheleien ging dann der Soldat, da er in Liebe zu ihr entbrannt war, ihre Sittsamkeit an [**amore incensus**: PC, Bezugswort: **miles**]. Also lagen sie dann nicht nur in jener Nacht zusammen, in der sie zusammen das Bett teilten, sondern auch am nächsten und auch am dritten Tag [**tantum** tritt hier als Adverb in der Bedeutung *nur*, *bloß* auf; **qua** leitet einen Relativsatz ein und bezieht sich auf **illa nocte**].

Irgendjemand sah, dass der Soldat die Kreuze nicht bewachte und nahm einen der Männer herab [von **vidit** hängt ein AcI ab]. Nachdem der Soldat gesehen hatte, was geschehen war, wollte er Selbstmord begehen, da er die Strafe des Statthalters fürchtete [**postquam** mit Ind Perf leitet einen Nebensatz ein, von dem wiederum die indir. Frage **quid accidisset** abhängt, der Rest des Satzes ist dann der Hauptsatz; **supplicium imperatoris veritus**: PC, Bezugswort: **miles**. Es sind auch andere Übersetzungen möglich, z. B. *wollte er aus Angst vor der Strafe des Statthalters Selbstmord begehen*].

Die Frau sagte jedoch: „Das sollen die Götter nicht zulassen, dass ich zur gleichen Zeit zwei Leichenzüge zweier mir teuerster Menschen ansehen muss!" [**ne ... sinant**: Optativ]. Nachdem sie dies gesagt hatte, hob sie den Leichnam ihres Mannes aus dem Grab empor

# Übersetzung der Lektionstexte

und befahl, dass er an jenes Kreuz, das frei war, genagelt würde [**haec** (Akk Pl n) **locuta:** PC, Bezugswort: ist hier nicht extra ausgeschrieben, verwenden Sie daher in der Übersetzung *sie*, also die **matrona**].
Am nächsten Tag wunderte sich das Volk, wie der Tote wohl an das Kreuz gekommen war [von **miratus est** hängt hier eine indir. Frage ab, **mortuus**: hier Substantiv].

## 11 Über Vercingetorix, einen Feind der Römer

Sobald der Tag gekommen war, eilten die Carnuten unter Führung von Cotuatus und Conconnetodumnus, (zwei) Männern, die keine Hoffnung mehr hatten, auf ein Zeichen hin nach Cenabum und töteten römische Bürger, die sich dort zum Handeln niedergelassen hatten, und plünderten ihre Habe [beachten Sie, dass im lat. Text fast nur historisches Präsens verwendet wird. Wir nutzen für die Übersetzung das Präteritum. Nach dem temporalen Nebensatz mit **ubi** und Indikativ Perfekt folgt der Hauptsatz **Carnutes Cenabum concurrunt civesque Romanos interficiunt bonaque eorum diripiunt**. Dieser wird durch mehrere Ablativi absoluti ergänzt: **Cotuato et Conconnetodumno ducibus, desperatis hominibus** sind nominale Ablativi absoluti, **signo dato** ist ein weiterer Abl. abs.; **civesque Romanos** wird durch einen Relativsatz ergänzt, in dem sich ein Gerundium befindet: **negotiandi** (**causa**)]. Schnell gelangte das Gerücht/die Nachricht zu allen Stämmen Galliens. Vercingetorix, ein junger Mann, der größten Einfluss besaß und dessen Vater die Herrschaft über ganz Gallien innegehabt hatte und aus dem Grund, dass er die Königsherrschaft erstrebte, von seinen Stammesgenossen getötet worden war, hetzte seine Gefolgsleute leicht auf [vergleichen Sie hierzu das mit der Einrückmethode erstellte Schema auf S. 153; **summae potentiae**: Gen qualitatis]. Nachdem sein Plan bekannt geworden war, lief man zu den Waffen [**Cognito eius consilio**: Abl. abs.; **concurritur** wird am besten mit *man lief* (*zusammen*) übersetzt. Passivformen können mit unpersönlichem *man* übersetzt werden, z. B. beim Passiv intransitiver Verben, also bei Verben, die kein Akkusativobjekt bei sich haben können: **abitur** *man geht weg*]. Er wurde von Gobannitio, seinem Onkel, und den anderen Anführern zurückgehalten [d. h. an der Ausführung des Plans gehindert] und aus der Stadt Gergovia vertrieben.

Dennoch hörte er nicht auf und hielt auf dem Lande [wörtl.: *auf den Feldern*] eine Aushebung unter bedürftigen und verlorenen Leuten ab. Nachdem er diese Schar versammelt hatte, brachte er, an wen auch immer aus dem Stamm er sich wandte, auf seine Seite [**hac coacta manu**: Abl. abs.; das verallgemeinernde Relativpronomen **quoscumque** hat kein Bezugswort im übergeordneten Satz; **adire** steht mit Akk und heißt *herangehen*, deshalb denken Sie sich ein **ad** zu **quoscumque**: (**ad**) **quoscumque ... adit** *zu wem auch immer er ging*]. Er forderte sie auf, um der gemeinsamen Freiheit willen zu den Waffen zu greifen, und, nachdem er große Truppen versammelt hatte, verjagte er seine Gegner, von denen er kurz zuvor vertrieben worden war, aus der Stadt [der Hauptsatz ist **Hortatur** (...), **adversarios suos expellit ex civitate**, erweitert durch den von **hortatur** abhängigen Finalsatz, den Abl. abs. **magnisque coactis copiis** und den Relativsatz **a quibus ... eiectus**, der die **adversarios suos** ergänzt].

## Übersetzung der Lektionstexte

Er wurde von seinen Anhängern König genannt. Schnell gewann er die Senonen für sich und alle übrigen (Stämme), die an den Ozean grenzen. Unter der Zustimmung aller wurde ihm der Oberbefehl übertragen. Nachdem ihm diese Macht angeboten worden war, befahl er all diesen Stämmen die Stellung von Geiseln, er befahl, dass eine bestimmte Anzahl Soldaten schnell zu ihm geführt werde, und er setzte fest, wie viele Waffen jeder Stamm zu Hause hervorbringen solle [**qua oblata potestate**: Abl. abs. mit rel. Satzanschluss; **imperare alicui aliquid**: *jemandem eine Leistung auferlegen, zu stellen befehlen*; **iubet** löst einen AcI aus, Subjektsakk: **certum numerum** (**militum**), Inf: **adduci**; von **constituit** hängt eine indir. Frage ab: **armorum quantum ... efficiat**; **armorum**: Gen partitivus: *wie viel der Waffen/von den Waffen*; **domi** ist Ortsangabe: *zu Hause*]. Diejenigen, die zögerten, zwang er durch die Härte der Strafe. Denn, wenn ein größeres Vergehen begangen worden war, tötete er [oder: *ließ töten*: Wenn es wahrscheinlich ist, dass die Person nicht selber handelt, können Sie in der Übersetzung mit *lassen* arbeiten. Bei einem Satz wie **Caesar castra ponit** bietet sich z. B. die Übersetzung *Caesar ließ ein Lager errichten* an, da man davon ausgehen kann, dass er das Lager weder selbst noch allein errichtet] diejenigen mit Feuer und allen (möglichen) Qualen, bei einem leichteren Fall schickte er diejenigen, nachdem ihnen die Ohren abgeschnitten oder ein Auge ausgestochen worden war, nach Hause, damit sie den anderen eine Warnung wären und durch die Härte der Strafe die anderen abschreckten [**maiore commisso delicto**: Abl. abs.; **igni atque omnibus tormentis**: Abl instrumenti; **necat** hat hier kein ausgeschriebenes Objekt, in der Übersetzung haben wir *diejenigen* eingefügt, also die Personen, die das Vergehen begangen haben; **auribus ... oculis**: Abl. abs. Auch hier wurde zu **remittit** in der Übersetzung *diejenigen* ergänzt; an **remittit** schließt sich ein Finalsatz an; **documento**: Dat finalis].

## 12 Seneca über die Freundschaft

Seneca grüßt seinen (Freund) Lucilius.

Du hast, wie du schreibst, deinem Freund Briefe zur Auslieferung an mich übergeben [**perferendas**: Gerundivum, Bezugswort: **epistulas**, hier in Verbindung mit **tradere** in finalem Sinn: *Du hast deinem Freund Briefe übergeben, um sie an mich auszuliefern/ damit er sie an mich ausliefert*]. Dann ermahnst du mich, nicht alle Dinge, die dich betreffen, mit ihm zu besprechen, weil du das nicht einmal selbst zu tun pflegst [von **admonere** hängt ein Finalsatz ab; **pertinentia** ist ein PPA im Akk Pl n, bezieht sich attributiv auf **omnia** und wird ergänzt durch **ad te**; **soleas**: Konjunktiv, da es sich hier um indir. Rede handelt: Übersetzen Sie einfach indikativisch]. So hast du jenen in ein und demselben Brief sowohl als Freund bezeichnet als auch (als Freund) geleugnet [**eadem epistula**: Abl Sg f. Beachten Sie die Struktur **et ... et ...**].

Wenn du jemanden für einen Freund hältst, dem du nicht ebenso viel vertraust wie dir selbst, dann irrst du dich gewaltig und kennst die Kraft wahrer Freundschaft nicht genügend [**existimare** steht hier mit dopp Akk in der Bedeutung *für etwas halten, beurteilen*; **cui** leitet einen Relativsatz ein und bezieht sich auf **aliquem**. Beachten Sie die Struktur **tantundem ... quantum ...**: *ebenso viel ... wie* (*viel*). **Novisti** muss präsentisch übersetzt

## Übersetzung der Lektionstexte

werden]. Berate du aber alle Dinge mit deinem Freund, aber vorher (denke) über ihn selbst (nach): Nach der Freundschaft muss man vertrauen, vor der Freundschaft muss man beurteilen [**delibera** müssen Sie bei **sed de ipso prius** mitdenken; mit **ipso** ist der Freund gemeint. Die Gerundiva **credendum** und **iudicandum** stehen hier als Prädikatsnomina mit **esse**, bei **iudicandum** ist jedoch das **est** ausgefallen: Denken Sie es parallel zum ersten Teil dazu]. Überlege lange, ob du mit jemandem Freundschaft schließen kannst [hier Gerundivum mit **esse, tibi**: Dat auctoris, wörtl.: *ob von dir irgendjemand in die Freundschaft aufzunehmen ist*. **Müssen** erscheint für die Übersetzung etwas unpassend, weichen Sie in der Übersetzung auf *können* oder *dürfen* aus]. Hast du ihn als Freund angenommen, dann lasse ihn mit ganzem Herzen zu [wörtl.: *Einen angenommenen Freund lasse .../Einen Freund, der angenommen wurde, ...*]. Sprich so freimütig mit ihm wie mit dir selbst [Beachten Sie die Struktur **tam ... quam ...**: *so ... wie ...*; **loquere**: Imp; **audaciter**: Adv zu **audax**].

Du lebe freilich so, dass du dir nichts anvertraust, was du nicht auch deinem Feind anvertrauen könntest [an den Imp **ita vive** schließt sich ein Konsekutivsatz an. Beachten Sie die Struktur **nihil nisi** *nichts außer/nur*. Mit **quod** schließt sich ein Relativsatz an: *nichts außer dem, das/was ...* oder *nur das, was ...*]. Aber weil manches vorkommt, das die Gewohnheit zum Geheimnis gemacht hat, teile mit deinem Freund alle Sorgen und all deine Gedanken [**quaedam, quae** und **arcana**: Nom Pl n; **facere** mit dopp Akk: *machen zu*].

Was gibt es für einen Grund, warum ich irgendwelche Worte vor meinem Freund zurückhalten sollte? [wörtl.: *Was ist (es), warum ich ...*] Was gibt es für einen Grund, warum ich mich in seiner Gegenwart nicht für allein halten sollte? [**putare** mit dopp Akk: *halten für*] Manche Leute erzählen die Dinge, die man bloß Freunden anvertrauen sollte, (ihnen auf der Straße) entgegenkommenden Leuten [**quidam**: Nom Pl m; **ea**: Akk Pl n; **quae** bezieht sich auf **ea** und leitet einen Relativsatz ein, in dem sich auch ein Gerundivum mit **esse** findet, das sich auf **quae** bezieht; **tantum**: hier in der Bedeutung *nur, bloß*]. Manche Leute wiederum scheuen sogar das Mitwissen ihrer Liebsten. Keins von beidem darf man tun [Gerundivum mit **esse**]. Beides ist nämlich falsch, sowohl allen zu vertrauen als auch keinem (zu vertrauen) [beachten Sie die Struktur **et ... et ...**].

So kannst du beide tadeln, sowohl diejenigen, die immer unruhig sind, als auch die, die immer ruhig sind [**reprehendas**: Konjunktiv im Hauptsatz: Potentialis. Beachten Sie die Struktur **et ... et ...**]. Diese Dinge müssen miteinander vermischt werden [Gerundivum mit **esse**; Subjekt: **ista**]: Der Ruhende muss handeln und der Handelnde muss (auch mal) ruhen [**agendum** und **quiescendum**: Gerundiva mit **esse** in unpersönlicher Konstruktion. Das **est** steht nur einmal am Ende des Satzes, ist aber auf beide Gerundiva zu beziehen; **quiescenti** und **agenti**: Dat auctoris]. Berate dich mit der Natur der Dinge: Jene [die Natur] hat Tag und Nacht geschaffen.

Leb wohl.

## Übersetzung der Lektionstexte

 **Verschwinde, Catilina!**

Wie lange noch wirst du unsere Geduld missbrauchen, Catilina? [**abuteris**: 2. Pers Sg Fut]. Wie lange wird dieser dein Wahnsinn uns noch verhöhnen? Wie lange [wörtl.: *bis zu welchem Ende*] wird sich deine zügellose Frechheit noch brüsten? [**sese**: verstärktes **se**] Bei Herkules, wenn meine Sklaven mich so fürchten würden, wie alle deine Bürger dich fürchten, würde ich glauben, mein Haus verlassen zu müssen; (und) du meinst nicht, dass du die Stadt verlassen solltest? [Hier liegt ein Konditionalsatz (Irrealis der Gegenwart) vor; **si** steht in diesem Satz nicht am Satzanfang. Im Hauptsatz **domum ... putarem** findet sich ein AcI mit Gerundivum, das **esse** fehlt jedoch: **domum meum** (**mihi**) **relinquendam** (**esse**) **putarem**. Im zweiten Teil **tu tibi ... non arbitraris** wird die Struktur ersichtlich; **tibi**: Dat auctoris]

Geh aus der Stadt, Catilina, befreie unseren Staat von der Angst, geh in die Verbannung [**egredere** und **proficiscere**: Imp; **metu**: Abl separativus]. Merkst du denn (etwas), bemerkst du denn das Schweigen der Senatoren? Wenn ich dasselbe dem äußerst tüchtigen jungen Mann, dem P. Sestius, wenn ich (dasselbe) dem sehr tapferen M. Marcellus gesagt hätte, hätte der Senat mir hier in genau diesem Tempel sofort mit vollstem Recht Gewalt angetan und Hand an mich gelegt [Konditionalsatz (Irrealis der Vergangenheit); **hoc idem** gehört zusammen: Akk Sg n, ebenso **hoc ipso in templo**: Abl Sg n]. Bei dir aber, Catilina, billigen sie es (was ich gesagt habe), indem sie ruhig sind, sie treffen eine Entscheidung, indem sie es dulden, und sie schreien, indem sie schweigen [**cum**: cum modale].

Nun, um mich gegen die Beschwerde des Vaterlandes zu verwahren, ihr Senatoren, hört genau, was ich sagen werde [**ut** leitet einen Finalsatz ein; **quae** (Akk Pl n) leitet einen Relativsatz ein; **dicam** ist 1. Pers Sg Fut]. Denn wenn unser Vaterland, das mir viel mehr wert ist als mein Leben, so zu mir sprechen würde [Konditionalsatz (Potentialis); **mea vita**: Abl comparationis; **multo**: Abl mensurae]: Marcus Tullius, was tust du? [**M**(**arce**) **Tulli**: Vokativ] Wirst du zulassen, dass er, von dem du weißt, dass er ein Feind ist, der, wie du siehst, Anführer eines Krieges sein wird, (einfach) geht? [von **patieris** hängt ein AcI ab, Subjektsakk: **eum**, Inf: **exire**. Auf **eum** beziehen sich die beiden Relativsätze, die jeweils mit einem AcI verschränkt sind. Zu **futurum** ist **esse** zu ergänzen] Wirst du nicht den Befehl geben, dass er in Fesseln abgeführt wird, dass er zum Tode geschleppt wird, dass er durch die härteste Strafe zugrunde gerichtet wird? [von **nonne imperabis** hängen drei AcI ab, Subjektsakk: **hunc**, Inf: **duci**, **rapi**, **mactari**; **hunc** ist Subjektsakkusativ zu allen drei Infinitiven] Auf diese äußerst ehrwürdigen Worten des Staates werde ich einige Worte erwidern [**vox** steht hier in der Bedeutung *Wort*; **his**, **sanctissimis** und **vocibus** gehören zusammen]: Wenn ich geurteilt hätte, dass es das Beste (zu tun) wäre, ihr Senatoren, Catilina mit dem Tod zu bestrafen, (dann) hätte ich diesem Banditen nicht die Frist einer einzigen Stunde zum Leben gelassen [Konditionalsatz (Irrealis der Gegenwart); **factu**: Supinum II; **iudicarem** löst einen AcI aus, Subjektsakk: **Catilinam**, Inf: **multari**; **ad vivendum**: Gerundium].
Ich weiß aber, dass durch den Tod dieses einen diese Seuche unseres Staates nur ein bisschen zurückgedrängt, aber nicht für immer verdrängt werden kann [**Hoc** (...) **uno interfecto**: Abl. abs.; **intellego** löst einen AcI aus, Subjektsakk: **hanc rei publicae pestem**, Inf: **reprimi**, **comprimi posse**]. Wenn er sich aber selbst hinauswirft und seine Leute mit sich herausführt

## Übersetzung der Lektionstexte

und auch die übrigen von überall zusammengesammelten gescheiterten Existenzen um sich schart, dann wird nicht nur diese Seuche des Staates ausgelöscht und zerstört werden, sondern auch die Wurzel und der Samen aller Übel [konditionales Gefüge (Indefinitus/Realis); das im quodsi-Satz ausgedrückte Geschehen ist vorzeitig (Fut II) zum Geschehen des Hauptsatzes (Fut I). Beachten Sie die Struktur **non modo ... verum etiam ...**].

 **Über den Hochmut des Ariovist**

Deshalb beschloss Caesar, Gesandte zu Ariovist zu schicken, die von ihm fordern sollten, irgendeinen Ort für eine Unterredung zu wählen: Er wolle über den Staat und über für beide sehr wichtige Dinge mit ihm verhandeln [**quam ob rem**: rel. Satzanschluss, = **ob eam rem**; **alicui placet** wird oft mit *er/sie beschließt* übersetzt. Der Relativsatz hat finalen Nebensinn. Mit **velle** beginnt die indir. Rede in Form eines AcI, Subjektsakk: **sese**, Inf: **agere velle**]. Der Gesandtschaft antwortete Ariovist: Wenn jener etwas wolle, müsse er zu ihm kommen [nach **respondit** folgt indir. Rede; **illum**: Caesar]. Außerdem wage er nicht ohne Heer in die Teile Galliens zu kommen, die Caesar besäße [indir. Rede. Der Relativsatz ist wegen der indir. Rede konjunktivisch]. Es erscheine ihm jedoch verwunderlich, was Caesar oder insgesamt das römische Volk in seinem Gallien, das er in einem Krieg besiegt hatte, zu suchen hätten [indir. Rede; **negotii**: Gen partitivus: *was der Tätigkeit, was für eine Tätigkeit*, hier freier übersetzt.].

Nachdem diese Antworten Caesar überbracht worden waren, schickte er wiederum Gesandte zu ihm mit diesen Weisungen [**his responsis ad Caesarem relatis**: Abl. abs.]: Dies seien die Dinge, die er von ihm fordere: Erstens, dass er keine weiteren Menschenmassen über den Rhein nach Gallien führen solle, dass er dann die Geiseln, die er von den Haeduern habe, zurückgebe und den Sequanern gestatte, dass es ihnen erlaubt sei, diejenigen (Geiseln), die sie hätten, mit seiner Erlaubnis zurückzugeben; und dass er die Haeduer nicht durch seine Ungerechtigkeit reizen solle und auch mit deren Verbündeten keinen Krieg anfangen solle [indir. Rede; **quam = aliquam**. Lesen Sie den hinteren Teil des Satzes so: **et Sequanis permitteret, ut illis liceret (eos), quos illi haberent, voluntate eius reddere**].

Auf diese (Weisungen) antwortete Ariovist Folgendes: Es sei Kriegsrecht, dass die Sieger diejenigen, die sie besiegt haben, beherrschen, wie sie wollen [nach **respondit** folgt indir. Rede bis zum Ende des Textes; **quos** bezieht sich auf **iis**]. Das römische Volk sei ebenso gewohnt, über seine Besiegten nach eigenem Gutdünken zu herrschen. Wenn er selbst dem römischen Volk nicht vorschreibe, wie es von seinem Recht Gebrauch machen solle, dann dürfe er auch nicht vom römischen Volk in der Ausübung seines Rechts behindert werden. Niemand habe (bisher) ohne seinen Untergang sich mit ihm gemessen. Wenn er wolle, solle er kommen: Er werde erkennen, was die unbesiegbaren Germanen, die sehr gut im Waffenumgang trainiert seien und die während 14 Jahren kein Dach über dem Kopf gehabt hätten, mit ihrer Tapferkeit vermöchten.

## Übersetzung der Lektionstexte

 **Cicero über das Thema Tod**

Diejenigen, die den Tod erträglicher machen, behaupten, er sei dem Schlaf sehr ähnlich [**velle**: hier *behaupten*]. Du hast den Schlaf als Bild für den Tod und du fällst jeden Tag in ihn (den Schlaf): Und zweifelst du, dass es im Tod keine Empfindung gibt, obwohl du siehst, dass in seinem Ebenbild keine Empfindung existiert? [**cum**: cum concessivum] „Mich hält die große Hoffnung, ihr Richter", sagte er [Sokrates], „dass es für mich gut ist, dass ich in den Tod geschickt werde [von **spes tenet** hängt ein AcI ab: (**id**) **bene evenire**; **quod**: faktisches **quod**: *dass*]. Ich glaube, dass der Tod entweder alle Empfindungen ganz und gar wegnimmt oder dass wir von hier aus an einen anderen Ort wandern [**puto** löst einen AcI aus, Subjektsakk: **mortem, nos,** Inf: **auferre, migrare**. Beachten Sie die Struktur **aut ... aut ...**]. Deshalb: Sei es, dass unsere Empfindung ausgelöscht wird und der Tod dem Schlaf ähnlich ist, der manchmal sogar ohne Traumbilder eine sehr gelassene/friedliche Ruhe bringt, was für ein Gewinn ist es (dann) zu sterben, ihr guten Götter! [der Relativsatz **qui ... affert** bezieht sich auf **ei somno**; **lucri**: Gen partitivus]

Wenn die Dinge, die man (so) sagt, wahr sind, dass (nämlich) der Tod eine Wanderung in die Gegenden ist, die diejenigen, die aus dem Leben gegangen sind, bewohnen, dann ist dies noch viel beglückender [**vera sunt** löst einen AcI aus, Subjektsakk: **mortem**, Inf: (**migrationem**) **esse**; **multo**: Abl mensurae]. Denn wenn ich von denen, die als Richter angesehen werden wollen, entkommen bin, werde ich zu denen kommen, die wirklich [zu Recht] Richter genannt werden, Minos und Rhadamanthus, und ich werde diejenigen treffen, die gerecht und treu gelebt haben: Kann diese Reise euch gering erscheinen? [**cum**: cum temporale; **haberi in** mit Abl: *gerechnet werden zu*]. Angenommen, dass man sich sogar mit Orpheus, Homer und Hesiod unterhalten kann, wie hoch schätzt ihr denn eigentlich das? [**quanti**: Gen pretii] Was für eine große Freude würde mir zuteil, wenn ich Palamedes, wenn ich die anderen, die durch ein ungerechtes Urteil bedrängt worden sind, träfe! [Konjunktiv: Potentialis]

Aber es ist nun schon Zeit, von hier fortzugehen, für mich, um zu sterben, und für euch, damit ihr euer Leben führt [**me** und **vos** sind eigentlich Subjektsakkusative: *Es ist Zeit, dass ich von hier fortgehe ... dass ihr von hier fortgeht*]. Was von beidem aber besser ist, das wissen die unsterblichen Götter, von den Menschen weiß es, glaube ich, keiner." [von **sciunt** hängt ein Fragesatz ab: **utrum ... melius**; **arbitror** löst einen AcI aus, Subjektsakk: **hominem neminem,** Inf: **scire**]

# Grammatische Fachausdrücke

| Fachausdrücke | deutsche Bezeichnung und Erklärungen | Beispiele |
|---|---|---|
| Ablativ | 5. Fall: woher? wovon? womit? wodurch? wo? wann? | Milites **gladiis** pugnaverunt. *Die Soldaten kämpften **mit Schwertern**.* |
| AcI | Akkusativ mit Infinitiv in der Funktion eines Subjekts oder Objekts | **Ciceronem** oratorem bonum **fuisse** non ignoramus. *Wir wissen genau, **dass Cicero** ein guter Redner **gewesen ist**.* |
| Adjektiv | Eigenschaftswort (Wortart) | vir **bonus** *ein **guter** Mann* |
| Adverb | Umstandswort: nähere Umstände der Verbalhandlung (Wortart) | Romani **saepe** bella gesserunt. *Die Römer führten **oft** Kriege.* |
| Adverbiale | lokale, modale, kausale oder temporale Umstandsangabe (Satzglied) | **Saepe in bibliothecam** imus. *Wir gehen **oft** (temporal) **in die Bibliothek** (lokal).* |
| Akkusativ | 4. Fall: wen? was? | **Villam** video. *Ich sehe **das Landhaus**.* |
| Aktiv | „Tatform" des Verbs | laudo *ich lobe* |
| Attribut | nähere Bestimmung zu einem Wort (keine Wortart, sondern Satzgliedteil) | orator **clarus** *ein **berühmter** Redner* verba **oratoris** *die Worte **des Redners*** vir, **qui orationem habet** *der Mann, **der eine Rede hält*** |
| Dativ | 3. Fall: wem? | **Tibi** donum do. *Ich gebe **dir** ein Geschenk.* |
| Deklination | Beugung der Substantive, Adjektive, Pronomina und Zahlwörter | templum, templi, templo ... *der Tempel, des Tempels, dem Tempel ...* |
| Demonstrativpronomen | hinweisendes Fürwort | **is, ea, id** *dieser, diese, dieses* |
| Deponens | Verb mit passiven Formen, aber aktiver Bedeutung | admirari *bewundern* |
| Elativ | besondere Gebrauchsweise des Superlativs: nicht Ausdruck der höchsten, sondern einer sehr hohen Stufe | milites **fortissimi** *sehr tapfere Soldaten* |

## Grammatische Fachausdrücke

| Fachausdrücke | deutsche Bezeichnung und Erklärungen | Beispiele |
|---|---|---|
| Femininum | Angabe des Genus: weiblich | filia: Nom/Abl Sg f<br>bonarum: Gen Pl f |
| Futur | Zeitform: Zukunft | roga**bo** *ich werde fragen* |
| Genitiv | 2. Fall: wessen? | domus **patris** *das Haus des Vaters* |
| Gerundium | substantivierter Infinitiv | ars **scribendi** *die Kunst des Schreibens* |
| Gerundivum | von einem Verb abgeleitetes Adjektiv mit verschiedenen Funktionen | Pax **servanda** est. *Der Frieden muss bewahrt werden.*<br>In amicis **deligendis** adhibete diligentiam! *Wendet bei der Auswahl der Freunde Sorgfalt an!* |
| Genus | grammatisches Geschlecht | poeta, ae *m*<br>mors, mortis *f* |
| Genus verbi | Zustandsform des Verbs: Aktiv oder Passiv | **laudo** *ich lobe*<br>**laudor** *ich werde gelobt* |
| Imperativ | einer der drei Modi: Befehlsform | Veni! *Komm!*<br>Venite! *Kommt!* |
| Imperfekt | Zeitform: Vergangenheit | lauda**bam** *ich lobte* |
| Indefinitpronomen | unbestimmtes Fürwort | **aliquis/aliquid** *irgendeiner, jemand, etwas* |
| Indikativ | einer der drei Modi: Wirklichkeitsform | videt *er sieht* |
| Infinitiv | Grundform des Verbs | laudare *loben*<br>laudari *gelobt werden* |
| intransitives Verb | Verb, das kein Akkusativobjekt fordert; kann nicht ins Passiv treten | ire *gehen*<br>amico consulere *für den Freund sorgen* |
| Interrogativpronomen | Fragefürwort | Quis? *Wer?* Quid? *Was?* |
| Kasus (Pl: Kasūs!) | Fall | Nominativ, Genitiv, Dativ ... |
| Komparativ | 1. Steigerungsstufe des Adjektivs und Adverbs | pulchrior, ius *schöner* |
| Kompositum | durch Zusammensetzung entstandenes Wort | adducere: ad + ducere |
| Konjugation | Beugung eines Verbs | laudo, laudas, laudat ... *ich lobe, du lobst, er lobt ...* |

## Grammatische Fachausdrücke

| Fachausdrücke | deutsche Bezeichnung und Erklärungen | Beispiele |
|---|---|---|
| Konjunktion | beiordnendes (1) oder unterordnendes, gliedsatzeinleitendes (2) Bindewort | 1: et *und*, aut *oder* <br> 2: quia *weil*, ut *dass, damit* |
| Konjunktiv | einer der drei Modi: Möglichkeitsform | Quid faciam? *Was soll ich tun?* |
| Konsonant | Mitlaut | alles außer a, e, i, o, u, ä, ö, ü |
| Kopula | Hilfsverb, das zusammen mit einem Prädikatsnomen das Prädikat bildet | Cicero orator bonus est. *Cicero ist ein guter Redner.* |
| Maskulinum | Angabe des Genus: männlich | viros: Akk Pl **m** <br> quo: Abl Sg **m** |
| Modus | Aussageweise (Indikativ, Konjunktiv, Imperativ) | dico *ich sage*, dicerem *ich würde sagen*, dic! *sag!* |
| NcI | Nominativ mit Infinitiv nach bestimmten Auslöseverben im Passiv | Socrates sapiens fuisse dicitur. *Sokrates soll weise gewesen sein.* |
| Neutrum | Angabe des Genus: sächlich | donum: Nom/Akk Sg **n** <br> laudatum: Nom/Akk Sg **n** |
| Nominativ | 1. Fall: wer? was? | Milites pugnant. *Die Soldaten kämpfen.* |
| Numerus | Zahl (Singular/Einzahl und Plural/Mehrzahl) | miles: Nom **Sg** m <br> virorum: Gen **Pl** m |
| Objekt | Satzglied, Ergänzung zum Verb; in welchem Kasus das Objekt steht, wird vom Verb bestimmt | Te video. *Ich sehe dich.* <br> Tibi (Dat) donum (Akk) do. *Ich gebe dir ein Geschenk.* |
| Partikel | unveränderliches Wort, Redeteilchen, Füllwort | Visne mecum ambulare? *Willst du mit mir spazieren gehen?* |
| Partizip | Verbaladjektiv: einerseits Verbform, andererseits wie ein Adjektiv verwendbar | laudans *lobend* <br> laudatus *gelobt* |
| Passiv | „Leideform", das Subjekt handelt nicht selbst, sondern es wird etwas mit ihm getan | Discipuli laudantur. *Die Schüler werden gelobt.* |
| Perfekt | Zeitform: Vergangenheit | laudavi *ich habe gelobt* |
| Personalpronomen | persönliches Fürwort | ego *ich*, tu *du*, is/ea/id *er/sie/es* |
| Plural | Mehrzahl | senatores *Senatoren* |

## Grammatische Fachausdrücke

| Fachausdrücke | deutsche Bezeichnung und Erklärungen | Beispiele |
|---|---|---|
| Plusquamperfekt | Zeitform: Vergangenheit (Vorvergangenheit) | laudaveram *ich hatte gelobt* |
| Positiv | Grundstufe eines Adjektivs oder Adverbs (ungesteigerte Form) | bonus, a, um *gut* <br> bene *gut* |
| Possessivpronomen | besitzanzeigendes Fürwort | meus *mein*, tuus *dein* |
| Prädikat | Satzaussage, das finite (gebeugte) Verb (ggf. mit Prädikatsnomen) | Quintus hoc **dicit**. <br> *Quintus **sagt** das.* |
| Prädikativum | nähere Erläuterung zu einem Substantiv und zugleich zum Prädikat | Troiani **incolumes** in Italiam pervenerunt. *Die Trojaner gelangten **unversehrt** nach Italien.* |
| Prädikatsnomen | Substantiv oder Adjektiv im Nominativ, das zusammen mit einem Hilfsverb das Prädikat bildet | Horatius **poeta clarus** est. *Horaz ist **ein berühmter Dichter**.* |
| Präfix | Vorsilbe, z.B. Präpositionen bei der Bildung von Komposita | **in**ferre ***hinein**tragen* |
| Präsens | Zeitform: Gegenwart | laudo *ich lobe* |
| Präteritum | Zeitform: Vergangenheit | *ich lobte, ich ging* |
| Präposition | Verhältniswort; unveränderliches Wort, das vor einem Substantiv oder Pronomen steht und einen bestimmten Kasus fordert (Wortart) | apud regem *beim König* <br> de philosophia *über die Philosophie* |
| Pronomen | Fürwort, das anstelle (pro) eines Nomens steht oder es begleitet (Wortart) | is *er*, ille *jener*, hic *dieser*, qui *der* |
| reflexiv | rückbezüglich | Hannibal elephantos **secum** duxit. *Hannibal führte Elefanten mit **sich**.* <br> Cicero putat **se** Romam servare posse. *Cicero glaubt, dass **er** (Cicero) Rom retten kann.* |
| Reflexivpronomen | rückbezügliches Fürwort | sui *seiner*, sibi *sich*, se *sich* |
| Relativpronomen | bezügliches Fürwort, leitet einen Relativsatz ein | Legi librum, **quem** mihi misisti. *Ich habe das Buch gelesen, **das** du mir geschickt hast.* |

## Grammatische Fachausdrücke

| Fachausdrücke | deutsche Bezeichnung und Erklärungen | Beispiele |
|---|---|---|
| Semideponens | Verb, das einen Teil seiner Formen wie ein Deponens bildet | soleo, solitus sum, solere *zu tun pflegen* |
| Singular | Einzahl | consul: Nom **Sg** m<br>claro: Dat/Abl **Sg** m/n |
| Subjekt | Satzglied im Nominativ, das mit dem finiten (gebeugten) Verb in Person und Numerus übereinstimmt und mit wer? was? erfragt werden kann. | *Quintus* in bibliotheca sedet. *Quintus sitzt in der Bibliothek.* |
| Substantiv | deklinierbares Hauptwort, Gegenstände, Dinge, Personen (Wortart) | domus *das Haus*, spes *die Hoffnung* |
| Superlativ | 2. und höchste Steigerungsstufe des Adjektivs und Adverbs | **fortissimus** vir *der **tapferste** Mann*<br>**fortissime** pugnare *am **tapfersten** kämpfen* |
| Supinum | kein Äquivalent im Deutschen | auxilium **postulatum** venire *kommen, **um** Hilfe **zu** fordern*<br>Hoc facile est **intellectu**. *Das ist leicht **zu** verstehen.* |
| Tempus | Zeitform | Präsens, Imperfekt, Futur ... |
| transitives Verb | Verb, das ein Akkusativobjekt bei sich hat und ein vollständiges Passiv bildet | legatos mitto *ich schicke Gesandte*<br>legati mittuntur *Gesandte werden geschickt* |
| Verb | konjugierbares Tätigkeits- oder Zeitwort (Wortart) | laudare *loben*, audire *hören*, ducere *führen* |
| Vokal | Selbstlaut | a, e, i, o, u |
| Vokativ | 6. Fall, Anredefall | O Marce Tulli! *O Marcus Tullius!* |

# Grammatikübersicht

## 1. Substantive

| ā-Deklination: bibliothēca, ae f Bibliothek | |
|---|---|
| Sg | Pl |
| Nom bibliothēc-a | bibliothēc-ae |
| Gen bibliothēc-ae | bibliothēc-ārum |
| Dat bibliothēc-ae | bibliothēc-īs |
| Akk bibliothēc-am | bibliothēc-ās |
| Abl (in) bibliothēc-ā | (in) bibliothēc-īs |

| o-Deklination: amīcus, ī m Freund; verbum, ī n Wort | | | |
|---|---|---|---|
| Sg | Pl | Sg | Pl |
| Nom amīc-us | amīc-ī | verb-um | verb-a |
| Gen amīc-ī | amīc-ōrum | verb-ī | verb-ōrum |
| Dat amīc-ō | amīc-īs | verb-ō | verb-īs |
| Akk amīc-um | amīc-ōs | verb-um | verb-a |
| Abl (cum) amīc-ō | (cum) amīc-īs | verb-ō | verb-īs |

| konsonantische Deklination: homō, inis m Mensch, Mann; mūnus, eris n Gabe | | | |
|---|---|---|---|
| Sg | Pl | Sg | Pl |
| Nom homō | homin-ēs | mūnus | mūner-a |
| Gen homin-is | homin-um | mūner-is | mūner-um |
| Dat homin-ī | homin-ibus | mūner-ī | mūner-ibus |
| Akk homin-em | homin-ēs | mūnus | mūner-a |
| Abl homin-e | homin-ibus | mūner-e | mūner-ibus |

| i-Deklination: turris, turris f Turm; exemplar, exemplāris n Muster, Vorbild | | | |
|---|---|---|---|
| Sg | Pl | Sg | Pl |
| Nom turr-is | turr-ēs | exemplar | exemplār-ia |
| Gen turr-is | turr-ium | exemplār-is | exemplār-ium |
| Dat turr-ī | turr-ibus | exemplār-ī | exemplār-ibus |
| Akk turr-im | turr-īs (-ēs) | exemplar | exemplār-ia |
| Abl turr-ī | turr-ibus | exemplār-ī | exemplār-ibus |

# Grammatikübersicht

**gemischte Deklination: urbs, urbis** *f Stadt;* **os, ossis** *n Knochen*

|     | Sg      | Pl       | Sg     | Pl       |
|-----|---------|----------|--------|----------|
| Nom | urbs    | urb-ēs   | os     | oss-a    |
| Gen | urb-is  | urb-ium  | oss-is | oss-ium  |
| Dat | urb-ī   | urb-ibus | oss-ī  | oss-ibus |
| Akk | urb-em  | urb-ēs   | os     | oss-a    |
| Abl | urb-e   | urb-ibus | oss-e  | oss-ibus |

**ē-Deklination: rēs, reī** *f Sache, Ding*

|     | Sg    | Pl      |
|-----|-------|---------|
| Nom | r-ēs  | r-ēs    |
| Gen | r-eī  | r-ērum  |
| Dat | r-eī  | r-ēbus  |
| Akk | r-em  | r-ēs    |
| Abl | r-ē   | r-ēbus  |

**u-Deklination: currus, ūs** *m Wagen;* **cornu, ūs** *n Horn, Heeresflügel*

|     | Sg       | Pl         | Sg      | Pl         |
|-----|----------|------------|---------|------------|
| Nom | curr-us  | curr-ūs    | corn-ū  | corn-ua    |
| Gen | curr-ūs  | curr-uum   | corn-ūs | corn-uum   |
| Dat | curr-uī  | curr-ibus  | corn-ū  | corn-ibus  |
| Akk | curr-um  | curr-ūs    | corn-ū  | corn-ua    |
| Abl | curr-ū   | curr-ibus  | corn-ū  | corn-ibus  |

## 2. Adjektive

### Adjektive der ā- und o-Deklination

**clārus, a, um** *berühmt*

|     | Sg m     | f        | n        | Pl m      | f         | n         |
|-----|----------|----------|----------|-----------|-----------|-----------|
| Nom | clār-us  | clār-a   | clār-um  | clār-ī    | clār-ae   | clār-a    |
| Gen | clār-ī   | clār-ae  | clār-ī   | clār-ōrum | clār-ārum | clār-ōrum |
| Dat | clār-ō   | clār-ae  | clār-ō   | clār-īs   | clār-īs   | clār-īs   |
| Akk | clār-um  | clār-am  | clār-um  | clār-ōs   | clār-ās   | clār-a    |
| Abl | clār-ō   | clār-ā   | clār-ō   | clār-īs   | clār-īs   | clār-īs   |

# Grammatikübersicht

## Adjektive der 3. Deklination

| Sg | dreiendig<br>ācer m, ācris f, ācre n scharf | | | zweiendig<br>brevis m/f, breve n kurz | | einendig<br>prūdēns m/f/n klug | |
|---|---|---|---|---|---|---|---|
| | m | f | n | m/f | n | m/f | n |
| Nom | ācer | ācr-is | ācr-e | brev-is | brev-e | prūdēns | prūdēns |
| Gen | | ācr-is | | brev-is | | prūdent-is | |
| Dat | | ācr-ī | | brev-ī | | prūdent-ī | |
| Akk | | ācr-em | ācr-e | brev-em | brev-e | prūdent-em | prūdēns |
| Abl | | ācr-ī | | brev-ī | | prūdent-ī | |

| Pl | m | f | n | m/f | n | m/f | n |
|---|---|---|---|---|---|---|---|
| Nom | | ācr-ēs | ācr-ia | brev-ēs | brev-ia | prūdent-ēs | prūdent-ia |
| Gen | | ācr-ium | | brev-ium | | prūdent-ium | |
| Dat | | ācr-ibus | | brev-ibus | | prūdent-ibus | |
| Akk | | ācr-ēs | ācr-ia | brev-ēs | brev-ia | prūdent-ēs | prūdent-ia |
| Abl | | ācr-ibus | | brev-ibus | | prūdent-ibus | |

Die Adjektive **vetus, eris** *alt*, **pauper, eris** *arm*, **dives, itis** *reich*, **princeps, ipis** *erster*, **particeps, ipis** *teilnehmend (an)* folgen dem Muster der konsonantischen Deklination.

| | Sg | | Pl | |
|---|---|---|---|---|
| | m/f | n | m/f | n |
| Nom | vetus | vetus | veter-ēs | veter-a |
| Gen | veter-is | | veter-um | |
| Dat | veter-ī | | veter-ibus | |
| Akk | veter-em | vetus | veter-ēs | veter-a |
| Abl | veter-e | | veter-ibus | |

## Komparation der Adjektive

| Positiv | Komparativ | Superlativ |
|---|---|---|
| clārus, a, um *berühmt* ▶ | clārior, ius *berühmter* ▶ | clārissimus, a, um *der berühmteste* |
| fortis, e *tapfer* ▶ | fortior, ius *tapferer* ▶ | fortissimus, a, um *der tapferste* |
| pulcher, chra, chrum *schön* ▶ | pulchrior, ius *schöner* ▶ | pulcherrimus, a, um *der schönste* |
| celer, is, e *schnell* ▶ | celerior, ius *schneller* ▶ | celerrimus, a, um *der schnellste* |
| facilis, e *leicht* ▶ | facilior, ius *leichter* ▶ | facillimus, a, um *der leichteste* |

# Grammatikübersicht

Sonderformen:

| | | |
|---|---|---|
| bonus, a, um *gut* ▶ | melior, ius *besser* ▶ | optimus, a, um *der beste* |
| malus, a, um *schlecht* ▶ | peior, ius *schlechter* ▶ | pessimus, a, um *der schlechteste* |
| magnus, a, um *groß* ▶ | maior, ius *größer* ▶ | maximus, a, um *der größte* |
| parvus, a, um *klein* ▶ | minor, us *kleiner* ▶ | minimus, a, um *der kleinste* |
| multī, ae, a *viele* ▶ | plūrēs, a *mehr* ▶ | plūrimī, ae, a *die meisten* |

Deklination des Komparativs: celerior, ius *der schnellere*

| | Sg m/f | n | Pl m/f | n |
|---|---|---|---|---|
| Nom | celerior | celerius | celeriōr-ēs | celeriōr-a |
| Gen | celeriōr-is | | celeriōr-um | |
| Dat | celeriōr-ī | | celeriōr-ibus | |
| Akk | celeriōr-em | celerius | celeriōr-ēs | celeriōr-a |
| Abl | celeriōr-e | | celeriōr-ibus | |

## 3. Adverb

**Bildung des Adverbs**

| Adjektive der ā- und o-Deklination | Adjektive der 3. Deklination |
|---|---|
| doctus, a, um *gelehrt* ▶ doctē | fortis, e *tapfer* ▶ fortiter |
| pulcher, chra, chrum *schön* ▶ pulchrē | prūdēns, ntis *klug* ▶ prūdenter |

Das Adverb zu **bonus, a, um** ist **bene**.

**Komparation des Adverbs**

| Positiv | Komparativ | Superlativ |
|---|---|---|
| doctē *gelehrt* | doctius *gelehrter* | doctissimē *am gelehrtesten* |
| celeriter *schnell* | celerius *schneller* | celerrimē *am schnellsten* |
| bene *gut* | melius *besser* | optimē *am besten* |

# Grammatikübersicht

## 4. Pronomina

### Personalpronomina

|  | 1. Pers Sg |  | 2. Pers Sg |  | 3. Pers Sg (reflexiv) |  |
|---|---|---|---|---|---|---|
| Nom | egŏ | ich | tū | du | – |  |
| Gen | meī | meiner | tuī | deiner | suī | seiner |
| Dat | mihĭ | mir | tibĭ | dir | sibī | sich |
| Akk | mē | mich | tē | dich | sē | sich |
| Abl | ā mē/ | von mir/ | ā tē/ | von dir/ | ā sē/ | von sich/ |
|  | mēcum | mit mir | tēcum | mit dir | sēcum | mit sich |

|  | 1. Pers Pl |  | 2. Pers Pl |  | 3. Pers Pl (reflexiv) |  |
|---|---|---|---|---|---|---|
| Nom | nōs | wir | vōs | ihr | – |  |
| Gen | nostrī/ | unser | vestrī/ | euer | suī | ihrer |
|  | nostrum |  | vestrum |  |  |  |
| Dat | nōbīs | uns | vōbīs | euch | sibī | sich |
| Akk | nōs | uns | vōs | euch | sē | sich |
| Abl | ā nōbīs/ | von uns/ | ā vōbīs/ | von euch/ | ā se/ | von sich/ |
|  | nōbīscum | mit uns | vōbīscum | mit euch | sēcum | mit sich |

### 3. Person (nicht reflexiv)

|  | Sg |  |  |  | Pl |  |  |  |  |  |
|---|---|---|---|---|---|---|---|---|---|---|
|  | m |  | f |  | n |  | m |  | f |  | n |
| Nom | is er | ea sie | id es | eī (iī) sie | eae sie | ea sie |
| Gen |  | eius seiner/ihrer |  | eōrum ihrer | eārum ihrer | eōrum ihrer |
| Dat |  | eī ihm/ihr |  | eīs (iīs) ihnen |  |  |
| Akk | eum ihn | eam sie | id es | eōs sie | eās sie | ea sie |
| Abl | dē eō | dē eā | dē eō | dē eīs (iīs) über sie |  |  |
|  | über ihn | über sie | darüber |  |  |  |

### Possessivpronomina

| Sg |  |  | Pl |  |  |
|---|---|---|---|---|---|
| 1. Pers | meus, a, um | mein | 1. Pers | noster, tra, trum | unser |
| 2. Pers | tuus, a, um | dein | 2. Pers | vester, tra, trum | euer |
| 3. Pers | suus, a, um | sein, ihr | 3. Pers | suus, a, um | ihr |

# Grammatikübersicht

## Demonstrativpronomina

### hic, haec, hoc *dieser, diese, dieses*

| Sg | m | f | n | Pl | m | f | n |
|---|---|---|---|---|---|---|---|
| Nom | hic | haec | hoc | | hī | hae | haec |
| Gen | | huius | | | hōrum | hārum | hōrum |
| Dat | | huic | | | | hīs | |
| Akk | hunc | hanc | hoc | | hōs | hās | haec |
| Abl | hōc | hāc | hōc | | | hīs | |

### iste, ista, istud *dieser (da), diese (da), dieses (da)*

| Sg | m | f | n | Pl | m | f | n |
|---|---|---|---|---|---|---|---|
| Nom | iste | ista | istud | | istī | istae | ista |
| Gen | | istīus | | | istōrum | istārum | istōrum |
| Dat | | istī | | | | istīs | |
| Akk | istum | istam | istud | | istōs | istās | ista |
| Abl | istō | istā | istō | | | istīs | |

### ille, illa, illud *jener, jene, jenes*

| Sg | m | f | n | Pl | m | f | n |
|---|---|---|---|---|---|---|---|
| Nom | ille | illa | illud | | illī | illae | illa |
| Gen | | illīus | | | illōrum | illārum | illōrum |
| Dat | | illī | | | | illīs | |
| Akk | illum | illam | illud | | illōs | illās | illa |
| Abl | illō | illā | illō | | | illīs | |

### ipse, ipsa, ipsum *selbst*

| Sg | m | f | n | Pl | m | f | n |
|---|---|---|---|---|---|---|---|
| Nom | ipse | ipsa | ipsum | | ipsī | ipsae | ipsa |
| Gen | | ipsīus | | | ipsōrum | ipsārum | ipsōrum |
| Dat | | ipsī | | | | ipsīs | |
| Akk | ipsum | ipsam | ipsum | | ipsōs | ipsās | ipsa |
| Abl | ipsō | ipsā | ipsō | | | ipsīs | |

## Grammatikübersicht

| | īdem, eadem, idem  *derselbe, dieselbe, dasselbe* | | | | | |
|---|---|---|---|---|---|---|
| | Sg | | | Pl | | |
| | m | f | n | m | f | n |
| Nom | īdem | eadem | idem | īdem (iīdem) | eaedem | eadem |
| Gen | | eiusdem | | eōrundem | eārundem | eōrundem |
| Dat | | eīdem | | | eīsdem (iīs-/īsdem) | |
| Akk | eundem | eandem | idem | eōsdem | eāsdem | eadem |
| Abl | eōdem | eādem | eōdem | | eīsdem (iīs-/īsdem) | |

### Relativpronomina

| | quī, quae, quod  *der, die, das* | | | | | | |
|---|---|---|---|---|---|---|---|
| | Sg m | f | n | Pl | m | f | n |
| Nom | quī | quae | quod | | quī | quae | quae |
| Gen | | cuius | | | quōrum | quārum | quōrum |
| Dat | | cui | | | | quībus | |
| Akk | quem | quam | quod | | quōs | quās | quae |
| Abl | quō | quā | quō | | | quībus | |

Verallgemeinernde Relativpronomina:
**quisquis/quidquid** *wer auch immer; jeder, der; was auch immer; alles, was*
**quicumque/quaecumque/quodcumque** *wer auch immer; jeder, der; was auch immer; alles, was*

### Interrogativpronomina

| | quis? quid?  *wer? was?* (substantivisch) | |
|---|---|---|
| Nom | quis? *wer?* | quid? *was?* |
| Gen | cuius? *wessen?* | |
| Dat | cui? *wem?* | |
| Akk | quem? *wen?* | quid? *was?* |
| Abl | ā quō? *von wem?* | |

Die Formen von **quī? quae? quod?** *welcher? welche? welches?* (adjektivisch) entsprechen denen des Relativpronomens (siehe oben).

# Grammatikübersicht

## Indefinitpronomina

| | quīdam, quaedam, quiddam/quoddam *ein, ein gewisser, ein bestimmter* | | | | | |
|---|---|---|---|---|---|---|
| | Sg | | | Pl | | |
| | m | f | n | m | f | n |
| Nom | quīdam | quaedam | quiddam/quoddam | quīdam | quaedam | quaedam |
| Gen | | cuiusdam | | quōrundam | quārundam | quōrundam |
| Dat | | cuidam | | | quibusdam | |
| Akk | quendam | quandam | quiddam/quoddam | quōsdam | quāsdam | quaedam |
| Abl | quōdam | quādam | quōdam | | quibusdam | |

| | aliquis/aliquid (subst.), aliquī/aliqua/aliquod (adj.) *irgendeiner, jemand, etwas* | | | | |
|---|---|---|---|---|---|
| | m/f | n | m | f | n |
| Nom | aliquis | aliquid | aliquī | aliqua | aliquod |
| Gen | alicuius | | | alicuius | |
| Dat | alicui | | | alicui | |
| Akk | aliquem | aliquid | aliquem | aliquam | aliquod |
| Abl | aliquō | | aliquō | aliquā | aliquō |

| | nēmō *niemand*, nihil *nichts* (subst.), nūllus, a, um (adj.) *keiner, nichts* | | |
|---|---|---|---|
| | substantivisch | | adjektivisch |
| Nom | nēmō | nihil | nūllus, a, um |
| Gen | nūllīus | nūllīus reī | nūllīus |
| Dat | nēminī | nūllī reī | nūllī |
| Akk | nēminem | nihil | nūllum, am, um |
| Abl | nūllō | nūllā rē | nūllō, ā, ō |

Weitere Indefinitpronomina:
quisque/quidque (subst.), quisque/quaeque/quodque *jeder* (einzelne)
quisquam/quicquam (subst.), ūllus, a, um (adj.) *irgendeiner*

## 5. Verben

Beachten Sie, dass die Übersetzung der Formen im Konjunktiv von der jeweiligen Konstruktion abhängig ist. Die hier angegebene Übersetzung ist nur eine Möglichkeit. Oft wird der Konjunktiv einfach indikativisch übersetzt.

| | ā-Konjugation/1. K. | ē-Konjugation/2. K. | kons. Konjugation/3. K. | kurzvok. ĭ-Konjugation/3. K. | ī-Konjugation/4. K. |
|---|---|---|---|---|---|
| Ind Präs Akt | ich lobe | ich ermahne | ich führe | ich fange | ich höre |
| | laud-ō | mone-ō | dūc-ō | cap-i-ō | audi-ō |
| | laudā-s | monē-s | dūc-i-s | cap-i-s | audī-s |
| | lauda-t | mone-t | dūc-i-t | cap-i-t | audi-t |
| | laudā-mus | monē-mus | dūc-i-mus | cap-i-mus | audī-mus |
| | laudā-tis | monē-tis | dūc-i-tis | cap-i-tis | audī-tis |
| | lauda-nt | mone-nt | dūc-u-nt | cap-i-u-nt | audi-u-nt |
| Konj Präs Akt | ich möge loben | ich möge ermahnen | ich möge führen | ich möge fangen | ich möge hören |
| | laud-e-m | mone-a-m | dūc-a-m | cap-i-a-m | audi-a-m |
| | laud-ē-s | mone-ā-s | dūc-ā-s | cap-i-ā-s | audi-ā-s |
| | laud-e-t | mone-a-t | dūc-a-t | cap-i-a-t | audi-a-t |
| | laud-ē-mus | mone-ā-mus | dūc-ā-mus | cap-i-ā-mus | audi-ā-mus |
| | laud-ē-tis | mone-ā-tis | dūc-ā-tis | cap-i-ā-tis | audi-ā-tis |
| | laud-e-nt | mone-a-nt | dūc-a-nt | cap-i-a-nt | audi-a-nt |
| Ind Präs Pass | ich werde gelobt | ich werde ermahnt | ich werde geführt | ich werde gefangen | ich werde gehört |
| | laud-or | mone-or | dūc-o-r | cap-i-or | audi-or |
| | laudā-ris | monē-ris | dūc-e-ris | cap-e-ris | audī-ris |
| | laudā-tur | monē-tur | dūc-i-tur | cap-i-tur | audī-tur |
| | laudā-mur | monē-mur | dūc-i-mur | cap-i-mur | audī-mur |
| | laudā-minī | monē-minī | dūc-i-minī | cap-i-minī | audī-minī |
| | lauda-ntur | mone-ntur | dūc-u-ntur | cap-i-u-ntur | audi-u-ntur |

# Grammatikübersicht

|  |  |  |  |  |  |  |
|---|---|---|---|---|---|---|
| Konj Präs Pass | ich möge gelobt werden | ich möge ermahnt werden | ich möge geführt werden | ich möge gefangen werden | ich möge gehört werden |  |
|  | laud-e-r | mone-a-r | dūc-a-r | cap-i-a-r | audi-a-r |  |
|  | laud-ē-ris | mone-ā-ris | dūc-ā-ris | cap-i-ā-ris | audi-ā-ris |  |
|  | laud-ē-tur | mone-ā-tur | dūc-ā-tur | cap-i-ā-tur | audi-ā-tur |  |
|  | laud-ē-mur | mone-ā-mur | dūc-ā-mur | cap-i-ā-mur | audi-ā-mur |  |
|  | laud-ē-minī | mone-ā-minī | dūc-ā-minī | cap-i-ā-minī | audi-ā-minī |  |
|  | laud-e-ntur | mone-a-ntur | dūc-a-ntur | cap-i-a-ntur | audi-a-ntur |  |
| Ind Impf Akt | ich lobte | ich ermahnte | ich führte | ich fing | ich hörte |  |
|  | laudā-ba-m | monē-ba-m | dūc-ēba-m | cap-i-ēba-m | audi-ēba-m |  |
|  | laudā-bā-s | monē-bā-s | dūc-ēbā-s | cap-i-ēbā-s | audi-ēbā-s |  |
|  | laudā-ba-t | monē-ba-t | dūc-ēba-t | cap-i-ēba-t | audi-ēba-t |  |
|  | laudā-bā-mus | monē-bā-mus | dūc-ēbā-mus | cap-i-ēbā-mus | audi-ēbā-mus |  |
|  | laudā-bā-tis | monē-bā-tis | dūc-ēbā-tis | cap-i-ēbā-tis | audi-ēbā-tis |  |
|  | laudā-ba-nt | monē-ba-nt | dūc-ēba-nt | cap-i-ēba-nt | audi-ēba-nt |  |
| Konj Impf Akt | ich würde loben | ich würde ermahnen | ich würde führen | ich würde fangen | ich würde hören |  |
|  | laudā-re-m | monē-re-m | dūc-e-re-m | cap-e-re-m | audī-re-m |  |
|  | laudā-rē-s | monē-rē-s | dūc-e-rē-s | cap-e-rē-s | audī-rē-s |  |
|  | laudā-re-t | monē-re-t | dūc-e-re-t | cap-e-re-t | audī-re-t |  |
|  | laudā-rē-mus | monē-rē-mus | dūc-e-rē-mus | cap-e-rē-mus | audī-rē-mus |  |
|  | laudā-rē-tis | monē-rē-tis | dūc-e-rē-tis | cap-e-rē-tis | audī-rē-tis |  |
|  | laudā-re-nt | monē-re-nt | dūc-e-re-nt | cap-e-re-nt | audī-re-nt |  |
| Ind Impf Pass | ich wurde gelobt | ich wurde ermahnt | ich wurde geführt | ich wurde gefangen | ich wurde gehört |  |
|  | laudā-ba-r | monē-ba-r | dūc-ēba-r | cap-i-ēba-r | audi-ēba-r |  |
|  | laudā-bā-ris | monē-bā-ris | dūc-ēbā-ris | cap-i-ēbā-ris | audi-ēbā-ris |  |
|  | laudā-bā-tur | monē-bā-tur | dūc-ēbā-tur | cap-i-ēbā-tur | audi-ēbā-tur |  |
|  | laudā-bā-mur | monē-bā-mur | dūc-ēbā-mur | cap-i-ēbā-mur | audi-ēbā-mur |  |
|  | laudā-bā-minī | monē-bā-minī | dūc-ēbā-minī | cap-i-ēbā-minī | audi-ēbā-minī |  |
|  | laudā-ba-ntur | monē-ba-ntur | dūc-ēba-ntur | cap-i-ēba-ntur | audi-ēba-ntur |  |

# Grammatikübersicht

|  | 1. K. | 2. K. | kons./3. K. | kurzvok. ĭ-/ 3. K. | 4. K. |
|---|---|---|---|---|---|
| Konj Impf Pass | ich würde gelobt werden | ich würde ermahnt werden | ich würde geführt werden | ich würde gefangen werden | ich würde gehört werden |
|  | laudā-re-r | monē-re-r | dūc-e-re-r | cap-e-re-r | audī-re-r |
|  | laudā-rē-ris | monē-rē-ris | dūc-e-rē-ris | cap-e-rē-ris | audī-rē-ris |
|  | laudā-rē-tur | monē-rē-tur | dūc-e-rē-tur | cap-e-rē-tur | audī-rē-tur |
|  | laudā-rē-mur | monē-rē-mur | dūc-e-rē-mur | cap-e-rē-mur | audī-rē-mur |
|  | laudā-rē-minī | monē-rē-minī | dūc-e-rē-minī | cap-e-rē-minī | audī-rē-minī |
|  | laudā-re-ntur | monē-re-ntur | dūc-e-re-ntur | cap-e-re-ntur | audī-re-ntur |
| Fut I Akt | ich werde loben | ich werde ermahnen | ich werde führen | ich werde fangen | ich werde hören |
|  | laudā-b-ō | monē-b-ō | dūc-a-m | cap-i-a-m | audi-a-m |
|  | laudā-bi-s | monē-bi-s | dūc-ē-s | cap-i-ē-s | audi-ē-s |
|  | laudā-bi-t | monē-bi-t | dūc-e-t | cap-i-e-t | audi-e-t |
|  | laudā-bi-mus | monē-bi-mus | dūc-ē-mus | cap-i-ē-mus | audi-ē-mus |
|  | laudā-bi-tis | monē-bi-tis | dūc-ē-tis | cap-i-ē-tis | audi-ē-tis |
|  | laudā-bu-nt | monē-bu-nt | dūc-e-nt | cap-i-e-nt | audi-e-nt |
| Fut I Pass | ich werde gelobt werden | ich werde ermahnt werden | ich werde geführt werden | ich werde gefangen werden | ich werde gehört werden |
|  | laudā-b-or | monē-b-or | dūc-a-r | cap-i-a-r | audi-a-r |
|  | laudā-be-ris | monē-be-ris | dūc-ē-ris | cap-i-ē-ris | audi-ē-ris |
|  | laudā-bi-tur | monē-bi-tur | dūc-ē-tur | cap-i-ē-tur | audi-ē-tur |
|  | laudā-bi-mur | monē-bi-mur | dūc-ē-mur | cap-i-ē-mur | audi-ē-mur |
|  | laudā-bi-minī | monē-bi-minī | dūc-ē-minī | cap-i-ē-minī | audi-ē-minī |
|  | laudā-bu-ntur | monē-bu-ntur | dūc-e-ntur | cap-i-e-ntur | audi-e-ntur |
| Ind Perf Akt | ich habe gelobt | ich habe ermahnt | ich habe geführt | ich habe gefangen | ich habe gehört |
|  | laudāv-ī | monu-ī | dūx-ī | cēp-ī | audīv-ī |
|  | laudāv-istī | monu-istī | dūx-istī | cēp-istī | audīv-istī |
|  | laudāv-it | monu-it | dūx-it | cēp-it | audīv-it |
|  | laudāv-imus | monu-imus | dūx-imus | cēp-imus | audīv-imus |
|  | laudāv-istis | monu-istis | dūx-istis | cēp-istis | audīv-istis |
|  | laudāv-ērunt | monu-ērunt | dūx-ērunt | cēp-ērunt | audīv-ērunt |

## Grammatikübersicht

| | | | | | |
|---|---|---|---|---|---|
| **Konj Perf Akt** | ich habe gelobt | ich habe ermahnt | ich habe geführt | ich habe gefangen | ich habe gehört |
| | laudāv-eri-m | monu-eri-m | dūx-eri-m | cēp-eri-m | audīv-eri-m |
| | laudāv-eri-s | monu-eri-s | dūx-eri-s | cēp-eri-s | audīv-eri-s |
| | laudāv-eri-t | monu-eri-t | dūx-eri-t | cēp-eri-t | audīv-eri-t |
| | laudāv-eri-mus | monu-eri-mus | dūx-eri-mus | cēp-eri-mus | audīv-eri-mus |
| | laudāv-eri-tis | monu-eri-tis | dūx-eri-tis | cēp-eri-tis | audīv-eri-tis |
| | laudāv-eri-nt | monu-eri-nt | dūx-eri-nt | cēp-eri-nt | audīv-eri-nt |
| **Ind Perf Pass** | ich bin gelobt worden | ich bin ermahnt worden | ich bin geführt worden | ich bin gefangen worden | ich bin gehört worden |
| | laudātus, a, um sum | monitus, a, um sum | ductus, a, um sum | captus, a, um sum | audītus, a, um sum |
| | laudātus, a, um es | monitus, a, um es | ductus, a, um es | captus, a, um es | audītus, a, um es |
| | laudātus, a, um est | monitus, a, um est | ductus, a, um est | captus, a, um est | audītus, a, um est |
| | laudātī, ae, a sumus | monitī, ae, a sumus | ductī, ae, a sumus | captī, ae, a sumus | audītī, ae, a sumus |
| | laudātī, ae, a estis | monitī, ae, a estis | ductī, ae, a estis | captī, ae, a estis | audītī, ae, a estis |
| | laudātī, ae, a sunt | monitī, ae, a sunt | ductī, ae, a sunt | captī, ae, a sunt | audītī, ae, a sunt |
| **Konj Perf Pass** | ich sei gelobt worden | ich sei ermahnt worden | ich sei geführt worden | ich sei gefangen worden | ich sei gehört worden |
| | laudātus, a, um sim | monitus, a, um sim | ductus, a, um sim | captus, a, um sim | audītus, a, um sim |
| | laudātus, a, um sīs | monitus, a, um sīs | ductus, a, um sīs | captus, a, um sīs | audītus, a, um sīs |
| | laudātus, a, um sit | monitus, a, um sit | ductus, a, um sit | captus, a, um sit | audītus, a, um sit |
| | laudātī, ae, a sīmus | monitī, ae, a sīmus | ductī, ae, a sīmus | captī, ae, a sīmus | audītī, ae, a sīmus |
| | laudātī, ae, a sītis | monitī, ae, a sītis | ductī, ae, a sītis | captī, ae, a sītis | audītī, ae, a sītis |
| | laudātī, ae, a sint | monitī, ae, a sint | ductī, ae, a sint | captī, ae, a sint | audītī, ae, a sint |

## Grammatikübersicht

|  | 1. K. | 2. K. | kons./3. K. | kurzvok. ĭ-/ 3. K. | 4. K. |
|---|---|---|---|---|---|
| Ind Plusqu Akt | *ich hatte* gelobt | *ich hatte* ermahnt | *ich hatte* geführt | *ich hatte* gefangen | *ich hatte* gehört |
|  | laudāv-eram | monu-eram | dūx-eram | cēp-eram | audīv-eram |
|  | laudāv-erās | monu-erās | dūx-erās | cēp-erās | audīv-erās |
|  | laudāv-erat | monu-erat | dūx-erat | cēp-erat | audīv-erat |
|  | laudāv-erāmus | monu-erāmus | dūx-erāmus | cēp-erāmus | audīv-erāmus |
|  | laudāv-erātis | monu-erātis | dūx-erātis | cēp-erātis | audīv-erātis |
|  | laudāv-erant | monu-erant | dūx-erant | cēp-erant | audīv-erant |
| Konj Plusqu Akt | *ich hätte* gelobt | *ich hätte* ermahnt | *ich hätte* geführt | *ich hätte* gefangen | *ich hätte* gehört |
|  | laudāv-isse-m | monu-isse-m | dūx-isse-m | cēp-isse-m | audīv-isse-m |
|  | laudāv-issē-s | monu-issē-s | dūx-issē-s | cēp-issē-s | audīv-issē-s |
|  | laudāv-isse-t | monu-isse-t | dūx-isse-t | cēp-isse-t | audīv-isse-t |
|  | laudāv-issē-mus | monu-issē-mus | dūx-issē-mus | cēp-issē-mus | audīv-issē-mus |
|  | laudāv-issē-tis | monu-issē-tis | dūx-issē-tis | cēp-issē-tis | audīv-issē-tis |
|  | laudāv-isse-nt | monu-isse-nt | dūx-isse-nt | cēp-isse-nt | audīv-isse-nt |
| Ind Plusqu Pass | *ich war* gelobt *worden* | *ich war* ermahnt *worden* | *ich war* geführt *worden* | *ich war gefangen worden* | *ich war* gehört *worden* |
|  | laudātus, a, um eram | monitus, a, um eram | ductus, a, um eram | captus, a, um eram | audītus, a, um eram |
|  | laudātus, a, um erās | monitus, a, um erās | ductus, a, um erās | captus, a, um erās | audītus, a, um erās |
|  | laudātus, a, um erat | monitus, a, um erat | ductus, a, um erat | captus, a, um erat | audītus, a, um erat |
|  | laudātī, ae, a erāmus | monitī, ae, a erāmus | ductī, ae, a erāmus | captī, ae, a erāmus | audītī, ae, a erāmus |
|  | laudātī, ae, a erātis | monitī, ae, a erātis | ductī, ae, a erātis | captī, ae, a erātis | audītī, ae, a erātis |
|  | laudātī, ae, a erant | monitī, ae, a erant | ductī, ae, a erant | captī, ae, a erant | audītī, ae, a erant |

# Grammatikübersicht

| | | | | | |
|---|---|---|---|---|---|
| **Konj Plusqu Pass** | ich wäre gelobt worden | ich wäre ermahnt worden | ich wäre geführt worden | ich wäre gefangen worden | ich wäre gehört worden |
| | laudātus, a, um essem | monitus, a, um essem | ductus, a, um essem | captus, a, um essem | audītus, a, um essem |
| | laudātus, a, um essēs | monitus, a, um essēs | ductus, a, um essēs | captus, a, um essēs | audītus, a, um essēs |
| | laudātus, a, um esset | monitus, a, um esset | ductus, a, um esset | captus, a, um esset | audītus, a, um esset |
| | laudātī, ae, a essēmus | monitī, ae, a essēmus | ductī, ae, a essēmus | captī, ae, a essēmus | audītī, ae, a essēmus |
| | laudātī, ae, a essētis | monitī, ae, a essētis | ductī, ae, a essētis | captī, ae, a essētis | audītī, ae, a essētis |
| | laudātī, ae, a essent | monitī, ae, a essent | ductī, ae, a essent | captī, ae, a essent | audītī, ae, a essent |
| **Fut II Akt** | ich werde gelobt haben | ich werde ermahnt haben | ich werde geführt haben | ich werde gefangen haben | ich werde gehört haben |
| | laudāv-erō | monu-erō | dūx-erō | cēp-erō | audīv-erō |
| | laudāv-eris | monu-eris | dūx-eris | cēp-eris | audīv-eris |
| | laudāv-erit | monu-erit | dūx-erit | cēp-erit | audīv-erit |
| | laudāv-erimus | monu-erimus | dūx-erimus | cēp-erimus | audīv-erimus |
| | laudāv-eritis | monu-eritis | dūx-eritis | cēp-eritis | audīv-eritis |
| | laudāv-erint | monu-erint | dūx-erint | cēp-erint | audīv-erint |
| **Fut II Pass** | ich werde gelobt worden sein | ich werde ermahnt worden sein | ich werde geführt worden sein | ich werde gefangen worden sein | ich werde gehört worden sein |
| | laudātus, a, um erō | monitus, a, um erō | ductus, a, um erō | captus, a, um erō | audītus, a, um erō |
| | laudātus, a, um eris | monitus, a, um eris | ductus, a, um eris | captus, a, um eris | audītus, a, um eris |
| | laudātus, a, um erit | monitus, a, um erit | ductus, a, um erit | captus, a, um erit | audītus, a, um erit |
| | laudātī, ae, a erimus | monitī, ae, a erimus | ductī, ae, a erimus | captī, ae, a erimus | audītī, ae, a erimus |
| | laudātī, ae, a eritis | monitī, ae, a eritis | ductī, ae, a eritis | captī, ae, a eritis | audītī, ae, a eritis |
| | laudātī, ae, a erunt | monitī, ae, a erunt | ductī, ae, a erunt | captī, ae, a erunt | audītī, ae, a erunt |

# Grammatikübersicht

Die Formen der **Deponentien** entsprechen den oben aufgeführten Passivformen:

| | |
|---|---|
| ā- Konjugation | z. B. admīrārī, arbitrārī, cōnārī, hortārī |
| ē- Konjugation | z. B. cōnfitērī, pollicērī, verērī |
| kons. Konjugation | z. B. adipīscī, loquī, proficīscī, sequī |
| kurzvok. ĭ-Konjugation | z. B. aggredī, morī, patī |
| ī-Konjugation | z. B. potīrī |

## Infinitive

| | Akt | Pass |
|---|---|---|
| Präs | laudāre *loben* <br> monēre/dūcere/audīre | laudārī *gelobt werden* <br> monērī/dūcī/audīrī |
| Perf | laudāvisse *gelobt haben* <br> monuisse/dūxisse/audīvisse | laudātum, am, um esse *gelobt worden sein* <br> monitum/ductum/audītum, am, um esse |
| Fut | laudātūrum, am, um esse *zukünftig loben* <br> monitūrum/ductūrum/audītūrum, am, um esse | laudātum īrī *zukünftig gelobt werden* <br> monitum/ductum/audītum īrī |

## Gerundium

| | |
|---|---|
| Gen | lauda-**nd**-ī |
| Dat | (lauda-**nd**-ō) |
| Akk | ad lauda-**nd**-um |
| Abl | lauda-**nd**-ō |

| Infinitiv | Gerundium |
|---|---|
| laudāre | laudandī |
| monēre | monendī |
| ducere | ducendī |
| capere | capiendī |
| audīre | audiendī |

## Gerundivum

| Infinitiv | Gerundivum |
|---|---|
| laudāre | laudandus, a, um |
| monēre | monendus, a, um |
| dūcere | ducendus, a, um |

| Infinitiv | Gerundivum |
|---|---|
| capere | capiendus, a, um |
| audīre | audiendus, a, um |

# Grammatikübersicht

## Deklination des PPA

| Sg m/f | | Pl m/f | |
|---|---|---|---|
| | n | | n |
| laudā-ns | laudā-ns | lauda-nt-ēs | lauda-nt-ia |
| lauda-nt-is | | lauda-nt-ium | |
| lauda-nt-ī | | lauda-nt-ibus | |
| lauda-nt-em | laudā-ns | lauda-nt-ēs | lauda-nt-ia |
| lauda-nt-e | | lauda-nt-ibus | |

## Partizipien

| | PPP | PPA | PFA |
|---|---|---|---|
| laudāre | laudāns, ntis | laudātus, a, um | laudātūrus, a, um |
| monēre | monēns, ntis | monitus, a, um | monitūrus, a, um |
| dūcere | dūcēns, ntis | ductus, a, um | ductūrus, a, um |
| capere | capiēns, ntis | captus, a, um | captūrus, a, um |
| audīre | audiēns, ntis | audītus, a, um | audītūrus, a, um |

## Imperativ Präsens

| laudāre | laudā! *lobe!* laudāte! *lobt!* |
| hortārī | hortāre! *ermahne!* hortāminī! *ermahnt!* |
| monēre | monē! *ermahne!* monēte! *ermahnt!* |
| verērī | verēre! *fürchte!* verēminī! *fürchtet!* |
| capere | cape! *fang!* capite! *fangt!* |
| sequī | sequere! *folge!* sequiminī! *folgt!* |
| audīre | audī! *höre!* audīte! *hört!* |
| potīrī | potīre! *erlange!* potīminī! *erlangt!* |

**Ausnahmen:** Die Imp Sg von **dīcere, dūcere, facere** und **ferre** lauten **dīc, dūc, fac, fer.**

# Grammatikübersicht

## Besondere Verben

esse *sein*, **fuisse** *gewesen sein*, **futūrum, am, um esse/fore** *zukünftig sein*

|    | Präs Ind | Konj | Impf Ind | Konj |
|----|----------|------|----------|------|
|    | *ich bin* | *ich sei* | *ich war* | *ich wäre* |
| Sg | sum | sim | eram | essem |
|    | es | sīs | erās | essēs |
|    | est | sit | erat | esset |
| Pl | sumus | sīmus | erāmus | essēmus |
|    | estis | sītis | erātis | essētis |
|    | sunt | sint | erant | essent |
| Imp | es! *sei!* |  |  |  |
|    | este! *seid!* |  |  |  |

|    | Perf Ind | Konj | Plusqu Ind | Konj |
|----|----------|------|------------|------|
|    | *ich bin gewesen* | *ich sei gewesen* | *ich war gewesen* | *ich wäre gewesen* |
| Sg | fuī | fuerim | fueram | fuissem |
|    | fuistī | fueris | fuerās | fuissēs |
|    | fuit | fuerit | fuerat | fuisset |
| Pl | fuimus | fuerimus | fuerāmus | fuissēmus |
|    | fuistis | fueritis | fuerātis | fuissētis |
|    | fuērunt | fuerint | fuerant | fuissent |

|    | Fut I Ind | Fut II Ind | Imp Fut |
|----|-----------|------------|---------|
|    | *ich werde sein* | *ich werde gewesen sein* | *du sollst sein!* |
| Sg | erō | fuerō | – |
|    | eris | fueris | estō! |
|    | erit | fuerit | estō! |
| Pl | erimus | fuerimus | – |
|    | eritis | fueritis | estōte! |
|    | erunt | fuerint | suntō! |

# Grammatikübersicht

īre *gehen*, īsse *gegangen sein*,
itūrum, am, um esse *zukünftig gehen*

|     | Präs<br>Ind | Konj | Impf<br>Ind | Konj |
|-----|-------------|------|-------------|------|
|     | *ich gehe* | *ich gehe* | *ich ging* | *ich ginge* |
| Sg  | eō | eam | ībam | īrem |
|     | īs | eās | ībās | īrēs |
|     | it | eat | ībat | īret |
| Pl  | īmus | eāmus | ībāmus | īrēmus |
|     | ītis | eātis | ībātis | īrētis |
|     | eunt | eant | ībant | īrent |
| Imp | ī! *geh!* | | | |
|     | īte! *geht!* | | | |
| PPA | iēns, euntis | | | |

|     | Perf<br>Ind | Konj | Plusqu<br>Ind | Konj |
|-----|-------------|------|---------------|------|
|     | *ich bin gegangen* | *ich sei gegangen* | *ich war gegangen* | *ich wäre gegangen* |
| Sg  | iī | ierim | ieram | īssem |
|     | īstī | ieris | ierās | īssēs |
|     | iit | ierit | ierat | īsset |
| Pl  | iimus | ierimus | ierāmus | īssēmus |
|     | īstis | ieritis | ierātis | īssētis |
|     | iērunt | ierint | ierant | īssent |

|     | Fut I | Fut II |
|-----|-------|--------|
|     | *ich werde gehen* | *ich werde gegangen sein* |
| Sg  | ībō | ierō |
|     | ībis | ieris |
|     | ībit | ierit |
| Pl  | ībimus | ierimus |
|     | ībitis | ieritis |
|     | ībunt | ierint |

# Grammatikübersicht

**posse** *können*, **potuisse** *gekonnt haben*

|    | Präs<br>Ind | Konj | Impf<br>Ind | Konj |
|----|------|------|------|------|
|    | *ich kann* | *ich könne* | *ich konnte* | *ich könnte* |
| Sg | possum | possim | poteram | possem |
|    | potes | possīs | poterās | possēs |
|    | potest | possit | poterat | posset |
| Pl | possumus | possīmus | poterāmus | possēmus |
|    | potestis | possītis | poterātis | possētis |
|    | possunt | possint | poterant | possent |

|    | Perf<br>Ind | Konj | Plusqu<br>Ind | Konj |
|----|------|------|------|------|
|    | *ich habe gekonnt* | *ich habe gekonnt* | *ich hatte gekonnt* | *ich hätte gekonnt* |
| Sg | potuī | potuerim | potueram | potuissem |
|    | potuistī | potueris | potuerās | potuissēs |
|    | potuit | potuerit | potuerat | potuisset |
| Pl | potuimus | potuerimus | potuerāmus | potuissēmus |
|    | potuistis | potueritis | potuerātis | potuissētis |
|    | potuērunt | potuerint | potuerant | potuissent |

|    | Fut I | Fut II |
|----|------|------|
|    | *ich werde können* | *ich werde gekonnt haben* |
| Sg | poterō | potuerō |
|    | poteris | potueris |
|    | poterit | potuerit |
| Pl | poterimus | potuerimus |
|    | poteritis | potueritis |
|    | poterunt | potuerint |

# Grammatikübersicht

velle *wollen*, voluisse *gewollt haben*
nōlle *nicht wollen*, nōluisse *nicht gewollt haben*
mālle *lieber wollen*, māluisse *lieber gewollt haben*

| | | | |
|---|---|---|---|
| Ind Präs | volō | nōlō | mālō |
| | vīs | nōn vīs | māvīs |
| | vult | nōn vult | māvult |
| | volumus | nōlumus | mālumus |
| | vultis | nōn vultis | māvultis |
| | volunt | nōlunt | mālunt |
| Konj Präs | velim | nōlim | mālim |
| | velīs | nōlīs | mālīs |
| | velit *usw.* | nōlit *usw.* | mālit *usw.* |
| Imp | – | nōlī! *wolle nicht!* | – |
| | | nōlīte! *wollt nicht!* | |
| PPA | volēns, ntis | nōlēns, ntis | mālēns, ntis |
| Ind Impf | volēbam | nōlēbam | mālēbam |
| | volēbās *usw.* | nōlēbās *usw.* | mālēbās *usw.* |
| Konj Impf | vellem | nōllem | māllem |
| | vellēs *usw.* | nōllēs *usw.* | māllēs *usw.* |
| Fut I | volam | nōlam | mālam |
| | volēs *usw.* | nōlēs *usw.* | mālēs *usw.* |
| Ind Perf | voluī | nōluī | māluī |
| | voluistī *usw.* | nōluistī *usw.* | māluistī *usw.* |
| Konj Perf | voluerim | nōluerim | māluerim |
| | volueris *usw.* | nōlueris *usw.* | mālueris *usw.* |
| Ind Plusqu | volueram | nōlueram | mālueram |
| | voluerās *usw.* | nōluerās *usw.* | māluerās *usw.* |
| Konj Plusqu | voluissem | nōluissem | māluissem |
| | voluissēs *usw.* | nōluissēs *usw.* | māluissēs *usw.* |
| Fut II | voluerō | nōluerō | māluerō |
| | volueris *usw.* | nōlueris *usw.* | mālueris *usw.* |

## Grammatikübersicht

ferre *tragen*, tulisse *getragen haben*
ferrī *getragen werden*, lātum esse *getragen worden sein*

| Ind Präs Akt | Pass | Ind Perf Akt | Pass |
|---|---|---|---|
| ferō | feror | tulī | lātus, a, um sum |
| fers | ferris | tulistī | lātus, a, um es |
| fert | fertur | tulit | lātus, a, um est |
| ferimus | ferimur | tulimus | lātī, ae, a sumus |
| fertis | feriminī | tulistis | lātī, ae, a estis |
| ferunt | feruntur | tulērunt | lātī, ae, a sunt |
| **Konj Präs Akt** | **Pass** | **Konj Perf Akt** | **Pass** |
| feram | ferar | tulerim | lātus, a, um sim |
| ferās *usw.* | ferāris *usw.* | tuleris *usw.* | lātus, a, um sīs *usw.* |
| **Ind Impf Akt** | **Pass** | **Ind Plusqu Akt** | **Pass** |
| ferēbam | ferēbar | tuleram | lātus, a, um eram |
| ferēbās *usw.* | ferēbāris *usw.* | tulerās *usw.* | lātus, a, um erās |
| **Imp** | | | |
| fer! *trag!* | | | |
| ferte! *tragt!* | | | |
| **PPA** | | | |
| ferēns, ferentis | | | |
| **Konj Impf Akt** | **Pass** | **Konj Plusqu Akt** | **Pass** |
| ferrem | ferrer | tulissem | lātus, a, um essem |
| ferrēs *usw.* | ferrēris *usw.* | tulissēs *usw.* | lātus, a, um essēs *usw.* |
| **Fut I Akt** | **Pass** | **Fut II Akt** | **Pass** |
| feram | ferar | tulerō | lātus, a, um erō |
| ferēs *usw.* | ferēris *usw.* | tuleris *usw.* | lātus a, um eris *usw.* |

**fieri** *gemacht werden, geschehen*

|    | Präsens |       | Impf     |          |
|----|---------|-------|----------|----------|
|    | Ind     | Konj  | Ind      | Konj     |
| Sg | fīō     | fīam  | fīēbam   | fierem   |
|    | fīs     | fīās  | fīēbās   | fierēs   |
|    | fit     | fīat  | fīēbat   | fieret   |
| Pl | fīmus   | fīāmus| fīēbāmus | fierēmus |
|    | fītis   | fīātis| fīēbātis | fierētis |
|    | fīunt   | fīant | fīēbant  | fierent  |

|    | Perf              |                   | Plusqu              |                     |
|----|-------------------|-------------------|---------------------|---------------------|
|    | Ind               | Konj              | Ind                 | Konj                |
| Sg | factus, a, um sum | factus, a, um sim | factus, a, um eram  | factus, a, um essem |
|    | factus, a, um es *usw.* | factus, a, um sīs | factus, a, um erās | factus, a, um essēs |

|    | Fut I       | Fut II              |
|----|-------------|---------------------|
|    | Ind         | Ind                 |
| Sg | fīam        | factus, a, um erō   |
|    | fīēs *usw.* | factus, a, um eris  |

## 6. Unterordnende Konjunktionen

### Mit dem Indikativ

| dum + *Ind Präs* | während |
| dum | solange (als), solange (bis) |
| postquam + *Ind Perf* | nachdem |
| quamquam | obwohl |
| quia | weil |
| quod | weil, dass |
| quoniam | weil ja, da nun |
| ubī (prīmum) + *Ind Perf* | sobald |

# Grammatikübersicht

## Mit dem Konjunktiv

| nē | dass nicht, damit nicht |
|---|---|
| nē *(nach den Verben des Fürchtens und Hinderns)* | dass |
| quīn *(nach verneinten Ausdrücken des Zweifeln und Hinderns)* | dass |
| quīn *(in Konsekutivsätzen [= ut non])* | dass nicht, ohne dass |
| quōminus *(nach Verben des Hinderns)* | dass |

## Mit wechselndem Modus

| cum + *Ind* | immer wenn; nachdem, sobald; damals, als; dann, wenn; als (plötzlich); indem; dadurch, dass |
|---|---|
| cum + *Konj* | als, nachdem; weil; obwohl |
| nisī | wenn nicht |
| quodsī | wenn aber |
| sī | wenn |
| sin | wenn aber |
| sī non | wenn nicht |
| sīve | oder wenn |
| ut + *Ind* | wie, sobald als |
| ut + *Konj* | damit, dass, sodass |

# Lösungen zum Lektionsteil

## Lektion 1

1 *Infinitiv*: laudare (*a-K*), sedere (*e-K*), docere (*e-K*) – **1. Pers Sg**: sum (*unregelmäßig*), doceo (*e-K*), studeo (*e-K*) – **2. Pers Sg**: es (*unregelmäßig*), laudas (*a-K*), confirmas (*a-K*) – **3. Pers Sg**: est (*unregelmäßig*), adaequat (*a-K*), sedet (*e-K*) – **1. Pers Sg**: superamus (*a-K*), solemus (*e-K*), confirmamus (*a-K*) – **2. Pers Pl**: studetis (*e-K*), laudatis (*a-K*), imperatis (*a-K*) – **3. Pers Pl**: sunt (*unregelmäßig*), desunt (*unregelmäßig*), debellant (*a-K*)
2 **1.** imperat – **2.** confirmant – **3.** estis – **4.** docere – **5.** desum – **6.** studemus; *Lösungswort*: amicus
3 **1.** Nom/Akk Sg n, o-Dekl. – **2.** Akk Pl m, a-Dekl. – **3.** Dat/Abl Pl f, a-Dekl. – **4.** Akk Sg f, a-Dekl. – **5.** Akk Pl m, o-Dekl. – **6.** Gen Sg/Nom Pl m, o-Dekl. – **7.** Gen Pl f, a-Dekl.
4 poetae | virum | animo | amicum | bibliothecae | Catulli | viro | poetas | populi | amicis | foro | philosophia | ingenia | litteris; poetae: poeta, ae *m* – animo: animus, i *m* – bibliothecae: bibliotheca, ae *f* – viro: vir, viri *m* – amicis: amicus, i *m* – foro: forum, i *n* – litteris: litterae, arum *f*
5 **1.** desunt – **2.** laudant – **3.** clari sunt – **4.** doctus est – **5.** delectant – **6.** sedet
6 **1.** sedetis (*die einzige Verbform*) – **2.** delectare (*der einzige Infinitiv*) – **3.** iudicium (*das einzige Wort im Neutrum*) – **4.** nugas (*das einzige Substantiv*)
7 populus: Romanus – viros: multos, doctos – Horatio: docto, claro – poetarum: multorum – satura: Romana – bibliothecarum: magnarum, optimarum – amicum: bonum, Graecum – ingenii: magni, boni
8 **a. 1.** superatis – **2.** sedet – **3.** docemus – **4.** derident – **5.** videtis – **6.** laudo;
**b. 1.** populus superbus (*Nom*)/populorum superborum (*Gen*) – **2.** viri egregii – **3.** amici boni – **4.** poetae claro (*Dat*)/poeta claro (*Abl*)
9 **1.** Quintus (*S*) poetarum (*Attr zu* nugas) nugas (*AO*) saepe (*AB*) laudat (*P*). *Quintus lobt oft die poetischen Kleinigkeiten der Dichter.* – **2.** Populo (*DO*) Romano (*Attr zu* populo) viri (*S*) egregii (*Attr zu* viri) non desunt (*P*). *Dem römischen Volk fehlen keine hervorragenden Männer.* – **3.** Graecorum (*Attr zu* poetae) poetae (*S*) clari (*PN*) sunt (clari sunt: *P*). *Die Dichter der Griechen sind berühmt.* – **4.** Quintus et Amphio (*S*) in bibliotheca (*AB*) sedent (*P*). Litteris (*DO*) student (*P mit verborgenem S*). *Quintus und Amphio sitzen in der Bibliothek. Sie bemühen sich um die Wissenschaften (= sie studieren).*

## Lektion 2

1 **1.** maledicunt: *3. Pers Pl, 3. K: sie lästern* – **2.** gaudeo: *1. Pers Sg, ē-K: ich freue mich* – **3.** tollimus: *1. Pers Pl, 3. K: wir heben hoch* – **4.** perturbatis: *2. Pers Pl, ā-K: ihr wühlt auf* – **5.** moves: *2. Pers Sg, ē-K: du bewegst* – **6.** aspiciunt: *3. Pers Pl, 3. K: sie erblicken*
2 **1.** relinquimus – **2.** parat – **3.** bibunt – **4.** prohibes – **5.** vivitis – **6.** cupio

**Lösungen zum Lektionsteil**

**3 1.** abis (2), abimus (4), abitis (5), abeo (1), abit (3), abeunt (6) – **2.** eo (1), eunt (6), it (3), itis (5), is (2), imus (4) – **3.** redis (2), reditis (5), redeunt (6), redeo (1), redit (3), redimus (4)
**4** *Imperativ*: ite, bibe, lauda, parcite, depelle, submerge – *Ablativ*: labore, dea, pede, munere, timore, arbore
**5 1.** Timete: *Fürchtet die Götter, ihr schlechten Männer!* Time deos, improbe vir! – **2.** Depelle: *Vertreib den Dieb, mein Freund!* Depellite furem, amici! – **3.** Colite: *Bebaut die Felder, ihr Bauern!* Cole agros, agricola! – **4.** Parcite: *Verschont unsere Kinder!* Parce liberis nostris! – **5.** Laudate: *Lobt die Talente der griechischen Dichter, Söhne!* Lauda ingenia poetarum Graecorum, fili! – **6.** Stude: *Bemühe dich um die Wissenschaften/Studiere!* Studete litteris!
**6** aquae solisque (*Gen*), philosophiam litterasque (*Akk*), forum iudiciaque (*Nom/Akk*), homines populique (*Nom*), poetae deique (*Gen Sg/Nom Pl*), labori verboque (*Dat*), silvas arboresque (*Akk*)
**7 1.** meorum – **2.** nostram – **3.** tuo – **4.** vestri – **5.** sua – **6.** nostros
**8 1.** *Dat Sg*, labori longo, *der langen Mühe* – **2.** *Nom/Akk Pl*, arbores multae/multas, *viele Bäume* – **3.** *Gen Sg*, hominis egregii, *des hervorragenden Menschen* – **4.** *Abl Sg*, munere optimo, *durch die beste Gabe* – **5.** *Nom/Akk Pl*, verba nova, *neue Worte* – **6.** *Nom/Abl Sg*, aqua/-ā gelida/-ā, *eiskaltes Wasser/mit eiskaltem Wasser*
**9 1.** eam – **2.** eis/iis – **3.** eos – **4.** id
**10 1.** Nostri: *Unsere Götter sind gut.* – **2.** mihi: *Schone mich!* – **3.** eos: *Wir fürchten sie.* – **4.** mecum: *Geht mit mir zurück auf das Forum.* – **5.** Id: *Das sehe ich nicht.* – **6.** meus und te: *Mein Freund pflegt dich zu loben.*
**11 1.** *Die Bauern laufen mit großem/lautem Geschrei zusammen*; magno clamore: *Abl modi* – **2.** *Die Männer vertreiben die Göttin mit Hacken von ihren Feldern*; rastris: *Abl instrumenti*; de agris suis: *Abl seperativus* – **3.** *Die Kinder der Göttin setzen sich unter einem Baum nieder*; sub arbore: *Abl loci* – **4.** *Die Frösche leben im Teich*; in stagno: *Abl loci*
**12 1.** videre (*die übrigen Verben drücken eine Bewegung aus*) – **2.** it (*die einzige Verbform*) – **3.** hominis (*der einzige Gen Sg*), **4.** mea (*das einzige Possessivpronomen*)

## Lektion 3

**1 1.** 3. Pers Pl Ind Präs Akt, facere, 3. K: *sie machen* – **2.** 3. Pers Sg Ind Präs Akt, dissentire, *i*-K: *er ist anderer Meinung* – **3.** 1. Pers Sg Ind Präs Akt, mittere, 3. K: *ich schicke* – **4.** 1. Pers Pl Ind Präs Akt, audire, *i*-K: *wir hören* – **5.** 2. Pers Pl Imp Präs, docere, *ē*-K: *lehrt!* – **6.** 2. Pers Pl Ind Präs Akt, sentire, *i*-K: *ihr meint*
**2** *Aktiv*: mittis, facimus, sentis, putatis, tempero – *Passiv*: servantur, audimur, moveris, capi, tradimini
**3 1.** delectatur – **2.** accipiuntur – **3.** moveri – **4.** mittuntur – **5.** dici – **6.** audiris
**4 1.** ab hominibus: *Die Redner werden von den Leuten gelobt.* – **2.** a parentibus: *Die Jungen werden den Dienerinnen von den Eltern übergeben.* – **3.** studiis: *Die gelehrten*

## Lösungen zum Lektionsteil

Männer werden durch Studien erfreut/erfreuen sich an Studien. – **4.** a patre: *Der Sohn wird vom Vater zum Rhetor geschickt.*

**5 1.** b. – **2.** e. – **3.** d. – **4.** f. – **5.** c. – **6.** g. – **7.** a.

**6** exemplaria, ossa, viros, turris (*Akk Pl!*), ius, ossa, infantes, timorem; *Lösungswort*: studia

**7 1.** vocem exercere: *die Stimme trainieren* – **2.** de exempari: *über das Vorbild* – **3.** cum oratoribus: *mit den Rednern* – **4.** ex urbe: *aus der Stadt* – **5.** peritus (+ *Gen!*) artium: *in den Künsten bewandert* – **6.** videmus turris (turres): *wir sehen die Türme*

**8 1.** *falsch*; *Korrektur*: gravibus, *Dat/Abl m/f/n, schwer* – **2.** *richtig*: *Gen m/f/n, klug* – **3.** *richtig*: *Nom/Akk n, alt* – **4.** *falsch*; *Korrektur*:brevi, *Dat/Abl m/f/n, kurz* – **5.** *richtig*: *Gen m/f/n, alt* – **6.** *falsch*; *Korrektur*: acria, *Nom/Akk n, scharf*

**9 1.** ingenium – **2.** mores/moris – **3.** viro – **4.** homo – **5.** exemplari – **6.** gloria

**10 1.** AcI (*Subjektsakk:* mores antiquos, *Inf:* neglegi*)*: *Es ist schändlich, dass die alten Sitten vernachlässigt werden.* – **2.** *Inf*: *Wir wollen uns um die Redekunst bemühen.* – **3.** AcI (*Subjektsakk:* magistros, *Prädikatsinf:* abstinere*)*: *Es ist bekannt, dass die Lehrer sich nicht von den Lastern fernhalten.* – **4.** AcI (*Subjektsakk:* te, *Prädikatsinf:* optimum oratorem esse*)*: *Wir wissen sehr wohl, dass du der beste Redner bist.* – **5.** *Inf*: *Es ist nützlich, zu studieren.* – **6.** *Inf*: *Wir können die Vergnügungen nicht im rechten Maß halten.*

**11** *Lösungsvorschlag*: **1.** Messalla adulationem magistrorum malam esse dicit. *Messalla sagt, dass die Schmeichelei der Lehrer schlecht ist.* – **2.** Quintus Amphionem amicum in bibliothecam ire videt. *Quintus sieht, dass sein Freund Amphio in die Bibliothek geht.* – **3.** Magister pueros magna voce maledicere audit. *Der Lehrer hört, dass die Jungen mit lauter Stimme lästern.* – **4.** Infantes fabulis delectari constat. *Es ist bekannt, dass kleine Kinder durch Geschichten erfreut werden.*

## Lektion 4

**1** admiror, admirari, *ich bewundere*; piscamini, piscari, *ihr fischt*; versaris, versari, *du beschäftigst dich*; adipiscor, adipisci, *ich erreiche*; sequeris, sequi, *du folgst*; venamur, venari, *wir jagen*; fruimini, frui, *ihr genießt*

**2 1.** *Sprich, Freund!* Noli dicere, amice! – **2.** *Folgt dem Vater!* Nolite patrem sequi! – **3.** *Bewundere diesen Mann!* Noli admirari hunc virum! – **4.** *Beschäftige dich mit den Studien, Marcus!* Noli in studiis versari, Marce! – **5.** *Genieße die Mußezeit!* Noli otio frui! – **6.** *Freut euch!* Nolite gaudere!

**3** malo, mavis *und* malumus *sind Formen des Verbs* malle (*lieber wollen*); malo, malis *und* malum *gehören zu dem Adjektiv* malus, a, um (*schlecht*). *Zweideutig ist* malo, *das 1. Pers Sg Ind Akt des Verbs wie auch Dat/Abl Sg m/f des Adjektivs sein kann.*

**4** *Sg*: haec urbs, huius urbis, huic urbi, hanc urbem, hac urbe; *Pl*: haec urbes, harum urbium, his urbibus, has urbes, his urbibus – *Sg*: iste vir, istius viri, isti viro, istum virum, isto viro; *Pl*: isti viri, istorum virorum, istis viris, istos viros, istis viris – *Sg*: illud tempus, illius temporis, illi tempori, illud tempus, illo tempore; *Pl*: illa tempora, illorum temporum, illis temporibus, illa tempora, illis temporibus

**Lösungen zum Lektionsteil**

**5** 1. e. *dieses Lob* – 2. g. *jene Künste* – 3. d. *diese Sorgen* – 4. f. *dieser Tätigkeit/durch diese Tätigkeit* – 5. b. *den/diesen Gesprächen, durch die/diese Gespräche* – 6. c. *dieser Überlegung* – 7. a. *jener Studien*

**6** 1. *Der bekannte Plinius erlangt durch seine Studien Ruhm.* – 2. *Amphio ist anderer Meinung als Quintus. Dieser/Letzterer lobt die römischen Dichter, jener/Ersterer die griechischen.* – 3. *Es ist nötig, dass du von diesen Sorgen (da) befreit wirst.* – 4. *Ein sehr gebildeter Freund sagt Folgendes: ...*

**7** 1. qui: *Was sagen die Männer, die bei den Gesprächen dabei sind?* – 2. quos: *Wir wollen die Sitten, die die Vorfahren überliefern, bewahren.* – 3. quo: *Ich bewundere jenen Redner, über den du schreibst.* – 4. cuius: *Wir wollen jenen Dichter, dessen Gedichte alle loben, kennenlernen.*

**8** 1. c. *Jener Mann, mit dem du gewöhnlich speist, ist ein Dichter.* – 2. f. *Ich bedaure, dass ich jenen Ruhm, mit dem die alten Autoren glänzen, nicht erreichen kann.* – 3. a. *Durch diese Gedichte, die du gewöhnlich schreibst, wird mein Herz erfreut.* – 4. e. *Überlasse die Sorgen, durch die dein Geist von den Studien abgelenkt wird, anderen.* – 5. d. *Wir widmen uns den Studien und Künsten, aus denen jene bewundernswerte Redekunst hervorgeht.* – 6. b. *Ich lese die Bücher, die du mir gewöhnlich schickst, gern.*

**9** *Quintus geht mit einem Freund spazieren.* 1. *Quintus sagt, dass es ihm gefällt, faul zu sein* → Quintus. – 2. *Der Freund sieht, dass er ein Buch liest* → Quintus. – 3. *Der Freund glaubt, dass er ein glücklicher Mann ist* → amicus. – 4. *Quintus und sein Freund sagen, dass sie zum Forum gehen wollen* → Quintus et amicus.

**10** 1. Satzfrage, Antwort: Nein; *Lacht ihr etwa über mich?* – 2. Wortfrage; *Warum nennst du mich glücklich?* – 3. Satzfrage, Antwort: Ja/Doch; *Ist es nicht schändlich, dass die alten Sitten vernachlässigt werden?* – 4. Wortfrage; *Wen bewunderst du?* – 5. Doppelfrage; *Bemühst du dich, die Philosophen oder die Redner zu hören?* – 6. Satzfrage, Antwort: unentschieden; *Willst du mit mir in die Bibliothek gehen?*

**11** 1. *O was für ein kluger und guter Freund!* – 2. *Quintus ist schon viele Jahre auf dem Forum tätig.* – 3. *Ich halte euch für meine besten Freunde.* – 4. *O du elende Stadt!*

## Lektion 5

**1** 1. is, magnus, novi, gravis, hos, illius, hi – 2. novas, admirabilis, hae, illa, bonas, nostras, fidelis – 3. haec, vetus, vestra, pulchrae, istae, huius, tua

**2** 1. b. – 2. f. – 3. a./d. – 4. c. – 5. g. – 6. a./d. – 7. e.

**3** 1. (P): *Ascanius besteigt als Erster das Schiff.* – 2. (A): *Die guten Trojaner entreißen die Penaten den Flammen.* – 3. (PN): *Die Angst vor dem Tod ist groß.* – 4. (A): *Creusa sagt dem treuen Gatten Lebwohl.* – 5. (P): *Die Gefährten gelangen unversehrt zu den Schiffen.* – 6. (P): *Die Frauen rufen traurig die Namen der Ehemänner.*

**4** 1. pulcher – 2. felix – 3. miser – 4. prudens – 5. doctus – 6. acer

**5** 1. longas, longiores, longissimas: *Adj* – 2. magnis, maioribus, maximis: *Adj* – 3. prudenter, prudentius, prudentissime: *Adv* – 4. forti, fortiore, fortissimo: *Adj* – 5. bene, melius, optime: *Adv* – 6. acriter, acrius, acerrime: *Adv* – 7. miseros, miseriores, miserrimos: *Adj*

## Lösungen zum Lektionsteil

**6 1.** breve (*als einziges Wort kein Adverb*) – **2.** filius (*das einzige Substantiv*) – **3.** acerrimus (*als einziges Wort kein Adverb*) – **4.** brevia (*als einziges Adjektiv nicht im Komparativ*)

**7 1.** bello: *Was ist schlimmer als der Krieg?* – **2.** (*kein Abl comparationis*): *Ich halte die Trojaner für tapferer als die Griechen.* – **3.** socio fideli: *Nichts ist besser als ein treuer Gefährte.* – **4.** morte: *Der Mann sagt, dass das Leben ohne seine Frau elender ist (sei) als der Tod.*

**8 1.** dum: *Während die Mutter durch unbekannte Straßen läuft, gleitet sie aus.* – **2.** cum: *Immer wenn wir von Geschäften frei sind, widmen wir uns den Künsten und Studien.* – **3.** quod: *Aeneas trägt die Penaten mit sich, weil er eine neue Stadt gründen will.* – **4.** quamquam: *Die Trojaner beeilen sich, die Stadt zu verlassen, obwohl sie ihre Väter und Mütter nicht zurücklassen wollen.*

**9 1.** *Meine Ehefrau ist die schönste aller Frauen.* – **2.** *Es ist äußerst schändlich, seinen Gefährten nicht zu Hilfe zu kommen.* – **3.** *Bin ich denn nicht gelehrter als die anderen?* – **4.** *Die Dinge, die ich sagen möchte, sind allzu lang/führen zu weit.*

**10 1.** belli, *Gen obiectivus*: *Die Feinde sind gierig nach Krieg.* – **2.** summi ingenii, *Gen qualitatis*: *Die alten Redner sind Männer von größtem Talent/sehr talentiert.* – **3.** hora sexta, *Abl temporis*: *Zur sechsten Stunde speise ich gewöhnlich mit meiner Familie.* – **4.** quis vestrum, *Gen partitivus*: *Wer von euch glaubt, dass ich der beste Redner bin?*

**11 1.** maledicere – **2.** acer – **3.** miser – **4.** pessimus – **5.** velle – **6.** domus – **7.** antiquus – **8.** celer – **9.** metus; *Lösung*: Carpe diem! *Nutze den Tag!*


## Lektion 6

**1** *Imperfekt*: laudabam (laudare), poteras (posse), erat (esse), capiebatis (capere), scribebant (scribere), faciebamus (facere); *Perfekt*: dixi (dicere), audivisti (audire), vidit (videre), fuistis (esse), cucurrimus (currere), venerunt (venire)

**2 1.** *sie sind gerufen worden* (vocare) – **2.** *es ist geschrieben worden* (scribere) – **3.** *wir sind gefangen worden* (capere) – **4.** *er ist getötet worden* (caedere) – **5.** *du bist geschickt worden* (mittere) – **6.** *es ist zurückgelassen worden* (relinquere)

**3 1.** agimus, agebamus, egimus – **2.** facis, faciebas, fecisti – **3.** conicitis, coniciebatis, coniecistis – **4.** vocatur, vocabatur, vocatus, a, um est – **5.** audio, audiebam, audivi – **6.** aggrediuntur, aggrediebantur, aggressi sunt

**4** *Die Römer kehrten in das Lager zurück, sie waren nicht weit (davon) entfernt. Da griff Hannibal das Lager an. (Die Rückkehr der Römer stellt das Hintergrundgeschehen dar und steht im Imperfekt. Die dann einsetzende Haupthandlung, der Angriff, steht im Perfekt.)*

**5** vocare/vocavisse, cecidisse/caedere, duci/ductum esse, superare/superavisse, laudatum esse/laudari, fecisse/facere, redire/redisse, audire/audivisse

**6 1.** oppugnata esse: *Hast du nicht gehört, dass das Lager der Römer angegriffen worden ist?* (VZ) – **2.** timere: *Die Bürger antworteten, dass sie den Krieg nicht fürchteten* (GZ). – **3.** coniecisse: *Es steht fest, dass Hannibal die Römer in Schrecken versetzt hat* (VZ).

## Lösungen zum Lektionsteil

**7** **1.** *Sobald die Kundschafter nach Rom gelangten/gelangt waren, unterrichteten sie die Senatoren über Hannibals Pläne.* – **2.** *Sobald die Senatoren hörten/gehört hatten, dass der Feind entkommen war, fragten sie: „Wo sind unsere Legionen?"* – **3.** *Die Kundschafter kehrten sofort nach Rom zurück, sobald sie erkannten/erkannt hatten, dass der Feind einen Hinterhalt gelegt hatte.* – **4.** *Nachdem Hannibal ein Heer ausgehoben hatte, hielt er eine Rede: „Sich zu fürchten gehört sich nicht, wie ich schon oft gesagt habe."*

**8** tuli → tulerunt → ferunt → feruntur → ferebantur → ferebant → ferebam → fero → ferimus → ferre → tulisse → latum esse

**9** **1.** virtute, *Ablativus limitationis*: Die Karthager kamen, was die Tapferkeit angeht, den Römern gleich. – **2.** paucis diebus, *Ablativus mensurae*: Wenige Tage später brachen die Boten nach Karthago auf. – **3.** Romae, *Ablativus loci*: Sie halten sich in Rom auf.


## Lektion 7

**1** dixeram/dico, ductus erat/ducitur, iudicaveram/iudico, progressi erant/progrediuntur, ornaverant/ornant, potuerat/potest

**2** **1.** eo – **2.** cuiusdam – **3.** hoc – **4.** ipsum – **5.** quorundam – **6.** ipsi – **7.** hanc – **8.** quendam

**3** **1.** tabulam (*Akk Sg von* tabula) – **2.** secutus erat (*Dep und somit einzige Form, die man aktivisch übersetzen müsste*) – **3.** eram (*1. Pers Sg Imperf Akt*) – **4.** celebrat (*Präs*)

**4** **1.** iusserat: *Quintus schwieg, denn sein Vater hatte ihm befohlen zu schweigen.* – **2.** profectus erat: *Quintus kam nach Hause. Viele Tage zuvor war er von Rom aufgebrochen.* – **3.** pinxerat: *Alexander lobte das Bild der Göttin, das der Maler gemalt hatte.* – **4.** positae erant: *Einige Leute erblickten die Gemälde, die auf der Straße aufgestellt worden waren.*

**5** **1.** *Sobald* (cum primum) *Alexander gehört hatte, dass Apelles der beste Maler sei, verbot er, von einem anderen gemalt zu werden.* – **2.** *Immer wenn* (cum iterativum) *Apelles seine Gemälde fertiggestellt hatte, stellte er sie auf die Straße.* – **3.** *Kaum hatte Apelles gesagt, er wolle seinen Freund Alexander besuchen, als* (cum inversum) *sein Sklave meldete, Alexander komme (bereits).* – **4.** *Als* (cum temporale) *Plinius jene Naturkundebücher schrieb, befasste er sich mit der Malerei.*

**6** **1.** *Alexander persönlich kam in das Haus des Apelles.* – **2.** *Er vollendete das Bild der Göttin mit einer ganz einzigartigen Kunstfertigkeit.* – **3.** *Einige sagen, dass sie gerade durch die Zuneigung eines Freundes erfreut werden.* – **4.** *Ein (bestimmter) Maler hat seine Bilder an das Volk verschenkt.*

**7** **1.** AcI: *Man sagt, die Römer hätten die griechischen Maler hoch geschätzt.* – **2.** NcI: *Man glaubt, dass wir großen Einfluss haben.* – **3.** NcI: *Du scheinst mir etwas anderes zu schreiben als du denkst (das eine zu schreiben, das andere zu denken).* – **4.** AcI: *Er schrieb an seinen Freund, er habe die neuen Bilder erhalten.* – **5.** NcI: *Sie scheinen meinem Urteil großen Wert beizumessen.*

**8** **1.** Apelles simulacrum pulcherrimae deae pinxisse dicitur. – **2.** Haec non intellexisse videmini. – **3.** Ad Apellem adire non sinor.

**Lösungen zum Lektionsteil**

**9** **1.** *keine Verschränkung: Die Griechen lobten Apelles sehr, der der Beste unter den Malern war.* – **2.** *Verschränkung mit NcI: Apelles, dem befohlen worden war, den König zu malen, vollendete sein Gemälde mit großer Sorgfalt.* – **3.** *Verschränkung mit AcI: Die Römer schmückten ihre Häuser mit Bildern und Statuen, die, wie ich glaube, gekauft oder geraubt worden waren.*
**10** *Alexander bewunderte Apelles.* **1.** *Diesem ließ er Ehren und Zuwendungen zuteilwerden* (quem *bezieht sich auf Apelles*). – **2.** *Deshalb befahl er, von ihm gemalt zu werden* (quam ob rem *bezieht sich auf den ganzen Satz*). – **3.** *Das war den anderen Malern lästig* (quod *bezieht sich auf den ganzen Satz*).
**11** **1.** *Wer hasste den König Alexander?* → *doppelter Dativ: commodi* (cui) *und finalis* (odio) – **2.** *Das kann euch Ehre einbringen.* → *doppelter Dativ: commodi* (vobis) *und finalis* (honori) – **3.** *Ich hatte keine Hoffnung auf Rettung.* → *Dativus possessivus* (mihi)

## Lektion 8

**1** **1.** *3. Pers Sg Konj Präs Akt*, ducere – **2.** *3. Pers Pl Konj Präs Akt*, venire – **3.** *2. Pers Sg Ind Präs*, conari (Dep) – **4.** *2. Pers Sg Konj Präs Akt*, monere – **5.** *3. Pers Sg Konj Perf Akt*, existimare – **6.** *3. Pers Pl Ind Präs Akt*, demonstrare – **7.** *1. Pers Sg Konj Perf Akt*, putare – **8.** *3. Pers Sg Konj Präs*, esse
**2** *Ich fürchte, dass Quintus zum Gastmahl erscheint.* → *Richtig ist Antwort 2.*
**3** **1.** agant – **2.** simus – **3.** faciam – **4.** ducantur – **5.** fuerit – **6.** horter – **7.** dixeris – **8.** provideantur
**4** **1.** *Was soll ich dir antworten?* (Dubitativ/Deliberativ) – **2.** *Lasst uns angenehme Leute zum Essen einladen!* (Hortativ) – **3.** *Hoffentlich bist du gesund, mein Freund!* (Optativ) – **4.** *Glaub nicht, dass ich mich nicht um dich kümmere!* (Prohibitiv) – **5.** *O dass ihr mich doch mögt, meine Freunde!* (Optativ) – **6.** *Das könnte ich ohne Zweifel bestätigen* (Potentialis).
**5** **1.** *Ich weiß, wie du das erreicht hast.* – **2.** *Ich ermuntere und bitte dich* (= *ich bitte dich sehr/inständig*)*, dass du nicht aus Rom aufbrichst.* – **3.** *Sag mir, warum du kein Essen veranstaltet hast!* – **4.** *Ich kümmere mich um nichts, außer dass es dir gut geht und du mich magst.* – **5.** *Ich komme zum Gastmahl, um die Sorgen und Pläne meiner Freunde zu vernehmen.* – **6.** *Du belädst die Tische immer so mit Speisen, dass alle glauben, dir gehöre ein großes Vermögen.*
**6** **1.** diligendo (diligere) – **2.** dicendi (dicere) – **3.** monendi (monere) – **4.** privando (privare) – **5.** obliviscendi (oblivisci) – **6.** agendi (agere) – **7.** exponendum (exponere) – **8.** demonstrandum (demonstrare) – **9.** faciendum (facere)
**7** **1.** *Genitiv*, scribere, *sich dem Studium des Schreibens widmen* – **2.** *Genitiv*, videre, *das Verlangen, es zu sehen* – **3.** *Akkusativ*, dicere, *sehr zum Sagen/Sprechen geeignet* – **4.** *Ablativ*, vivere, *über das gute Leben nachdenken/darüber nachdenken, wie man gut lebt* – **5.** *Ablativ*, agere, *sich durch das Handeln üben/sich üben, indem man handelt* – **6.** *Genitiv*, proficisci, *den Beschluss fassen aufzubrechen*

## Lösungen zum Lektionsteil

**8** **1.** *Ich glaube, dass diese Dinge für das glückliche Leben von Bedeutung sind.* – **2.** *Lass nicht diese Möglichkeit zu handeln verstreichen!* – **3.** *Wir sind heute zusammengekommen, um zu essen.* – **4.** *Durch Lesen, Schreiben und Nachdenken werde ich am meisten erfreut/Lesen, Schreiben und Nachdenken machen mir am meisten Freude.*

**9** **1.** eadem: *Der Junge sagte die gleichen Dinge, die/wie er draußen gehört hatte.* – **2.** idem: *Er überredet mich dazu, dass ich das Gleiche versuche.* – **3.** eodem: *Wir kamen zum Haus des Paetus, zur gleichen Zeit kam ein Freund herbeigelaufen.*

## Lektion 9

**1** **1.** possem (posse) – **2.** moneres (monere) – **3.** quaereres (quaerere) – **4.** rumperetis (rumpere) – **5.** adducerer (adducere) – **6.** manerem (manere) – **7.** exponeres (exponere) – **8.** esses (esse)

**2** **1.** 2. Pers Sg Konj Plusqu, esse – **2.** 2. Pers Sg Konj Plusqu Pass, adducere – **3.** 3. Pers Pl Konj Impf Akt, interrogare – **4.** 1. Pers Pl Konj Plusqu Akt, quaerere – **5.** 3. Pers Sg Konj Impf Akt, referre – **6.** 3. Pers Sg Konj Plusqu, ire

**3** **1.** timerem – **2.** invides – **3.** profecti erant – **4.** posset – **5.** fuerint – **6.** eam – **7.** exposueram – **8.** tacuit – **9.** raptum sit – **10.** esset – **11.** eunt – **12.** hortati essent

**4** *Wäre ich doch zuhause geblieben! (Optativ der Vergangenheit) Denn der Adler hat mir meine Jungen geraubt.* – *Hast du nicht darum gebeten, dass er sie dir zurückgibt? (Finalsatz)* – *Doch, habe ich, und viele Stunden später hat er sie mir zurückgegeben. Wären Adler und Füchse doch befreundet! (Optativ der Gegenwart)* – *Würden Adler doch Äpfel fressen! (Optativ der Gegenwart)*

**5** **1.** *Nachdem Sokrates gestorben war, überlieferte Plato dessen Gespräche der Nachwelt.* – **2.** *Obwohl Ruhm oft nach Herkunft verteilt wird (wörtl.: der Herkunft gegeben wird), wird dennoch für den Sklaven Aesop eine Statue aufgestellt.* – **3.** *Weil Phaedrus den Mächtigen verhasst war, wurde er verklagt.* – **4.** *Als Phaedrus verklagt wurde, fragte er, wer der Urheber dieses Übels sei.*

**6** **1.** fuerit: *Weißt du, ob Aesop Maler oder Dichter gewesen ist? (VZ)* – **2.** videam: *Weißt du, wen ich sehe? (GZ)* – **3.** esset: *Ich fragte, wo Aesops Denkmal steht/stehe (GZ).* – **4.** misisset: *Ich fragte, ob er die Jungen nach Rom geschickt hat/habe (VZ).*

**7** **1.** 3. Pers Sg Ind Präs – **2.** 1. Pers Sg Konj Impf – **3.** 3. Pers Sg Konj Präs – **4.** 3. Pers Sg Ind Perf – **5.** 2. Pers Pl Ind Impf – **6.** 3. Pers Pl Konj Plusqu

**8** **1.** *Sag uns, wo das geschehen ist!* – **2.** *Die Senatoren wurden über die Pläne der Feinde unterrichtet.* – **3.** *Lasst uns uns darum bemühen, dass die Tugend unsere Begleiterin wird.* – **4.** *Es ist möglich (kann geschehen), dass ich zurückkomme.*

**9** **1.** *Die Senatoren ermahnten die Bürger, die Sitten einzuhalten:* final (P) – **2.** *Als dem Aesop eine Statue errichtet worden war, wussten alle, dass der Weg zur Ehre offenstand:* Subjunktion (R) – **3.** *Den Herrschern war dieser Dichter verhasst, der, wie sie wussten, ihre Fehler zeigte:* (verschränkter) Relativsatz (OS) – **4.** *Er fragte, was er wollte:* gleichzeitig (I) – **5.** *Hätte ich nicht nach Rom gehen sollen?:* Dubitativ (T) – Lösungswort: Prosit! Es möge nützen!

# Lösungen zum Lektionsteil

## Lektion 10

**1** 1. c. – 2. a. – 3. f. – 4. g. – 5. d. – 6. h. – 7. b. – 8. e.
**2** 1. *Nom Sg m*, vocans – 2. *Akk Sg m, Nom/Akk Sg n*, moventem, movens – 3. *Gen Sg m/n, Nom Pl m*, pellentis, pellentes – 4. *Nom Sg m*, efferens – 5. *Gen Pl m/n*, repellentium – 6. *Dat/Abl m/n*, laudanti, laudante
**3** 1. timentis: timere – 2. respondenti: respondere – 3. hortanti: hortari – 4. ducentium: ducere – 5. videnti: videre – 6. praebentium: praebere; *die übrigen Formen sind Gerundia.*
**4** 1. Prädikatsnomen: *Die Frau wurde durch die Schmeicheleien des Soldaten heftig erschüttert.* – 2. PC: *Die Frau ging in das Grabmal ihres Mannes, da sie meinte, ohne ihn nicht leben zu können (vom PPA* arbitrata *hängt ein AcI ab!)* – 3. Attribut: *Eine Frau, die das Haus hütet, ist sittsam und pflichtbewusst.*
**5** 1. a. miles ... audiens – b. gemitum – c. *Der Soldat blieb stehen.* – d. PPA, also GZ – e. *ein Seufzen hörend (ein temporales oder kausales Verhältnis wäre möglich)* – f. *Der Soldat blieb stehen, weil er ein Seufzen hörte.* – 2. a. matrona ... incensa – b. militis amore – c. *Die Frau hörte auf zu trauern.* – d. PPP, also VZ – e. *in Liebe zu dem Soldaten (Gen obiectivus) entbrannt (ein temporales oder kausales Verhältnis wäre möglich)* – f. *Die Frau hörte auf zu trauern, nachdem sie in Liebe zu dem Soldaten entbrannt war.*
**6** 1. laudans: *Der Soldat versuchte die Sittsamkeit der Frau anzugreifen, indem er ihre Schönheit lobte.* – 2. privata: *Die Frau wollte nicht mehr leben, weil sie aller Freuden beraubt worden war.* – 3. locuta: *Nachdem die Mutter dies gesagt hatte, ging sie zurück nach Hause.* – 4. plangens: *Die Frau bewahrte die althergebrachte Sitte und folgte dem Leichenzug, indem sie sich auf die Brust schlug.*
**7** 1. alicui – 2. aliquid – 3. amicus aliqui – 4. aliquem – 5. castra aliqua – 6. alicuius
**8** 1. *Soll ich das etwa (irgend)jemandem erzählen?* – 2. *Irgendein Beamter sagte, dass die Frau nicht weggeführt werden könne.* – 3. *Hätte ich dir doch nur irgendetwas schreiben können!*
**9** 1. consulere amicis – 2. invidere Ciceronis ingenio *oder* invidere Ciceroni ingenium

## Lektion 11

**1** ducto: ductis, ducere – datis: dato/data, dare – coacto: coactis, cogere – cognita: cognitis, cognoscere – accipientibus: accipiente, accipere – oblatis: oblato/oblata, offerre – facta: factis, facere – defendentibus: defendente, defendere
**2** 1. senatore misso – 2. rebus gestis – 3. puero egente – 4. sociis timentibus – 5. obsidibus traditis
**3** 1. *Nachdem sie diese Worte gehört hatten, ... (temporal)/Weil sie diese Worte gehört hatten, ... (kausal); kryptoaktiv, anstelle von: Nachdem/Weil diese Worte gehört worden waren, ...* – 2. *Obwohl das Heer durch große Anstrengung schon erschöpft war, ... (konzessiv)* – 3. *Weil viele die Stadt verteidigten, ... (kausal)* – 4. *Nachdem mehrere Städte erobert worden waren ...; kryptoaktiv: Nachdem sie mehrere Städte erobert hatten, ... (temporal)*

# Lösungen zum Lektionsteil

4  1. f., m. – 2. d., g. – 3. h. – 4. a., k. – 5. c., e. – 6. i., l.; *nicht möglich*: b.: traditis *ist Passiv, die Geiseln wurden also übergeben und handeln nicht selber,* armis *steht im gleichen Fall und in der gleichen Funktion wie* obsidibus: *Geiseln und Waffen wurden übergeben. Nimmt man eine kryptoaktive Verwendung an, hieße der Satz: Nachdem Caesar die Geiseln und Waffen übergeben hatte, …; nicht möglich*: j.: *hier wurde die Vorzeitigkeit nicht beachtet: Zuerst wurde das Signal gegeben, dann kam es zum Angriff.*

5  1. *Schließlich kehrten die Soldaten, nachdem sie die Gebäude weit und breit angezündet hatten, ins Lager zurück.* – 2. *Nach Übergabe der Geiseln und nachdem Frieden geschlossen worden war, beschloss Caesar, mit den übrigen Kohorten ins Lager zurückzukehren.* – 3. *Nachdem der Frieden mit diesen Dingen/durch diese Dinge bekräftigt worden war, kehrten die Boten und die Anführer der Gemeinden (= Stämme) nach Hause zurück.* – 4. *Obwohl Vercingetorix große Truppen versammelt hatte, unternahm er keinen Angriff.*

6  1. copiis e castris ductis: *Abl. abs.: Nachdem Caesar die Truppen aus dem Lager geführt hatte, ging er bis an das Lager der Feinde heran.* – 2. Militibus ab hostibus in fugam coniectis: *PC (Dativ): Caesar schickte seinen Soldaten, nachdem sie von den Feinden in die Flucht geschlagen worden waren, eine Legion zu Hilfe.* – 3. convocatis principibus: *Abl. abs.: Nachdem die Anführer zusammengerufen worden waren,/ Nachdem sie ihre Anführer zusammengerufen hatten, schickten die Feinde Boten zu Caesar, um über den Frieden zu verhandeln (wörtl.: wegen des Friedens).*

7  1. *als Caesar Diktator war/unter der Diktatur Caesars* – 2. *gegen den Willen der Eltern* – 3. *unter Leitung des Vaters und des Sohnes* – 4. *als Quintus ein junger Mann war*

8  1. *Auf Veranlassung und unter Führung des Vercingetorix wurden große Truppen versammelt.* – 2. *Der gallische Krieg wurde unter dem Oberbefehl Caesars geführt.* – 3. *Die Geiseln wurden gegen meinen Willen befreit.* – 4. *Zu Lebzeiten Hannibals/ Solange Hannibal lebte, hatten die Römer immer Angst.*

9  1. *Gerade die Schlechtesten sind am unglücklichsten.* – 2. *Was auch immer du tust, tue es mit Bedacht (wörtl.: sollst du tun)./Tue alles, was du tust, mit Bedacht.* – 3. *Jeder, der die Provinz Gallien leitete, verteidigte die Freunde des römischen Volkes.* – 4. *Er fragte, was ein jeder von ihnen über eine jede Sache gehört hatte.*

## Lektion 12

1  dandi auxilii – colendos deos – perferendarum epistularum – neganda facta – admonendorum consulum – gerendum bellum; defendis: *2. Pers Sg Ind Präs Akt, das Gerundivum, das zu* castris *passt, müsste* defendendis *heißen.*

2  1. Dei colendi sunt. *Man muss die Götter verehren.* – 2. Verba discenda sunt. *Man muss die Wörter lernen.* – 3. Cives defendendos esse puto. *Ich glaube, die Bürger müssen verteidigt werden.* – 4. Epistulae scribendae sunt. *Die Briefe müssen geschrieben werden.* – 5. Dea timenda est. *Man muss die Göttin fürchten.* – 6. Domos servandas esse puto. *Ich glaube, man muss die Häuser schützen.*

## Lösungen zum Lektionsteil

**3** **1.** *Du fragst, was du meiner Meinung nach tun oder meiden sollst.* – **2.** *Der Geist darf nicht immer auf gleiche Weise in derselben Anspannung gehalten werden, sondern er muss auch einmal zu Scherzen/für Scherze abgelenkt werden.* – **3.** *Zu den Vorfahren müssen wir aufblicken und sie nach dem Brauch der Götter (= so, wie wir Götter verehren) verehren.* – **4.** *Diese Dinge musst du in deinem Herzen aufbewahren.*

**4** **1.** tibi: *Dativus auctoris*, animo: *Dativobjekt: Diese Worte musst du dir merken (wörtl.: sind von dir dem Geist zu übergebende).* – **2.** Saluti: *Dativobjekt: Man muss für das Wohl des Staates Sorge tragen.* – **3.** Ceteris: *Dativus auctoris*, auctoritati: *Dativobjekt: Die übrigen müssen der Autorität des römischen Volkes gehorchen.*

**5** **1.** b. – **2.** c. – **3.** a. *Wir müssen gute Bücher lesen.* – **4.** c. *Das Volk darf/kann die Ungerechtigkeiten nicht ertragen.*

**6** **1.** *beim Suchen von Freunden/wenn man Freunde sucht* – **2.** *die Kunst, eine Rede zu halten* – **3.** *um die Freundschaft zu retten* – **4.** *entschlossen, Krieg zu führen* – **5.** *um einen Krieg zu beginnen* – **6.** *indem man Freunde tadelt/durch das Tadeln der Freunde*

**7** **1.** *Er gab das Zeichen, den Kampf zu beginnen.* – **2.** *Nachdem er den Krieg beendet hatte, beschloss Caesar aus vielen Gründen, dass er den Fluss überqueren müsse.* – **3.** *Nachdem der Kampf beendet worden war, meinte Caesar, dass er weder die Gesandten anhören noch die Bedingungen annehmen dürfe.* – **4.** *Die Feinde gaben aus diesem Grund die Hoffnung auf, die Stadt einnehmen zu können.* – **5.** *Caesar musste alle Dinge zugleich tun: Er musste die Soldaten herbeirufen, das Heer ordnen und das Zeichen geben.* – **6.** *Er meinte, dass er den Feinden keine Zeit geben sollte, Pläne zu fassen.*

**8** **1.** *Ich bin bereit/entschlossen, einen Brief zu schreiben (Gerundivum).* – **2.** *Wir sind zusammengekommen, um zu lernen (Gerundium).* – **3.** *Die Gesandten wurden nach Rom geschickt, um die Senatoren um Rat zu fragen (Finalsatz).* – **4.** *Du fragst, was angemessen ist für ein glückliches Leben (Gerundium).* – **5.** *Ich übergebe dir meinen Sohn zur Erziehung (finales Gerundivum).*

**9** **1.** *Gerundivum: Man musste lang und erbittert kämpfen.* – **2.** *Gerundium: Mit dem, was jedem an Lebenszeit gegeben wird, muss man zufrieden sein.* – **3.** agendi: *Gerundium*, praetermittenda: *Gerundivum: Diese Möglichkeit zu handeln darf man nicht vorbeigehen lassen.* – **4.** vivendi: *Gerundium*, putanda: *Gerundivum: Weisheit muss für eine Lebenskunst gehalten werden.*

**10** Konfirmand und Proband haben dem lateinischen Gerundivum entsprechend passivische Bedeutung und bringen zum Ausdruck, dass mit der Person oder Sache etwas getan wird/getan werden muss: ein Proband muss geprüft (probare), ein Konfirmand im Glauben gestärkt (confirmare) werden. Entsprechend dem PPA drücken die Substantive auf -ant und -ent etwas Aktivisches aus, die Person oder Sache tut selber etwas: Der Mandant vertraut seinen Fall dem Anwalt an (mandare), der Dozent lehrt (docere).

**11** **1.** *Niemand kennt die Stunde des (= seines) Todes.* – **2.** *Er wusste alles und erinnerte sich an alles.* – **3.** *Ich hasse und liebe.* – **4.** *Er sagt, er erinnere sich an jene Zeit.*

**12** *Er schuldet uns beiden (jedem von uns beiden) Dank.* – **2.** *Ich frage, wer wem den Hinterhalt gelegt hat.* – **3.** *Keins von beidem darf man tun: Beides sind nämlich Fehler.* – **4.** *Glaubst du etwa, dass das nur dir allein passiert ist?*

# Lösungen zum Lektionsteil

## Lektion 13

**1** 1. 1. Pers Sg Fut I Pass und 1. Pers Sg Konj Präs Pass – **2.** 1. Pers Sg Fut I Akt und 1. Pers Sg Konj Präs Akt – **3.** 3. Pers Pl Fut I – **4.** 1. Pers Sg Fut I (sowie *Akk Sg f von malus, a, um*) – **5.** 3. Pers Pl Fut II Akt und 3. Pers Pl Konj Perf Akt – **6.** 2. Pers Sg Fut I Akt

**2** laudabitur: laudatus erit – capies: ceperis – ierit: ibit – loquemur: locuti erimus – liberabimus: liberaverimus – audiet: audiverit; *Formen ohne Partnerform*: auditus erit, liberaverint, locutus ero; *dazu passend*: audietur, liberabunt, loquar

**3** 1. Werden wir Konsuln Catilina, der unsere Heimat durch Mord zerstören will, weiter ertragen? – **2.** Die römischen Bürger werden sich an deine Verbrechen erinnern, Catilina. – **3.** Italien wird durch Krieg zerstört werden, die Städte werden geplündert werden, die Häuser werden brennen. – **4.** Wenn ich befehle, dass Catilina getötet wird, werde ich fürchten müssen, dass jemand sagt, dass dies allzu spät von mir getan wurde. – **5.** All diese Dinge werden so getan werden, dass die höchsten Gefahren ohne Unruhe unter meiner Führung und meinem Befehl gebannt werden. – **6.** Wenn seine Gefährten Catilina gefolgt sind, wenn sie aus der Stadt herausgegangen sind, o wir Glücklichen, o du glücklicher Staat! (= o wie glücklich werden wir sein, wir glücklich wird unser Staat sein!)

**4** 1. relictus, relinquens, relicturus – **2.** captus, a, um, capiens, capturus, a, um – **3.** missas, mittentes, missuras – **4.** rapti, rapientis, rapturi – **5.** eiecto, eicienti, eiecturo – **6.** latis, ferentibus, laturis

**5** 1. Wir hoffen, dass ihr unversehrt zurückkommen werdet. – **2.** Ich habe verneint, dass ich das tun würde. – **3.** Sicher darf man das, was ich jetzt sagen will, weder übergehen noch vernachlässigen. – **4.** Was, ihr römischen Ritter, wollt ihr jetzt tun? – **5.** Ich glaube, dass du nie die Herrschaft innehaben wirst. – **6.** Einer der Männer kam zu Caesar und versicherte, dass er und alle seine Leute in der Pflicht bleiben und nicht von der Freundschaft zum römischen Volk abfallen würden.

**6** 1. futuram esse/fore: *Caesar versicherte, dass er sich um diese Sache kümmern werde (wörtl.: dass ihm diese Sache zur Sorge sein werde)*; missurum/missurum esse: *Caesar sagte, er werde Gesandte nach Rom schicken.* – **2.** incensuros: *Die Bürger hofften, dass die Soldaten die Häuser nicht anzünden würden*; servaturum: *Cicero versprach, dass er die Heimat retten werde.* – **3.** audientes: GZ, servatam esse: VZ, credituros esse: NZ: *Während die Senatoren die Rede Ciceros hörten, dachten sie bei sich, dass die Heimat immer von guten Männern bewahrt worden sei und dass sie Cicero das Wohl der Heimat anvertrauen würden.*

**7** 1. Wir kommen/sind gekommen, um dich zu ermahnen. – **2.** Du wirst tun, was dir am Besten (zu tun) erscheint. – **3.** Die Sequaner schickten Gesandte zu Caesar, um zu bitten, dass er sie nicht zu den Feinden zählen solle. – **4.** Nach Beendigung des Krieges kamen die Anführer der Bürgerschaften als Gesandte aus fast ganz Gallien zu Caesar, um ihm zu gratulieren.

**8** 1. Wenn die römischen Bürger mit einer Stimme sprächen, würden sie das sagen: Geh fort, Catlina! (Irrealis der Gegenwart) **2.** Wenn ich befehle, dass du getötet wirst, wird die übrige Schar der Verschwörer noch im Staat verbleiben (Indefinitus/Realis). –

**3.** *Wenn ich gemeint hätte, dass dies (zu tun) das Beste gewesen wäre, hätte ich Catilina mit dem Tode bestraft (Irrealis der Vergangenheit).* – **4.** *Wenn ihr glaubt, dass (nur) wenige Leute Catilina unterstützen, dann irrt ihr gewaltig (Indefinitus/ Realis).* – **5.** *Der Tag würde vergehen, wenn ich alles darlegen wollte (Potentialis).* – **6.** *Deine Gefährten hätten mich getötet, wenn ich mein Haus nicht mit ziemlich großem Schutz gesichert hätte (Irrealis der Vergangenheit).*

9  **1.** *Kj konzessiv: Obwohl Cicero Catilina mit dem Tod bestrafen konnte, wollte er es noch nicht.* – **2.** *Kj temporal: Die Senatoren hatten sich kaum gesetzt, als Catilina ankam.* – **3.** *Präp + Abl: Brich auf zu deinem gewissenlosen Krieg, Catilina, mit deinen Gefährten, mit den Feinden der Guten, den Feinden unserer Heimat!* – **4.** *Kj modal: Indem wir zulassen werden, dass dies geschieht, werden wir uns entscheiden.*

## Lektion 14

1  **1.** *Caesar sagt, er müsse mit Ariovist über wichtige Angelegenheiten verhandeln.* – **2.** *Die Germanen hätten den Rhein überquert und sich in Gallien niedergelassen.* – **3.** *Warum die Stämme Galliens den Germanenkönig fürchteten/fürchten würden.*

2  *Caesar sagte*: **1.** *Die Götter mögen ihm helfen.* – **2.** *Er fürchte die im Umgang mit Waffen äußerst geübten Germanen.* – **3.** *Was Ariovist (denn) wolle?* – **4.** *Der Senat habe beschlossen, dass, wer auch immer die Provinz Gallien verwalte, die Freunde des römischen Volkes verteidigen solle.*

3  *indirekte Rede*: Sequanos ... sustineri; sibi ... facturum. *Diviciacus antwortete, die Sequaner, deren Städte alle in der Gewalt Ariovists seien, wagten nicht, um Hilfe zu bitten und fürchteten die Grausamkeit Ariovists, obwohl er nicht da sei. Seine Herrschaft könne nicht länger ertragen werden. Nachdem Caesar dies erfahren hatte, bestärkte er die Gallier mit Worten und versprach, dass er sich um die Angelegenheit kümmern werde; (er sagte,) dass er große Hoffnung habe, dass Ariovist sowohl aufgrund seiner (= Caesars) Wohltat (unter Caesars Konsulat hatte Ariovist den Titel* amicus populi Romani *erhalten) als auch seines Einflusses dem Unrecht ein Ende setzen werde. Nachdem er diese Rede gehalten hatte, kehrte Caesar ins Lager zurück.*

4  **1.** illum: Caesar, se: Ariovist: *Ariovist antwortete: Jener/Er müsse zu ihm kommen.* – **2.** ipsum: Ariovist: *Er selbst werde nicht kommen.* – **3.** sese: Ariovist, sibi: Ariovist: *Nicht er habe mit den Galliern, sondern die Gallier hätten mit ihm Krieg angefangen.* – **4.** ipse: Ariovist, suo: *das römische Volk*, se: Ariovist, suo: Ariovist: *Wenn er selbst dem römischen Volk nicht vorschreibe, wie es sein Recht nutzen solle, dann dürfe auch er nicht von dem römischen Volk in der Ausübung seines Rechts behindert werden.*

5  **1.** *Caesar ließ Soldaten zurück, die das Lager verteidigen sollten (final).* – **2.** *Wer bescheiden gehorcht, scheint würdig zu sein, dass er selbst irgendwann herrscht (final).* – **3.** *Die Gesandten, die mit Ariovist über sehr wichtige Angelegenheiten verhandelt hatten, kehrten zurück (kein Nebensinn).* – **4.** *Die Senatoren lobten Cicero, weil er den Staat gerettet hatte (kausal).*

6  *Die Häduer schickten Gesandte, um Hilfe zu erbitten/die Hilfe erbitten sollten. Gleiche Bedeutung*: b., c., d.; *nicht gleich*: a.: auxiliis imploratis *ist Abl. abs., die Übersetzung*

## Lösungen zum Lektionsteil

würde lauten: Die Häduer schickten Gesandte, nachdem Hilfe erbeten worden war; e.: Relativsatz im Indikativ ohne Nebensinn: Die Häduer schickten Gesandte, die um Hilfe baten.

7 **1.** Du bist nicht würdig, in den Senat zu kommen: Catilina – **2.** Es gibt niemanden, der nicht wüsste, dass er Rom schon immer gehasst hat: Hannibal – **3.** Du musst so sein, dass du so mutig/offen mit deinem Freund sprichst wie mit dir (selbst): Seneca

8 **1.** 48 – **2.** 3000 – **3.** 85 – **4.** 297 – **5.** 19 – **6.** 700 – **7.** 14 – **8.** 99

9 **1.** Unsere Soldaten hielten dem Feindesangriff stand und kämpften länger als vier Stunden sehr tapfer. – **2.** Nachdem 4000 Menschen getötet worden waren, wurden die Übrigen aus der Stadt vertrieben. – **3.** Aus dieser Schlacht blieben ungefähr 130.000 Menschen übrig (= überlebten diese Schlacht). – **4.** Caesar war mit seinem Heer ungefähr fünf Meilen entfernt. – **5.** Caesar befahl, dass er mit 200 Geiseln zu ihm kommen solle.

10 **1.** obses (A) – **2.** victor (A) – **3.** colloquium (B) – **4.** superbus (T) – **5.** ius belli (N) – **6.** desinere (I) – **7.** imperium (I) – **8.** mandare (N) – **9.** cogi (R); *Lösungswort:* Britannia: *Caesar setzte in den Jahren 55 und 54 v. Chr. nach Britannien über.*


## Lektion 15

1 verba dicendi: dixerunt, clamare, nego – verba timendi: vereor, periculum fuit, metuunt – verba impediendi: prohibui, deterrebor, recusavi

2 **1.** c.: Caesar befahl den Soldaten, eine Brücke zu bauen. – **2.** d.: Ich werde durch meinen Schmerz (daran) gehindert, mehr zu schreiben. – **3.** e.: Es gibt Leute, die fürchten, dass Sokrates die Sitten der jungen Leute verdirbt. – **4.** a.: Die Freunde des Sokrates wurden davon abgehalten, Essen zu bringen. – **5.** b.: Ich meine, dass der Tod ein Übel ist.

3 **1.** Sokrates weigerte sich nicht, auf die Anschuldigen zu antworten. – **2.** Es hätte nicht viel gefehlt, und der Feldherr selbst wäre getötet worden. – **3.** Ich kann es nicht machen, dass ich dich nicht auf dem Forum verteidige./Ich muss dich auf dem Forum verteidigen. – **4.** Es gab keinen Stamm, der Caesar nicht gehorchte. – **5.** Man darf nicht bezweifeln, dass es im Tod keine Empfindung gibt.

4 **1.** quominus: Was hindert dich daran, glücklich zu sein? – **2.** cum: Nachdem Sokrates seine Rede gehalten hatte, wurde er mit dem Tod bestraft. – **3.** ut: So groß ist die Kraft der Tugend, dass wir sie sogar an unserem Feind hochschätzen. – **4.** quare: Die Philosophen lehren, warum eine jede Sache existiert. – **5.** quominus: Das Alter hindert uns nicht daran, an den Studien der Wissenschaften festzuhalten. – **6.** quin: Es gibt niemanden, der nicht glaubt, dass die Richter des Sokrates (ihm) Unrecht getan haben. – **7.** ut: Ich bitte dich, dass du herkommst. – **8.** nisi: Ich habe über diese Sache genug gesprochen, es sei denn, ihr fordert vielleicht noch etwas (mehr).

# Lösungen zum Lektionsteil

**5 1.** F: *Du musst zu mir kommen (wörtl.: Es kann nicht geschehen, dass du nicht zu mir kommst).* – **2.** R – **3.** R – **4.** F: *Hindert Catilina daran, dass er so viele bedeutende Männer tötet.*

**6 1.** *Waffen draußen sind wenig wert, wenn es zuhause (= in der Heimat) keinen Plan gibt.* parvi: *Gen pretii* – **2.** *Ich habe gehört, dass jene wegen Mordes verurteilt worden sind.* caedis: *Gen criminis* – **3.** *Die Gefährten Catilinas sind der Verschwörung angeklagt worden.* coniurationis: *Gen criminis* – **4.** *Dich allein achte ich mehr als all jene.* pluris: *Gen pretii*

**7** alicui (*Dat incommodi*) detrimento (*Dat finalis*) esse: *jemandem zum Schaden gereichen* – morte (*Abl instrumenti*) multari: *mit dem Tode bestraft werden* – amico (*Abl comparationis*) maior: *größer als der Freund* – pars senatorum (*Gen partitivus*): *ein Teil der Senatoren* – hoc alicui (*Dat auctoris*) faciendum est: *dies muss von jemandem getan werden* – vir summa sapientia (*Abl qualitatis*): *ein Mann von größter Weisheit* – tanti (*Gen pretii*) aestimare: *für so hoch schätzen* – paulo (*Abl mensurae*) clarius loqui: *ein wenig deutlicher sprechen*

**8 1.** clarissimo patre, avo, maioribus: *Asyndeton, Klimax* – **2.** non ad deponendam, sed ad confirmandam audaciam: *Antithese* – **3.** vivis, et vivis: *Geminatio*

**9 1.** *Asyndeton*: Die asyndetische Aufzählung wirkt sehr energisch. Die Konzentration liegt ganz und gar auf den aufgezählten Begriffen, es gibt kein Drumherum. *Klimax*: Der Hörer oder Leser erfährt, dass Gracchus nicht nur auf einen bedeutenden Vater, sondern auch auf eine Vielzahl bedeutender Vorfahren zurückblicken kann. Mit dieser Klimax, die die Bedeutung des Mannes so eindrücklich unterstreicht, schafft Cicero einen starken Gegensatz zu interfectus est: ein so bedeutender Mann wurde einfach so getötet, während der Senat es nicht schafft, zu einem Urteil über Catilina zu kommen. – **2.** *Antithese*: Zwei Handlungsmöglichkeiten werden pointiert einander gegenübergestellt. Das Ablegen der Frechheit bildet den Hintergrund, vor dem die Steigerung der audacia noch unerhörter erscheinen muss. – **3.** *Geminatio*: Die Wiederholung von vivis bewirkt eine größere Lebendigkeit und Eindringlichkeit.

**10 1.** s. d.: *Tullius grüßt seine Terentia.* – **2.** longiores: *Glaube nicht, dass ich an irgendjemanden längere Briefe schreibe.* – **3.** habebo: *Du sollst das Eine wissen: Wenn ich dich habe, scheine ich mir nicht gänzlich verloren zu sein.* – **4.** cura, te: *Wenn du und Tullia, unser Licht, wohlauf seid, geht es mir (auch) gut. Sorge dafür, dass es dir gutgeht, und sei davon überzeugt, dass es nichts gibt und niemals etwas gegeben hat, das mir wertvoller ist als du.* – **5.** plura: *Ich kann schon nicht mehr schreiben, meine Trauer hindert mich daran.*

# Lösungen zu den Tests

Mit den drei Tests können Sie Ihre Erfolge selbst überprüfen und bewerten.

34–26 Punkte: Optime! Sehr gut! Machen Sie weiter so!
25–17 Punkte: Bene! Eine gute Leistung! Sehen Sie sich die Themen noch einmal genauer an, bei denen Sie noch nicht vollkommen sicher sind.
Weniger als 17 Punkte: Di adiuvent! Das können Sie doch aber ganz sicher besser! Also, nicht verzagen: Wiederholen Sie einfach noch einmal den Stoff, der Ihnen Probleme bereitet.

## Test 1

1 1. *befehlen*, iubeo – 2. *Sitte, Brauch*, mos, moris *m* – 3. *kurz*, breve – 4. *wollen*, volo – 5. *alt*, veteris – 6. *elend*, misera, miserum
2 1. *1. Pers Sg Präs*, ire – 2. *3. Pers Sg Präs Pass*, audire – 3. *2. Pers Sg Präs*, posse – 4. *2. Pers Pl Präs*, sequi (*Deponens*) – 5. *3. Pers Pl Präs*, deesse – 6. *3. Pers Sg Präs Akt*, ponere
3 1. nomen clarum *ein berühmter Name* (*Nom/Akk Sg n*) – 2. rebus malis *schlechten Dingen* (*Dat Pl f*)/*durch schlechte Dinge* (*Abl Pl f*) – 3. homines fortiores *tapferere/ziemlich tapfere Menschen/Männer* (*Nom/Akk Pl*) – 4. urbium veterum *alter Städte* (*Gen Pl*) – 5. duce prudenti *mit einem/durch einen klugen Anführer* (*Abl Sg m*) – 5. domum pulchram *ein schönes Haus* (*Akk Sg f*) – 6. *falsches Paar*: pietas (*Nom Sg f*) maximas (*Akk Pl f*)
4 1. nos (*Wenn es dir gut geht, ist es gut. Uns geht es gut.*) – 2. nostris, illi, his, mihi (*Unseren Leuten/den Unsrigen/jenem/ihnen/mir gefällt es, sich/mich mit den Wissenschaften zu beschäftigen.*) – 3. nostris, te, his, isto (*Die besten Redner werden von den Unsrigen/dir/ihnen/diesem [da] gelobt.*) – 4. hunc, illum (*Ich bewundere diesen/jenen Mann.*) – 5. qui (*Immer hilfst du denen, die zu dir kommen.*) – 6. hoc, isto (*Befreit uns von dieser Angst.*)
5 1. Romanos … imperare, Graecos … studere: *Der Dichter Vergil sagt, dass die Römer über viele Völker herrschen und dass sich die Griechen dagegen mit Philosophie befassen.* – 2. adulescentes … neglegere: *Ich weiß genau, dass die jungen Leute die alten Sitten oft vernachlässigen.* – 3. animum … averti: *Glaub nicht, dass mein Geist von den Studien abgewendet wird/sich abwendet.* – 4. se … admirari: *Plinius schreibt, dass er Marcus Tullius Cicero sehr bewundert.* – 5. te … solere: *Ich weiß, dass du die griechischen Dichter zu loben pflegst/gewöhnlich lobst.* – 6. animos … confirmari: *Es steht hinreichend fest, dass die Seelen der Menschen durch das Studium der Philosophie erfreut und gestärkt werden.*
6 1. *Komme ich nach Rom oder ruhe ich mich auf meinem Tusculanum aus?* – 2. *Wen haltet ihr für den besten Dichter?* – 3. *Glaubst du etwa, dass die Götter deine Taten nicht sehen?* – 4. *Warum schickst du uns nach Athen?*

# Lösungen zu den Tests

## Test 2

1 **1.** 2. *Pers Sg Ind Perf Akt*, ferre: *tragen* – **2.** *Dat Sg*, aliquis/aliquid: *irgendwer, irgendetwas* – **3.** *PPA im Akk Sg m/f*, gerere: *tragen, führen* – **4.** *Nom/Akk Sg n*, levis, e: *leicht* – **5.** *3. Pers Sg Ind Präs*, fieri: *werden, gemacht werden* – **6.** *3. Pers Pl Ind Perf Passiv*, rapere: *rauben*
2 **1.** NcI: Hannibal soll ein in Kriegsdingen erfahrener Anführer gewesen sein. – **2.** AcI: Apelles sagte, er rage unter den übrigen Malern weit hervor. – **3.** AcI: Einige Leute sagten, der Kaiser habe viele Dichter verklagt. – **4.** AcI: Der Soldat sagt, er sei durch die Schönheit der Frau verwirrt worden. – **5.** NcI: Sokrates soll ein sehr weiser Mann gewesen sein. – **6.** AcI: Unsere Vorfahren sagten, die Karthager hätten den Römern eine sehr schwere Niederlage zugefügt.
3 **1.** dum – **2.** cum (inversum) – **3.** postquam – **4.** cum (narrativum)
4 **1.** *der Plan, aufzubrechen* – **2.** *die Lust, zu kämpfen* – **3.** *zum guten Schreiben/um gut zu schreiben* – **4.** *eine Möglichkeit, zu handeln/eine Handlungsmöglichkeit* – **5.** *über das gute Leben nachdenken* – **6.** Es geht um das Gerundium.
5 **1.** c. Hortativ – **2.** b. Optativ – **3.** c. Konjunktiv im indirekten Fragesatz – **4.** c. Finalsatz – **5.** b. Deliberativ/Dubitativ (rogem) – **6.** a. Finalsatz
6 **1.** Übersetzungsmöglichkeiten: Gliedsatz, Beiordnung, Präpositionalausdruck – **2.** Sinnrichtungen: z. B. temporal, kausal, modal – **3.** Hannibal ging in die Verbannung, weil er fürchtete/aus Angst, dass er von seinen Bürgern getötet würde. – **4.** Mir wurde, während ich aß/beim Essen (Mir, dem Essenden, ...) gemeldet, du seist nach Rom zurückgekehrt. – **5.** Nachdem der Feldherr mit höchsten Ehren ausgezeichnet worden war, lobte er die Tapferkeit der Soldaten. – **6.** Die Feinde töteten die römischen Soldaten, als diese ein Lager errichteten.

## Test 3

1 **1.** *Geisel*, obsidis *m/f* – **2.** *zusammenbringen, zwingen*, cogo, coegi, coactum – **3.** *helfen, beistehen*, adiuvo, adiuvi, adiutum – **4.** *niemand*, nullius – **5.** *mutig, furchtlos*, audacis – **6.** *wer von beiden*, utra, utrum
2 **1.** receperat – **2.** *1. Pers Sg Fut II Akt von* postulare – **3.** *1. Pers Sg Konj Perf Akt von* credere – **4.** *2. Pers Sg Fut I Akt von* auferre – **5.** erit – **6.** *2. Pers Sg Ind Perf Akt von* dare
3 **1.** *Unterschied: Das Bezugswort des Partizips ist beim PC Satzglied des übergeordneten Satzes, beim Abl. abs. ist das Bezugswort kein Satzglied des übergeordneten Satzes, sondern nur Bestandteil der Konstruktion.* – **2.** Abl. abs.: Nachdem diese Dinge beschlossen worden waren/Nachdem er dies beschlossen hatte, schickte Catilina zwei Ritter nach Rom. – **3.** PC: Cicero ging weg, nachdem er dies gesagt hatte. – **4.** Abl. abs.: Nachdem Frieden geschlossen worden war, kehrten die Kohorten ins Lager zurück. – **5.** Abl. abs.: Während die Soldaten das Lager errichteten, schickte Caesar Gesandte zu den Haeduern. – **6.** PC: Irgendjemand hat meinen Sklaven getötet, als er dir einen Brief überbrachte.

## Lösungen zu den Tests

**4**  **1.** *Gerundivum: Seine Frechheit konnten wir nicht länger ertragen.* – **2.** *Gerundium: Lasst uns über die Redekunst sprechen!* – **3.** *Gerundivum: Beim Ausbilden von Soldaten gingen die Römer mit großer Sorgfalt vor* – **4.** *Gerundivum: Die Römer haben mir die Führung jenes Krieges übertragen.* – **5.** *Gerundivum: Caesar brach zu den Haeduern auf, um ihnen Unterstützung zu bringen.* – **6.** *Gerundium: Wir haben genug Zeit, um nachzudenken.*

**5**  **1.** *Supinum I: Die Haeduer kamen zu Caesar, um Hilfe zu fordern.* – **2.** *umschreibendes Futur mit PFA: Ich werde dich in Kürze sehen.* – **3.** *Konditionalsatz (Irrealis der Vergangenheit): Wenn du nach Rom gekommen wärst, wärst du von allen Bürgern gesehen worden.* – **4.** *konjunktivischer Relativsatz mit finalem Nebensinn: Caesar ließ Kohorten zurück, damit sie die Schiffe bewachten/die die Schiffe bewachen sollten.* – **5.** *nachzeitiger AcI mit PFA,* esse *fehlt: Was meinst du, was/wie sie dann über dich urteilen werden?* – **6.** odisse: *präsentische Bedeutung trotz Perfektform: Es gibt niemanden, der dich nicht fürchtet, niemanden, der dich nicht hasst.*

**6**  **1.** *Genitivus criminis: Dieser Mann da wurde wegen Diebstahls verurteilt.* – **2.** *Ablativus instrumentalis: Es ist ein Zeichen eines guten Redners, dass er viel gehört hat (wörtl.: mit den Ohren aufgenommen hat) und viel gesehen hat.* – **3.** *Dativus possessivus: Die Besiegten hatten keine Hoffnung auf Rettung (wörtl.: Den Besiegten war keine Hoffnung ...).* – **4.** *Ablativus sociativus: Caesar bricht mit allen Truppen nach Germanien auf.*

# Glossar

Sie finden hier die Wörter des gesamten Sprachlehrgangs in alphabetischer Reihenfolge und mit Angabe der Lektion, in der die Wörter zum ersten Mal auftreten. Die fett gedruckten Wörter gehören zum Grundwortschatz, die mager gedruckten Wörter sind zum Verständnis der Texte nötig, müssen aber nicht aktiv beherrscht werden.

▎ Bei den Substantiven werden nach dem Nominativ die Genitivendung und das Genus angegeben: **poēta, ae** m.

▎ Bei den dreiendigen Adjektiven finden Sie nach den maskulinen Formen die Endungen für Femininum und Neutrum: **prīmus, a, um; celer, is, e,** bei den zweiendigen finden Sie zusätzlich das Neutrum: **brevis, e,** und bei den einendigen den Genitiv Singular: **fēlīx, īcis.**

▎ Bilden die Verben der ā-Konjugation das Perfekt Aktiv mit -v- (-āvī) und das PPP auf -ātum, sind sie nur in der 1. Person Singular und im Infinitiv angegeben: **vocō, vocāre.** Gleiches gilt für die Deponentien der ā-Konjugation: **hortor, hortārī.** Bei den übrigen Verben werden alle Stammformen angegeben: 1. Person Singular Präsens Aktiv, 1. Person Perfekt Aktiv, PPP und Infinitiv Präsens Aktiv: **agō, ēgī, actum, agere.** Handelt es sich um Komposita, wird das Präfix – bleibt es unverändert – nur einmal genannt: **compōnō, -posuī, -positum, -pōnere.** Bei Veränderungen werden die Formen jedoch vollständig aufgeführt: **afferō, attulī, allātum, afferre.** Bilden Verben nicht alle Formen der Stammformreihe, so erscheint anstelle der Verbform ein Querstrich: **parcō, pepercī, –, parcere.**

## A

**ā/ab** *Präp + Abl von, von ... her, von ... weg* 1
**abdō**, -didī, -ditum, -dere *entfernen, verstecken* 7
**abdūcō**, -dūxī, -ductum, -dūcere *wegführen, abbringen* 10
**abeō**, -iī, -itum, -īre *weggehen* 2
abiciō, -iēcī, -iectum, -icere *hinwerfen, wegwerfen* 8
abluō, -luī, -lūtum, -luere *abwaschen* 2
abrumpō, -rūpī, -ruptum, -rumpere *abreißen, losreißen* 4
**absolvō**, -solvī, -solūtum, -solvere *lösen, befreien; freisprechen* 11
abstineō, -tinuī, -tentum, -tinēre ā + Abl *sich fernhalten von, zurückhalten* 3
**absum, āfuī, abesse** *abwesend sein, entfernt sein* 6
abūtor, -ūsus sum, -ūtī + Abl *verbrauchen, missbrauchen* 13
**ac/atque** *und, und dazu; bei Vergleichen wie, als* 6
accēdō, -cessī, -cessum, -cēdere *herantreten, näherkommen* 7
accidō, -cidī, –, -cidere *sich zutragen, sich ereignen* 10
accipiō, -cēpī, -ceptum, -cipere *annehmen, empfangen* 3
accrēscō, -crēvī, -crētum, -crēscere + Dat *hinzukommen zu* 4
accurrō, -currī, -cursum, -currere *herbeilaufen* 7
**accūsō, accūsāre** *anklagen, beschuldigen* 15
ācer, ācris, ācre *scharf* 3
acerbus, a, um *herb, bitter* 6
aciēs, ēī f *Schlacht, Heer; Schärfe* 12
**ad** *Präp + Akk zu, an (... heran), bei* 2
adaequō, -aequāre + Akk *(einer Sache) gleichkommen, (etwas) erreichen* 1
**addō**, -didī, -ditum, -dere *hinzufügen, dazugeben* 7
addūcō, -dūxī, -ductum, -dūcere *heranführen, versetzen in, veranlassen* 8
adeō, -iī, -itum, -īre *herangehen, besuchen* 7
adhibeō, -hibuī, -hibitum, -hibēre *anwenden* 12
adipīscor, adeptus sum, adipīscī *erreichen, erlangen* 4
adiungō, -iūnxī, -iūnctum, -iungere *anbinden, verbinden* 11

# Glossar

**adiuvō, -iūvī, -iūtum, -iuvāre** *helfen, beistehen* 14
**admīrābilis, e** *bewundernswert, wunderbar* 4
**admīror, -mīrārī** *bewundern* 4
**admittō, -mīsī, -missum, -mittere** *zulassen* 12
**admoneō, -monuī, -monitum, -monēre** *erinnern, ermahnen* 12
**adsum/assum, adfuī/affuī, adesse** *da sein, anwesend sein, beistehen* 1
**adūlātiō, ōnis** *f Schmeichelei* 3
**adulēscēns, entis** *m junger Mann* 3
**adversārius, ī** *m Gegner, Feind* 11
**aedēs, is** *f Zimmer; Tempel; Pl Haus* 9
**aedificium, ī** *n Gebäude, Bauwerk* 11
**aemulātiō, ōnis** *f Wetteifer* 9
**Aenēās, ae** *m Aeneas,* Sohn des Trojaners Anchises und der Göttin Venus 5
**aequālis, e** *gleich, gleichaltrig* 12
**aequus, a, um** *eben; gleichmütig* 6
**Aesōpus, ī** *m Aesop,* gr. Fabeldichter, 6. Jh. v. Chr. 9
**aetās, ātis** *f Alter, Zeit* 15
**aeternum** *Adv für immer, ewig* 2
**aeternus, a, um** *ewig, unvergänglich* 3
**afferō, attulī, allātum, afferre** *herbeitragen, -bringen* 6
**afficiō, -fēcī, -fectum, -ficere** *ausstatten, versehen mit* 7
**affīgō, -fīxī, -fīxum, -fīgere** + *Dat anheften, annageln* 10
**ager, agrī** *m Feld* 2
**ager Falernus, agrī Falernī** *m falernisches Gebiet,* Gebiet in Kampanien 6
**aggredior, -gressus sum, -gredī** *sich nähern, angreifen* 6
**aggregō, aggregāre** *zu-, beigesellen* 13
**agō, ēgī, actum, agere** *(be)treiben, machen, handeln* 4
 **agedum** *Sg,* **agitedum** *Pl wohlan! auf!* 2
**agricola, ae** *m Bauer* 2
**Alexander Magnus, Alexandrī Magnī** *m Alexander der Große,* König von Makedonien, 356–323 v. Chr. 7
**aliquandō** *Adv irgendwann einmal, manchmal* 2
**aliquī/aliqua/aliquod** *adj, Indefpron irgendein, jemand, etwas* 10

**aliquis/aliquid** *subst, Indefpron irgendeiner, jemand, etwas* 10
**aliquot** *indekl einige, ein paar* 6
**aliquotiē(n)s** *Adv mehrmals* 15
**alius, a, ud,** *Gen* alterīus, *Dat* aliī *ein anderer* 4
 aliī ..., aliī ... *die einen ..., die anderen ...* 6
**alligō, alligāre** *an-, festbinden* 6
**alō, aluī, altum/alitum, alere** *fördern, vergrößern, stärken* 12
**Alpēs, ium** *f, Pl die Alpen* 6
**alter, era, erum,** *Gen* alterīus, *Dat* alterī *der andere* 3
**altus, a, um** *hoch, tief* 4
**ambulō, ambulāre** *spazieren gehen* 4
**amīca, ae** *f Freundin, Geliebte* 7
**amīcitia, ae** *f Freundschaft(sbündnis)* 6
**amīcus, ī** *m Freund* 1
**amor, ōris** *m Liebe, Zuneigung* 7
**Amphīō, onis** *m Amphio,* gr. Vorname 1
**amplus, a, um** *weit, groß, bedeutend* 14
 (utrum/-ne) ... **an** ... (ob) ... *oder* ... 4
**ancilla, ae** *f Dienerin* 3
**angustiae, ārum** *f, Pl Enge, Schwierigkeit* 6
**animadvertō, -vertī, -versum, -vertere** *bemerken, wahrnehmen, aufpassen* 5
**animus, ī** *m Geist, Herz* 1
 **aequō animō ferre** *gleichmütig ertragen* 6
 **animō dēficere** *den Mut verlieren* 11
**annus, ī** *m Jahr, Lebensjahr* 6
**ante** *Adv vorher, früher* 7
**ante** *Präp + Akk vor* 12
**antepōnō, -posuī, -positum, -pōnere** *vorziehen* 4
**antīquus, a, um** *alt, altehrwürdig* 3
**Apellēs, is** *m Apelles,* Maler aus Ephesos, 4. Jh. v. Chr. 7
**Aper, Aprī** *m M. Aper,* röm. Redner 1. Jh. n. Chr. 3
**apertus, a, um** *offen* 15
**appārēō, appāruī, –, appārēre** *erscheinen* 5
**appellō, appellāre** *nennen, bezeichnen* 11
**appetō, -petīvī, -petītum, -petere** *erstreben, begehren* 11
**appropinquō, appropinquāre** *sich nähern* 2

# Glossar

aptus, a, um + *Dat*/ad + *Akk geeignet, angemessen* 8
apud *Präp + Akk bei* 7
aqua, ae *f Wasser* 2
aquila, ae *f Adler* 9
āra, ae *f Altar* 9
arbitrium, ī *n Gutdünken, freies Ermessen; Schiedsspruch* 14
arbitror, arbitrārī *meinen, glauben* 8
arbor, oris *f Baum* 2
arcānus, a, um *heimlich, geheim* 12
accessō, accessīvī, accessītum, accessere *herbeirufen* 12
ārdeō, ārsī, ārsum, ārdēre *glühen, brennen* 2
Ariovistus, ī *m Ariovist,* König eines germ. Stammes 14
arma, ōrum *n, Pl Waffen* 1
ars, artis *f Kunst, Geschicklichkeit* 3
Ascanius, ī *m Ascanius,* Sohn von Aeneas und Creusa 5
ascendō, -scēndī, -scēnsum, -scendere *hinaufsteigen, besteigen* 5
aspiciō, -spexī, -spectum, -spicere *erblicken* 2
asservō, asservāre *bewachen, bewahren* 10
at *Kj aber, dagegen* 10
Athēnae, ārum *f, Pl Athen* 5
atque *Kj und, und noch dazu* 2
attendō, -tendī, -tentum, -tendere *beachten, merken* 13
Atticus, ī *m Athener* 9
attingō, -tigī, -tāctum, -tingere *berühren, grenzen an* 11
auctor, ōris *m Schriftsteller, Autor, Urheber* 3
auctōritās, ātis *f Ansehen, Einfluss* 7
audācia, ae *f Kühnheit, Mut, Frechheit* 13
audāx, ācis *mutig, furchtlos* 12
audiō, audīvī, auditum, audīre *hören* 3
auferō, abstulī, ablātum, auferre *wegbringen, wegtragen* 15
augur, uris *m Vogelschauer, Weissager* 11
auris, is *f Ohr* 11
aut *Kj oder* 3
aut ... aut ... *entweder ... oder ...* 15
autem *Kj, nachgestellt aber* 1
auxilium, ī *n Hilfe, Beistand, Unterstützung; Pl Hilfstruppen* 5
auxiliō venīre *zu Hilfe kommen* 5

āvertō, -vertī, -versum, -vertere *abwenden* 4
āvocō, āvocāre *wegrufen, ablenken* 4
avus, ī *m Großvater* 15

## B

balineum, ī *n Bad* 4
basis, is *f, gr Fw Sockel* 9
beātus, a, um *glücklich* 4
bellum, ī *n Krieg* 5
  bellum īnferre + *Dat*/gerere/cōnficere *Krieg anfangen mit/führen/beenden* 6
bene *Adv gut* 4
beneficium, ī *n Wohltat, Begünstigung* 7
bibliothēca, ae *f Bibliothek* 1
bibō, bibī, –, bibere *trinken* 2
blanditia, ae *f Schmeichelei* 10
blandus, a, um *schmeichelnd* 2
bonum, ī *n Gut, das Gute* 3
bonus, a, um *gut* 1
bōs, bovis *m/f, Gen Pl* boum *Rind* 6
brevis, e *kurz* 3
brevitās, ātis *f Kürze* 12

## C

C. Gracchus, ī *m C. Sempronius Gracchus,* Volkstribun, 154–121 v. Chr. 15
C. Plīnius, ī *m C. Plinius Caecilius Secundus,* Plinius der Jüngere, röm. Anwalt, Redner, Schriftsteller, 61–113 n. Chr. 4
caedēs, is *f Morden, Blutbad* 11
caedō, cecīdī, caesum, caedere *niederschlagen, töten* 5
caelum, ī *n Himmel* 2
Canīnius Rufus, ī *m Caninius Rufus,* Bekannter des Plinius 4
Cannae, ārum *f, Pl Cannae,* Ort in Apulien 6
canō, cecinī, cantum, canere *besingen* 1
capiō, cēpī, captum, capere *ergreifen, fassen* 3
caput, itis *n Kopf; Hauptstadt* 7
carmen, inis *n Dichtung, Gedicht* 4
Carneadēs, is *m Karneades,* gr. Philosoph, 213–129 v. Chr. 12
Carnūtēs, um *m, Pl Karnuten,* gall. Volk 11

# Glossar

carpō, carpsī, carptum, carpere *pflücken, nutzen* 5
Carthāginiēnsis, is *m*/is, e *Karthager/ karthagisch* 6
Carthāgō, inis *f Karthago,* Stadt in Nordafrika (heute Tunesien) 6
cārus, a, um *lieb, teuer* 5
castra, ōrum *n,* Pl *Lager, Kriegslager* 6
 castra pōnere *ein Lager aufschlagen* 6
Catilīna, ae *m L. Sergius Catilina,* röm. Senator, 108–62 v. Chr. 13
Catullus, ī *m Catull, C. Valerius Catullus,* röm. Dichter, ca. 84–54 v. Chr. 1
catulus, ī *m Tierjunges* 9
causa, ae *f Grund, Ursache; Rechtsfall* 3
causā *nachgestellt,* + Gen *um ... willen, wegen* 8
cēdō, cessī, cessum, cēdere *gehen, weichen* 7
 nihil cedere + Dat *jemandem in nichts nachstehen* 7
celebrō, celebrāre *rühmen, feiern* 6
celer, is, e *schnell* 5
cēna, ae *f Mahlzeit, Essen* 4
Cēnabum, ī *n Cenabum,* Hauptstadt der Karnuten, heute Orléans 11
cēnō, cēnāre *speisen, essen* 4
cēnula, ae *f kleine Mahlzeit* 8
certe *Adv gewiss, sicherlich* 1
certus, a, um *sicher, bestimmt, beschlossen* 6
 certiōrem facere + AcI/dē + Abl *unterrichten, aufklären über* 6
cēterī, ae, a *die übrigen, die anderen* 1
cibus, ī *m Speise, Nahrung* 9
Cicerō, ōnis *m Cicero, M. Tullius Cicero,* röm. Redner, Politiker und Philosoph, 106–43 v. Chr. 1
cicōnia, ae *f Storch* 9
cingō, cīnxī, cīnctum, cingere *umgeben* 4
circiter *Adv ungefähr* 14
circumdō, -dedī, -datum, -dare *umgeben* 9
circumeō, -iī, -itum, -īre + Akk *herumgehen um* 4
circumveniō, -vēnī, -ventum, -venīre *umringen, einschließen* 6
cīvis, is *m*/f *Bürger, Mitbürger* 6
cīvitās, ātis *f Bürgerschaft, Gemeinde, Stadt* 6

clādēs (-is), is *f Schaden, Niederlage* 6
 hostibus cladem afferre *den Feinden eine Niederlage zufügen* 6
clāmō, clāmāre *schreien, rufen* 13
clāmor, ōris *m Geschrei* 2
clārus, a, um *berühmt* 1
cliēns, entis *m Gefolgsmann* 11
cōdex, icis *m Handschrift, Buch* 15
cōgitātiō, ōnis *f Denken, Überlegung* 4
cōgitō, cōgitāre *(aus)denken, ersinnen, überlegen* 4
cognōmen, inis *n Beiname* wegen einer Tat oder eines Merkmals; *Familienname,* der zum nomen gentile noch hinzukam 4
cognōscō, -nōvī, -nitum, -nōscere *kennenlernen* 3
cōgō, coēgī, coāctum, cōgere *zusammenbringen, versammeln, zwingen* 11
cohors, tis *f Kohorte* 11
colligō, -lēgī, -lēctum, -ligere *zusammensammeln, erwerben, um sich scharen* 3
collocō, collocāre *aufstellen, errichten* 9
colloquium, ī *n Unterredung, Gespräch* 14
colloquor, -locūtus sum, -loquī *sich unterhalten, unterreden* 15
collum, ī *n Hals* 2
colō, coluī, cultum, colere *bebauen, pflegen, verehren* 2
colōnia, ae *f Niederlassung, Kolonie* 14
comes, itis *m*/f *Begleiter, Gefährte* 3
commendō, commendāre *übergeben, anvertrauen* 5
committō, -mīsī, -missum, -mittere *veranstalten, begehen; anvertrauen* 11
commodus, a, um + Dat/ad + Akk *angemessen, günstig, bequem* 8
commūnicō, commūnicāre *besprechen* 12
commūnis, e *gemeinsam* 11
commūnitās, ātis *f Gemeinschaft* 8
commūtō, commūtāre *verändern, umwandeln* 6
comparātiō, ōnis *f Vorbereitung, Rüstung* 6
comperiō, comperī, compertum, comperīre *erfahren, in Erfahrung bringen* 13
complector, -plexus sum, -plectī *umarmen* 10
complūrēs, a *Indefpron mehrere, einige* 11

compōnō, -posuī, -positum, -pōnere *abfassen, ersinnen* 4
compōtātiō, ōnis *f Trinkgelage* 8
comprimō, -pressī, -pressum, -primere *zusammendrücken, verdrängen* 13
Cōmum, ī *n Como, nordital. Stadt* 4
concēnātiō, ōnis *f Gastmahl, Tischgemeinschaft* 8
concipiō, -cēpī, -ceptum, -cipere *empfangen* 3
Conconnetodumnus, ī *m Conconnetodumnus*, Name eines Karnuten 11
concurrō, -currī, -cursum, -currere *zusammenlaufen* 2
condiciō, ōnis *f Bedingung, Verabredung* 12
conditōrium, ī *n Grabmal* 10
condō, condidī, conditum, condere *gründen, erbauen; verbergen* 5
cōnferō, contulī, collātum, cōnferre *zusammentragen, -bringen, vergleichen* 6
sē cōnferre in/ad + *Akk sich begeben nach, sich widmen* 6
cōnficiō, -fēcī, -fectum, -ficere *vollenden, erledigen* 6
cōnfirmō, -firmāre *festigen, stärken, ermutigen* 1
cōnfiteor, -fessus sum, -fitērī *bekennen* 10
congredior, -gressus sum, -gredī *zusammentreffen, -stoßen* 14
coniciō, -iēcī, -iectum, -icere *(zusammen)werfen, schleudern, versetzen* 6
coniūrātī, ōrum *m Verschwörer* 13
coniūrātiō, ōnis *f Verschwörung* 15
coniux, iugis *m/f Gatte/Gattin* 5
cōnor, cōnārī *versuchen* 8
conquiēscō, -quiēvī, -quiētum, -quiēscere *ruhen, ausruhen* 4
cōnscientia, ae *f Mitwissen; Gewissen* 12
cōnscrībō, -scrīpsī, -scrīptum, -scrībere *(Soldaten) ausheben, anwerben* 6
cōnsēnsus, ūs *m Übereinstimmung, Zustimmung* 11
cōnsequor, -secūtus sum, -sequī *nachfolgen, erreichen, erlangen* 3
cōnsīdō, -sēdī, –, -sīdere *sich setzen, sich niederlassen* 2
cōnsilium, ī *n Plan, Absicht, Beschluss* 6

cōnsistō, -stitī, –, -sistere *sich niederlassen, aufstellen, haltmachen* 11
cōnspiciō, -spexī, -spectum, -spicere *anschauen, erblicken* 9
cōnstat + *AcI es steht fest, es ist bekannt* 3
cōnstituō, -stituī, -stitūtum, -stituere *festsetzen, beschließen, aufstellen* 11
cōnsuēscō, -suēvī, -suētum, -suēscere *sich gewöhnen an* 14
cōnsuētūdō, inis *f Gewohnheit, Umgang* 7
cōnsuēvisse *gewohnt sein, pflegen* 14
cōnsul, ulis *m Konsul* 11
cōnsulō, -suluī, -sultum, -sulere + *Dat*/+ *Akk sorgen für, helfen/um Rat fragen* 7
cōnsultum, ī *n Beschluss, Plan* 15
contendō, -tendī, -tentum, -tendere *sich messen, kämpfen; eilen; behaupten* 14
contentus, a, um + *Abl zufrieden mit* 12
contingit, -tigit, ut *es gelingt, dass; es ereignet sich, dass* 8
conveniō, -vēnī, -ventum, -venīre *zusammenkommen, -treffen* 8
convīva, ae *m Gast* 9
convīvium, ī *n Gastmahl, Tischgesellschaft* 8
convocō, convocāre *herbeirufen, versammeln* 11
cōpia, ae *f Menge, Vorrat; Pl Truppen* 11
cor, cordis *n Herz* 7
cōram *Präp + Abl in Gegenwart von, vor* 12
cornū, ūs *n Horn; Heeresflügel* 6
corpus, oris *n Körper* 9
corrumpō, -rūpī, -ruptum, -rumpere *verderben* 2
cot(t)īdiē *Adv täglich, Tag für Tag* 15
Cotuatus, ī *m Cotuatus*, Name eines Karnuten 11
crēber, bra, brum *zahlreich* 4
crēdō, crēdidī, crēditum, crēdere *(an)vertrauen, glauben* 13
creō, creāre *erschaffen, gebären; wählen* 10
crepida, ae *f Sandale, Halbschuh* 7
Creūsa, ae *f Creusa*, Frau des Aeneas, Mutter des Ascanius 5
crīmen, inis *n Beschuldigung, Anklage* 15
crūdēlis, e *grausam* 3
crūdēlitās, ātis *f Grausamkeit* 14
crux, crucis *f Kreuz* 10

# Glossar

cum *Kj + Ind immer wenn; jedes Mal, wenn* 5
cum *Kj + Ind damals, als; dann, wenn* 7
cum *Kj + Ind indem; dadurch dass* 13
cum *Kj + Konj als, nachdem; da, weil; obwohl, obgleich* 9
cum *Präp + Abl mit* 1
cum prīmum *Kj + Ind Perf sobald als* 6
cupiditās, ātis *f Verlangen* 8
cupidus, a, um *+ Gen (be)gierig nach, leidenschaftlich* 5
cupiō, cupīvī/-iī, cupītum, cupere *wünschen, begehren* 2
cūr *Adv warum* 2
cūra, ae *f Sorge* 4
cūrō, cūrāre *sorgen, sich kümmern* 8
currō, cucurrī, cursum, currere *laufen, eilen, rennen* 5
custōdiō, custōdīvī/-iī, custōdītum, custōdīre *bewachen, behüten* 10
Cynicus, ī *m kynischer Philosoph, Kyniker* 12

## D

damnō, damnāre *verurteilen* 15
dē *Präp + Abl von, über, von ... herab* 1
dea, ae *f Göttin* 2
dēbellō, dēbellāre *niederkämpfen, besiegen* 1
dēbeō, dēbēre *müssen, schulden* 12
decem *indekl zehn* 5
dēcernō, -crēvī, -crētum, -cernere *entscheiden, beschließen* 13
dēcertō, dēcertāre *kämpfen, ringen* 6
decet *+ Infl/AcI es gehört sich* 3
dēcidō, -cidī, –, -cidere *herabfallen, stürzen* 9
dēclārō, dēclārāre *deutlich zeigen* 7
dēdiscō, -didicī, –, -discere *verlernen, sich abgewöhnen* 8
dēdō, -didī, -ditum, -dere *ganz hingeben, ausliefern* 4
sē dēdere *sich hingeben, widmen* 4
dēfendō, -fendī, -fēnsum, -fendere *abwehren, verteidigen* 11
dēferō, -tulī, -lātum, -ferre *überbringen, übertragen* 11
dēficiō, -fēcī, -fectum, -ficere *abfallen, ermüden; verlassen* 11
deinde *Adv darauf, danach* 2

dēlectātiō, ōnis *f Unterhaltung, Genuss* 8
dēlectō, delectāre *erfreuen, unterhalten* 1
dēleō, dēlēvī, dēlētum, dēlēre *vernichten, zerstören* 13
dēlīberō, dēlīberāre *überlegen, beraten* 12
dēliciae, ārum *f, Pl Vergnügen, Freude, Kleinod* 4
dēlictum, ī *n Vergehen, Fehler* 11
dēligō, -lēgī, -lēctum, -ligere *auswählen* 12
dēmō, dēmpsī, dēmptum, dēmere *wegnehmen* 5
dēmōnstrō, dēmōnstrāre *zeigen, darlegen* 8
dēnique *Adv zuletzt, endlich* 3
dēnūntiō, dēnūntiāre *ankündigen, androhen* 6
dēpellō, -pulī, -pulsum, -pellere dē/ex *+ Abl vertreiben von, verjagen aus* 2
dēpōnō, -posuī, -positum, -pōnere *ab-, niederlegen* 15
dērīdeō, -rīsī, -rīsum, -rīdēre *auslachen, verspotten* 1
dēscendō, -scendī, -scēnsum, -scendere *herabsteigen* 5
dēsecō, -secuī, -sectum, -secāre *abschneiden* 11
dēserō, -seruī, -sertum, -serere *verlassen, im Stich lassen* 15
dēsidiōsus, a, um *träge, faul* 4
dēsinō, -siī, -situm, -sinere *aufhören* 3
dēsistō, -stitī, -stitum, -sistere *aufhören* 11
dēspērō, dēspērāre *verzweifeln, keine Hoffnung mehr haben* 11
dēsum, -fuī, -esse *fehlen, nicht helfen* 1
dēterreō, -terruī, -territum, -terrēre *abschrecken, abhalten* 15
dētestor, dētestārī *ablehnen, von sich weisen* 13
dētrahō, -trāxī, -tractum, -trahere *herabziehen* 10
dētrīmentum, ī *n Verlust, Schaden* 6
deus, ī *m; Pl auch dī Gott* 2
dēvocō, dēvocāre *wegrufen* 12
dīcō, dīxī, dictum, dīcere *sagen* 2
dictātor, ōris *m Diktator; höchster Beamter in Notzeiten* 11
dictō, dictāre *diktieren* 4

dictum, ī n das Gesagte, Ausspruch, Äußerung 3
diēs, diēī m (f) Tag; Termin (f) 5
dīgnus, a, um würdig, wert 14
dīiūdicō, dīiūdicāre unterscheiden, ein Urteil fällen 9
dīlēctus, ūs m Aushebung, Rekrutierung 11
dīligēns, entis sorgfältig, gewissenhaft 7
dīligentia, ae f Sorgfalt 2
dīligō, -lēxī, -lēctum, -ligere hoch schätzen, verehren 7
dīmittō, -mīsī, -missum, -mittere wegschicken 4
dīripiō, -ripuī, -reptum, -ripere plündern, berauben 11
discipulus, ī m Schüler 3
discō, didicī, –, discere lernen 12
disertus, a, um redegewandt 1
disputātiō, ōnis f Unterredung, Streitgespräch 15
disputō, disputāre diskutieren 12
dissentiō, -sēnsī, -sēnsum, -sentīre ā + Abl anderer Meinung sein als 3
diū Adv (Komp diūtius) lange 11
dīves, itis reich 3
dīvitiae, ārum f, Pl Reichtum, Schätze 15
Dīviciācus, ī m Diviciacus, Haeduerfürst 14
dō, dedī, datum, dare geben 11
doceō, docuī, doctum, docēre lehren, belehren 1
doctus, a, um gelehrt, gebildet 1
documentum, ī n Lehre, Warnung, Beweis 11
doleō, doluī, –, dolēre bedauern, trauern, Schmerz empfinden 4
dolor, ōris m Schmerz 5
domus, ūs f Haus 5
dōnō, dōnāre (ver)schenken 7
dubitō, dubitāre zögern, zweifeln 11
dubium, ī n Zweifel 8
dūcō, dūxī, ductum, dūcere führen 6
dulcis, e süß, lieblich, freundlich 5
dum Kj + Ind Präs während 5
duo, duae, duo zwei 10
dux, ducis m/f Führer, Anführer, Befehlshaber 5

**E**

ē/ex Präp + Abl aus, aus ... heraus 2
ecquid Adv etwa, wohl, denn 13
edō, ēdī, ēsum, edere essen, fressen 9
ēdūcō, -dūxī, -ductum, -dūcere herausführen 13
ēducō, ēducāre aufziehen, erziehen; Pass aufwachsen 3
efferō, extulī, ēlātum, efferre heraustragen, zu Grabe tragen 10
efficiō, -fēcī, -fectum, -ficere hervorbringen, zustande bringen 8
effodiō, -fōdī, -fossum, -fodere ausgraben, ausstechen 11
effrēnātus, a, um zügellos 13
effugiō, -fūgī, –, -fugere entfliehen, entkommen 5
egeō, eguī, –, egēre (+ Gen/Abl) Mangel leiden, (etwas) nötig haben 11
egō Perspron ich 2
ēgredior, -gressus sum, -gredī hinausgehen, verlassen 6
ēgregius, a, um hervorragend, ausgezeichnet 2
ēiciō, -iēcī, -iectum, -icere hinauswerfen, vertreiben 11
elephantus, ī m Elefant 6
ēloquentia, ae f Beredsamkeit, Redekunst 3
ēlūdō, -lūsī, -lūsum, -lūdere sein Spiel treiben mit, verhöhnen 13
emō, ēmī, ēmptum, emere kaufen 7
ēmorior, -mortuus sum, -morī sterben, dahinscheiden 15
enim Kj nämlich, in der Tat, freilich 3
eō, iī, itum, īre gehen 2
Epicūrus, ī m Epikur, gr. Philosoph, 342–270 v. Chr. 12
epistula, ae f Sendung, Brief 12
epulae, ārum f, Pl Gerichte, Speisen 8
eques, itis m Ritter, Reiter 13
equus, ī m Pferd 3
ergō Adv also, folglich 10
ēripiō, -ripuī, -reptum, -ripere entreißen 5
errō, errāre sich irren, umherirren 12
error, ōris m Irrtum 3
ērudītiō, ōnis f Bildung 3
ērudītissimus, a, um äußerst gebildet 3
ērumpō, -rūpī, -ruptum, -rumpere hervorbrechen, herausstürzen 7

# Glossar

ēruō, -ruī, -rutum, -ruere *umstürzen, zerstören* 5
et *Kj und, auch* 1
et ... et *sowohl ... als auch* 4
etenim *Kj nämlich, denn* 13
etiam *Kj sogar, auch* 2
  etiam atque etiam *immer wieder* 8
ēvādō, -vāsī, -vāsum, -vādere *herausgehen, entkommen* 6
ēveniō, -vēnī, -ventum, -venīre *sich ereignen, eintreten* 5
excēdō, -cessī, -cessum, -cēdere (ex) + Abl *heraus-, weggehen, verschwinden* 4
excellō, –, –, -cellere + Dat *herausragen, sich hervortun vor* 7
excursiō, ōnis *f Ausflug* 4
exemplar, āris *n Muster, Vorbild* 3
exemplum, ī *n Muster, Vorbild, Beispiel* 9
exeō, -iī, -itum, -īre (ex) + Abl *herausgehen, weggehen* 5
exerceō, exercuī, exercitum, exercēre *üben, ausbilden* 3
exercitātiō, ōnis *f Gewandtheit, Übung* 14
exercitātus, a, um *geübt, erfahren* 14
exercitus, ūs *m Heer* 6
exilium, ī *n Exil, Verbannung* 5
exīstimō, exīstimāre *schätzen, beurteilen, meinen* 7
exōsculor, exōsculārī *küssen* 15
explōrātor, ōris *m Kundschafter, Beobachter* 6
expōnō, -posuī, -positum, -pōnere *herausstellen, vor Augen stellen, darlegen* 8
expūgnō, expūgnāre *erstürmen, einnehmen* 6
exstinguō, -stīnxī, -stīnctum, -stinguere *auslöschen, vernichten* 13
exstruō, -strūxī, -strūctum, -struere *aufhäufen, beladen* 8
extendō, -tendī, -tentum/-tēnsum, -tendere *ausdehnen, hinziehen* 4
extrā *Präp + Akk außerhalb, über ... hinaus; ohne* 6

## F

fābula, ae *f Erzählung, Geschichte, Gerede* 3
facilis, e *einfach* 3
facinus, oris *n Untat, Verbrechen* 15

faciō, fēcī, factum, facere *machen, tun* 3
factum, ī *n Tat* 2
falsus, a, um *falsch, betrügerisch* 3
fāma, ae *f Ruf, Gerücht* 11
famēs, is *f Hunger* 9
familiāris, e *häuslich, vertraut, freundschaftlich* 7
  familiāriter ūtī + Abl *befreundet sein mit* 7
fās *n indekl göttliches Recht* 5
  fās est + Infl/AcI *es ist erlaubt, es ist möglich* 5
fax, facis *f Fackel* 9
fēlīx, īcis *glücklich* 4
fēmina, ae *f Frau* 10
ferē *Adv ungefähr, beinahe* 6
ferō, tulī, lātum, ferre *(er)tragen, bringen, berichten* 6
ferrum, ī *n Eisen, Schwert* 15
fessus, a, um *müde, erschöpft* 2
fidēlis, e *treu, zuverlässig* 5
fidēs, eī *f Treue, Vertrauen* 9
fīlia, ae *f Tochter* 10
fīlius, ī *m Sohn* 1
fingō, fīnxī, fictum, fingere *erdichten, gestalten* 3
fīnis, is *m Ende, Grenze; Pl Gebiet* 13
fīō, factus sum, fierī *werden, geschehen, gemacht werden* 9
flāgitium, ī *n Schandtat, Schande* 15
flamma, ae *f Flamme, Feuer* 5
fleō, flēvī, flētum, flēre *weinen, beweinen* 10
flōreō, floruī, –, flōrēre (+ Abl) *blühen, (etwas in hohem Grad besitzen)* 3
flūmen, inis *n Fluss, Strom* 11
forīs *Adv draußen, auswärts* 8
forte *Adv zufällig* 2
fortis, e *stark, tapfer* 5
fortūnātus, a, um *glücklich* 13
forum, ī *n Forum (v. a. Forum Romanum), Marktplatz* 1
fruor, fruitus/frūctus sum, fruī + Abl *genießen* 4
frūstrā *Adv umsonst, vergeblich* 5
fuga, ae *f Flucht* 6
fugiō, fūgī, fugitum, fugere (+ Akk) *fliehen (vor), entfliehen* 4
fundō, fundāre *anlegen, erbauen* 9
fūnus, eris *n Bestattung, Leichenzug* 10

# Glossar

fūr, fūris *m* *Dieb* 2
furor, ōris *m* *Wut, Raserei, Wahnsinn* 13
fūrtum, ī *n* *Diebstahl* 15

## G

Gallī, ōrum *m, Pl* *die Gallier* 14
Gallia, ae *f* *Gallien* 11
Gallicus, a, um *gallisch* 11
gaudeō, gāvīsus sum, gaudēre + *Abl* *sich freuen über* 2
gelidus, a, um *(eis)kalt, frisch* 2
gemitus, ūs *m* *Seufzen, Stöhnen* 10
gēns, gentis *f* *Volk, Stamm, Sippe* 14
genus, eris *n* *Art und Weise; Geburt, Abstammung* 7
geōmetria, ae *f* *Geometrie* 3
Gergovia, ae *f* *Gergovia,* Stadt der verner 11
Germānī, ōrum *m, Pl* *die Germanen* 14
gerō, gessī, gestum, gerere *tragen, führen, verrichten* 6
gignō, genuī, genitum, gignere *erzeugen;* Pass *entstehen* 3
gladiātor, ōris *m* *Gladiator; Bandit* 3
gladius, ī *m* *Schwert* 5
glōria, ae *f* *Ruhm* 3
glōrior, glōriārī + *Abl* *sich (einer Sache) rühmen* 7
Gobannitiō, ōnis *m* *Gobannitio,* Vercingetorix' Onkel 11
Graecus, a, um/us, ī *m* *griechisch/ Grieche* 1
grammatica, ae *f* *Grammatik* 3
grammaticus, ī *n* *Lehrer* (an weiterführender Schule) 1
grātia, ae *f* *Gunst, Gefälligkeit, Dank, Gnade* 12
gratulor, grātulārī *Glück wünschen, gratulieren* 13
gravis, e *schwer* 3

## H

habeō, habuī, habitum, habēre *haben, halten* 6
habeor, habērī (in + *Abl*) *gehalten werden für, (gerechnet werden zu)* 15
Haeduī, ōrum *m, Pl* *die Haeduer,* kelt. Volksstamm 14
Hannibal, alis *m* *Hannibal,* Feldherr der Karthager 6

haud *Adv* *nicht* 6
Herī *gestern* 9
Hēsiodus, ī *m* *Hesiod,* gr. Dichter, um 700 v. Chr. 15
hīc *Adv* *hier* 5
hic/haec/hoc *Dempron* *dieser/diese/ dieses* 4
hinc *Adv* *von hier* 15
hircus, ī *m* *Ziegenbock* 9
hodiē *Adv* *heute* 1
Homērus, ī *m* *Homer,* gr. Dichter, 8. Jh. v. Chr., Verfasser der Epen Ilias und Odyssee 1
homō, inis *m* *Mensch* 2
honor, ōris *m* *Ehre, Auszeichnung* 7
hōra, ae *f* *Stunde* 4
Horātius, ī *m* *Horaz,* Q. Horatius Flaccus, röm. Dichter, 65–8 v. Chr. 1
hortor, hortārī *ermuntern, ermahnen* 8
hostis, is *m/f* *Feind* 5
hūc (et) illūc *Adv* *hierhin und dorthin* 6
humilis, e *niedrig, klein* 9

## I

iaceō, iacuī, –, iacēre *liegen, ruhen* 10
sē iactāre *sich rühmen, sich brüsten* 13
iam *Adv* *schon, nunmehr* 2
   iam ... iam ... *bald ... bald ...* 2
iambus, ī *m* *(jambisches) Gedicht, Spottvers* 1
ibī *Adv* *dort* 2
īdem/eadem/idem *Dempron* *der-/die-/ dasselbe, der/die/das Gleiche* 8
idōneus, a, um *passend, geeignet* 14
igitur *Adv* *also, daher* 3
īgnāvus, a, um *träge, feige, mutlos* 6
īgnōrō, īgnōrāre *nicht wissen* 3
   nōn īgnōrāre *sehr wohl wissen* 3
īgnōtus, a, um *unbekannt, fremd* 5
ille/illa/illud *Dempron* *jener/jene/ jenes* 4
imāgō, inis *f* *Bild, Schatten, Erscheinung* 5
imbuō, imbuī, imbūtum, imbuere *erfüllen* 3
immortālis, e *unsterblich* 5
impediō, impedīvī/-iī, impedītum, impedīre *aufhalten, behindern* 14
imperātor, ōris *m* *Herrscher, Feldherr, Kaiser* 6

## Glossar

imperītus, a, um + *Gen unkundig, unerfahren in* 7
imperium, ī *n (Ober-)Befehl, Macht, Gewalt* 6
imperō, imperāre + *Dat befehlen, herrschen über* 1
impetrō, impetrāre *erreichen* 10
impetus, ūs *m Ansturm, Angriff* 11
impius, a, um *gottlos, pflichtvergessen* 2
impleō, -plēvī, -plētum, -plēre *anfüllen, ausfüllen* 4
implōrō, implōrāre *erflehen, erbitten* 14
improbus, a, um *unredlich, schlecht* 2
in *Präp + Abl in, auf* 1
in *Präp + Akk in (... hinein)* 2
inānis, e *leer, inhaltslos* 3
incendō, -cendī, -cēnsum, -cendere *anzünden; aufhetzen* 6
incipiō, coepī, coeptum, incipere *beginnen, anfangen* 7
incitō, incitāre *antreiben, anspornen* 4
inclūdō, -clūsī, -clūsum, -clūdere *einschließen, einsperren, umringen* 4
incolō, -coluī, -cultum, -colere *(be)wohnen* 15
incolumis, e *unversehrt, wohlbehalten* 5
incrēdibilis, e *unglaublich, erstaunlich* 14
induō, -duī, -dūtum, -duere *(sich) anziehen; hineinfallen* 15
īnfāns, antis *m/f kleines Kind* 3
īnfēlīx, īcis *unglücklich* 5
īnferō, intulī, illātum, īnferre *hineintragen, zufügen* 6
īnfestus, a, um *bedroht; bedrohlich, gefährlich* 15
īnflō, īnflāre *aufblasen* 9
ingenium, ī *n Begabung, (schöpferischer) Geist* 1
ingēns, entis *riesig, gewaltig* 14
inimīcus, ī *m Feind* 12
inīquus, a, um *ungerecht, ungleich, ungünstig* 15
iniūria, ae *f Unrecht, Ungerechtigkeit* 14
inops, opis *machtlos, bedürftig* 9
inquiētus, a, um *unruhig* 12
inquit *sagt er* 9
īnsidiae, ārum *f, Pl Hinterhalt, Falle* 6
īnstruō, -strūxī, -strūctum, -struere *aufstellen, ordnen* 12

intellegō, -lēxī, -lēctum, -legere *erkennen, verstehen* 6
intendō, -tendī, -tentum, -tendere *anspannen, anstrengen* 4
intentiō, ōnis *f Spannung, Anspannung* 12
inter *Präp + Akk unter, zwischen* 7
interdum *Adv manchmal, zuweilen* 4
interficiō, -fēcī, -fectum, -ficere *töten, umbringen* 5
interrogō, interrogāre *fragen* 9
intersum, -fuī, -esse + *Dat dazwischen sein, dabei sein, teilnehmen an* 4
interveniō, -vēnī, -ventum, -venīre *dazwischenkommen, vorfallen* 12
invictus, a, um *unbesiegbar* 14
invideō, -vīdī, -vīsum, -vidēre + *Dat (jemanden) beneiden* 9
invidia, ae *f Neid, Missgunst* 9
invītus, a, um *unwillig, ungern* 11
iocōsus, a, um *scherzhaft, neckisch* 8
iocus, ī *m Scherz, Spaß* 8
ipse/ipsa/ipsum *Dempron selbst, persönlich* 7
īra, ae *f Zorn* 2
īrāscor, īrāscī *zornig werden, zürnen* 7
is/ea/id *Perspron, Dempron er/sie/es, dieser/diese/dieses* 2
id est *das heißt* 8
iste/ista/istud *Dempron dieser (da)/diese (da)/dieses (da)* 4
istō pactō *auf diese Art und Weise* 13
ita *Adv so* 9
Italia, ae *f Italien* 5
itaque *Adv daher, deshalb, also* 5
item *Adv ebenso* 14
iterum *Adv wiederum, zum zweiten Mal* 11
itō, -, -, itāre *gehen* 8
iubeō, iussī, iussum, iubēre *befehlen, verordnen* 5
iūcundus, a, um *angenehm, erfreulich* 4
iūdex, icis *m Richter* 15
iūdicium, ī *n Gericht, Gerichtsverhandlung* 1
iūdicō, iūdicāre *urteilen, beurteilen* 7
iūrō, iūrāre *schwören, einen Eid ablegen* 6
iūs, iūris *n Recht* 3
Iūre *zu Recht* 1
iūstus, a, um *gerecht, rechtmäßig* 15

## L

lābor, lāpsus sum, lābī *ausgleiten, straucheln* 5
labor, ōris *m Mühe, Anstrengung* 2
lacessō, lacessīvī/-iī, lacessītum, lacessere *reizen, herausfordern* 14
laetus, a, um *froh, fröhlich* 7
lagōna, ae *f Flasche* 9
lambō, lambī, lambitum, lambere *(be)lecken* 9
lāna, ae *f Wolle, Wollespinnen* 10
lascīvia, ae *f Ausgelassenheit, Zügellosigkeit* 3
Latīnus, a, um *lateinisch, römisch* 3
Latium, ī *n Latium,* Landschaft um (das spätere) Rom 5
Lātōna, ae *f Latona,* Mutter von Apollo und Diana 2
lātus, a, um *breit, groß* 9
laudō, laudāre *loben* 1
 laudem capere *Lob ernten* 3
Laurentīnum, ī *n Laurentinum,* Landgut des Plinius 4
laus, laudis *f Lob, Ruhm* 3
lavō, lāvī, lautum, lavāre *waschen* 4
lēgātiō, ōnis *f Gesandtschaft* 14
lēgātus, ī *m Gesandter* 6
legiō, ōnis *f Legion, Heer* 6
legō, lēgī, lēctum, legere *sammeln, auswählen, lesen* 4
levis, e *leicht; wankelmütig* 10
libenter *Adv gern* 4
liber, brī *m Buch* 4
līber, era, erum + *Abl frei von* 2
līberī, ōrum *m, Pl Kinder* 2
līberō, līberāre + *Abl befreien von* 2
lībertās, ātis *f Freiheit* 11
libīdō, inis *f Begierde, Lust, Ausschweifung* 15
licet + *Inf/AcI es ist erlaubt, es steht frei* 3
līnea, ae *f Linie, Grenzlinie* 7
liquidus, a, um *flüssig* 9
litterae, ārum *f, Pl Wissenschaft(en), wissenschaftliche Studien; Brief* 1
 litterārum perītus *bewandert/kundig in den Wissenschaften* 1
locus, ī *m; Pl* loca, ōrum *n Ort, Platz, Stelle* 4
longus, a, um *lang, lang dauernd* 2

loquor, locūtus sum, loquī *sprechen* 10
Lūcīlius, ī *m Lucilius,* C. Lucilius, röm. Dichter, ca. 180–102 v. Chr, Begründer der röm. Satire 1
Lūcius, ī *m Lucius,* röm. Vorname 1
lucrum, ī *n Gewinn, Vorteil* 15
lūctus, ūs *m Trauer* 5
lūdus, ī *m Schule; Spiel* 3
lūgeō, lūxī, lūctum, lūgēre *trauern, betrauern* 10
lūx, lūcis *f Licht* 5
 prīmā lūce *bei Tagesanbruch* 5
Lycia, ae *f Lykien,* Landschaft in Kleinasien 2
Lyciī, ōrum *m, Pl Lykier,* Einwohner von Lykien 2

## M

M. Marcellus, ī *m M. Claudius Marcellus,* angesehener Politiker, später Gegner Caesars 13
Macedonia, ae *f Makedonien* 7
mactō, mactāre *opfern, zugrunde richten* 13
maeror, ōris *m Trauer, Gram* 15
maestus, a, um *traurig, niedergeschlagen* 5
magister, trī *m Lehrer* 3
magistrātus, ūs *m Beamter, Magistrat* 10
magnitūdō, inis *f Größe* 9
magnus, a, um *groß* 1
māiōrēs, um *m, Pl Vorfahren, Ahnen* 3
maledīcō, -dīxī, -dictum, -dīcere *schmähen, lästern* 2
mālō, māluī, mālle *lieber wollen* 4
malum, ī *n Übel, Fehler, Schaden* 6
mālum, ī *n Apfel* 8
malus, a, um *schlecht, böse, übel* 3
mandātum, ī *n Auftrag, Weisung* 14
mandō, mandāre *anvertrauen, überlassen* 4
māne *Adv morgens* 13
maneō, mānsī, mānsum, manēre *bleiben* 9
manus, ūs *f Hand, Schar* 5
 manūs īnferre + *Dat Hand legen an* 13
Marcus Porcius Catō, Marcī Porciī Catōnis *m Marcus Porcius Cato,* röm. Staatsmann, 234–149 v. Chr. 3
Marcus, ī *m Marcus,* röm. Vorname 1
marītus, ī *m Ehemann, Gatte* 10

## Glossar

māter, tris *f Mutter* 3
mātrōna, ae *f Frau (gehobener Stand),*
  *Ehefrau* 10
mediocris, e *mittelmäßig, gering* 15
mehercule *Interj beim Herkules* 8
membrum, ī *n Glied* 2
meminī, meminisse *+ Gen/Akk sich erinnern an* 12
memoria, ae *f Gedächtnis, Erinnerung* 4
  memoriae trādere *(schriftlich) der Nachwelt überliefern* 9
mēns, mentis *f Denken, Verstand* 12
mēnsa, ae *f Tisch, Tafel* 8
Messalla, ae *m Vipstanus Messalla,*
  röm. Offizier/Redner, 1. Jh. n. Chr. 3
metus, ūs *m Furcht, Angst* 5
meus, a, um *Posspron mein* 2
migrātiō, ōnis *f Wanderung, Umzug* 15
migrō, migrāre *wandern, auswandern* 15
mīles, mīlitis *m Soldat* 6
Mīnōs, ōis *m Minos,* Richter in der Unterwelt 15
mīror, mīrārī *sich wundern, staunen* 10
mīrus, a, um *wunderbar, erstaunlich* 7
miser, era, erum *elend* 4
mittō, mīsī, missum, mittere *schicken, senden* 3
modestus, a, um *maßvoll, bescheiden* 14
modus, ī *m Art, Weise, Maß* 7
molestia, ae *f Beschwerlichkeit, Ärgernis* 4
molestus, a, um *lästig, beschwerlich* 4
  molestē ferre *sich ärgern* 8
mōlior, mōlītus sum, mōlīrī *bewegen, unternehmen* 15
moneō, monuī, monitum, monēre *(er)mahnen, warnen, erinnern* 8
monumentum, ī *n Denkmal, Grabmal* 10
morior, mortuus sum, morī *sterben* 5
mors, mortis *f Tod* 5
  sibi mortem cōnscīscere *Selbstmord begehen* 10
mortuus, a, um/ī *m tot/Toter* 10
mōs, mōris *m Sitte, Gewohnheit, Brauch* 3
moveō, mōvī, mōtum, movēre *bewegen* 2
mulier, eris *f Frau* 5
multī, ae, a *viele* 1
multō *Adv bei Weitem* 1
multō, multāre *strafen, bestrafen* 13

mūnicipium, ī *n (Klein-)Stadt mit best.*
  Vorrechten 14
mūniō, mūnīvī, mūnītum, mūnīre *schützen, sichern* 13
mūnus, eris *n Gabe, Geschenk* 2
mūtuus, a, um *(Adv mūtuō) wechselseitig, gegenseitig, wieder* 8

## N

nam *Kj denn* 1
nārrō, nārrāre *erzählen, berichten* 6
nātūra, ae *f Natur, Beschaffenheit* 7
nātus, ī *m Sohn; Pl Kinder* 9
naufragus, ī *m Schiffbrüchiger, Gescheiterter* 13
nāvis, is *f Schiff* 5
-ne *Fragepartikel wird nicht übersetzt* 4
nē *Kj + Konj dass nicht, damit nicht* 8
nē ... quīdem *nicht einmal ...* 7
nec *Kj und nicht, auch nicht, aber nicht* 2
  nec ... nec *weder ... noch* 10
  nec aut ... aut *(und) weder ... noch* 3
necesse est *+ Inf/AcI es ist nötig* 5
necō, necāre *töten, ermorden* 11
neglegō, -lēxī, -lectum, -legere *vernachlässigen, sich nicht kümmern um* 3
negō, negāre *verneinen, versagen* 2
negōtior, negōtiātus sum, negōtiārī *Handel treiben* 11
negōtium, ī *n Tätigkeit, Beschäftigung* 4
nēmō, *Gen* nullīus *niemand* 7
neque *Kj und nicht, auch nicht, aber nicht* 1
  neque ... neque ... *Konj weder ... noch ...* 1
neque umquam *und/aber niemals* 1
nesciō, -scīvī/-sciī, -scītum, -scīre *nicht wissen, nicht kennen* 12
nesciō quis *irgendwer* 9
neuter/neutra/neutrum *keiner (von beiden)* 12
nēve *Kj und nicht* 14
nihil *indekl nichts* 5
  nihil ... nisī *nichts ... außer* 8
nitor, nīxus/nīsus sum, nitī *(+ Abl) sich stützen (auf), sich anstrengen* 9
nōbilis, e *edel, berühmt, vornehm* 14
nōlō, nōluī, nōlle *nicht wollen* 4
nōmen, inis *n Name* 4

# Glossar

nomen gentile, nominis gentilis *n* Familienname 4
nōminō, nōmināre *nennen, bezeichnen* 8
nōn *nicht* 1
 nōn iam *nicht mehr* 2
 nōn modo ..., vērum etiam *nicht nur ..., sondern auch* 13
 nōn sōlum ..., sed etiam *nicht nur ..., sondern auch* 10
 nōn-numquam *Adv manchmal, zuweilen* 15
nōndum *Adv noch nicht* 7
nōnne *Fragepartikel (etwa) nicht?* 4
nōnnūllī, ae, a *einige* 5
nōs *Perspron wir* 2
nōscō, nōvī, nōtum, nōscere *kennenlernen; Perf kennen, wissen* 12
noster, tra, trum *Posspron unser* 2
notārius, ī *m Schreiber* 4
nōtitia, ae *f Kenntnis* 3
nōtus, a, um *bekannt* 5
novem *neun* 6
novus, a, um *neu* 2
nox, noctis *f Nacht* 6
nūdō, nūdāre *entblößen, entkleiden* 10
nūgae, ārum *f, Pl poetische Kleinigkeiten* 1
nūllus, a, um, *Gen* nūllīus, *Dat* nūllī *kein, keinerlei* 7
num *Fragepartikel wohl, etwa, doch wohl nicht?* 4
nūmen, inis *n göttlicher Wille* 5
numerus, ī *m Zahl* 2
numquam *Adv niemals* 4
nunc *Adv jetzt, nun* 3
nūntiō, nūntiāre *melden, verkünden* 10
nuptiās facere *das Bett teilen* 10

## O

ob *Präp + Akk entgegen, wegen* 7
oblīvīscor, oblītus sum, oblīvīscī *+ Gen/ Akk vergessen, nicht beachten* 8
obses, idis *m/f Geisel* 11
obsīdō, -sēdī, -sessum, -sidere *besetzen, umstellen* 13
obstō, -stitī, –, -stāre *entgegenstehen, hinderlich sein* 15
obtineō, -tinuī, -tentum, -tinēre *festhalten, innehaben* 11

obvius, a, um *begegnend, entgegenkommend* 12
occāsiō, ōnis *f Gelegenheit* 8
Ōceanus, ī *m Weltmeer, Ozean* 11
oculus, ī *m Auge* 11
ōdī, ōdisse *hassen* 12
odium, ī *n Hass* 6
offerō, obtulī, oblātum, offerre *anbieten, darbringen* 11
officium, ī *n Dienst, Pflicht* 3
omnīnō *Adv völlig, überhaupt* 14
omnis, e *Indefpron all, jeder; Pl alle* 4
onus, oneris *n Last, Bürde* 8
opācus, a, um *schattig, dunkel* 4
opēs, um *f, Pl Macht, Vermögen* 5
oportet *+ Infl/AcI es ist nötig, man soll* 3
oppidum, ī *n Stadt* 11
oppūgnō, oppūgnāre *angreifen, bekämpfen* 6
ops, opis *f; Pl opēs, opum Mühe, Stärke; Pl Mittel, Vermögen* 7
ōra, ae *f Küste* 1
ōrātiō, ōnis *f Rede* 3
ōrātor, ōris *m Redner* 3
ōrdō, inis *m Reihe, Ordnung; Stand, Rang* 10
ōrnō, ōrnāre *ausstatten, ausschmücken* 7
ōrō, ōrāre *bitten* 2
Orpheus, eī/eos *m Orpheus, myth. Sänger* 15
os, ossis *n Knochen* 3
ōtium, ī *n Muße, Mußezeit* 4
ōvum, ī *n Ei* 8

## P

P. Sestius, ī *m Publius Sestius,* Freund Ciceros, später von diesem vor Gericht verteidigt 13
paene *Adv beinahe* 3
Paetus, ī *m L. Papirius Paetus,* Freund Ciceros 8
Palamēdēs, is *m Palamedes,* Erfinder, von Odysseus verleumdet, zu Unrecht gesteinigt 15
palma, ae *f (flache) Hand* 2
parātus, a, um *bereit, entschlossen* 12
parcō, pepercī, –, parcere *+ Dat schonen* 2
parentēs, um/ium *m, Pl Eltern* 3
pāreō, pāruī, –, pārēre *+ Dat gehorchen* 5

# Glossar

parō, parāre *vorbereiten, zu tun beabsichtigen* 2
pars, partis *f Teil, Seite* 3
particeps, ipis + *Gen teilnehmend an* 3
parvus, a, um *klein* 5
passus, ūs *Schritt* 14
pateō, patuī, –, patēre *offenstehen, offenbar sein, klar sein* 3
pater, tris *m Vater* 3
   patrēs cōnscrīptī *Senatoren* (als Anrede im Senat) 13
patientia, ae *f Geduld* 13
patina, ae *f Schüssel* 9
patior, passus sum, patī *erdulden, zulassen* 5
patria, ae *f Heimat, Vaterstadt* 5
patruus, ī *m Onkel (väterlicherseits)* 11
paucus, a, um *wenig, gering, klein; Pl Wenige* 3
paulīsper *Adv ein Weilchen* 13
paulum *n, Abl* paulō *etwas, eine Kleinigkeit* 6
pauper, eris *arm* 3
pāx, pācis *f Friede* 11
pectus, oris *n Brust* 10
pellis, is *f Haut* 9
penātēs, ium *m, Pl Penaten,* röm. Hausgötter, Schutzgötter 5
per *Präp + Akk durch, hindurch* 5
   per vicēs *im Wechsel, abwechselnd* 4
peragō, -ēgī, -actum, -agere *vollenden, beenden* 4
peragrō, peragrāre *durchwandern, durchstreifen* 2
percipiō, -cēpī, -ceptum, -cipere *erfassen, hören* 13
percutiō, -cussī, -cussum, -cutere *heftig erschüttern, durchbohren* 10
perdō, -didī, -ditum, -dere *zugrunde richten, verlieren* 11
perdūcō, -dūxī, -ductum, -dūcere *hinführen, verführen* 11
peregrīnātiō, ōnis *f Aufenthalt, das Reisen im Ausland* 15
perennis, e *dauernd, immerwährend* 6
pereō, -iī, -itum, -īre *verloren gehen, umkommen* 15
perferō, -tulī, -lātum, -ferre *überbringen, pass hingelangen* 11

perficiō, -fēcī, -fectum, -ficere *vollenden, verfertigen* 7
perīculum, ī *n Gefahr, Wagnis* 6
perītus, a, um + *Gen erfahren, kundig, bewandert in* 1
permittō, -mīsī, -missum, -mittere *überlassen, erlauben* 14
perniciēs, ēī *f Untergang, Verderben* 14
perpetuus, a, um *beständig, auf Lebenszeit* 13
persevērō, persevērāre in + *Abl verharren in/bei* 10
persuādeō, -suāsī, -suāsum, -suādēre + *Dat überzeugen, überreden* 8
perterreō, -terruī, -territum, -terrēre *heftig erschrecken, einschüchtern* 11
pertineō, -tinuī, –, -tinēre ad *sich erstrecken, sich beziehen auf, von Bedeutung sein für* 8
perturbō, perturbāre *aufwühlen, verwirren* 2
perveniō, -vēnī, -ventum, -venīre *hinkommen, (hin)gelangen* 5
pēs, pedis *m Fuß* 2
pestis, is *f Seuche, Unglück* 13
petō, petīvī, petītum, petere *aufsuchen, ansteuern, streben nach, fordern* 5
Phaedrus, ī *m Phaedrus,* röm. Fabeldichter, ca. 20 v. Chr. –51 n. Chr. 9
philosophia, ae *f Philosophie* 1
philosophor, philosophārī *philosophieren, nachdenken* 8
philosophus, ī *m Philosoph* 1
pictor, ōris *m Maler* 7
pictūra, ae *f Malerei* 7
pietās, ātis *f Liebe, Pflichtgefühl, Frömmigkeit* 5
pingō, pīnxī, pictum, pingere *malen, zeichnen* 7
piscor, piscārī *fischen* 4
pius, a, um *gottesfürchtig, gewissenhaft* 2
plācātus, a, um *ruhig, gelassen* 15
placet + *AcI es gefällt* 3
plangō, plānxī, plānctum, plangere *schlagen* 10
platanōn, ōnis *m Platanenhain* 4
Platō, ōnis *m Platon,* gr. Philosoph, Schüler des Sokrates, 427–347 v. Chr. 9

## Glossar

**plēnus, a, um** + Gen *voll von, angefüllt mit* 5
**poena, ae** f *Strafe, Buße* 11
**Poenus, ī** m *Punier, Karthager* 6
**poēta, ae** m *Dichter* 1
**polliceor, pollicitus sum, pollicērī** *versprechen, ankündigen* 13
**pōnō, posuī, positum, pōnere** *setzen, stellen, legen, errichten* 5
**pōns, pontis** m *Brücke* 12
**pontifex, icis** m *Pontifex, Priester* 11
**populus, ī** m *Volk* 1
**portō, portāre** *tragen, bringen, mitnehmen* 5
**possideō, possēdī, possessum, possidēre** *besitzen* 9
**possum, potuī, posse** *können* 3
**post** Adv + Abl mensurae/*Präp* + Akk *danach, später/hinter, nach, seit* 6
**posterus, a, um** *folgend, kommend* 10
**postquam** Kj + Ind Perf *nachdem, als* 6
**postrēmō** Adv *zuletzt, schließlich* 2
**postrēmus, a, um** *der letzte* 5
**postulō, postulāre** *fordern, verlangen* 14
**potēns, entis** *mächtig, einflussreich* 9
**potentia, ae** f *Kraft, Macht* 11
**potestās, ātis** f *Macht, (Amts-)Gewalt; Möglichkeit* 10
**potior, potītus sum, potīrī** + Abl/Gen *erlangen, sich (einer Sache) bemächtigen* 12
**praebeō, praebuī, praebitum, praebēre** *darreichen, gewähren* 10
**sē praebēre** + Akk *sich zeigen, sich erweisen als* 10
**praedicō, praedicāre** *erklären, bekannt machen* 14
**praemittō, -mīsī, -missum, -mittere** *vorausschicken* 14
**praenōmen, inis** n *Vorname* 4
**praescrībō, -scrīpsī, -scrīptum, -scrībere** *vorschreiben* 14
**praesidium, ī** n *Schutz, Wache* 13
**praesum, -fuī, -esse** *leiten, verwalten* 10
**praetereā** Adv *außerdem* 14
**praetereō, -iī, -itum, -īre** *vorbeigehen* 7
**praetermittō, -mīsī, -missum, -mittere** *vorbeigehen lassen, verstreichen lassen* 8
**prātum, ī** n *Wiese* 9
**prāvus, a, um** *krumm, schief, verkehrt* 7
**precēs, um** f, Pl *Bitte, das Bitten* 2
**prīmum** Adv *zuerst, erstens* 14
**prīmus, a, um** *der erste* 1
**prīnceps, ipis** *erster* 3
**prīncipātus, ūs** m *Vorherrschaft* 11
**prīncipium, ī** n *Anfang, Beginn* 5
**prius** Adv *eher, vorher* 12
**prīvō, prīvāre** + Abl *berauben, befreien von* 8
**prō** Präp + Abl *vor; für, statt* 7
**probāre, probō** *prüfen, billigen, gutheißen* 6
**procul** Adv *fern* 4
**prodest** + Inf/AcI *es nützt* 3
**proelium, ī** n *Schlacht, Gefecht* 6
**proelium committere** *den Kampf beginnen* 11
**proficīscor, profectus sum, proficīscī** *aufbrechen, abreisen* 5
**prōgredior, -gressus sum, -gredī** *vorrücken, fortschreiten* 7
**prohibeō, -hibuī, -hibitum, -hibēre** (ā/ab) + Abl *abwehren, fernhalten von* 2
**prope** Präp + Akk *nahe, nahe bei* 6
**properō, properāre** *eilen* 2
**propinquus, ī** m *Verwandter* 10
**propter** Präp + Akk *wegen; neben* 15
**prōsequor, -secūtus sum, -sequī** *begleiten* 10
**prōverbium, ī** n *Sprichwort* 2
**prōvideō, -vīdī, -vīsum, -vidēre** *vorraussehen, vorsorgen* 8
**prōvincia, ae** f *Provinz* 10
**prūdēns, entis** *klug, erfahren* 3
**pūblicus, a, um** *öffentlich* 2
**pudīcitia, ae** f *Sittsamkeit, Ehrbarkeit* 10
**pudīcus, a, um** *sittsam, ehrbar* 10
**pudor, ōris** m *Scham, Ehrgefühl* 3
**puella, ae** f *Mädchen* 3
**puer, puerī** m *Junge, Kind* 3
**pūgnō, pūgnāre** *kämpfen* 5
**pulcher, chra, chrum** *schön* 1
**pulchritūdō, inis** f *Schönheit* 10
**puteus, ī** m *Grube* 9
**putō, putāre** (+ dopp Akk) *meinen, glauben, vermuten, (halten für)* 3

**Glossar**

### Q

Q. Fabius Maximus *Q. Fabius Maximus*, röm. Feldherr, Gegner Hannibals 6
**quaerō, quaesīvī/-iī, quaesītum, quaerere** *(auf)suchen, fragen, untersuchen* 9
**quam** *Adv als* (bei Vergleichen) 5
**quamdiū** *Adv/Kj wie lange, so lange wie* 12
**quamquam** *Kj obwohl* 5
**quantus, a, um** *wie viel, wie groß* 11
**quārē** *Adv weshalb, deshalb* 12
**-que** *Kj und* (das -que wird beim Übersetzen vorgezogen: iambi nugaeque = iambi et nugae) 1
**quemadmodum** *Adv auf welche Weise, wie* 14
**querimōnia, ae** *f Klage, Beschwerde* 13
**quī** *Relpron der, welcher* 1
**qui/quae/quod** *Interrogpron, adj welcher/welche/welches, was für ein/e* 4
**quī/quae/quod** *Relpron der/die/das, welcher/welche/welches* 4
**quī-/quae-/quodcumque** *Relpron wer auch immer; jeder, der* 11
**quia** *Kj weil* 12
**quīdam/quaedam/quiddam/quoddam** *Indefpron ein, ein gewisser, ein bestimmter* 7
**quiēs, ētis** *f Ruhe* 15
**quiēscō, quiēvī, quiētum, quiēscere** *ruhen, sich zurückziehen* 12
**quīn** *Kj + Konj dass, dass nicht, ohne dass, der/die/das nicht* 15
Quīntus, ī *m Quintus*, röm. Vorname 1
**quis-/quae-/quid-/quicquam** *Indefpron irgendjemand, irgendeiner* 15
**quis-/quae-/quid-/quodque** *Indefpron jeder* 11
**quis/quid** *Interrogpron, subst wer/was* 4
**quisquis/quidquid** *Relpron wer auch immer; jeder, der* 11
**quō** *Adv wie weit; wohin* 13
**quod** *Kj weil, dass* 5
**quodsī** *(auch: quod sī) Kj wenn also, wenn nun aber* 13
**quōminus** *Kj + Konj dass* 15
**quōmodo** *(auch quō modo) Adv wie, auf welche Weise* 8
**quondam** *Adv einmal, einst* 9
**quoniam** *Kj + Ind weil ja, da nun* 9

### R

rāna, ae *f Frosch* 2
**rapiō, rapuī, raptum, rapere** *an sich reißen, rauben* 7
**rāstrum, ī** *n Hacke* 2
**recipiō, -cēpī, -ceptum, -cipere** *zurücknehmen, aufnehmen* 12
**rēctus, a, um** *richtig; gerade* 7
**recūsō, recusāre** *ablehnen, sich weigern* 15
**reddō, -didī, -ditum, -dere** *zurückgeben, wiedergeben* 9
**redeō, -iī, -itum, -īre** *zurückkehren* 2
**referō, rettulī, relātum, referre** (ad) *zurückbringen; berichten, melden; (beziehen auf)* 7
**reficiō, -fēcī, -fectum, -ficere** *wiederherstellen* 10
**sē reficere** *sich erfrischen, erholen* 10
**reformīdō, reformīdāre** *zurückschaudern vor, scheuen* 12
**rēgnum, ī** *n Königsherrschaft* 5
**relaxō, relaxāre** *lockern, abspannen, entspannen* 4
**relinquō, -līquī, -lictum, -linquere** *zurücklassen* 2
**reliquus, a, um** *übrig* 11
**remissiō, ōnis** *f Erholung* 8
**remittō, -mīsī, -missum, -mittere** *zurückschicken* 11
**repellō, reppulī, repulsum, repellere** *zurückstoßen, -weisen* 10
**repetō, -petīvī, -petītum, -petere** *wieder aufsuchen* 5
**reprehendō, -prehendī, -prehēnsum, -prehendere** *tadeln* 12
**reprimō, -pressī, -pressum, -primere** *zurückdrängen, -treiben* 13
**rēs, reī** *f Sache, Ding* 5
**rēs mīlitāris, reī mīlitāris** *f Kriegswesen* 6
**resideō, -sēdī, -sessum, -sidēre** *sitzen bleiben, zurückbleiben* 5
**respondeō, -spondī, -spōnsum, -spondēre** *antworten, erwidern* 6
**rēspōnsum, ī** *n Antwort* 14
**retineō, -tinuī, -tentum, -tinēre** *zurückhalten* 5
**retrahō, -trāxī, -tractum, -trahere** *zurückziehen, -holen, -nehmen* 12

# Glossar

revertor, -vertī, /-versus sum, -vertī *Semidep zurückkehren* 8
revocō, revocāre *wieder rufen, zurückrufen* 4
rēx, rēgis *m König, Herrscher* 7
Rhadamanthus, ī *m Rhadamanthus,* Richter in der Unterwelt, Bruder des Minos 15
Rhēnus, ī *m Rhein* 14
rhētor, oris *m Redelehrer* 3
rīpa, ae *f Ufer* 5
rītus, ūs *m Brauch, Sitte* 12
rogō, rogāre *fragen, bitten* 2
Rōma, ae *f Rom* 5
Rōmānus, a, um/us, ī *m römisch/Römer* 1
rūgōsus, a, um *faltig, runzlig* 9
rumpō, rūpī, ruptum, rumpere *zerbrechen; Pass platzen* 9
rūrsus *Adv wieder, nochmals; andererseits* 4

### S

saepe *Adv oft* 1
Saguntus, ī *f Saguntum,* Stadt in Spanien 6
salūs, ūtis *f Gruß; Rettung, Gesundheit* 4
salūtem dīcere *grüßen* 4
salūtō, salūtāre *begrüßen, besuchen* 13
salvus, a, um *gesund, wohlbehalten* 8
sanctus, a, um *heilig, ehrwürdig* 13
sānus, a, um *gesund, vernünftig* 8
sapiēns, entis *weise* 8
sapientia, ae *f Klugheit, Weisheit* 9
sarmentum, ī *n Zweig; Pl Reisig* 6
satiō, satiāre *sättigen, stillen* 9
satis *Adv genug* 2
satura, ae *f Satire* 1
scelus, eris *n Verbrechen, Frevel* 13
scientia, ae *f Kenntnis, Wissen* 3
sciō, scīvī/sciī, scītum, scīre *wissen* 3
scrībō, scrīpsī, scrīptum, scrībere *schreiben* 4
secundum *Präp + Akk nach, gemäß* 12
sed *Kj aber, sondern* 1
sedeō, sēdī, sessum, sedēre *sitzen* 1
sēdēs, is *f Wohnsitz, Heimat, Stätte* 5
sēditiō, ōnis *f Streit, Aufruhr* 15
sēmen, inis *n Same, Spross, Ursache* 13
semper *Adv immer, stets* 6

Semprōnius, ī *m Sempronius,* röm. Gentilname 6
senātor, ōris *m Senator,* Mitglied des röm. Senats 6
senātus, ūs *m Senat* 13
senectūs, ūtis *f Alter, Greisenalter* 15
Senonēs, um *m, Pl Senonen,* gall. Stamm 11
sēnsus, ūs *m Gefühl, Empfindung* 15
sententia, ae *f Meinung, Urteil* 11
sentiō, sēnsī, sēnsum, sentīre *meinen, urteilen, merken* 3
sepulcrum, ī *n Grab* 10
Sēquanī, ōrum *m, Pl die Sequaner,* kelt. Volksstamm 14
sequor, secūtus sum, sequī *+ Akk folgen* 4
sermō, ōnis *f Gespräch, Unterhaltung* 3
sērus, a, um *spät, zu spät* 13
servō, servāre *bewahren, retten* 3
servus, ī *m Sklave* 9
sēsē (= sē) *sich* 14
sexta hora *sechste Stunde, mittags* 5
sī *Kj wenn* 4
sīgnum, ī *n Kennzeichen, Signal* 11
silentium, ī *n Stille* 13
silva, ae *f Wald* 2
similis, e *ähnlich, gleich* 9
simulācrum, ī *n Bild, Traumbild, Schatten* 5
sīn *Kj wenn aber* 15
sine *Präp + Abl ohne* 5
singulāris, e *einzeln, vorzüglich* 6
sinō, sīvī/siī, situm, sinere *lassen, erlauben* 7
sitis, is *f, Akk sitim Durst* 2
sīve *Kj oder wenn* 15
socius, ī *m Gefährte* 5
Sōcratēs, is *m Sokrates,* gr. Philosoph, 469–399 v. Chr. 9
sōl, sōlis *m Sonne* 2
soleō, solitus sum, solēre *+ Inf, Semidep gewohnt sein zu tun, zu tun pflegen* 1
laudāre solēs *du pflegst zu loben, du lobst gewöhnlich* 1
sōlus, a, um, *Gen* sōlīus, *Dat* sōlī *allein, einzig* 9
somnium, ī *n Traum* 5
somnus, ī *m Schlaf* 15
spatium, ī *n Zeit, Raum* 12
spectō, spectāre *schauen, anschauen* 10

# Glossar

spēs, speī *f* *Hoffnung* 5
spīna, ae *f* *Rücken* 2
Spurinna, ae *m* *Spurinna, ein berühmter Seher* 8
stāgnum, ī *n* *Teich, Tümpel* 2
statim *Adv* *sogleich, sofort* 6
statua, ae *f* *Statue* 7
stirps, is *f* *Wurzel* 13
Stōicus, ī *m* *stoischer Philosoph, Stoiker* 12
studeō, studuī, –, studēre + *Dat* *sich bemühen um, streben nach* 1
studium, ī *n* *eifriges Streben, wissenschaftliche Beschäftigung, Studium* 3
sub *Präp* + *Abl* *unter* 2
sub *Präp* + *Akk* *unter (... hinunter)* 2
subeō, -iī/-īvī, -itum, -īre *betreten; auf sich nehmen* 14
subitō *Adv* *plötzlich* 7
sublīmis, e *hoch, erhaben* 9
submergō, -mersī, -mersum, -mergere in + *Abl* *untertauchen, versenken in* 2
subsidium, ī *n* *Hilfe, Reserve(truppe)* 11
subsistō, -stitī, –, -sistere *stehen bleiben* 10
sum, fuī, esse *sein* 1
summus, a, um *der höchste, größte, oberste* 3
superbia, ae *f* *Hochmut* 3
superbus, a, um *hochmütig, übermütig* 1
superior, ius *Adj, Komp* *früher, vorig, höher* 8
superō, superāre *übertreffen, überlegen sein* 1
supersum, -fuī, -esse *übrig sein, überleben* 14
supervacuus, a, um *unnötig* 10
supplex, icis *demütig bittend* 9
supplicium, ī *n* *Buße, (Todes-)Strafe* 10
suprā *Präp* + *Akk* *oberhalb, über ... hinaus* 7
suscipiō, -cēpī, -ceptum, -cipere *übernehmen, auf sich nehmen* 12
suspīciō, ōnis *f* *Verdacht* 15
suspiciō, -spexī, -spectum, -spicere *aufschauen zu; beargwöhnen* 12
sustineō, -tinuī, -tentum, -tinēre *ertragen, standhalten* 14
sūtor, ōris *m* *Schuster* 7
suus, a, um *Posspron* *sein/ihr* 2
symposion, ī *n, gr Fw* *Symposion (Gastmahl)* 8
syndeipnon, ī *n, gr Fw* *Syndeipnon (Gastmahl)* 8

# T

tābula (picta), ae *f* *Gemälde, Tafel, Brett* 7
taceō, tacuī, tacitum, tacēre *schweigen* 7
tālis, e *so beschaffen, solch* 9
tam *Adv* *so, so sehr* 8
tamdiū *Adv* *so lange* 12
tamen *Adv* *dennoch, jedoch* 4
tandem *Adv* *endlich, schließlich* 4
tandem aliquando *endlich einmal* 4
tantum *Adv* *nur, bloß* 10
tantus, a, um *so groß, so viel, so bedeutend* 7
tantus-/tanta-/tantundem *ebenso groß, ebenso viel* 12
tēctum, ī *n* *Dach, Haus* 14
temperantia, ae *f* *Maßhalten, Mäßigung* 3
temperō, temperāre *im rechten Maß halten, ordnen, mäßigen* 3
templum, ī *n* *Raum; Heiligtum, Tempel* 13
tempus, oris *n* *Zeit* 4
teneō, tenuī, tentum, tenēre *halten, festhalten* 6
Terentia, ae *f* *Terentia, Ciceros erste Ehefrau* 15
tergum, ī *n* *Rücken* 6
ā tergō *von hinten* 6
terror, ōris *m* *Schrecken, Angst* 6
tertius, a, um *der dritte* 10
Tiberis, is *m* *Tiber, Fluss durch Rom* 5
timeō, timuī, –, timēre *fürchten* 2
timor, ōris *m* *Angst* 2
tollō, sustulī, sublātum, tollere *aufheben, hochheben* 7
tormentum, ī *n* *Marter, Qual* 11
torqueō, torsī, tortum, torquēre *drehen, quälen* 9
tot *indekl* *so viele* 7
totiē(n)s *Adv* *so oft* 15
tōtus, a, um, *Gen* tōtīus, *Dat* tōtī *ganz* 11
trādō, -didī, -ditum, -dere *übergeben, überlassen, anvertrauen, überliefern* 3
trādūcō, -dūxī, -ductum, -dūcere *hinüberführen, -bringen* 6
trāns *Präp* + *Akk* *über (... hin/hinaus)* 11

# Glossar

trānseō, -iī, -itum, -īre *hinübergehen, überschreiten* 6
tribuō, tribuī, tribūtum, tribuere *zuteilen, zugestehen* 7
  multum tribuere + Dat *großen Wert beimessen* 7
trīclīnium, ī *n Speisezimmer, -saal* 8
Trōia, ae *f Troja* 1
Trōiānus, a, um/us, ī *m trojanisch/ Trojaner* 5
tū *Perspron du* 2
Tullia, ae *f Tullia,* Tochter Ciceros 15
tum *Adv da, dann* 2
  tum ... tum ... *einmal ... das andere Mal, bald ... bald ...* 8
  tum dēmum *da endlich, dann schließlich* 7
tumēscō, tumuī, –, tumēscere *anschwellen* 2
tumultus, ūs *m Unruhe, Aufregung* 6
turba, ae *f Menschenmenge, Unruhe* 9
turbō, turbāre *verwirren, aufwühlen* 10
turpis, e *schändlich* 3
turris, is *f Turm* 3
Tusculānum, ī *n Tusculanum,* Landgut bei Tusculum, bes das Ciceros 4
Tusculānus, a, um *aus Tusculum* 15
tūtum, ī *n Sicherheit, sicherer Ort* 9
tuus, a, um *Posspron dein* 2

## U

ubī *Adv wo* 4
ubī (prīmum) *Kj + Ind Perf nachdem, sobald als* 6
ūllus, a, um, *Gen* ūllīus, *Dat* ūllī *irgendein* 6
umbra, ae *f Schatten* 4
umquam *Adv jemals* 1
undique *Adv von allen Seiten, überall* 11
ungō, ūnxī, ūnctum, ungere *salben, parfümieren* 4
ūnus, a, um, *Gen* ūnīus, *Dat* ūnī *einer, ein einziger* 6
urbs, urbis *f Stadt* 3
ūrō, ussī, ustum, ūrere *brennen, verbrennen* 2
usque ad *Adv bis zu* 11
ūsūra, ae *f Gebrauch, Frist* 13
ut *Kj + Konj dass, sodass, damit* 8
ut (prīmum) *Kj + Ind Perf sobald als* 6

ut ait Vergilius *wie Vergil sagt* 1
uter/utra/utrum *Interrogpron wer von beiden* 12
uterque/utraque/utrumque *jeder (von beiden)* 12
uterus, ī *m Bauch, Gebärmutter* 3
ūtilis, e *nützlich* 3
utinam *Wunschpartikel + Konj o dass doch, wenn doch* 8

## V

vacō, vacāre + *Abl leer sein, frei sein von* 10
valdē *Adv sehr* 1
valeō, valuī, –, valēre *gesund sein, sich wohl befinden, gelten, vermögen* 4
  valē/valēte *leb wohl/lebt wohl* 4
vallum, ī *n Wall, Verschanzung* 6
varius, a, um *vielfältig, unterschiedlich* 4
vehemēns, entis *heftig, leidenschaftlich* 10
vēlōx, ōcis *schnell* 5
vendō, vendidī, venditum, vendere *verkaufen* 7
veneror, venerārī *verehren, anbeten* 15
veniō, vēnī, ventum, venīre *kommen* 4
vēnor, vēnārī *jagen* 4
venter, tris *m Bauch* 5
Venus, eris *f Venus,* röm. Göttin der Liebe und Schönheit 7
verbum, ī *n Wort* 1
Vercingetorīx, -īgis *m Vercingetorix,* Anführer der Averner in einem gall. Aufstand gegen Caesar 52 v. Chr. 11
verēcundia, ae *f Sittsamkeit, Scheu, Zurückhaltung* 3
vereor, veritus sum, verērī *scheuen, fürchten* 8
Vergilius, ī *m Vergil, Publius Vergilius Maro,* rom. Dichter, 70–19 v. Chr. 1
vērō *Adv aber, jedoch* 12
versor, versārī in + *Abl sich beschäftigen mit, tätig sein; sich aufhalten* 4
vērum *Kj aber, sondern* 9
vērus, a, um *wahr, echt* 9
vespera, ae *f Abend* 4
vester, tra, trum *Posspron euer* 2
vetō, vetuī, vetitum, vetāre *verbieten, nicht zulassen* 6
vetus, eris *alt* 3
via, ae *f Weg, Straße* 5

## Glossar

videō, vīdī, vīsum, vidēre *sehen* 1
videor, vīsus sum, vidērī *gesehen werden; scheinen* 7
vīlla, ae *f Landhaus* 4
vincō, vīcī, victum, vincere *(be-)siegen, übertreffen* 6
vinculum, ī *n Fessel, Schnur, Strick* 4
vīnum, ī *n Wein* 10
vir, ī *m Mann* 1
vireō, viruī, –, virēre *grün sein* 2
virtūs, ūtis *f Tugend, Tapferkeit* 6
vīs, *Akk* vim, *Abl* vī *f; Pl* vīrēs, ium *Kraft, Stärke, Gewalt; Pl Kräfte, Streitkräfte* 9
vim īnferre + *Dat jemandem Gewalt antun* 13
vīsum, ī *n Bild, Traumbild* 15
vīta, ae *f Leben* 5
vitium, ī *n Laster, Fehler* 3
vītō, vītāre *meiden* 12
vīvō, vīxī, –, vīvere *leben* 2
vīvus, a, um *lebend* 11
vix *Adv kaum, gerade; mit Mühe* 7
vocō, vocāre *rufen, herbeirufen, einladen* 4
volō, vōluī, velle *wollen; behaupten* 3
voluntās, ātis *f Wille, Wunsch, Genehmigung* 14
voluptās, ātis *f Vergnügen, Freude, Vergnügung* 3
vōs *Perspron ihr* 2
vōx, vōcis *f Stimme* 3
vulgāris, e *allgemein üblich, alltäglich* 10
vulgus, ī *n Volk, Leute* 7
vulnerō, vulnerāre *verwunden* 14
vulpēs, is *f Fuchs* 9